JN436724

천상의 누이들

Hevenly Women in the Medieval Age

Hevenly Women in the Medieval Age

by Eun S. Ra, Th.M., Ph.D.

천상의 누이들

2006년 9월 20일 초판 1쇄 인쇄
2006년 9월 30일 초판 1쇄 발행

저 자 • 라 은 성
발행인 • 조 경 혜
발행처 • 도서출판 그리심
156-763 서울시 동작구 사당동 200-1

등록번호 • 제 7-258호(1998. 4. 23)
출 판 사 • 전화 523-7589 팩스 523-7590
홈페이지 • http://grisim.biz
전자우편 • grisimcho@hanmail.net

ISBN 89-5799-168-9 93230

값 : 표지 뒷면

서 문

「위대한 여인들의 발자취」(초대교회사 편)를 이어 두 번째 책을 조심스럽게 펴냅니다. 1권이 나온 후 여러 분들에게 "중세교회사 편은 언제 나오느냐? 어떤 책이냐?"라는 질문을 가끔 받았습니다. 그래서 1년 이상의 연구를 통해 이 책을 조심스럽게 독자들에게 선을 보입니다. 1권에서 위대한 여성 순교자들, 위대한 모친들, 그리고 위대한 지도자들을 소개하면서 독자들과 함께 울기도 하고, 찬송을 부르기도 하고, 심지어 간절히 두 손 모아 기도했던 기억이 납니다. 그 시대는 위대한 순교자를 요구했고, 그 시대는 위대한 모친들을 요구했고, 그 시대는 위대한 지도자들을 요구했습니다. 그리고 그녀들은 위대한 자세로 시대에 임하였고, 지금까지 우리에게 큰 영향을 끼치고 있습니다.

나는 매우 조심스럽게 교회사에 나타난 여인들의 생애들에 관한 두 번째 책을 펴냅니다. 이 책의 이름을 「천상의 누이들」(중세교회사 편)이라 정했습니다. 중세시대는 초대교회 시대와는 달리 어둡고 침울하고, 떠나고 싶은 1,000년의 시대였다고 할 수 있습니다. 역사적으로 볼 때, 중세교회는 초대교회와는 많이 다릅니다. 정권과 교회가 유착되면서 로마 가톨릭이 생겨났고, 동방정교회와의 분리로 교회의 분열이 처음으로 나타났으며, 지금의 유럽이 시작하는 시대였습니다.

영적으로 볼 때, 타락한 시대였고 어두운 시대였다고 말할 수 있습니다. 정말 어떻게 하면 교회가 이처럼 타락할 수 있을까를 유감없이 드러내고 있습니다. 아니 교회가 어떻게 하면 이럴 수 있을지를 사실적으로 보여주는 시대였다고 할 수 있습니다. 1,000년에 걸친 교회는 무수한 죄악, 타락, 쇠퇴, 미신, 무지, 그리고 세속 권력의 맛을 톡톡히 보았습니다. 현재 프로테스탄트 교회, 즉 개신교회가 타락하거나 쇠퇴하면 이렇게 갈 수 있음을 역력히 보여주는 살아있는 박물관 또는 교훈이라 믿어 의심치 않습니다.

사회적으로 볼 때, 중세시대의 여인들은 정말 힘들었던 시대였습니다. 단지 소유물에 불과했습니다. 교육은 기대할 수도 없었습니다. 늘 집에서만 지내고 남성의 노리갯감으로 살던 시대였습니다. 그래서 여인들은 늘 남자들에 의해 지배를 받았고 그들의 운명은 정해졌습니다. 중세시대는 철저하게 남성지배적 사회였습니다.

이런 혼란과 타락 가운데서도 촛불처럼 몸부림치며 신앙을 지키려고 했던 여인들을 소개하려는 것이 이 책의 첫 번째 관심입니다. 그들을 저는 '천상의 누이들'이라 부르고 싶습니다. 수많은 무명의 여인들이 1,000년 동안 살았겠지만 기록으로 다 남아 있지 못한 실정입니다. 남아 있는 기록을 통해 가능하다면 바르게 신앙생활하려 했던 여인들을 발굴하려고 노력했습니다.

36명의 여인들 외에 여러 인물들이 있지만 신앙생활과 밀접한 관계가 없다고 여겨 저자의 판단에 따라 생략한 경우가 가끔 있습니다. 솔직히 말씀드리면, 처음에는 42명의 여인들을 찾아 정리하였습니다. 그러다가 다시 편집하고 다시 정리하는 가운데 6명의 여인들을 마음이 아프지만 빼기로 했습니다. 그 이유는 신앙생활과 연관되어 큰 영향을 주지 않았다는 저자의 판단에 근거합니다.

역사적이고 성경적인 신앙! 특별히 일방적이고 전통적인 지침에만 치중되어 있는 한국교회 여인들은 실질적으로 많은 분야에서 활동하고 있습니다. 역사적인 여인들의 모습을 알고 있는지 아니면 모르고 있는지도 모를 정도로 전통적인 여인들의 행적을 그대로 답습하고 있다고 여겨집니다. 오히려 영적 갈망은 여인들이 남성보다 훨씬 더 많을 것입니다. 그러다보니 여러 가지 영적 혼란에 빠지는 경우도 있습니다. 누구를 모본으로 삼아야 할 것인지, 누구의 범례에서 벗어날 것인지를 가늠할 수 있는 지침이 요청됩니다. 이런 면에서 이 책의 필요성을 다시 한 번 느낄 수 있을 것입니다.

이 책의 두 번째 관심은 중세시대가 단순했던 초대교회시와는 달리 복잡하기 때문에, 또 현재 유럽의 나라들이 탄생하는 역사적 배경을 갖고 있기 때문에, 편집 형태를 대화체로 구성했을 뿐 아니라 당시의 역사적 상황을 가능하다면 덧붙였습니다. 예를 들면, 한 학생이 질문하면 교수는 그 질문에 응답하는 강의식 내용입니다. 학생은 교수의 강의 가운데서 의문되는

역사적 인물, 지명, 또는 사상을 물으면 그때마다 교수는 대답하여 독자들에게 소개되는 여인이 살았던 배경을 이해하도록 했습니다. 그것이 오히려 책을 복잡하게 만들지 않겠느냐는 염려도 있지만 그 걱정보다 독자들의 이해에 더 중점을 두었습니다. 마치 독자들이 강의실에서 강의를 듣는 것을 연상할 수 있도록 했습니다. 그리하여 조금이라도 독자들이 중세시대 교회를 이해하도록 돕고자 노력했습니다.

세 번째 관심은 중세시대의 사상들과 삶들이 나오기 때문에 다분히 로마 가톨릭적인 부분들이 많이 등장할 것입니다. 그래서 가능하다면 올바른 개신교 신학적 평가를 덧붙였습니다. 각 권마다 마무리 부분에 소개되는 여인들에 대한 간략한 신학적 평가를 개신교 입장에서 덧붙이게 됩니다. 그 이유는 여러 형태의 역사적 사실을 무비판적으로 독자들이 대하다보면 오히려 무질서한 신앙생활과 기독교 역사관을 가질 수 있을 것이라는 염려 때문입니다. 자칫하면 등장하는 여인들의 삶을 그대로 살아가고자 하는 아전인수(我田引水)로 해석할 수 있습니다. 그래서 저자는 주관적 평가이지만 가능하다면 공정하고 균형 있는 신학적 입장을 유지하려고 노력했습니다.

이 책을 집필하면서 가진 네 번째 관심은 저 자신에게서부터 나옵니다. 어릴 때 어머니의 손을 붙잡고 매섭게 추운 겨울에 예배당을 찾아 기도하러 갔던 기억을 되살려 봅니다. 무더운 여름이면 어머니와 함께 어두운 밤길을 걸으면서 예배당을 찾아 기도했던 기억도 잊을 수 없습니다. 낮에는 열심히 일하고 밤에는 하나님께 기도하는 어머니의 모습, 그 신앙을 이어받은 기도의 여성인 누님, 그리고 저의 사랑하는 아내를 기억합니다. 이분들을 생각해보면 이 책을 쓰지 않을 수 없었습니다. 이러한 모습은 그분들에게만 제한된 것이 아니라, 한국 아니 세계적인 현상이라 믿어 의심치 않습니다.

사회적으로, 교회적으로, 그리고 가정적으로 힘들게 살면서도 하나님 한 분만을 바라보며 살아가는 아름다운 여인들의 모습을 저는 증명하고 싶었습니다. 찾고 찾았고, 발굴하고, 그리고 이렇게 독자들에게 조심스럽게 소개합니다. "어떻게 하면 저렇게 거룩하게 살아갈 수 있을까?", "나라면 못할 것 같은데, 저 어려운 속에서 어떻게 굳건하게 신앙을 지키며 살아가지?"라는 도전을 제가 받은 것처럼 독자들도 함께 받았으면 하는 마음이 간절합니다.

이 책의 내용은 1권, 즉 「위대한 여인들의 발자취」와는 형식과 내용면에서 조금의 차이점이 있습니다. 첫째, 여인들의 구성면입니다. 초대교회사와는 다르게 중세교회는 기독교 국가이기에 순교자를 만나기 쉽지 않습니다. 오히려 타락한 교회에 대한 반응으로 여인들은 거룩한 삶을 찾기 위해 수도원적 삶을 택합니다. 그래서 '천상의 누이들'이란 말이 나오게 된 것입

니다. 신앙의 신비적인 측면이 많이 드러납니다. 두 번째 측면은 중세시대는 남성 못지않게 전사적인 측면을 가진 여인들도 있습니다. 실제로 전쟁에 참여할 뿐만 아니라 십자군에도 가입하여 전투에 직접 참여합니다. 그 비근한 예로서 15세기에 교회에 의해 화형을 당하는 '잔 다르크'를 들 수 있습니다.

그런데 이와는 달리 악녀도 등장할 것입니다. 독자들의 생각에 천상의 누이들에 걸맞지 않는 여인들이라고 여길 수 있을 것입니다. 교회의 정화와 순결을 위해 헌신한 여인들도 있었지만 교회의 타락을 조성했던 여인들도 있음을 나타내고자 했던 저의 의도입니다. 그 이유는 종교적 열정과 정치적 야망이 교회의 타락에 얼마나 큰 영향을 끼치는지 말하고자 하는 교훈적인 면이 강합니다. 그리하여 우리의 그릇된 면들을 살피고 바른 성경적인 삶을 살고자 하는 의도에서입니다.

그리고 「천상의 누이들」은 강의 형식인 동시에 사건과 인물에 관련된 사진들을 많이 수록했습니다. 어떻게 보면 복잡하게 보일 수도 있을 것입니다. 하지만 오히려 이해를 도우리라 믿어집니다. 교회사 공부를 위한 책이라고 여겨도 좋으실 것입니다. 단지 인물전이라기보다는 교회사에 나타난 여인들을 연대순으로 접하거나 만난다고 여기는 것이 좋을 것입니다.

아무쪼록 독자들은 여러 모습의 여인들을 보면서 자신의 여러 가지 측면을 바라볼 수 있기를 기대합니다. 그리고 자신의 모습과 비교하여 어떻게 하면 바르게 이끌어 갈 것인지에 대해 도전받기를 기대합니다. 강의 마무리에 소개되는 찬송과 말씀을 간혹 접할 것입니다. 독자들도 함께 마음속으로나 작은 소리로 불러보기를 정중하게 제안 드립니다. 제 자신이 여인들을 연구하고 쓰면서 떠올랐던 찬송이고 말씀이기 때문입니다. 그러면 두 배의 감동과 은혜가 있으리라 봅니다.

끝으로, 이 책이 나오기까지 위해서 기도해주신 모친, 누님, 그리고 아내에게 감사를 드립니다. 이 책을 위해 기도하며 격려해준 딸 보금과 아들 사무엘에게도 감사를 드립니다. 교정을 위해 바쁜 가운데서라도 짬짬이 시간을 내어준 임해준 님과 박주동 님 그리고 김형래 장로님께 감사를 드립니다. 겉표지 디자인을 위해 고심하며 애쓴 서요셉 님에게도 감사를 드립니다. 이런 모든 수고가 성 삼위 하나님에게 영광이 되기를 간절히 바랍니다. 겸허한 마음으로 나의 생명과 요새가 되시며 구세주이신 주님에게 이 책을 바칩니다.

미국, 버펄로 그로버
하얗게 눈 덮인 겨울 하늘을 바라보며
2006년 1월
라은성

CONTENTS

Irene

섭정 황후로 정권을 잡고 있던 781년 중엽부터 아이린은 성상파괴의 흐름을 저지시키고 성상숭배로 전환시키는 데 최전선에 나섰습니다. 성상숭배 정책에 따라 하나님의 말씀을 전파했고, 수도원들을 회복시켰고, 그리고 하나님의 찬양하는 소리를 자유스럽게 내도록 했습니다.

Ludmilla

루드밀라는 미엘린크에서 태어났습니다. 그녀는 보헤미아, 즉 현재 체코공화국의 선한 왕 벤세슬러스의 조모로도 잘 알려져 있습니다. 이교에서 개종하여 손자에게 영향을 끼치고 그 손자가 성자로 인정받는데 그리고 경건하게 살도록 영향을 주었습니다.

Athanasia

어느 날, 전신불수인 사람이 마티아스에게 찾아와서 무슨 구체적인 도움을 청했습니다. 마티아스는 자신이 덮고 있던 외투를 벗어 그의 어깨에 걸쳐 주었습니다. 그러자 전신 불수인 그의 몸이 회복되었고 깨끗하게 나았습니다.

Mary the Younger

슬픔이 어느 정도 가라앉자 그들은 시신을 목욕시키려고 했습니다. 시신을 옮기기 전에 그 시신에서 향기로운 냄새가 나서 온 방을 덮었습니다. 모두들 너무나 놀라워했습니다.

Thomais

토마이스는 정기적으로 가까운 교회당을 방문하고 기도하면서 이적도 행하게 되었습니다. 구약성경에 등장하는 사무엘의 모친 한나를 기억할 것입니다. 외롭고 힘든 경우에 하나님께 늘 기도했던 여인 말입니다.

Edith

짧은 생애동안 수도원장으로 있으면서 그녀는 수녀원 밖으로 거의 나가지 않았습니다. 화려한 외투를 입지 않고 청결한 외투를 선호했습니다. 수녀원에서 그녀는 자매들과 모친을 위해 누구든 하기 싫어 하는 일들을 도맡아 행했습니다.

Adelaide

아델라이데는 수녀는 아니었습니다. 역경을 겪으면서도 하나님을 신뢰하여 승리한 여인입니다. 이상적으로 모범적인 어머니상을 지닌 것도 아닙니다. 남편을 죽인 베렝제의 음모에서 벗어나려고 무난히 노력했던 여인이었습니다.

CONTENTS

Theophano

데오파노는 첫 남편 로마누스 2세를 살해하고, 두 번째 남편 니케포루스도 살해한 여인으로 그리고 바실 2세와 콘스탄틴 8세의 모친입니다. 정말 복잡한 관계를 갖고 있는 여인입니다.

Matilda

로마교황 그레고리 7세와 신성로마제국 황제 헨리 4세를 화해시키는데 노력한 투스카니의 여백작 마틸다는 이태리 투스카니의 후작의 딸이었습니다. 그녀는 성자도 아니고 교황도 아니면서 처음으로 베드로 성당에 묻힌 여인입니다.

Eleanor

부친의 유언에 따라 1137년 엘러놀은 로와르 강부터 피레네 산맥에 이르는 광범위한 소유지를 통합했던 루이 7세(1120-1180)와 결혼합니다.

Héloïse

40세가 된 아벨라르는 성 데니스 수도원에 있으면서 학문에 전념하게 됩니다. 그리고 그의 강의를 통해 많은 학생들이 다시 그를 찾아옵니다. 동시에 그의 강의 내용으로 인해 많은 적들도 만들게 됩니다. 아벨라르의 신학책들이 출간되자마자 그의 적들은 그의 삼위일체론 설명이 양태론을 주장하는 '사벨리안주의'라고 하며 이단으로 정죄합니다.

Clare

프란체스코의 죽음과 아울러 여러 수도원들이 청빈으로 시작했지만 부유하게 되어가는 것을 본 클라르는 몸이 매우 불편함에도 불구하고 자신의 수녀원만큼이라도 청빈을 지키기를 심히 원했습니다. 각 여인들은 외투 한 벌만 입도록 했습니다.

Gertrud

헬프타의 수녀들을 위해 게르트루드는 성경 구절들을 읽을 수 있도록 단순하게 했으며 성자들의 교훈들에 대한 저서들을 편집합니다. 그녀는 공직을 갖고 있지 않았지만 동료 수녀들에게 영적 조언자로 활동합니다. 서신을 통해 그녀는 수도원 밖에 있는 분들에게도 동일하게 조언의 활동을 합니다.

Marguerite

1288년에 이르러 마가렛은 라틴어로 「명상록」(Pagina Meditationum)을 쓰기 시작했다가 후에 평신도들이 읽기 쉽도록 다시 씁니다. 1294년에 이르러 그녀의 가장 대중적인 작품이 됩니다. 어느 카르투지오 선임자는 이 작품을 최고 지도자에게 보입니다. 그러자 너무나 좋은 내용임을 알고 그 지도자는 복사하여 널리 읽히도록 합니다.

Bridget

부정적으로 볼 때, 그녀는 '사랑으로 번민하는 과부', '권력에 눈이 먼 여인', '음모를 꾸미는 귀족부인', '북부출신의 미래 예언자' 등등의 별명이 붙는 여인입니다. 이따금 그녀는 '환상을 좇는 자', '신학자' 등등 긍정적으로 보는 견해도 있습니다. 브리지트는 자신이 직접 쓴 계시록과 많은 서신들을 통해 성자로 불립니다.

Catherine

캐서린은 우르반 6세에게 찾아가 교황직 '대 분열'을 마무리하기 위해 영적 협조를 마련할 것을 강력하게 호소합니다. 그녀가 시에나를 떠나기 전에 「대화집」을 쓰고 약 4백 개의 서신들을 씁니다. 교계는 더욱 혼탁해져 갔습니다. 그녀는 로마 교황청에 사악한 자들이 들끓는 것이 너무나도 마음 아팠습니다. 그래서 글을 써서 온 유럽에 영적 상황을 알려서 단일과 평화를 위한 길을 모색하는 수밖에 없었습니다.

Joan of Arc

그녀는 깃발을 들고 나아갔고 군사들은 그녀의 말에 힘을 얻어 성벽으로 올라가 싸워서 승리를 안았습니다. 114명의 사망자를 보고 안타까워 한 잔은 다시는 피를 흘리지 않기 위해 오를레앙 전투를 시작하기 전 프랑스 땅에 주둔하고 있는 영국 군인들을 향하여 물러갈 것을 권했습니다.

Teresa

테레사의 용모는 아름다웠습니다. 게다가 성품도 원만해서 많은 사람들을 이해하고 품에 안을 수 있었습니다. 그리고 매우 여성적이어서 바느질이나 집안일들을 잘 감당했습니다. 경건한 분위기에서 자라난 테레사는 성자들과 순교자들에 관한 이야기에 많은 호기심을 가지고 접했습니다.

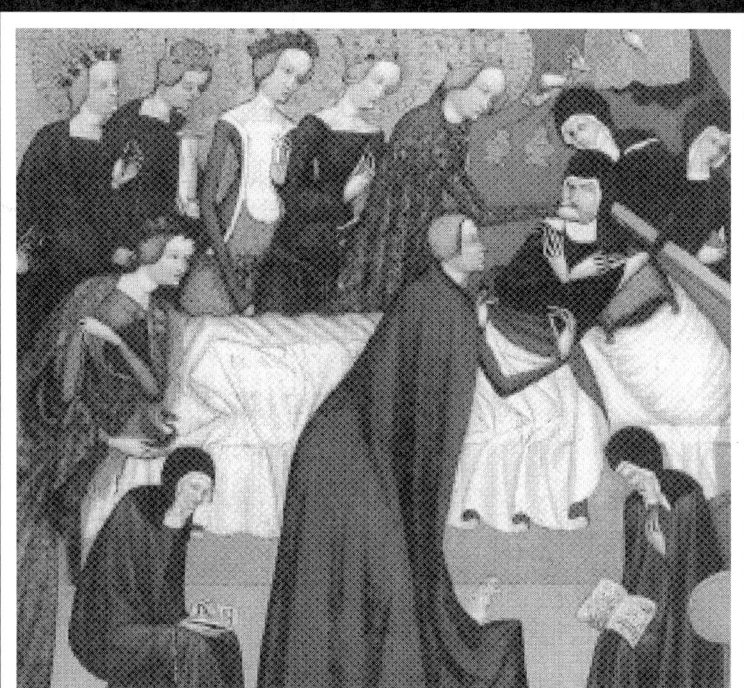

1 아이린 : 최초의 여황제

752-803년

아이린의 초상화

Irene

섭정 황후로 정권을 잡고 있던 781년 중엽부터 아이린은 성상파괴의 흐름을 저지시키고 성상숭배로 진흰시기는 데 최전선에 나섰습니다. 성상숭배 정책에 따라 하나님의 말씀을 전파했고, 수도원들을 회복시켰고, 그리고 하나님의 찬양하는 소리를 자유스럽게 내도록 했습니다.

아이린 Irene

■ 세상에서 가장 크고 위대한 로마제국의 권력을 휘두른 최초의 여인

"수많은 여인들이 살았겠지만 교회사에서 잊을 수 없는 악녀들 중 한 사람을 말하라면 '아이린'(Irene, 752-803)이라고 말할 수 있을 것입니다. 아이린은 황후, 섭정 왕으로서의 황제, 광신적 여성도, 그리고 살인자라는 명성을 갖고 있는 여인입니다."

"그런데 동방정교회에서는 아이린을 성녀로 추앙하고 있습니다. 흥미있는 일이죠? 이에 대한 답변은 이 장을 읽게 되면 알게 될 것입니다. 아무튼 아테네 출신의 아이린은 797년 비잔틴제국의 단독 지도자임을 주장하면서, 세상에서 가장 크고 위대한 로마제국의 권력을 휘두른 최초의 여인이었습니다. 역사상, 아이린은 이집트 여왕, 하트셉수트(Hatshepsut)와 러시아 황후, 캐서린 대제(Catherine the Great) 등과 같이 남성 주도의 왕조를 여지없이 무너뜨린 여인이었습니다."

"교수님! 방금 언급하신 두 여인에 대해서도 간략하게 말씀해 주실 수 있나요?"

"그럼요. 하트셉투스(1473~1458 B.C.)라는 여성은 이집트 18왕조의 다섯 번째 지배자였습니다. 그녀는 투트모세 1세와 아모세 여왕의 딸이었죠.

왕족이었던 그녀는 사촌인 투트모세 2세와 결혼하여 아들 투트모세 3세를 낳았습니다. 요즘은 친척과 결혼하는 것이 이해할 수 없는 일이지만 외국의 경우 특별히 왕족들 경우에는 그 혈통을 유지하기 위해 친척끼리 결혼하는 예가 있었습니다. 아무튼 그녀의 남편이 1479년 죽을 때 아들 투트모세 3세는 아직 어린 나이였습니다. 그래서 하트셉수트는 1473년까지 아들을 대신하여 이집트를 섭정했습니다. 그녀는 스스로 '파라오', 우리말 성경에는 '바로'라고 했는데, 스스로 왕이라 자칭했습니다. 특별히 그녀는 남성복장을 하고 다녔고, 대제사장 아문의 도움을 받아가면서 국가의 모든 업무들을 주재했다고 합니다. 1458년 아들이 복권을 요구하면서 모반하게 되자 그녀는 어디론가 도망쳐 사라졌다고 합니다. 언제 죽었는지 모르죠. 아무튼 그녀는 아이린과 유사한 점이 있습니다. 섭정 왕으로 지냈다는 면도 같겠고…"

"두 번째 여인 '캐서린 대제'(1729~1796)는 폴란드인 기독교인이었습니다. 1744년 왕후 엘리자베타 페트 로브나는 15세 된 아들 피터 페오도로비치의 신부로 캐서린을 러시아로 초청했습니다. 1745년 결혼한 캐서린은 이미 러시아어를 능통하게 구사했습니다. 그녀는 스스로 프랑스 철학자 볼테르와 같은 유명한 이들과 서신을 주고받으며 역사와 철학에 대한 견문을 넓혀나갔습니다. 그러다가 1762년에 황후에 오르면서 러시아제국을 발전시켜갔습니다. 그녀는 내부 정치적 계획을 단행했고, 오트만 터키제국과 두 차례나 전쟁을 하면서 러시아 남부지역을 확장하여 흑해까지 영토를 넓히기도 했습니다."

"어떻습니까? 정말 위대한 여인들이죠? 이러한 여인들 그룹에 들어가는 사람들 중 한 사람이 바로 아이린입니다. 앞서 말씀드린 대로 아이린

아이린

은 그리스 아테네에서 750-755년경 태어났습니다. 아이린의 사란타페코스 가문은 중앙 그리스에서 가장 탁월했던 가문이었습니다. 그래서 그녀를 '아테네 아이린'이라 부르기도 합니다. 그녀의 시아버지이며, 성상파괴주의자이며, 동로마제국, 즉 비잔틴제국 황제 콘스탄틴 5세(Constantine V Copronymous '거름이라 부름', 741~775)는 769년 장자 레오 4세(780년 사망)의 아내로 아이린을 미녀 대회에서 선출하여 며느리로 맞이했습니다. 얼마나 예뻤는지 황제의 눈에 들 정도였습니다. 아무튼 아이린은 탁월한 미모를 지닌 여인임에는 틀림이 없었습니다. 이렇게 미인대회를 통해 제국 부인을 선출하는 것은 8-10세기 초까지 모두 5차례나 있었습니다. 아마도 콘스탄틴 5세가 아이린을 택했던 것은 그녀가 지닌 미모와 함께 그녀의 배경, 즉 삼촌이 가진 군사적 배경 때문이었는지도 모르겠습니다."

"769년 11월 1일에 아이린은 비잔틴제국의 수도 콘스탄티노플에 도착하여 12월 17일에 17세의 나이로 레오 4세와 결혼했습니다…."

"교수님, 지금 '비잔틴 제국'이라고 하셨는데요, 조금 전에는 '동로마제국'이라고 언급하셨잖아요. 그러면 두 제국이 서로 다른 나라인가요? 아니면 같은 이름이라면 왜 그렇게 달리 불리는 것인가요?"

"좋은 질문입니다. 로마제국 황제 콘스탄틴 대제가 제국을 통일한 후

330년 수도를 로마에서부터 비잔티움으로 옮깁니다. 그리고 그 도시 이름을 자신의 이름에 따라 '콘스탄티노플'로 명명합니다. 그 후로부터 로마제국은 로마 시를 중심으로 한 서로마제국, 콘스탄티노플을 중심으로 한 동로마제국으로 분할되었습니다. 그러다가 서로마제국은 410년 시고트족의 지도자 알라릭에 의해 몰락되면서 역사 속에 사라졌다가 800년에 프랑크 제국이 '신성로마제국'이라는 이름으로 역사 속에 등장합니다. 한편 동로마제국은 1453년까지 존재하다가 오트만 터키족에 의해 멸망하고 맙니다. '비잔틴제국'이라는 이름은 동로마제국의 옛 이름을 따라 불렀던 이름으로 1557년 독일 역사가 히에로니무스 불프(Hieronymus Wolf, 1516~1580)에 의해 처음으로 사용됩니다. 참 좋은 질문이었습니다!"

"콘스탄티노플의 미인대회에서 선출된 아이린은 황제의 아들 레오 4세와 결혼합니다. 그들 부부는 771년 1월 14일 아들을 낳아 그의 조부의 이름을 따라 콘스탄틴 6세라 불렀습니다. 4년 후, 775년 8월 콘스탄틴 5세는 세상을 떠나게 되었고, 그녀의 남편 레오 4세가 25세의 나이로 황제직을 이었습니다. 아이린의 시아버지며 레오 4세의 부친인 콘스탄틴 5세는 자신의 부친 레오 3세로부터 강력하게 시행된 성상파괴를 주도했던 자였습니다. 그리고 레오 4세도 부친처럼 성상파괴론자였습니다. 불행하게도 레오 4세는 780년 9월에 이른 나이에 세상을 떠납니다. 세상을 떠나기 직전, 그는 부친처럼 강력한 성상파괴 정책을 폈습니다. 이 정책으로 인해 아이린과 레오 4세는 부부갈등을 늘 빚었습니다. 왜냐하면 아이린은 성상숭배론자였고, 레오 4세는 성상파괴론자였기 때문입니다."

"교수님! '성상파괴론'이란 무엇입니까? 그것이 그렇게 중요한 것이었습니까?"

"그럼요! 교회사에서는 여러 논쟁이 있었습니다. 4세기에는 삼위일체론 논쟁, 5~6세기에는 단성론 논쟁과 펠라기안 논쟁, 7세기에는 단일의지론 논쟁, 그리고 8~9세기에는 성상파괴 논쟁입니다."

"이러한 논쟁을 보다 잘 이해하기 위해 어떤 책을 참고하는 것이 좋을까요? 특별히 추천하고픈 책이 있으면 말씀해 주시겠습니까?"

"여러 권들이 있는데 대체적으로 '초대교회사'라는 제목의 책들을 읽는 것이 좋고요. '교리사', '신학사'라는 책을 읽게 되면 자세히 알 수 있습니다. 보다 쉽고 재미있게 읽으시려면 「라은성 교수의 교회사 맥(脈)잡기로, 중세교회사」라는 책을 읽어봐도 좋습니다."

"계속하여 '성상파괴 논쟁'에 관해 간략히 말씀을 드리겠습니다. '성상파괴논쟁'(iconoclastic controversy)은 8~9세기에 걸쳐 비잔틴 제국에서 일어난 종교적 형상숭배에 대한 논쟁을 말합니다. '성상파괴자들'(iconoclasts)은 구약성경의 계명(출 20:4)을 들어 여러 가지 이유로 어떤 형상이라도 숭배하는 것을 거절했습니다. 이에 반해 '성상숭배자들'(iconodules)은 상징적인 의미로서 경건에 도움이 된다고 하여 성상숭배 또는 형상숭배를 주장했습니다."

"성상파괴 논쟁은 726년 동로마 제국 황제 레오 3세(795~816) 때부터 시작됩니다. 그는 730년 성상을 숭배하는 것을 공식적으로 금지시켰습니다. 이러한 정책은 그의 아들 콘스탄틴 5세(741~775) 때도 그대로 이어졌습니다. 하지만 아이린 황후가 정권을 잡으면서 양상은 달라지기 시작했죠. 그녀는 남편과는 달리 성상숭배론자였기 때문입니다."

"787년 니케아에서 개최된 7차 범종교회의에서 성상숭배를 결정했습니다. 하지만 814년 레오 5세가 등극하면서 성상파괴자들은 다시금 힘을 얻게 되었습니다. 그래서 815년 성상사용은 금지되었습니다. 또 반전이 되어 843년 동로마제국 황제 데오필루스가 죽으면서 과부가 된 그의 아내가 성상숭배를 주장하였습니다. 그래서 동방교회는 지금까지 성상숭배를 정당히 여기고 있습니다."

"아이린이 성상숭배를 주장했다는 면에서 볼 때 동방정교회는 그녀의 업적을 기릴 수밖에 없는 거죠. 당연히 그녀를 '성녀'(聖女)로 볼 수밖에요. 과연 아이린을 성녀로 볼 것인가는 좀 더 지켜봐야 합니다."

"아이린의 남편 레오 4세는 병약한 자였기에 황제직에 몇 개월 있지 못하고 780년 9월 8일 세상을 떠나고 맙니다. 겨우 10세인 아들 콘스탄틴 6세가 황제가 되었지만 정치하기에는 너무 어린 나이였기에 아이린이 아들을 대신하여 섭정 황후가 되려고 했습니다. 콘스탄틴 6세의 삼촌 시저 니케포루스는 아이린의 계획을 반대하면서 반란을 일으켰습니다. 하지만 정치력이 뛰어난 아이린은 자신의 능력을 십분 발휘하여 섭정 황후가 되었습니다."

그리스도의 형상을 파괴하는 성상파괴론자들

"단순히 섭정한다는 의미를 넘어서서 아이린은 자신을 아들과 함께 공동 치리자로 여겼습니다. 그녀는 발행되는 최초의 동전에 천체를 잡고 있는 자신의 모습을 새겼지만 아들의 형상은 새기지 않았습

아이린이 새겨진 동전

니다."

"아이린은 비잔틴제국, 즉 동로마제국이 '성상논쟁'으로 심각하게 의견 분열이 생겼을 때 제국을 다스렸습니다. 781년 아이린은 아들 콘스탄틴 6세를 위해 서로마제국 황제 샤를마뉴의 딸 로트루드를 며느리로 삼으려고 했습니다. 신성로마제국 황제 샤를마뉴 대제의 부친 페핀 3세는 레오 4세에게 자신의 딸 지젤라와 약혼 시킨 적이 있었지만 결혼은 이뤄지지 않았습니다. 이번에는 달랐습니다. 로트루드를 프랑크에서 데리고 온 아이린은 동로마제국의 관습과 그리스어에 익숙하도록 내시 엘리사이오스를 시켜 교육시켰습니다."

"섭정 황후로 정권을 잡고 있던 781년 중엽부터 아이린은 성상파괴의 흐름을 저지시키고 성상숭배로 전환시키는데 최전선에 나섰습니다. 성상숭배 정책에 따라 하나님의 말씀을 전파했고, 수도원들을 회복시켰고, 그리고 하나님을 찬양하는 소리를 자유스럽게 내도록 했습니다. 이런 일을 위해 성상숭배는 매우 중요한 도구가 되었습니다."

"동시에 여성의 위치도 강화시켰습니다. 수도사들과 여성들은 전통적으로 성자들의 유골들과 성상들을 가장 열정적으로 숭배했던 자들이었습니다. 그래서 수도사들과 수녀들은 성상파괴 정책의 가장 큰 피해자이기도 했습니다. 성상파괴자들에게 어려움을 당했던 수도사들과 수녀들에게 아이린은 많은 보상을 베풀고 수도원 운동을 장려하여 성상을 숭배하도록 장려했습니다."

"이러한 그녀의 종교적 열정은 마침내 콘스탄티노플 대주교를 선출하는 데까지 간섭하기에 이르게 됩니다. 784년 당시 콘스탄티노플의 대주교로서 존경받던 바울이 몸이 불편하여 수도원으로 물러나게 되었습니다. 그는 원래 범종교회의를 개최하여 성상파괴주의를 전멸시키려는 정책을 결정하려고 했습니다. 그가 3개월 동안 수도원에 거하고 있을 때, 아이린은 바울의 후계자를 성직자도 아닌 타라시우스를 선출하고 원로원들, 성직자들, 시민들의 확언을 얻어내었습니다. 그리고 784년 12월 25일 대주교직을 그에게 맡겼습니다."

콘스탄틴 5세와 레오 4세가 새겨진 동전

"아이린이 시키는 대로 수도원적 정책을 펴는 타라시우스는 785년 8월 로마감독 또는 로마 교황 하드리안에게 서신을 보내어 성상숭배를 고백할 것을 권했습니다. 동시에 아이린도 교황에게 부탁하여 범종교회의에 참석할 사절단을 보내도록 부탁했습니다. 또 타라시우스는 안디옥과 알렉산드리아 대주교와 연락을 취하여 범종교회의를 개최하자고 제안했습니다. 로마 교황 하드리안은 평신도가 대주교직을 맡는 것이 잘못되었다고 지적하였습니다. 그래서 사절단을 콘스탄티노플로 786년 8월에 보냈습니다. 하지만 성상파괴자들이 사절단을 위협하면서 강력하게 반대하자 786년에 개최하려고 했던 범종교회의는 무산되고 말았죠."

"그러자 아이린은 성상파괴론자들을 도시에서 추방시키고 그 군대들을 아랍인들 진투에 보냈습니다. 그런 후 보다 세심한 주의를 하면서 개최지를 콘스탄틴노플이 아닌 다른 장소로 옮겼습니다. 그리고 나음 해인 787년 5월 니케아에서 7차 범종교회의를 자신의 주도 하에 개최하였습니다. 그 회의에 모인 365명의 감독들은 성상파괴론을 거부하고 그것을 지지하는 세 명의 대주교들을 파문하였습니다. 이 종교회의 마지막 회기에서 아이린은 사회를 볼 정도로 많은 영향을 끼쳤습니다. 그래서 사람들은 그녀를 가리켜 '새로운 콘스탄틴'(New Constantine) 또는 '새로운 헬레나'(New Helena)라고 부를 정도였습니다. 그리고 다음과 같이 성상숭배에 대한 정의를 내렸습니다."

> 존경하고 거룩한 형상이 존경과 생명을 주는 십자가의 형태처럼 세워져야 한다고 정확하고 매우 조심스럽게 정의를 내립니다. 아름다운 돌들과 색깔들을 한 다른 물체가 거룩한 하나님 교회에 있는 것처럼 말입니다.… 그 형상은 우리 주와 하나님, 구세주 예수 그리스도, 우리의 영원한 여인인 하나님의 거룩한 모친, 영예를 받아야 하는 천사들, 그리고 거룩하고 경건한 모든 사람들에 대한 것입니다. 그림으로 그들이 드러나 보이면 보일수록 그들을 바라보는 자들은 원형들의 모습을 기억하고 그들에 대해 인사와 경배를 드리고 싶은 마음이 우러나올 것입니다. 하지만 신적 속성에만 알맞은 우리의 믿음의 참된 예배는 아닙니다. 하지만 고대인들의 관습처럼 향과 촛불과 더불어 존경하는 십자가와 생명을 주는 십자가의 형태, 거룩한 복음서들, 그리고 다른 거룩한 것에게 경배를 드릴 수 있습니다.

"상상해보시기 바랍니다. 판정이 났을 때 나타나는 환호성과 그 기쁨은 말할 수 없을 것입니다. 이제 제국 곳곳마다 무너진 성상들이 세워졌습니다. 의식이 거행되고 예배가 행해지면서 대대적인 모임들과 축하가 이어졌을 것입니다."

"이러는 가운데 아이린의 아들 콘스탄틴 6세는 16세가 되었습니다. 그는 788년 프랑크제국 황제 샤를마뉴의 딸과 결혼 계획을 취소하였습니다. 그리고 아내를 찾기 위해 모친을 선출한 것처럼 미녀대회를 개최하며 많은 곳을 방문했습니다. 이렇게 하여 선출된 여인의 이름은 암니아의 마리

7차 빔종교회의 모습

아였습니다. 그리고 콘스탄틴과 마리아는 같은 해 788년 11월에 결혼했습니다."

"샤를마뉴와의 연맹을 이루지 못한 아이린은 아랍인들과 불가리아 사람들의 위협에 대처해야만 했습니다. 위기에 처한 아이린은 두려워하기 시작했고, 그런 가운데 자문위원들과 장관들이 모함하여 아들의 황제직을 반대하고 자신의 정권을 지지하도록 하였습니다. 이에 화가 난 황제 콘스탄틴 6세는 다른 사람들과 공모하여 아이린을 지지하는 지도자인 스타우라키우스를 체포하고 시실리 섬으로 유배시키고 맙니다. 이렇게 하여 모자(母子) 간에 벌어진 갈등은 황제권 쟁탈전으로 이어졌고, 결국 콘스탄틴 6세가 황제직을 장악하게 되었습니다."

"792년 황제 콘스탄틴 6세는 모친을 용서하고 다시금 그녀가 황후직을 행사하도록 허용했습니다. 역시 피는 물보다 진했던 것 같습니다. 그런데 이해할 수 없는 것은 되돌아온 아이린이 여전히 제국을 손아귀에 넣어 지배하기를 원했다는 것입니다. 결국 그녀는 몇 년 동안의 음모를 꾸며 아들을 내쫓았습니다. 콘스탄틴 6세는 모친의 간계를 알아차리고 콘스탄티노플에서 근위대를 강화시켰지만 때는 이미 늦었습니다. 정말 이해되지 않습니다. 아들이 모친을 살해하는 경우는 보았지만 자신을 용서한 아들에 반대하여 음모를 꾸미는 모친은 정말 보기 힘든 경우입니다."

"아무튼 아이린의 군사들이 콘스탄틴 6세를 붙잡고 궁으로 데리고 가자 그녀는 27년 전 아들이 태어났던 그 침대에서 두 눈을 뽑으라고 명을 내렸습니다. 얼마 후 콘스탄틴 6세는 죽고 말았습니다. 이것은 너무한 것 아닙니까? 해도 해도 너무합니다. 음모를 꾸미고 황제직을 빼앗는 것도 인륜으로 있을 수 없는 일인데 이제는 아들의 두 눈을 뽑도록 명을 내리고 죽게 하다니…정말 무서운 여인입니다. 자신의 신앙을 위해 아들까지 죽도록 하는 야심 많은 여인입니다. 이런 여인을 두고 '성녀'(聖女)라 부르는 것은 이성으로 이해할 수 없죠. 그렇지 않습니까?"

"다시 단독으로 제국을 다스리게 되었지만 아이린은 황제 칭호를 받을 수는 없었습니다. 왜냐하면 로마제국의 전통이 그렇지 않았기 때문이죠. 아무튼 교황 레오 3세는 이런 저런 이유를 들어서 합법적으로 샤를마뉴를 로마제국의 황제로 임명할 수 있었습니다. 그래서 800년 교황 레오 3세는 프랑크 제국 황제 샤를마뉴를 신성로마제국의 황제로 임명했습니다. 서로마지역에 로마제국이 다시 탄생한 것입니다. 더욱이 비잔틴 제국을 로마 세계로부터 공식적으로 제외시키는 의미도 담고 있었습니다."

"다시 정권을 장악한 아이린은 성공적으로 정치하기 어려웠습니다. 자신의 행정관들과 군인들은 그녀에게 절대 복종을 나타내지 않았습니다. 황후는 세금까지 감면해 보면서 노력했지만 경제는 날로 어려워져만 갔습니다. 그래서 그녀의 고위 당직자들은 모반을 꾸며 니케포루스를 보좌에 앉혔습니다. 황제가 된 니케포루스는 아이린을 그녀의 궁에서 살 것을 허용했습니다. 재물을 갖고 있는 동안 그녀는 대우를 받았지만 재물들이 황제에게 반납되자 아이린은 터키의 서부 해안 에게해에 있는 레스보스 섬으로 유배를 당하고 밀있습니다. 그녀는 803년에 그곳에서 죽습니다. 성상숭배를 위한 그녀의 투쟁의 공로를 인정하여 그리스 교회는 아직도 그녀를 성녀로 보고 있습니다."

"아이린을 보면서 느끼는 것은 종교적 열정, 아니 광신이 무섭다는 것입니다. 불타는 야망과 함께 살인도 주저하지 않는 신앙은 신앙이 아니라 맹신이고 광신일 것입니다. 순교적 열정이 누구를 위한 것인지 궁금하지 않을 수 없습니다. 오늘 중세시대에 첫 여인으로 무시무시한 여인이며 야심에 가득 찬 여인을 보면서 이 책을 시작해 봅니다."

2 데오도라 : 순결한 누이

812~892년

데오도라의 모습

Theodora

데오도라의 오빠는 교회 집사였고, 언니는 수녀였습니다. 7세 때 모친을 잃은 데오도라는 양모에 의해 철저하게 신앙교육을 받았습니다. 특별히 성경과 시편을 읽는 법을 배웠고 경건하게 살아가도록 훈련을 받았습니다.

Theodora

■ 자녀들과 남편을 잃고 역경과 폭풍우 속에서 견실하게 하나님을 믿고 살아간 여인

"이제는 무시무시하고 야망에 가득 찬 여인 아이린을 떠나 분위기를 바꾸어봅시다. 이 책의 제목에 어울리는 '천상의 누이'를 만나보도록 합시다. 자녀들과 남편을 잃은 오늘의 여인은 역경과 폭풍우 속에서라도 견실하게 하나님을 믿고 의지했습니다."

가. 시노바이트

"오늘 우리가 살펴볼 존귀한 여인 데오도라(Theodora of Thessalonica 또는 Thessalonike, 812~892)는 한 마디로 천상의 누이였습니다. 어릴 때부터 그리스도를 진정으로 사랑하고 싶었고 실제로 사랑했던 여인이었습니다. 그 사랑 때문에 세상에 있는 그 무엇도 그분보다 더 사랑할 수 없었기에 세상 모든 것을 부인할 수밖에 없었습니다. 데오도라를 통해 우리는 마치 주님을 온전히 사랑하기를 원했던 '마더 테레사'를 보는 듯합니다."

"데오도라는 이집트에서 시작되었으며 공동체 생활을 하는 '시노바이트' 은자회에 가입하여 그곳의 수녀가 되었습니다. '시노바이트'라 함은 고독하고 외로운 삶을 사는 은자나 여성 은자와는 조금 다른 종교직 공동체의 일종입니다…"

"교수님! 지난번 「위대한 여인들의 발자취」에서 보면 수많은 여인들이 수녀로 살았잖아요. 그렇다면 여러 수도회가 있는 것 같아요. 이 책에 등장하는 여인들이 속하게 되는 수도회도 있을 것인데요. 그럼 방금 말씀하신 '시노바이트' 수도회란 어떤 성격을 가지고 있는 수도회인가요?"

"'시노바이트'~ 예, 시노바이트 수도회는 약 318년 동방교회의 파코미우스(Pachomius, 292~346)에 의해 이집트에서 조직된 수도회를 말합니다. 파코미우스라는 분은 이집트 데바이드에서 292년 경 태어나신 분입니다. 20세 때 서로마제국 황제 막시미안 다이아 밑에서 군인으로 활약하다가 포로가 되었습니다. 그곳에서 기독교인의 친절과 봉사에 감명을 받게 됩니다. 포로에서 석방된 후 개종하여 세례를 받고 팔레몽이라는 은자를 찾아가 10년간 금욕생활을 합니다. 팔라몽이라는 분은 사막의 은자로서 최초의 사막의 은자라 불리는 '안토니'의 제자였죠. 10년 간 팔라몽 밑에서 훈련 받은 후 그는 따로 나와 318년 경 나일 강 상류지역 타베니시에서 처음으로 은자들의 공동체를 설립합니다. 그는 자신에게 모여드는 수도사들을 위해 규율을 만들어 가르쳤습니다. 이후 수도원 제도를 확립하는 동방교회의 대 바실과 서방교회의 베네딕트에게 큰 영향을 끼치게 됩니다."

"그럼, 교수님! 시노바이트 수도회를 말씀하셨는데요. 좀 더 구체적으로 수도원 운동이라고 말할 때 우리는 어떤 개념을 갖고 읽는 것이 좋을까요?"

"필립 샤프(Philip Schaff, 1819~1893)라는 역사학자는 수도원 운동의 발전을 다음과 같이 네 시대로 구분하고 있습니다."

1. 단순히 교회를 떠나서 조직도 없이 지내며 금욕적으로 살았던 시대로서 이때는 니케아 이전 시대(325년)였습니다. 당시의 수도사들은

교회에 속한 성직자들이었습니다.

2. 은자적 삶이었습니다. 4세기부터 주로 일어났는데 금욕적 삶이 구체적으로 드러났던 시대라 할 수 있습니다. 이들의 모본은 구약성경의 엘리야나 신약성경의 세례 요한이었습니다. 이 시내에 해당되는 인물은 데베스의 은자 바울과 안토니입니다.

은자(隱者)들이 살았던 타베니시 사막

3. 시노바이트주의 또는 은둔적 삶을 사는 수도사들의 모임이 이루어진 시대라 말할 수 있습니다. 신약성경에 등장하는 세례 요한이 속했다고 하는 에세네파와 같은 금욕적 단체를 본받아 이집트에서 시작하여 후에는 서방교회 수도원운동의 아버지라 불리는 베네딕트에게 영향을 끼치게 됩니다.
4. 수도회입니다. 수도회란 수도사들이 모이는 건물인 수도원들이 하나의 통치와 규율을 받는 것을 말합니다. 한 수도회 아래에 수많은 수도원들이 속해 있습니다. 이런 모습은 중세시대에 접어들면서 활발하게 됩니다.

"그럼, 수도회, 수도원, 그리고 은자를 구별해서 이해해야 하겠네요."

"그렇습니다. 은자는 수도회가 있기 전에, 즉 공동체 생활하며 훈련받는 수도원 운동이 있기 전에 있었던 3~4세기의 수도사들을 말합니다. 그러한 은자들은 혼자 외롭게 시냅니다. 그들이 공동체 생활을 하게 되었습

11세기의 몽트 카시노 모습

니다. 그것이 질문하셨던 '시노바이트'를 말합니다. 그러다가 건물을 짓고 공동체 생활을 하면 수도원이 되죠. 그러한 수도원들이 모이면 수도회라고 합니다. 어때요. 조금이라도 이해되었으면 합니다만."

"수도사라는 말이 우리나라에서는 '스님'을 말하지 않습니까?"

"예, 그렇습니다. 그렇게 보아도 좋습니다."

"아무튼 모여든 수도사들을 위해 시노바이트 공동체를 창설한 파코미우스는 지침이 필요했습니다. 그래서 당시에 동방교회에서 존경받는 대 바실(Basil the Great, 329~379)이 만든 '규율'을 조금 수정 · 보완하여 사용하였습니다. 서방교회에 소개된 것은 340년 정통 니케아 신앙을 고수하는데 고군분투한 교부 아타나시우스(Athanasius, 298~373)가 로마를 방문하면서부터였습니다."

"감사합니다. 교수님. '대 바실', '아타나시우스', 또는 '베네딕트'라는 사람들이 등장하는데 간략하게나마 소개해 주실 수 있나요? 왜냐하면 생소한 이름들이 나타나면 읽기가 매우 부담스럽거든요."

1) 바실

바실의 모습

"먼저 바실(약 330~379)이라는 분은 「위대한 여인들의 발자취」의 14장에 등장하는 '마크리나'의 남동생입니다. 동방교회의 지도자로서 카이사리아 감독이었습니다. 그는 이단 아리안들이 그리스도의 신성을 부인하고 무리를 지어 광란을 일삼을 때 정통 삼위일체 신앙을 고수했던 분이죠. 남동생 그레고리, 친구 그레고리와 함께 정통신앙을 고수했던 인물입니다. 그는 경건하게 살고자 하여 '규율'을 만들었습니다. 그래서 수도사들이 어떻게 생활하며 무엇을 배워야 하는지를 가르쳤던 것이죠. 그래서 동방교회 수도원 운동을 체계화 시킨 분이며 서방교회의 수도원 운동을 시작한 베네딕트에게 영향을 주게 되었죠."

2) 아타나시우스

아타나시우스의 모습

"그리고 두 번째 인물인 아타나시우스(약 297~373)는 그야말로 위대한 인물이 아닐 수 없습니다. 그는 북아프리카 알렉산드리아 감독이었죠. 당시 알렉산드리아는 알렉산더가 이룩한 계획도시로 매우 학문적인 도시였습니다. 그런데 아리우스라는 자가 그리스도의 신성을 부인하면서 가르치자 그것에 반대하여 325년 1

차 범종교회의에 참여하여 삼위일체 정통신앙을 고수했던 분이십니다. 그런데 이단으로 정죄 받은 아리우스는 정치력을 사용하여 아타나시우스를 20년 동안 6차례나 추방시켰습니다. 하지만 굴하지 않고 정통신앙을 계속 고수한 분이십니다. 그래서 그를 가리켜 역사는 '세상에 대한 아타나시우스'라고 합니다. 쉽게 말하면, 세상이 감당치 못하는 아타나시우스라는 말이죠. 이 분이 추방을 당하면서 위대한 사막의 은자 '안토니의 생애'를 써서 어거스틴에게 큰 영향을 주게 됩니다."

누르시아의 베네딕트

3) 베네딕트

"끝으로 베네딕트(547년 사망)는 이태리인으로 흔히 '누르시아의 베네딕트'라 부릅니다. 그로 인해 바실의 영향을 받아 서방교회, 즉 라틴어를 사용하는 서방지역에서 수도원 운동이 시작됩니다. 그는 529년 이태리 '몽트 카시노'에 최초의 수도원 건물을 짓습니다. 그리하여 수많은 수도사들을 훈련시켜 선교활동에 큰 영향을 끼칩니다. 그가 만든 '규율'은 지금까지도 수도사들의 교과서로 사용되고 있습니다."

나. 생애

"좀 긴 설명이 있었는데요. 데오도라를 보다 잘 이해하기 위한 것이라 여기시면 좋겠네요. 수업시간에 질문하는 학생을 미워해 본 적이 있으세요? 더 듣고 싶은데 쓸데없는 질문을 하는 경우 말입니다. 하지만 지금의 경우는 꼭 필요한 질문들이었습니다."

"데오도라는 –이 책 6장에 등장하는– 아타나시아처럼 아테네와 고린도 근교에 있는 에게니아 출신이었습니다. 부친 안토니는 사제로서 후에 수도원적 삶을 택했던 분이었습니다. 모친 크리산테는 남편과 조상들의 영예를 따라 선행을 행하려고 부단히 노력했습니다. 그래서 금식과 금욕으로 살던 모친은 늘 몸이 연약했습니다. 그래서 일찍 세상을 떠나고 말았습니다. 데오도라의 오빠는 교회 집사였고, 언니는 수녀였습니다. 7세 때 모친을 잃은 데오도라는 양모에 의해 철저하게 신앙교육을 받았습니다. 특별히 성경과 시편을 읽는 법을 배웠고 경건하게 살아가도록 훈련을 받았습니다."

"그런 가운데 이슬람교의 사라센들이 에게니아 섬을 공격하고 약탈했습니다. 대부분의 섬 주민들은 감옥에 갇히거나 그들의 칼에 희생되었죠. 정말 끔찍한 일을 그녀는 경험하게 됩니다. 오빠도 사라센들의 공격으로 죽게 되자 삼촌의 권고를 따라, 그녀는 친척들이 아이카테린과 안토니가 살고 있는 데살로니카로 부친과 남편과 함께 이주하게 됩니다. 그들은 그곳에서 데살로니카 대주교를 섬기게 됩니다."

1) 데살로니카

"데살로니카는 평화롭고 조용한 곳이었습니다. 하지만 당시 비잔틴제국, 즉 동로마제국은 성상파괴 논쟁으로 매우 시끄러웠습니다. 아이린(1장)을 읽으면서 기억하실 것입니다. 성상파괴 논쟁에 관한 것 말입니다. 이것에 환멸을 느낀 부친은 보다 조용한 곳으로 물러가서 살기를 원했습니다. 그곳에서 하나님과 은밀한 관계를 맺으며 살기를 원했던 것이죠. 자연 속에서 자유로운 삶을 지내면서 금욕적인 경건을 행하며 살았습니다. 이와는 달리 남편과 데오도라는 도시에서 살기로 정했습니다. 부부는 슬하에 세 자녀가 있었습니다. 둘째와 셋째는 태어난 지 얼마 되지 않아 세상을 떠났습니다. 자녀를 잃은 슬픔이 매우 컸지만 생존하는 자녀와 남편을 위한 헌신이 더 중요하다고 생각한 그녀는 다음과 같이 하나님께 기도드리게 됩니다."

저는 성령님께서 하신 말씀을 기억합니다. '각 남자의 머리는 그리스도요 여자의 머리는 남자요 그리스도의 머리는 하나님이시라.'(고전 11:3) '눈이 손더러 내가 너를 쓸데없다 하거나 또한 머리가 발더러 내가 너를 쓸데없다 하거나 하지 못하리라. 이뿐 아니라 몸의 더 약하게 보이는 지체가 도리어 요긴하고 우리가 몸의 덜 귀히 여기는 그것들을 더욱 귀한 것들로 입혀 주며 우리의 아름답지 못한 지체는 더욱 아름다운 것을 얻고 우리의 아름다운 지체는 요구할 것이 없으니 오직 하나님이 몸을 고르게 하여 부족한 지체에게 존귀를 더 하사 몸 가운데서 분쟁이 없고 오직 여러 지체가 서로 같이하여 돌아보게 하셨으니.'(고전 12:21~25) 그리하여 저는 보잘것없고 미약한 부분이지만 남편과 남은 자녀를 동일하게 돌봐야 한다고 여깁니다. 저는 당신을 더욱 존경하는 머리로 섬길 것입니다. 둘째와 셋째의 상실로 우리는 매우 깊은 슬픔에 빠져 있습니다. 하지만 하나님께 감사를 드립니다. 그들을 우리가 바라는 곳으로 데리고 가심을 감사드립니다. 모든 사람들은 하나님께 첫 열매를 바치는데 우리는 우리의 자녀들을 첫 열매로 하나님께 드린 것입니다. 이제 한 자녀를 두셨으니 감사할 따름입니다. 그리스도께서 다른 두 자녀의 삶을 합하여 이 자녀에게 함께 하시기를 바랍니다. 이 자녀도 하나님께 온전히 드려지는 아이가 되기를 바랍니다.

"이러한 기도를 들은 남편은 그녀에게 말합니다."

오~, 나의 사랑하는 아내! 데오도라여! 당신은 정말 존귀한 마음을 가지셨습니다. 당신의 조언은 정말 귀합니다. 우리 마음을 같이하여 그 꿈을 이뤄가도록 노력합시다. 그리고 지체하지 맙시다.

"그들은 서로 두 손을 꼭 잡고 딸을 팔에 안고 성 누가 성당으로 가서 그녀를 친척인 아이카테린에게 드렸습니다. 그리하여 그 도시의 대감독 아래서 자라도록 했습니다. 딸은 다른 수녀들과 함께 지냈습니다. 자녀를 마지막으로 떠나 보내면서 그녀의 눈을 보며 데오도라는 이렇게 말합니다. 마치 사무엘의 모친 한나의 심정처럼 말입니다."

> 주님! 육체로 거룩한 동정녀에게서 태어나신 주님! 아브라함의 희생을 받으신 주님! 이 아이가 사무엘처럼 당신 앞에서 순전하게 자라가기를 간절히 소망합니다. 이 아이가 태어나기 이전부터 주님께서 아실 줄 믿습니다.

"집으로 되돌아온 부부는 하나님을 찬양하며 간절히 기도했습니다. 설상가상으로 그 후 며칠이 되지 못하여 남편은 주님의 부르심을 받았습니다. 며칠을 슬퍼한 데오도라는 모든 세상의 일들에 대해 관심을 가지지 않게 됩니다. 아니 싫었습니다. 하지만 기도하는 가운데 남편의 상실을 슬픔으로 받아들이지 않기로 마음 굳게 먹었습니다. 이런 일이 발생했을 때 그녀의 나이는 겨우 25세였습니다. 우리말로 하면 청상과부라 하겠죠. 하지만 데오도라는 자신의 삶을 절망적으로 보지 않았습니다."

2) 수녀의 삶

"자리에서 일어나 데오도라는 존경받는 친척 안나와 함께 거하기로 마음을 먹고 스티븐 수녀원으로 들어갔습니다. 어느 날 안나에게 이렇게 말했습니다."

> 존경받는 어머니! 저를 불쌍히 여겨주십시오. 저는 이생에서 역경의 폭풍 속을 헤쳐 나왔습니다. 이제 슬픔의 파도를 지나 기쁨을 발견했습니다. 저를 물리치지 마시고 수녀들이 행하는 천사적 삶을 살도록 허락해 주십시

오. 얼마 전에 하나님께 딸을 바친데 이어 이제 저를 하나님께 바칩니다. 부디 저를 불쌍히 여겨 주십시오.

"이 말은 듣고 감동을 받은 안나는 다음과 같이 대답했습니다."

저는 당신을 어릴 때부터 잘 알고 있습니다. 당신은 저의 친척이며 저의 자녀와 다름이 없습니다. 당신을 저의 뼈 중에 하나로 받아들일 것입니다. 수녀의 반열에 곧 등록하실 필요는 없습니다. 당신의 마음이 사탄에 의해 시험을 받는 조금의 기간이 필요합니다. 수녀원에 거하시면서 하나님의 뜻이 무엇인지 찾기를 바랍니다. 수도원적 관습을 당신과 함께 나눌 수 있어 매우 기쁩니다.

"그러자 데오도라는 다음과 같이 말했습니다."

지금 곧 저를 수녀로 등록시켜주시기를 간절히 소망합니다. 그렇지 않으면 심판 날에 당신이 저에 대해 책임 있는 답변을 하셔야만 할 것으로 사료됩니다.

"이 말을 들은 안나는 영적인 갈등을 빚고 있는 그녀에게 많은 것을 권면하기 시작했습니다."

사랑하는 자녀여! 당신이 내뱉은 것을 개처럼 다시 먹지 않기 위해, 이 세상에서 하나님을 즐겁게 하기 위해, 그리고 처음보다 나중이 더 나아지기 위해, 당신이 속하게 될 이곳을 눈여겨보시기 바랍니다. 또 주님의 하신 말씀을 기억 하십시오: '이에 가서 저보다 더 악한 귀신 일곱을 데리고 들어가서 거하니 그 사람의 나중 형편이 전보다 더욱 심하게 되느니라. 이 악한 세대가 또한 이렇게 되리라'(마 12:45). '또 자기 십자가를 지고 나를 좇지 않는 자도 내게 합당치 아니하니라'(마 10:38). '너는 여호와를 바랄

찌어다 강하고 담대하며 여호와를 바랄찌어다'(시 27:14) 또 '우리의 씨름은 혈과 육에 대한 것이 아니요 정사와 권세와 이 어두움의 세상 주관자들과 하늘에 있는 악의 영들에게 대함이라'(엡 6:12)의 말씀을 기억하십시오. 끝으로 사도바울이 하신 말씀을 기억 하십시오. '가라 이 사람은 내 이름을 이방인과 임금들과 이스라엘 자손들 앞에 전하기 위하여 택한 나의 그릇이라'(행 9:15).

"이런 말씀을 데오도라에게 준 후 곧장 사제에게 가서 가위를 가져다가 관습대로 체발을 감행했습니다. 그 후로부터 데오도라는 '아가페'(Agape)라는 세례명을 가지고 거룩한 수도원적 삶을 살게 됩니다. 안나는 계속하여 그녀에게 수도원적 삶에 대해 많은 조언을 해주었고, 데오도라는 열심히 그녀의 권면을 따라 행했습니다."

"안나는 그녀와 함께 있음을 매우 기뻐했고, 자랑스러워했고, 그리고 행복해 했습니다. 얼마나 행복했는지 이러한 경험을 하신 분들은 이해하실 것입니다. 마치 처음 사랑을 즐기는 순간이라고 할까요? 이런 찬송이 갑자기 기억납니다. 찬송가 209장입니다. 한 번 같이 불러볼까요?"

주의 말씀 받은 그날 참 기쁘고 복되도다. / 이 기쁜 맘 못 이겨서 온 세상에 전하노라. / 기쁜 날 기쁜 날 주 나의 죄 다 씻은 날 / 늘 깨어서 기도하고 늘 기쁘게 살아가리. / 기쁜 날 기쁜 날 주 나의 죄 다 씻은 날!

이 좋은 날 내 천한 몸 새 사람이 되었으니 / 이 몸과 맘 다 바쳐서 영광의 주 늘 섬기리. / 기쁜 날 기쁜 날 주 나의 죄 다 씻은 날 / 늘 깨어서 기도하고 늘 기쁘게 살아가리. / 기쁜 날 기쁜 날 주 나의 죄 다 씻은 날!

이 작정한 그날부터 평안한 맘 늘 있어서 / 이 복된 말 전함으로 내 할 본

분 삼았도다! / 기쁜 날 기쁜 날 주 나의 죄 다 씻은 날 / 늘 깨어서 기도
하고 늘 기쁘게 살아가리. / 기쁜 날 기쁜 날 주 나의 죄 다 씻은 날!

"정말입니다. 주님을 처음 만났던 순간들을 잊지 맙시다."

"사탄이 여러 가지로 유혹할 때 데오도라는 기도, 고백, 그리고 영원한 형벌을 기억하면서 물리쳤습니다. 그리고 늘 하나님의 말씀을 기억했습니다." 내가 거룩하니 너희도 거룩하라!(레 11:44; 벧전 1:16)

"수도원적 삶을 살면 살수록 데오도라는 자신이 얼마나 한 없이 부족하고 연약한지 깨달아 갔습니다. 그것을 극복하기 위해 수녀들과 선배들의 충고를 듣고 성실하게 순종했습니다. 열심히 노동하는 일에도 게으르지 않았습니다. 빵을 만들고, 옷감을 짜고, 요리를 하고, 허드레 일들을 열심히 행했습니다. 이런 일 외에도 데오도라는 시장에 나가 물품들을 판매했고, 필요한 음식들을 구입했습니다. 그녀의 위풍당당한 배경을 알고 있는 사람들이 그녀를 시장거리에서 만나 이렇게 물었습니다."

"왜 당신은 당신의 귀족적 모습을 이렇게 추하게 떨어뜨리고 있습니까?"

"데오도라는 이러한 그들의 말에 개의치 않고, 말없이 그냥 일에만 열중했습니다. 침묵을 지켰습니다. 정말 그녀는 세상의 욕망을 포기했습니다. 그녀는 '그리스도 예수의 사람들은 육체와 함께 그 정과 욕심을 십자가에 못 박았느니라'(갈 5:24)는 말씀대로 살았습니다. 그리고 늘 하나님의 말씀을 상고하면서 성령이 주시는 말씀에 귀를 기울였습니다."

오직 여호와의 율법을 즐거워하여 그 율법을 주야로 묵상하는 자로다 저

는 시냇가에 심은 나무가 시절을 좇아 과실을 맺으며 그 잎사귀가 마르지 아니함 같으니 그 행사가 다 형통하리로다(시 1:2~3).

“경건한 수도원적 삶을 살고 있는 데오도라도 어떤 때는 사탄의 시험을 받기도 했습니다. 그녀가 온 율법과 선지자의 말씀에 있는 두 계명에 헌신하고 있음을 사탄은 잘 알고 있었습니다. 자녀를 사랑하는 것이 부모의 특성임을 잘 알고 있었던 사탄은 딸에 대한 사랑을 통해 데오도라를 시험합니다. 인간의 감정에 사로잡히게 된 데오도라는 딸 데오피스테를 불공정하게 대하는 그녀의 선배를 괴롭히기 시작했습니다. 어느 날 데오도라는 딸을 책임지는 선배에게 불평하며 말했습니다.”

나의 여인이여! 당신도 알다시피 나의 딸에게 허름한 옷과 형편없는 음식을 먹이는 것을 더 이상 두고 볼 수 없습니다. 딸을 다른 수녀원으로 이전시켜 주시기 바랍니다. 저는 그녀의 모친입니다. 다른 모친들처럼 자녀에게 최선을 다하고 싶습니다.

“이런 말을 들은 안나는 이것이 데오도라를 넘어뜨리기 위한 사탄의 꾐이라는 것을 알아차린 후 그녀를 불러 조용히 권면했습니다.”

사랑하는 자녀여! 성령께서 음식과 옷에 대해 언급하시는 것은 들은 적이 없습니다. 이런 문제로 인해 걱정하라고 우리에게 권하지 않으셨습니다. ‘한 사람이 두 주인을 섬기지 못할 것이니 혹 이를 미워하며 저를 사랑하거나 혹 이를 중히 여기며 저를 경하게 여김이라 너희가 하나님과 재물을 겸하여 섬기지 못하느니라. 그러므로 내가 너희에게 이르노니 목숨을 위하여 무엇을 먹을까 무엇을 마실까 몸을 위하여 무엇을 입을까 염려하지 말라 목숨이 음식보다 중하지 아니하며 몸이 의복보다 중하지 아니하냐?’(마 6:24-25) 지금 당신은 사탄의 꾐에 빠져 있습니다. 이런 시험을 극복하셔야만 합니다. 마음을 정하여 지상적이고 일시적인 일에서 떠나셔야만 합니다. 처음 우리가 하나님 존전에서 다짐했던 결심을 기억하시기 바랍니다. 이 세상 욕심을 위해 주님께서 십자가 위에서 죽지 않으셨습니까? 세상의 것을 십자가에 못 박지 않으셨습니까? 심지어 당신은 주님보다 세상의 친척들을 더 사랑하십니까? 당신이 맹세한 것과 현재 당신의 행위에 대해 그가 재림하실 때 반드시 물어보실 것입니다. 당신의 딸에게 부족한 것이 무엇입니까? 성경을 연구하지 않습니까? 수도원적 덕행을 행하지 않습니까? 수녀들 가운데 빛나는 별처럼 여겨지지 않습니까? 당신이 주님보다 더욱 더 안전하고 평화로운 것을 제공하실 수 있다고 믿으십니까?

"안나의 권면을 들은 데오도라는 마음이 매우 무거웠습니다. 마음은 따르고 싶었지만 행동은 그렇지 못했습니다. 계속하여 안나는 데오도라가 인간적 감정에서부터 자유스럽게 되도록 도왔습니다."

"그런데 또 다시 데오도라는 감정을 이기지 못하는 경험을 겪게 되었습니다. 어느 주일이었습니다. 모든 수녀들에게 어느 선배수녀는 기도제목을 말해보라고 권했습니다. 하지만 데오도라는 선배의 제안에 무관심하고 딸에 대한 것에만 신경을 쓰고 있었기에 주위의 상황에 관심을 가지지 못했습니다. 주무시지 않으시고 보살피시는 야훼 하나님을 의식하지 못했습니다. 아니 구름 너머 있는 태양을 볼 수 없었습니다. 잔뜩 찌푸린 날씨만 보였습니다. 어두운 밤만 마냥 오래 갈 것으로 보였지 밝은 날이 곧 도래할 것이라곤 느끼지 못했습니다. 그냥 자신의 딸에게만 모든 관심을 쏟고 있었습니다. 이를 알게 된 안나는 다시금 데오도라를 불렀습니다. 이번에는 딸도 함께 불렀습니다."

"데오도라! 이 여자애가 당신과 무슨 관계가 있는가요?"

"저의 딸입니다!" 데오도라는 당연하게 대답했습니다.

"안나는 딸에게도 동일한 질문을 던졌습니다. 그러자 딸은 자신의 모친이라고 대답했습니다. 안나는 큰 한 숨을 내쉰 후 이렇게 말했습니다."

> 성부, 성자, 그리고 성령의 이름으로, 거룩한 교부들의 이름으로 권합니다. 지금부터 서로에게 한 마디의 말도 주고받지 마시기 바랍니다.

"이 말이 마치 하나님께서 하시는 분노의 말처럼 데오도라에게 들렸습니다. 이후부터 딸은 모친을 모른 체 했습니다. 선배가 모친을 데리고 오라고 명할 때에도 모친을 향하여 쌀쌀하게 말했습니다."

> 데오도라를 선배님이 보자십니다.

"서로 직접 대화하지도 않고 쳐다보지도 않았습니다. 데오도라도 딸 데오피스테를 그렇게 대했습니다. 서로에게는 정말 참기 힘든 연단이었습니다. 행동은 무관심한 것처럼 했지만 마음은 그렇지 않았습니다. 혼자 있을 때는 울기도 많이 했습니다."

"15년 동안을 그들은 이렇게 지냈는데 보고 싶고 만나 이야기하고 싶을 때마다 그들은 이 말씀을 기억하면서 지냈습니다."

> 여호와여! 내 입 앞에 파숫군을 세우시고 내 입술의 문을 지키소서(시 141: 3).

"15년이 되던 어느 날, 데오도라는 질병에 걸렸습니다. 그래서 수녀들은 선배에게 부탁하여 참회의 기간을 풀어달라고 부탁했습니다. 부탁을 들은 선배는 참회의 기간을 풀었습니다. 그래서 하나님의 은혜로 말미암아 그 두 사람들은 모녀간의 정을 다시 나누게 되었습니다. 눈물의 시간이었죠. 하지만 데오도라는 더 이상 모녀의 감정으로 대하지 않았습니다. 하나님을 증오하는 세상 욕심을 떨쳐버리고 오로지 철저한 순종과 참된 겸손만을 행했습니다."

"이제 데오도라의 나이 55세가 되었습니다. 딸 데오피스테는 거룩한 대감독 데오도레에 의해 수녀원에서 선배직에 이르렀습니다. 그리고 안나는 더 이상 지도력을 발휘할 수 없을 만큼 노쇠해져 갔습니다. 딸 데오피스테는 모친 데오도라를 지도하는 위치로 높아졌습니다."

"그러던 어느 날, 불행하게도 안나는 급한 일로 복도를 걷다가 넘어져 얼굴을 다쳤습니다. 다리뼈도 상하는 일이 발생했습니다. 그 때부터 안나는 움직이지도 못하고 4년 간 잠자리에 가만히 누워있기만 했습니다. 이제 나이가 들어 기력을 잃어버린 안나 곁에 데오도라는 3년 동안 간호하면서 곁을 떠나지 않았습니다. 그 후 안나는 주님의 부르심을 받게 되었습니다."

"이제 데오도라의 나이도 74세에 이르렀습니다. 그녀의 육체는 나이와 심한 금욕으로 인해 노쇠할 대로 노쇠해 갔습니다. 더 이상 수녀의 사역을 할 수 없을 정도였습니다. 우물에서 물을 길어올 수도 없었습니다. 하지만 누구에게 짐이 될까 두려워 아무도 보지 않는 가운데 우물에 가서 물을 길어오곤 했습니다. 아마 나이 드신 어르신네들이 자녀들에게 부담을 주지 않기 위해 행하시는 모습들을 기억하실 것입니다."

"움직이지 못하는 경우에라도 손을 천정에 줄로 매달아 놓고 더러운 오물을 치우는데 마치 시계추처럼 손을 사용하면서도 남에게 부담을 지우지 않으려고 힘껏 노력했습니다. 그러면서 이런 말을 하곤 했습니다."

누구든지 일하기 싫어하거든 먹지도 말게 하라!(살후 3:10)

"이 세상을 떠날 때까지 그녀는 최선을 다하여 위의 말씀을 지키려 했습니다. 이제 데오도라는 80세가 되었습니다. 5일 동안 누워있으면서 갑자기 내일이 육체의 마지막 날이라 여겨졌습니다. 신랑 되신 그리스도를 맞이할 준비를 갖추었습니다. 그에게 가까이 가고 싶은 마음이 들자마자 육체를 떠날 시간만을 손꼽아 기다렸습니다. 해가 떠오를 때 침대에 누워 두 손을 가슴에 두고 조용히 눈과 입술을 다문채로 마치 잠자는 것처럼 영원한 나라로 조용히 갔습니다."

"자신이 이 세상을 떠나야 할 때를 알게 되자, 가까운 수도원에 있는 수녀들과 함께 모여 든 사람들은 '은밀한 중에 보시는'(마 6:4) 주님에게 가신 데오도라를 위한 장례를 준비했습니다. 그녀의 얼굴은 그동안의 수도원적 삶의 수고가 어떠함을 여실히 말해주었습니다. 굵은 주름살이 그녀의 얼굴에 있었지만 그녀의 얼굴에는 광채가 있었습니다. 아름다웠던 순종의 여종은 주님의 부르심을 받았습니다. 그녀의 귀한 모본은 지금도 우리들에게 큰 귀감이 됩니다."

"아름다운 여인이 주님의 품으로 갔습니다. 우리 역시 언젠가는 이러한 일을 맞이할 것인데 그녀처럼 주님을 맞이할 수 있었으면 합니다. 다음 이야기도 데오도라와 같은 천상의 누이를 만날 것입니다. 기대하셔도 좋습니다."

"교수님, 감사합니다. 정말 가슴이 찡하네. 다시 한 번 감사합니다. 다음 이야기가 기대됩니다."

3 레오바 : 수녀원장

약 836년 사망

신성로마제국이 탄생하는 800년 12월 25일

Leoba

수녀들은 레오바가 가르치는 수도원적 삶을 따라 훈련받았습니다. 레오바는 항상 적은 양의 음식만을 취하고 늘 기도에 힘썼습니다. 많은 양의 독서를 했지만 기도가 방해를 받을 정도는 아니었습니다. 그녀의 독서 목록에는 항상 성경이 있었습니다. 그녀는 결코 성경을 손에서 놓질 않았습니다. 동시에 교부들의 저서들도 늘 읽었습니다. 그녀는 경건과 학문을 늘 충실히 행했습니다.

■ 평생 그리스도를 남편으로 삼고 세상의 유혹을 이겨내며 살았던 존경받는 순결한 여인

"이번 강의에서도 여러분들은 순결하고 숭고한 여인을 만나 뵐 것입니다. 영국에서만 아니라 신성로마제국 황제 샤를마뉴와 그의 아내 황후에게까지도 경건을 인정받고 존경 받은 레오바였습니다. 이러한 여인을 우리가 만나게 되는 것은 정말 존귀한 기회입니다. 레오바는 독일 마인츠에 있는 비쇼프샤임의 여성 대수도원장이었습니다. 그녀는 평생 그리스도를 남편으로 삼고 세상의 유혹을 이겨내며 살았던 존경받는 순결한 여인이었습니다."

가. 생애

"영국에서 태어난 레오바(약 836년 사망)의 부친은 디노였고, 모친은 아엡바였습니다. 자식을 가지지 않은 채로 그들 부부는 오랫동안 살았습니다. 그래서 그들은 자녀를 낳을 생각이나 마음을 포기했을 뿐만 아니라 자녀를 위한 기도도 잊어버린 지 오래였습니다. 그러던 어느 날, 모친 아엡바는 자신의 가슴에 교회 종을 안고, 그 종을 기쁘게 울리고 있는 꿈을 꾸었습니다. 아침에 일어났지만 그 꿈을 결코 잊어버릴 수 없었고, 계속하여 생각이 났습니다. 이상하다고 생각한 그녀는 나이 많은 산파를 만나 자신의 꿈 이야기를 들려주었습니다. 꿈 이야기를 들은 산파는 이렇게 말했습니다."

> 축하드립니다. 당신은 곧 딸을 잉태하게 될 것입니다. 그리고 그 아이는 하나님께 곧장 드려져서 그분을 섬길 것입니다. 한나가 사무엘을 하나님께 드려 그의 평생을 하나님께 헌신토록 했던 것처럼 말입니다. 당신은 아이를 낳게 되면 하나님의 말씀을 어릴 때부터 부지런히 가르쳐야만 합니다. 그리하여 그 아이가 사는 동안 하나님을 섬기며 살아갈 수 있도록 해야 합니다.

"산파의 말을 들은 그녀는 마음을 정하고 한나처럼 서원의 기도를 올렸습니다. 10개월 후, 정말 꿈대로 아엡바는 한 아이를 순산했습니다. 그녀는 그 아이의 이름을 '트루트게바'라고 지었고 애칭으로 '레오바'라고 불렀습니다. 그 아이가 너무나 사랑스러웠기 때문에 붙여진 이름이었습니다. 레오바는 모친의 손에서 자라나면서 마더 테타에게 보내져 거룩한 학문을 연마토록 했습니다."

"당시에는 학교라는 것이 없을 뿐만 아니라 고전들이나 성경을 복사한 필사본들을 수도원들만 갖고 있었습니다. 그래서 수도원은 학문의 전당이 되었고, 수도원과 성당에서 대학이 시작되었습니다."

"레오바는 여자 대수도원장과 수녀들의 품 안에서 자라났습니다. 학문적인 분위기에서 살았다고 볼 수 있습니다. 수도원과 거룩한 지식 외에는 아무 것도 알지 않았다고 하는 편이 더 나을지 모르겠습니다. 아무튼 그녀는 무의미한 농담과 다른 십대들처럼 희희낙락하는 것을 싫어했습니다. 아니 몰랐는지도 모릅니다. 해맑은 마음으로 하나님을 위해 살았습니다. 오로지 그리스도의 사랑으로 불탔고, 하나님의 말씀을 읽고 묵상하는 데만 전념했습니다. 무엇을 읽고 듣든지 간에 그녀는 기억했고 배운 대로 행했습니다. 항상 기도하며 범사에 모든 것을 하나님께 감사드렸습니다. 말씀을 읽거나 기도하지 않을 때는 항상 봉사 했습니다. 일하지 않는 자는 먹지도 말라는 하나님의 말씀을 잊지 않고 지켰습니다. 성품도 온화하여 주위의 많은 수녀들로부터 사랑을 받았고 사랑을 나누어주었습니다."

"어느 날 레오바는 꿈을 꾸었습니다. 자신의 입에서 나오는 자주빛깔의 실을 제거하려고 노력했습니다. 뽑아도 끝없이 나오는 것이었습니다. 나오는 실을 그릇에 담았습니다. 그릇과 손은 실들로 엉켜지게 되었습니다. 엉킨 실은 이제 공이 되어 굴러갈 정도가 되었습니다. 실을 뽑는 일로 인해 그녀는 기진맥진해지고, 피곤하여 잠을 자고 말았습니다. 잠에서 깬 레오바는 그 꿈의 의미를 알고 싶었습니다. 하나님께서 자신에게 주시는 메시지라고 여겼기 때문입니다. 그래서 수도원 내에 신비한 꿈을 해몽하고 예언하는 나이 많은 수녀를 찾아 갔습니다. 레오바가 자신이 꾼 꿈들을 그녀에게 말하자 그녀는 화를 내며 이렇게 말했습니다."

이것은 분명히 선한 것이 도래할 것이라는 꿈입니다. 하지만 왜 당신에게 일어난 모든 것을 솔직하게 나에게 말하지 않았습니까? 이 꿈은 당신만을 위한 것이 아닙니다. 하나님께서 정한 것입니다. 이런 꿈들은 당신의 말씀을 듣는 모든 지혜롭고 현명한 사람들에게 미치는 좋은 혜택을 의미합니다. 입에서 실이 나왔다고 했는데 그것은 당신의 마음에서 흘러나오는 하나님의 말씀을 의미합니다. 실이 공이 되었다는 것은 어디든 갈 수 있다는 것입니다. 이는 이웃과 모든 사람들에게 많은 혜택이 돌아갈 것을 의미합니다. 그 혜택은 바로 하나님의 사랑을 체험하게 된다는 것을 의미합니다. 이런 꿈으로 인해 하나님은 당신에게 말씀사역하시기를 원하십니다. 당신은 많은 사람들을 진리로 인도하셔야 합니다.

"교수님! 정말 꿈이 우리의 미래를 말하는 것인가요? 성경에도 나타나잖아요?"

"글쎄요. 모든 꿈이 미래성을 갖고 있다고 말할 수는 없습니다. 하지만 어떤 꿈이 미래성을 지니고 있는지 아니면 아무런 의미가 없는지 우리로서는 판단하기 어렵습니다. 그래서 꿈에만 의존하는 신앙은 모험적이라 할 수 있습니다. 만일 어떤 꿈이 미래성이 있는 것으로 하나님께로부터 왔다면 항상 성경 말씀과 일치할 것으로 여깁니다."

"레오바가 수도원에서 완전을 추구하고 있을 때 선교사 보니파세는 수많은 게르만족에게 세례를 베풀었습니다. 당시 게르만족이 믿음을 받을 만하고 추수 때가 무르익은 것이라 여기고 보니파세는 자신의 고향인 영국으로 메신저를 보내 도움을 청했습니다. 그들과 더불어 보니파세는 수도원들을 짓고 신앙 훈련에 힘을 기울였습니다. 이때에 레오바도 여자 수도원장으로 초청을 받아 유럽 대륙으로 건너가게 되었습니다."

나. 수녀원장

"레오바가 맡은 지역은 비쇼프샤임에 있는 한 수도원이었습니다. 그곳에는 많은 수녀들이 거하고 있었습니다. 수녀들은 레오바가 가르치는 수도원적 삶을 따라 훈련받았습니다. 레오바는 항상 적은 양의 음식만을 취하고 늘 기도에 힘썼습니다. 많은 양의 독서를 했지만 기도가 방해를 받을 정도는 아니었습니다. 그녀의 독서 목록에는 항상 성경이 있었습니다. 그녀는 결코 성경을 손에서 놓질 않았습니다. 동시에 교부들의 저서들도 늘 읽었습니다. 그녀는 경건과 학문을 늘 충실히 행했습니다. 정기적으로 금식하면서 자신의 욕심들을 자제했습니다."

"레오바의 열정과 헌신은 많은 분들에게 알려지기 시작했습니다. 사람을 대하는 면에서 언제든지 공평하게 행했으며, 모든 사람들에게 친절함을 보이는데 게으르지 않았습니다. 주위 사람들에 대한 비방이나 욕설을 그녀는 결코 발설하지 않았습니다. 모든 사람들을 자신의 몸처럼 사랑했습니다. 지나친 농담으로 사람들을 억지로 웃기지 않았습니다. 항상 문을 열어 놓고 자신을 찾는 사람들을 언제든 영접했습니다."

"레오바는 어느 날 이런 일을 직면했습니다. 수도원 근처에서 어느 절름발이 작은 소녀가 지나가는 사람들에게 구걸하며 사는 것을 보았습니다. 매일 그녀를 초청하여 먹을 것과 입을 것을 제공했습니다. 그러던 어느 날, 그녀의 얼굴에 수심이 가득 차 있는 것을 보았습니다. 다름이 아니라 겁탈을 당하여 아이를 밴 것입니다. 그 사실을 숨기려고 아픈 척하며 지냈지만 레오바는 그녀가 무엇을 숨기고 있는지 알아차릴 수 있었습니다. 레오바는 그 여자 아이를 정성껏 보살펴 주었지만 그녀는 레오바 몰래 아이를 낳고, 그 아이를 포대기에 싸서 강에 몰래 버렸습니다."

"그런데 지나가던 한 여인이 강가에 버려져 죽은 아이를 발견했습니다. 화가 머리끝까지 난 여인은 동네로 되돌아가서 고함을 치며 분명히 수녀들의 짓이라고 하며 사람들에게 큰 소리로 말했습니다."

> 오~, 고상한 공동체여!
> 가면 속에 아이들을 낳아 사제들이니 평범한 주부들처럼 행하는 저 가식적인 수녀들의 삶을 보라!
> 아이들을 낳아 세례를 주는 파렴치한 가식을 보라!
> 사람들이여! 이 강물 속을 조사해보면, 많은 아이들의 시체들이 나올 것으로 여겨진다.
> 아니면 이 죽은 아이가 누구의 아이인지 밝히도록 그들을 심문하도록 합시다!

"화가 난 여인의 외침으로 남녀노소 할 것 없이 마치 폭도처럼 수녀원으로 몰려 왔습니다. 레오바는 수녀원 밖에서 들리는 주민들의 불평 소리를 듣고 나가 그들을 안정시키고 사건 진상을 알아보고 알려드리겠다고 했습니다. 그녀의 말을 듣고 폭도와 같은 주민들은 각자의 집으로 되돌아가 레오바의 결과를 기다렸습니다."

"이제 레오바는 수녀원에 있는 모든 수녀들을 불러 모아 이유를 물었습니다. 그런데 수녀들 중 아가타만 없고 모든 수녀들이 그 자리에 있었습니다. 아가타는 부모를 뵙기 위해 며칠 동안 출타 중이었습니다. 그래서 사람을 보내어 급히 되돌아오라고 명했습니다. 아가타가 되돌아와서 사건의 진상을 들으니 놀라운 일이었음을 알게 되었습니다. 하지만 아가타는 무릎을 꿇고 하늘을 바라보며 이렇게 기도했습니다."

> 전능하신 하나님!
> 모든 일을 행하기 전에 사람들이 무엇을 할 것인지 이미 아시는 하나님,
> 당신 앞에 누구라도, 무엇이라도 숨길 수 없음을 믿습니다.
> 당신을 신뢰했던 수잔나를 모함에서 건지셨던 하나님!
> 여기 당신의 이름으로 모인 우리들에게 자비를 베풀어주시기 바랍니다.
> 현재 우리는 흉악한 소문으로 고통을 받고 있습니다. 나의 죄로 말입니다.
> 우리에 대한 오해를 풀어주셔서 당신에게 영광을 돌리도록 해 주시기 바랍니다.

"이런 기도를 들은 레오바는 아가타가 결백하다는 것을 알고, 모든 수녀들에게 각자의 방으로 들어가 기도하며 하나님의 말씀을 묵상하라고 권했습니다. 그리고 레오바 자신은 제단 앞에 있는 십자가로 가서 손을 들어 하늘로 향하여 눈물을 흘리며 이렇게 하나님께 기도를 올렸습니다."

오~ 주 예수 그리스도여!
순결한 여인들의 왕, 고결한 사랑, 정복할 수 없는 하나님이시여!
당신의 권능을 보이시고, 이 굴레에서 벗어나게 하옵소서.
당신을 비난하는 자들의 비난들이 우리를 해하려고 하나이다.

"이런 기도를 드리자마자 죽은 아이를 낳은 작은 여자 아이가 귀신에게 사로잡혀 방황하면서 레오바를 크게 불렀습니다. 그러면서 고함을 지르고 땅에 굴렀습니다. 그리고 그 아이가 하늘로 올라가는 듯 하였습니다. 밖에 서서 고함치던 무리들은 이런 광경을 보고 놀랐습니다. 모든 것이 귀신에 사로잡힌 작은 여자 아이의 소행임이 밝혀진 것입니다. 그러자 무리들은 하나씩 머리를 떨어뜨리고 집으로 돌아갔고, 수녀들은 하나님께 감사드리며 서로 기뻐하였습니다."

"요한복음 8장에 보면, 간음하다가 현장에서 붙잡힌 한 여인에 관한 이야기를 읽을 수 있습니다. 인상적인 말씀은 '너희 중에 죄 없는 자가 먼저 돌로 치라!'고 하신 예수님의 말씀입니다. 무엇이 증명도 되기 전에 소문만 듣고 '와'하며 달리면서 경솔하게 행하는 우리 자신의 모습을 엿보는 듯합니다."

"또 다른 일이 있었습니다. 수녀들에게 가르침을 주기 위해 여느 때처럼 앉아 있을 때 불길이 동네에서 일어난 것을 보았습니다. 짚으로 된 집들의 지붕이었기에 모든 집들은 순식간에 불에 타서 재만 남게 되었습니다. 그리고 그 불길은 바람을 타고 마을을 지나 수녀원 쪽으로 향하고 있었습니다. 수녀들은 두려워하며 놀랐습니다. 숲속에 살고 있는 동물들도 이러 저리 뛰면서 달아나는 것이 보였습니다. 얼마 전에 죽은 아이 사건과는 정반대로 무리들은 불길을 피하여 수녀원의 도움을 청하게 되었습니다. 몰려온 사람들에게 소금을 주면서 이것을 강물에 뿌리고 그 강물에 몸을 담그라고 성급히 권했습니다. 강물 가까이 온 불길은 멈추었습니다. 불은 모든 것을 태우고 검은 재만 남겼습니다. 이로 인해 주민들은 하나님을 찬양할 수밖에 없었고 과거의 의심들을 모두 떨쳐버리고 하나님께 영광을 돌렸습니다."

"그녀에 관한 이러한 놀라운 일들은 게르만족에게로 퍼져나갔습니다. 더욱이 프랑크족의 지도자들은 레오바의 소식을 듣고 놀라워하였습니다. 난장이 페핀을 비롯한 그의 두 아들, 샤를과 카르로망도 그녀의 삶을 보고 그녀를 존경하였습니다. 후에 샤를이 왕이 되어 샤를마뉴라는 이름을 취하면서 476년 멸망한 서로마제국을 재건하여 신성로마제국을 세웠는데 그 때에도 그는 레오바를 존경하였습니다. 참다운 기독교인이 되기 위해 그녀를 궁정으로 불러 덕담과 교훈을 들었습니다."

"게다가 샤를마뉴의 아내 황후 힐티가르드도 그녀를 존경했습니다. 레오바에게 자신 곁에 늘 있어달라고 부탁할 정도였습니다. 더욱이 그의 아들들과 귀족들까지도 그녀를 몹시 존경했습니다. 심지어 감독들도 그녀의 폭넓은 성경지식에 감복하여 그녀를 존경하였습니다. 레오바는 잠시만 그들 곁에 있을 뿐 언제나 제자리를 지키면서 경건한 삶에 힘을 쏟았습니다."

"자신의 임종 때가 이른 줄 알고 있는 레오바는 황후가 자신을 보기를 간청하자 신성로마제국 수도 아헨에 거하는 황후를 찾아갔습니다. 아마도 이 길이 마지막 길인 줄 알고 방문했던 것 같습니다. 자신이 머물기를 간청하는 황후 힐티가르드에게 레오바는 다음과 같이 말합니다."

항상 안녕히 계시기 바랍니다.

사랑하는 여인이며 자매여!
나의 영혼을 두고 진심으로 빕니다. 평안하시기를 바랍니다. 우리 창조자이시며 구속자이신 그리스도께서 우리가 심판 날에 다시금 만나게 하실 것이라 믿습니다.

"수녀원으로 되돌아 온 레오바는 며칠이 지난 후 병을 얻어 침대에서 일어나지 못했습니다. 주님의 부르심을 점점 느낀 레오바는 영국인 사제를 불러 자신을 위해 기도해 달라고 부탁드렸습니다. 그런 후 지상의 옷을 벗고 영혼의 옷을 입으며 아름다운 모습으로 주님의 곁으로 되돌아갔습니다."

"그럼, 교수님! 레오바는 영국 여인으로 대수도원장을 지낸 여인이군요. 그리고 그녀의 경건에 대한 명성이 신성로마제국에 널리 알려질 정도였다는 말씀이시죠. 질문이 있습니다. 1장에서는 '동로마제국'과 '비잔틴제국'의 차이점을 물은 것 같은데요. 그러면 '서로마제국'과 '신성로마제국'은 어떤 차이점이 있습니까?"

"참 좋은 질문입니다. 로마제국을 어느 정도 이해하고 있어야만 교회사를 이해할 수 있는 것이 틀림없습니다. 로마제국의 서방 지역, 즉 로마 시를 중심한 지역이 게르만족 중 서고트족의 지도자 알라릭에 의해 410년 몰락되

800년 12월 25일, 탄생하는 신성로마제국

샤를마뉴

었습니다. 완전히 역사 속에 사라진 때는 476년이지만 410년 이후부터 다양한 게르만족이 이태리 반도를 지배했습니다. 동로마제국 역시 서방지역, 즉 서로마제국을 포기했습니다. 그러다가 게르만족 중 강력한 지도력을 지닌 프랑크족, 즉 프랑크제국의 도움을 로마감독이 청했습니다. 로마 가톨릭이 생존하기 위해 프랑크제국의 왕 샤를마뉴를 황제로 임명하면서 800년 12월 25일 엉겁결에 '신성로마제국'을 창설한 것입니다. 그래서 명실 공히 중세교회가 시작되면서 동시에 로마 가톨릭이 세상에 만들어진 것입니다. 이리하여 9세기부터 로마제국은 서쪽에 신성로마제국, 동쪽에 동로마제국, 즉 비잔틴제국이 공존했습니다. 그러다가 동로마제국은 1453년에 멸망하고, 신성로마제국은 19세기 초 나폴레옹 시대까지 유지하다가 역사 속으로 그 모습을 감추었습니다."

"역사적인 이야기에 관해서는 앞서 언급한 교회사 책을 참고하기를 권합니다. 오늘은 그야말로 중세시대에 여성 수도원 운동의 선구자일 뿐만 아니라 가장 유명한 레오바를 만났습니다. 다음은 지금까지 다뤘던 여인들의 장점을 모두 갖춘 루드밀라를 만나보게 됩니다. 아마도 흥분되실 것입니다.

4 루드밀라 : 보헤미아 영웅의 조모

840-916년

루드밀라의 모습

Ludmilla

루드밀라는 미엘린크에서 태어났습니다. 그녀는 보헤미아, 즉 현재 체코공화국의 선한 왕 벤세슬러스의 조모로도 잘 알려져 있습니다. 이교에서 개종하여 손자에게 영향을 끼치고 그 손자가 성자로 인정받는데 그리고 경건하게 살도록 영향을 주었습니다.

루드밀라 Ludmilla

■ 왕후, 아내, 모친, 그리고 순교자로 중요한 역할을 감당한 여인

"다른 나라의 출신 인물들에 관해 우리가 실제의 의미만큼 깊은 감동을 받지 못하는 이유는 낯선 이름들과 연대 때문입니다. 정말 중요한 이름들과 연대는 우리가 기억하는 것이 좋지만 그렇지 않은 것은 참고로만 여기고 내용에 집중하는 것이 역사나 전기를 읽는데 도움이 되리라 여겨집니다.

"교수님! 그런데요. 무엇이 중요하고 무엇이 중요하지 않는지 우리가 모르잖아요. 그것을 어떻게…"

"정말 곤란한 질문입니다. 먼저 내용에서 반복되는 인명이나 지명이 중요한 것 같아요. 그리고 질문이 있으면 이렇게 제게 문의하시면 되고요. 그 다음에는 교회사적인 일반적 지식이 필요하지 않을까요? 하나 힌트를 드리는 것은 이름에 원어가 첨가되면 중요한 인물이라고 여겨도 좋을 것입니다."

"오늘 우리가 만나게 되는 여인을 비롯한 인명들과 지명들은 낯설기 때문에 우선은 전체 내용을 이해하는데 초점을 맞추었으면 합니다. 그럼 이번에는 우리가 만날 여인은 '루드밀라'입니다. 왕후, 아내, 모친, 그리고 순교자로 중요한 역할을 감당한 여인입니다. 그럼 문을 열고 함께 들어가 볼까요?"

가. 생애

"임종이 가까웠던 모라비아의 스바토플룩 대제(830~894)는 세 아들을 불렀습니다. 그들에게 나무의 잔가지를 줬습니다. 그리고 그들에게 잔가지를 부러뜨리라고 명했습니다. 아들들은 손쉽게 잔가지들을 부러뜨렸습니다. 이번에는 잔가지 3개를 묶으라고 명하고 그것들을 다시 부러뜨리라고 명했습니다. 이번에는 아들들이 잔가지들을 부러뜨리지 못했습니다. 그래서 스바토플룩은 그들에게 말했습니다. '너희들이 이렇게 연합하면 어느 누구도 너희들을 넘보지 못할 것이다.' 하지만 세 아들들은 부친의 유언에도 불구하고 서로 분쟁하므로 907년 헝가리족에게 멸망당하고 말았습니다."

스바토플룩 대제

"스바토플룩의 유명한 '잔가지' 이야기입니다. 여기에 등장하는 스바토플룩 대제에게 신임을 받은 공작 보리보이(852~888)는 체코슬로바키아인들, 즉 보헤미아인들을 기독교로 개종시키기 위해 872년 감독 메도디우스(826~885)를 초청하였습니다. 2년 후 보리보이는 슬라브 군주의 딸을 아내로 맞이했습니다. 그녀가 지금 우리가 만나게 될 루드밀라(Ludmilla, 840~916)입니다."

시릴과 메도디우스

"교수님! 보헤미아라는 나라는 교회사에서 자주 등장하는 나라잖아요? 제가 제대로 알고 있는지 몰라도 '요한 후스'라는 위대한 인물이 살았던 나라이기도 하구요. 그런데 그 나라에 처음으로 기독교를 전파하는데 공헌한 '메도디우스'라는 인물에 대해 간략하게 설명해 주실 수 있나요?"

"정말 중요한 인물입니다. 메도디우스는 그의 동생, 시릴과 함께 '슬라브족의 사도들' 그리고 '슬라브 문학의 아버지들'이라 불립니다. 그들에 관한 이야기는 대체로 전설들이지만 역사적입니다. 카스피해와 흑해 사이에 있었던 짜르족을 위해 활동했던 두 사람은 보리보이의 초청에 따라 콘스탄티노플 감독 포티우스에 의해 모라비아, 즉 보헤미아로 보내집니다. 그들의 첫 번째 사역은 자신들의 조력자들을 훈련시키는 일이었습니다. 그들의 언어로 복음을 전파했습니다. 자국어로 예식도 거행했습니다. 이로 인해 독일 사제들에게 반감을 사서 옥고를 치루는 일도 당했습니다. 하지만 동생 시릴과 함께 메도디우스는 성경을 그들의 언어로 번역하기에 이르죠. 어떤 성경책들을 번역했는지는 정확하게 모르지만 신약성경과 시편이었다고 믿어집니다."

"루드밀라는 미엘린크에서 태어났습니다. 그녀는 보헤미아, 즉 현재 체코공화국의 선한 왕 벤세슬러스의 조모로도 잘 알려져 있는 여인으로 보헤미아의 최초의 기독교인이었던 공작 보리보이와 결혼하게 되죠. 당시에 선교사 시릴과 메도디우스는 보헤미아 지역에 선교 여행을 하고 있었던 때였습니다. 루드밀라와 보리보이 부부는 메도디우스에게서 871년 세례

루드밀라의 모습

를 받고 기독교인이 됩니다."

"그들은 프라하 근교에 보헤미아의 최초의 교회를 지어 기독교 복음을 조국의 백성들에게 전하고 부하들을 기독교로 개종시키려고 노력했지만 실패하고 말았습니다. 오히려 기독교 정책에 반대하던 광신적 이교도들은 종교적 문제를 거론하면서 그들 두 사람을 보헤미아에서 추방하기도 하지만 그들은 17년 동안 함께 국가를 다스렸습니다."

"그런 후 그들은 아들 스피티그네브에게 권력을 내어주고 테틴으로 물러가서 경건한 삶을 살기를 원했습니다. 그런데 2년 후에 그 아들이 세상을 떠나고 말자, 다른 아들인 라디슬라브가 그 직을 이었습니다. 아들 라디슬라브는 현재 동부 독일의 루사티아의 공주 드라호미라와 결혼했습니다. 그런데 드라호미라는 이름뿐인 기독교인이었고 실제는 비밀리에 이교적 의식을 행하는 이교도였습니다. 그들 부부는 슬하에 쌍둥이를, 즉 벤세슬러스(Wenceslaus)와 볼레슬리우스를 낳았습니다."

나. 벤세슬러스

"벤세슬러스는 테틴에 있는 조모 루드밀라에게서 기독교 교육을 받으면서 자라났습니다. 루드밀라는 손자 벤세슬러스에게 그리스도의 사랑을 열성적으로 가르쳤습니다. 불행하게도 부친 라디슬라브가 916년 전투에

벤세슬러스의 창을 든 모습

서 세상을 떠나자 왕권은 13세의 아들 벤세슬러스에게 승계되었습니다. 하지만 그의 모친 드라호미라는 아들이 나이가 어리다는 핑계를 내세우며 섭정 왕으로 군림했습니다."

"한편 벤세슬러스의 쌍둥이 동생 '잔인한' 볼레슬라우스는 형과는 달리 부모에게서 교육을 받으며 자라났습니다. 섭정 왕으로 있던 모친 드라호미라는 반 기독교적 군주들과 친분을 맺고 이교적 정치를 일삼았기 때문에 물론 벤세슬러스는 모친과 갈등을 빚을 수밖에 없었습니다. 게다가 벤세슬러스가 조모 루드밀라에게 교육받고 지속적으로 영향을 받는 것을 질투했습니다. 그녀를 보며 남편에게 드라호미라는 이렇게 말했습니다."

> 이렇게 방정맞은 할망구를 좀 보라고!
> 당신 아들을 보좌에 앉도록 키우는 것이 아니라 수도사로 만들려고 작정하지 않았느냐?

"어느 날 모친 드라호미라는 두 귀족을 부추겨 루드밀라를 휘장으로 둘러싸서 죽도록 했습니다. 살해당했지만 루드밀라의 영향은 사라지지 않고 계속 보헤미아인들에게와 손자 벤세슬러스에게 있었습니다. 그녀의 시신은 테틴에 있는 미카엘 교회에 묻혔습니다. 1,000년 후 그녀의 유해는 체코공화국의 수도인 프라하에 있는 조지교회에 옮겨졌습니다. 그녀는 보헤미아의 성녀로 매년 9월 16일에 추모를 받고 있습니다."

"조모 루드밀라가 죽은 후 모친 드라호미라는 기독교 말살정책을 쓰면서 우상숭배 의식을 강행했지만 아들 벤세슬러스는 혼자서 비밀리에 기독교 신앙을 지켜 나갔습니다. 깊은 밤, 조용히 그는 일어나 하나님께 경배를 드리곤 했습니다. 신음소리에도 응답하시는 주님을 기억하면서, 또 마음의 소원을 아시는 우리 좋으신 하나님께 말입니다."

"이것을 하나님은 기쁘게 보셨고 그와 함께 하셨습니다. 이런 모든 것은 조모를 통해 기독교 신앙으로 다져졌기 때문이었습니다. 벤세슬러스는 18세가 되어 정권을 쥐게 되었고, 조모를 살해한 모친을 감옥에 가두도록 했습니다."

"그는 기독교인들과 비기독교인들 간의 투쟁도 두려워하지 않았습니다. 정통에 입각한 그의 신앙은 어려운 일을 당함에도 불구하고 기독교를 국교로 삼는데 기여했습니다. 서로 반감이 있는 사람들을 화해시키며 손을 맞잡고 함께 일하도록 격려했습니다. 노예제도를 금지시키며 빈부귀천을 따지지 않고 누구나 등용했습니다. 기독교인들을 격려하여 교회들을 짓게 했고 반대자들의 반감을 사지 않으면서 일들을 지혜롭게 진행했습니다. 기독교 정신에 입각하여 정치하는데 모든 정성을 다했습니다. 더욱이 그는 요한복음을 보헤미아(체코) 언어로 번역토록 했습니다."

다. 벤세슬러스의 순교

"그렇지만 여전히 이교도 귀족들과 벤세슬러스 간에는 알력이 존재했습니다. 마침내 929년 보헤미아의 귀족들은 보헤미아를 '들새 사냥꾼'이라는 별명을 가진 독일 왕 헨리 1세의 종속국으로 인정하자고 주장했고, 또 헨리를 신성로마제국의 황제 샤를마뉴의 후계자임을 인정하도록 부추겼습니다. 이에 대해 벤세슬러스는 국가의 안전을 위해 또 참혹한 전쟁을 피하기 위해 헨리를 신성로마제국 황제 샤를마뉴의 계승자로 인정하며 굴복했습니다."

"벤세슬러스는 모친과 관계를 잘 유지하려고 노력했지만 그의 동생 볼레슬라우스는 달랐습니다. 그가 헨리 1세를 황제로 옹립하는 것에 대해 불만을 갖고 있다는 것을 알고 있는 이교도 귀족들은 그에게 그릇된 조언을 하면서 벤세슬러스를 살해하도록 했습니다. 그들은 벤세슬러스가 볼레슬라우스를 죽이려는 음모를 꾸미고 있다고 거짓말을 하였던 것입니다. 이런 사실을 듣게 된 볼레슬라우스는 형을 성자 코스마스를 위한 예배에 초청하였습니다. 그 초청이 매우 의심스럽고 위험하다는 주위에 있는 충신들의 조언도 있었지만 벤세슬러스는 하나님을 믿고 피를 나눈 형제라는 마음으로 그 예식에 참석했습니다. 마친 후 되돌아오려고 할 때, 볼레슬라우스는 이렇게 말했습니다."

형님, 왜 그렇게 급히 가려고 하십니까?
제 기사들과 함께 정말 깊은 대화를 위해 술이나 마시지 않으시렵니까?

"이 간계를 충분히 알아차린 벤세슬러스였지만 하나님을 믿는 마음으로 그들과 자리를 함께 하였습니다. 아침기도 종이 울리자 잠에서 일어난 벤세슬러스는 하나님께 무릎을 꿇고 생명을 주심을 감사하고 교회를 위해 감사를 드렸습니다. 마치 다니엘이 어인이 찍힌 것을 알고도 하루에 세 차례 하나님께 기도했던 것처럼 말입니다. 기도하는 중임을 알고 문밖에서 기다리던 볼레슬라우스는 기회를 포착하였다는 듯이 칼을 빼들고 그에게 달려들었습니다. 이때 벤세슬러스는 말했습니다."

동생! 무엇을 주저하느냐?

"볼레슬라우스의 부하가 벤세슬러스의 오른쪽 팔에 칼을 내리쳤습니다. 그러자 그는 피를 흘리며 교회당을 향해 몸을 굽혔습니다. 다음 부하가 그의 배를 찔렀고, 나머지 부하는 그의 옆구리를 칼로 찔렀습니다. 이렇게 하여 성군 벤세슬러스는 살해당하고 말았습니다. 이 소식을 들은 모친 드라호미라는 달려가 아들의 시신을 붙잡고 오열을 토하며 제사장의 집으로 시신을 옮긴 후 물로 몸을 씻고 새 옷으로 갈아 입혔습니다. 그리고 볼레슬라우스의 잔인성에 두려움을 느끼고 그녀는 크로아치아로 도주하였습니다. 벤세슬러스는 이렇게 살해를 당했지만 그의 무덤에서 많은 이적이 일어났습니다. 그만큼 벤세슬러스는 국민의 존경을 받았다는 것이죠. 정말 그는 하나님의 의를 행하기 위해 노력했고 왕으로서 하나님을 의존했습니다. 그리고 다윗의 시편 34:14를 좋아했습니다."

악을 버리고 선을 행하며 화평을 찾아 따를지어다.

"루드밀라를 만난 느낌이 어떠십니까? 루드밀라에 관해 자세하게는 모르지만 이교에서 개종하여 손자에게 영향을 끼치고 그 손자가 성자로 인정받는데 그리고 경건하게 살도록 영향을 주었다는 것은 정말 귀감이 되는 이야기였습니다. 다음에 우리가 만날 여인은 지금까지의 여인들과는 달리 정말 평범한 여인입니다. 이 여성을 통해 우리 자신을 되돌아보았으면 합니다."

라. 요한 후스

"교수님! 루드밀라의 이야기는 참 감동적이었습니다. 들으면서 질문 하나가 생겼습니다. 말씀하실 때 '보헤미아'가 지금의 '체코공화국'이라고 하셨거든요. 그러면서 '요한 후스'라는 분을 언급하셨어요. 그분이 위대한 분이라고 하셨지만 저는 그분에 대해 전혀 아는 바가 없거든요. 간략하게나마 그분에 대해 말씀해주셨으면 했어요…"

요한 후스의 모습

"우리가 다루는 여성들의 이야기인데 그 여성들을 보다 잘 이해하기 위해서는 여성들 주위에 살았거나 영향을 준 인물이 비록 남성들이라도 간략하게 알 필요가 있죠. 그중에서 '요한 후스'라는 분은 필히 아셔야 할 분입니다. 교회사를 배우다 보면 잊을 수 없는 분들이 있는데 그 중 한 사람이 바로 '요한 후스'입니다."

"요한 후스(1369~1415)는 교회사에서 흔히 '전 종교개혁자'라 부릅니다. 이 말은 종교개혁자들이 종교개혁을 일으키기 전에, 그러니까 100여 년 전에 종교개혁자들과 같은 개혁을 부르짖다가 희생을 당하신 분들을 일컫는 말입니다. 희생이라는 말은 '화형'을 당해 순교하셨다는 말입니다."

"후스는 오늘의 루드밀라의 손자 벤세슬러스가 지배했던 보헤미아 출신입니다. 사제며 교수로서 보헤미아인들에게 큰 영향을 끼친 분입니다. 그가 베델 채플(교회)에서 설교하면 수많은 사람들이 몰려들어 그의 설교를 경청했습니다. 그런데 보헤미아를 독일 가톨릭인들이 지배하고 있었는데 그가 자국어로 설교하고 대학교에서 민족성을 강조한다고 하여 그를 추방시켰습니다. 더욱이 그는 자신의 설교에서 당시의 성지자들의 타락상을 거침없이 지적했습니다. 이런 지적의 대상자들은 그를 증오할 수밖에 없었습니다."

"그리하여 그는 1415년 콘스탄스 종교회의에 소환되어 심문을 받았습니다. 그의 죄목은 교황이 무오류하다는 것을 인정하지 않는다는 것과 교황의 권위를 성경의 권위 아래 둔다는 것이었습니다. 지금 보면 말도 안 되는 죄목이지만 중세시대에서는 통용되는 죄목이었죠. 정죄를 받아 결국 1415년 화형장의 이슬로 순교했습니다. 그가 감옥에 있는 동안 제자가 그의 사상과 서신을 적었는데 그 가운데 다음의 내용이 인상적입니다. 화형을 당하기 전날의 서신 중에 하나입니다."

후스의 화형 장면

> 나 요한 후스는 예수 그리스도의 사제가 되기를 갈망합니다. 하나님을 변호하며 나에 대한 위증에 대해 두려워하지 않습니다. 거짓 증인들에 의해 작성된 위증 죄목들을 철회할 의사는 추호도 없습니다. 그러한 죄목들을 전파하지도, 가르치지도, 옹호하지도 않았다는 사실을 하나님께서 아실 것입니다. 또 그들이 아무리 내가 그렇게 했다고 하더라도 하나님께서 나를 변호해주실 것입니다. 더욱이, 내 저서들에서 발췌한 항목들은 잘못 해석하고 왜곡된 것들입니다. 진리를 거슬려 행하는 것을 원치 않으며, 교회의 박사들의 견해를 무시하지 않을 것입니다. 또 그것들의 어느 하나라도 철회하지 않을 것입니다.[1]

"이러한 고백은 100년 후, 그러니까 1520년 마틴 루터가 보름스 의회 앞에서 한 말을 연상케 합니다. 마틴 루터에 관한 이야기는 생략하겠습니다. 주객이 바뀌게 될까봐서요."

1) Herbert B. Workman and R. Martin Pope, *The Letters of John Hus* (London: Hodder and Stoughton: 1904), 275-6.

5 리우트베르가 : 평범한 여인

9세기

Liutberga

정말 평범한 여인으로서 살다가 간 리우트베르가이지만 그녀의 삶은 당시에 여성들이 어떤 삶을 살기를 원했는지를 잘 반영해 줍니다. 다투는 여인과 함께 큰 집에서 사는 것보다도 혼자 움막을 짓고 살라는 말씀에 따라 세상에서 지친 여인들은 그렇게 살기를 원했습니다.

■ 세상에서 가장 크고 위대한 로마제국의 권력을 휘두른 최초의 여인

"앞에서 말씀드린 대로 이번 장에서는 매우 평범한 여인을 만나게 됩니다. 사치스러운 장식품을 걸치거나 화려한 옷을 입지 않았지만 우리는 오늘 그 여인을 기억할 것입니다."

"난장이 페핀(714~868)의 아들 샤를마뉴(742~814)가 신성로마제국의 황제로 있을 당시 그는 독일의 많은 지역을 다스리고 있었습니다. 넓은 땅을 귀족들에게 물려주면서 봉건제도를 이룩했습니다. 그렇게 해서 넓은 지역을 다스렸습니다. '봉건제도'(feudalism)라 함은 신성로마제국 샤를마뉴가 만든 정치적 제도로서 중세시대 사회를 이해하는데 매우 중요한 제도입니다. 봉건제도는 귀족들 사이에 맺는 약속과 같은 것입니다. 왕은 귀족들에게 영지를 주면서 보호를 약속하죠. 영지를 받은 귀족들은 왕에게 충성을 맹세합니다. 이러한 관계는 귀족들 아래 있는 심복들과도 맺게 됩니다. 자세한 설명은 이 장 끝에서 설명하도록 하겠습니다."

"사회적으로 넓은 지역을 다스릴 뿐만 아니라 샤를마뉴는 전쟁으로 차지하는 곳마다 주민들이 기독교로 전향하도록 힘썼습니다. 샤를마뉴가 신뢰하는 심복들 가운데 헷세라는 사람이 있었습니다. 샤를마뉴는 헷세의 조언을 받으면서 일을 진행했습니다. 헷세의 딸들 중 지슬라라는 딸이 있었습니다. 지슬라는 운완과 결혼하여 두 딸을 낳았습니다. 그 두 딸, 빌리힐드와 흐루오틸드는 성장하여 결혼했지만 남편을 잃고 말았습니다. 갈 곳이 없는 두 딸은 한적한 곳에 수도원들을 짓고 거룩한 삶을 살았습니다."

"남편을 잃은 지슬라는 부친 헷세로부터 물려받은 재산들을 둘러보기 위해 여행을 떠났습니다. 여행 도중에 그녀는 어디엔가 머무르게 되었는데 그곳에서 평생의 동반자인 리우트베르가라는 여인을 만나게 됩니다. 그녀는 여인들이 거하는 곳에 머물고 있었습니다. 그 여인들 가운데 지슬라의 마음을 끄는 한 여인이 있었습니다. 그 여인이 바로 리우트베르가(Liutberga, 9세기경)였습니다. 그녀는 많은 여성들보다 열심히 또 성실하게 일하고 신실하게 봉사하는 여인이었습니다. 일을 처리함에 있어 늘 정직했습니다. 이러한 리우트베르가에 대해 지슬라는 매우 친밀감을 가지게 되었습니다."

"그녀에 대해 궁금하여 지슬라는 그녀를 불렀습니다. 그녀의 출신, 이름, 그리고 가족 등을 물었습니다. 리우트베르가는 독일 잘츠부르그 출신이라고 하면서 자신의 조상과 어떻게 하여 이곳에 오게 되었는지 말했지만 자신의 나이는 말하지 않았습니다. 그렇지만 지슬라는 그녀의 대답과 그 정체를 알고 난 다음 더욱 더 그녀에 대해 호기심을 갖게 되어 자신과 함께 떠나 자신을 섬기되 자신은 그녀를 딸처럼 대하겠다고 했습니다."

"그 약속을 믿고 리우트베르가는 지슬라와 함께 길을 떠났습니다. 마치 룻이 시모 나오미를 따라나선 것처럼 말이죠. 그리고 이 일이 하나님의 뜻 가운데서 이뤄졌다고 그녀는 믿었습니다. 그녀는 지슬라의 모든 재산을 관리하면서 성실하고 근면하게 일들을 처리해 나갔습니다. 마치 요셉처럼 말이죠. 정말 우리의 인간관계에서 전적으로 신뢰받기가 쉽지 않는데 요셉은 보디발에게서 전적인 신뢰를 받았습니다. 이러한 것은 하나님이 요셉과 함께 하셨기 때문입니다. 정말 우리가 성실하게 살아갈 수 있는 것은 하나님과의 관계가 올바르게 될 때에 비로소 이뤄진다고 믿습니다."

"지슬라의 일들을 성실하게 수행한다고 해서 자신의 경건 훈련에 게으르지 않았습니다. 낮에는 지칠 줄 모르게 일을 했지만 저녁이 되면 하나님께 늘 헌신적으로 찬양하며 기도를 드렸습니다. 항상 하나님의 사랑을 가지고 사람들을 만나고 일들을 처리했습니다. 정말 경건의 능력을 지닌 여성이었습니다. 지슬라는 나이가 들어 세상을 떠날 때가 되자 자신의 아들 베르나르드를 불러 다음과 같은 말을 들려주었습니다."

사랑하는 아들아!
내 말에 귀를 기울이기를 바란다.
나에게 속한 모든 것을 너를 위해 남겨 놓고 간다.
건물들, 기구들, 부동산들, 또는 사람들을 너에게 맡긴다.
하나님이 원하시는 대로 그 모든 것들을 잘 유지하기를 바란다.
교회를 세우고 가난한 자들을 도우며 형제 사랑하기에 게으르지 않기를 바란다.
모든 것 가운데 너에게 가장 부탁하고 싶은 것이 있다.
나의 사랑하는 딸 리우트베르가를 너에게 맡긴다. 그녀는 나의 양녀이다.
지금까지 성실하게 일을 해 냈다. 너의 일들도 그렇게 하리라 믿는다. 그 너에게 모든 것을 맡기고 일들을 처리하기를 바란다.

"아들의 손을 꼭 붙잡은 손의 힘이 점점 약해지더니 지슬라는 마지막 남은 힘을 다하여 아들의 손등에 입을 맞춘 후 조용히 주님의 부르심을 받았습니다."

“그 이후 오랫동안 리우트베르가는 지슬라의 재산들을 성실히 관리하며 집에 머물렀습니다. 베르나르는 한편으로 그녀를 가족처럼 또는 모친처럼 생각하며 지냈습니다. 리우트베르가는 그녀의 자녀들을 유모처럼 보살피고 하나님의 말씀으로 양육했습니다. 아무리 바쁜 가운데서라도 리우트베르가는 하나님의 성전을 찾아가는 것을 잊지 않고 매일 밤마다 찾아가 철야를 하면서 새벽이 될 때까지 기도하고 하나님께 찬양을 올렸습니다. 그렇다고 자신에게 주어진 임무를 결코 포기하거나 요령을 피우지 않았음을 아셔야 할 것입니다. 누구도 흠 잡을 수 없을 정도로 성실하게 일했다는 것입니다.”

“어느 날 음식을 급하게 먹는 바람에 음식이 체했던 것 같습니다. 그녀는 자리에 눕고 말았습니다. 피곤에 지친 몸인지라 자리를 털고 쉽게 일어날 수 없었습니다. 점점 아파하며 괴로워하는 모습을 지켜본 베르나르는 그 영문을 물었습니다.”

리우트베르가 아주머니, 어떻게 하여 이렇게 쓰러지셨습니까?

“그러자 리우트베르가는 무슨 특별한 병이라기보다는 잘못된 음식을 먹고 밤마다 쉬지 않고 기도하는 가운데 피로에 지쳐 이렇게 되었노라고 했습니다. 매일 밤 맨발로 지내며 결코 편안하게 잠을 청한 적이 없다고 합니다.”

사랑하는 아주머니! 당신이 말에나 일에나 흠이 없이 행하심을 모든 사람들이 알고 있습니다. 하나님을 사랑하는 마음을 누구도 모르지 않습니다. 하지만 위험에 처할 정도로 이 일을 행하시면 생명에 지장이 있으리라 여겨집니다.

"이에 리우트베르가는 다음과 같이 나지막한 목소리로 대답했습니다."

사랑하는 주인님!
주님께서 저의 목자장이 되십니다. 나는 무엇이라도 두려워하지 않습니다. 사람의 눈치를 보지 않고 하나님 존전에서의 삶을 더 중요하게 여깁니다. 주님 안에서 모든 것을 행하기 원합니다. 나를 위해 십자가에서 고통당하시고 죽으신 주님을 나는 사랑합니다. 그분을 위해서라면 무엇이든지 행할 수 있습니다. 심지어 나의 뺨을 치는 원수라도 사랑할 수 있습니다. 짧은 지상의 삶에 저는 큰 미련이 없습니다. 세상의 부귀와 영화에도 관심이 없습니다. 오직 주님의 영광을 위해 살기 원합니다. 그분이 하신 말씀들을 저는 기억합니다. '몸은 죽여도 영혼은 능히 죽이지 못하는 자들을 두려워하지 말고 오직 몸과 영혼을 능히 지옥에 멸하시는 자를 두려워하라'(마 10:28)는 말씀과 '시험에 들지 않게 깨어 있어 기도하라 마음에는 원이로되 육신이 약하도다'(마 26:41)라는 말씀을 기억합니다.

"이 말을 들은 베르나르는 그녀를 위해 무엇인가 해야겠다고 여기고 그녀에게 무엇이든지 부탁하라고 했습니다. 그러면 행하겠다고 약속했습니다. 그러자 그녀는 다음과 같이 말했습니다."

저만의 장소를 원합니다. 그곳에서 저의 잘못을 하나님께 회개할 수 있도록 그분과의 만남의 장소를 원합니다.

"베르나르는 그대로 행하겠다고 굳게 약속했습니다. 그녀는 한적한 장소에 거하면서 여러 유혹도 받았지만 사람들이 방문하여 여러 가지 질문을 물을 때 응답해 주었습니다. 그런 삶을 거의 30년 동안 지내다가 프랑크 왕 루이가 다스리는 시기에 주님의 부르심을 받았습니다."

"정말 평범한 여인으로서 살다가 간 리우트베르가이지만 그녀의 삶은 당시에 여성들이 어떤 삶을 살기를 원했는지를 잘 반영해 줍니다. 다투는 여인과 함께 큰 집에서 사는 것보다도 혼자 움막을 짓고 사는 게 낫다는 말씀에 따라 세상에서 지친 여인들은 그렇게 살기를 원했습니다."

"무슨 특별한 기대를 하지 않고 읽으셨을 것입니다. 평범하지만 성실한 기독교인의 삶을 살았던 리우트베르가입니다. 평범한 우리의 삶도 주님 보시기에 아름답습니다. 우리 주위에 판에 박힌 듯한 삶을 살아가는 여성들을 봅니다. 동일한 일을 반복합니다. 그러다가 지칠 줄 알면서도 다시 일어나 예배당에 가서 다른 사람들을 위해 봉사하시는 분들을 봅니다. 골이 깊은 주름살 속에 담긴 눈물 흔적을 찾아볼 수 있습니다. 오늘 우리는 이런 여인을 만나 뵌 것입니다."

"그리고 설명하면서 숙제로 남겨둔 것 있죠? '봉건제도'에 관한 설명 말입니다. 지금 말씀드리도록 할께요. 이 제도를 이해하는 것이 필요한 이유는 우리가 다루고 있는 시대가 중세시대잖아요. 그러니까 6~16세기까지 1,000년이란 세월인데 그 세월 동안 지배했던 사회조직이 '봉건제도'이기 때문에 역사적 배경으로서 기본이 되겠죠."

"'봉건제도'에는 세 가지 요소를 전제합니다. 첫째는 땅을 소유하고 있는 군주, 흔히들 영주라고도 하지요. 둘째는 군주의 땅을 빌리고 있는 봉신, 즉 가신 또는 심복이고요. 셋째는 그 둘 사이를 연결하는 영지 또는 봉토가 있죠. 봉토를 군주에게서 빌리기 위해 봉신은 군사력을 제공해야 합니다."

"군주가 땅 또는 봉토를 빌려주기 전에 빌리는 자는 반드시 봉신임을 확신해야만 합니다. 무엇을 믿고 자신의 땅을 빌려주겠습니까? 그래서 성경에 나오는 언약처럼 두 사람 간에 체결의식을 행합니다. 그 의식에서 봉신은 군주의 어떤 명령에서도 그를 위해 군사력을 보낼 것이라고 맹세

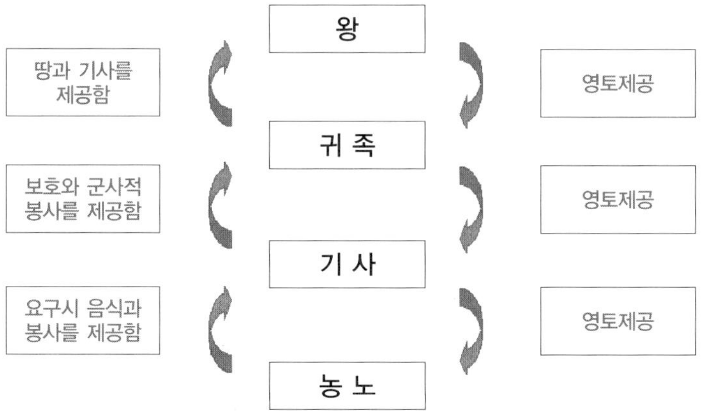

봉건제도 도표

합니다. 군주는 그 의식에서 봉신을 보호하고 봉토를 약속해야만 합니다. 철저히 약속으로 이루어지는 것이죠. 봉토에서 거두어들인 것들은 봉신의 소유물이 되는 것입니다."

"이런 제도는 9세기 프랑크족에 근원을 두고 있습니다. 그러다가 널리 사용된 것은 1066년 영국을 침략하여 정복한 노르만족 지도자 윌리엄 1세, 흔히 정복자 윌리엄이라 부르는 자에 의해서입니다. 오늘 저희들이 보았던 샤를마뉴가 이 제도를 택한 것은 그가 신성로마제국 황제가 되기 전에 프랑크제국의 왕이었기 때문이죠."

"어떻게 보면, 철저히 약속을 기반으로 한 사회구조입니다. 이런 구조 속에서 중세 사람들은 살았습니다. 봉토를 받는 대신 충성을 맹세하고, 맹세한 이상 철저하게 봉신을 보호합니다. 뇌물을 받았으니 충성을 맹세해야죠?…"

6 아타나시아 : 참된 수녀

860년 사망

Athanasia

어느 날, 전신불수인 사람이 마티아스에게 찾아와서 무슨 구체적인 도움을 청했습니다. 마티아스는 자신이 덮고 있던 외투를 벗어 그의 어깨에 걸쳐주었습니다. 그러자 전신불수인 그의 몸이 회복되었고 깨끗하게 나았습니다.

■ 힘든 삶을 살다가 남은 삶을 주님을 위해 살아간 여인

"절망은 없습니다. 일곱 번 넘어져도 다시 한 번 일어납니다. 주님께서 기력이 없는 손과 연약한 무릎을 강하게 하십니다. 지나온 발자국을 바라보면 혼자가 아니라 꼭 다른 사람이 함께 했던 것을 알게 됩니다. 그분이 바로 우리 사랑의 주님이십니다. 오늘 우리는 사랑의 주님께서 함께 하셨던 여인을 만나 뵐 것입니다. 힘든 삶을 살다가 남은 삶을 주님을 위해 살아간 아타나시아를 만나면 바로 자신을 보는 듯 하실 것입니다."

"기댈 언덕이 없었던 시대였습니다. 세계적으로 무엇하나 구체적으로 붙잡을 수 없었던 시절에 그리스 에이예나에서 한 아이가 태어났습니다. 두 번이나 결혼했지만 성녀로서 존경을 한 몸에 받고 있는 여인이었습니다. 순수한 동정녀로서, 아니 처녀로서만 하나님께 자신을 드리는 것이 거룩한 것이라고 말할 수 없도록 만든 분을 찾아가려고 합니다. 그녀가 우리를 기다립니다. 그럼 만나 봅시다!"

가. 힘든 삶

"아타나시아(Athanasia of Aegina, 860년 사망)는 그리스의 에이예나 섬에서 기독교 귀족 가문의 부친 니케타스와 모친 아이린의 딸로 태어났습니다. 7세에 벌써 시편과 성경을 읽을 수 있도록 정규교육을 받았습니다. 마음씨 착하고 아름답게 행하는 그녀가 너무 대견스러웠기에 부모는 그녀가 빨리 출가하여 좋은 남편과 함께 행복하게 살아가기를 원했습니다. 그리하여 그녀를 권면하여 결혼 시켰습니다."

"첫 남편은 아랍의 사라센들이 이들이 살고 있던 섬을 침략했을 때 군인으로 참전하였는데 슬프게도 전사하고 말았습니다. 겨우 16일을 함께 지낸 남편과 생이별을 한 셈입니다. 사랑하는 남편을 잃고 실의에 빠진 그녀는 어찌할 바를 몰랐습니다. 일부 여인들이 세상에 힘든 일을 당하여 감당하지 못하고 세상에서 아무런 희망을 찾을 수 없을 때 찾는 곳이 수도원이었습니다. 그래서 아타나시아도 수도원적 삶을 살아야겠다는 열망을 갖게 되었습니다."

"교수님! 왜 당시의 여인들은 수도원적 삶을 최선의 삶으로 생각했을까요?"

"좋은 질문입니다. 이 책이나 지난 번 출간된 「위대한 여인들의 발자취」에서도 나오듯이 많은 수녀들을 만나보셨을 것입니다. 4세기부터 시작된 수도원적 삶은 곧 교회의 타락을 의미합니다. 교회가 세상에서 상처받고 시달린 영혼을 위로하지 못하는 데서 일어난 운동이 수도원 운동입니다. 당시에는 성경을 자국어로 읽을 수도 없었습니다. 하나님의 말씀도 예배당에서만 들을 수 있었습니다. 그럴 때 선망하는 곳은 한적한 곳에 있는 수도원이었습니다. 하지만 요즘은 그렇지 않습니다. 하나님 말씀을 접하려면 언제든 접할 수 있고, 인터넷을 통하면 세상 어디서라도 주님의 말씀을 듣고 은혜를 받을 수 있습니다."

"이러한 천상의 누이들을 만나서 알 수 있는 것은 그 시대에 최선의 선택을 하신 분들이고 그 시대에 최선의 경건을 가지려고 노력했던 분들이라는 것입니다. 그 정신과 정성을 본받고자 하는데 목적이 있는 거죠. 지금 이들처럼 동일하게 행동하려는 것은 재고해 보아야 합니다."

"수도원에 들어가려고 마음을 먹은 것을 본 부모는 그녀의 미래를 생각해서 다시 한 번 생각하여 결혼을 강권했습니다. 그래서 이번에는 외국 남자와 재혼시켰습니다. 억지로 결혼한 것이기에 결혼 생활은 그렇게 순탄하거나 만족하지 않았을 것입니다. 요즘도 중매결혼을 해서 행복하게 사시는 분들이 많지만 그렇지 못한 분들도 가끔 만나봅니다. 이 시대에는 지금보다 훨씬 더 했으리라 믿어집니다."

"아타나시아는 남편의 사랑을 제대로 받지 못하고 외롭고 힘든 삶을 살았습니다. 그녀의 유일한 기쁨은 열심히 성경을 읽고 선행을 행하는데 전념하는 것이었죠. 어디서든 언제든 자신을 찾아오는 수도사들을 반갑게 맞이했고, 만나는 고아와 과부들에게 늘 한결 같이 도움과 선행을 베풀었습니다. 이런 덕행을 행하면서 항상 그녀는 마음속에 다음의 말씀을 기억했습니다.

> 너희 아버지의 자비하심 같이 너희도 자비하라. 이같이 한즉 하늘에 계신 너희 아버지의 아들이 되리니 이는 하나님이 그 해를 악인과 선인에게 비취게 하시며 비를 의로운 자와 불의한 자에게 내리우심이니라. (눅 6:36; 마 5:45)

"주일과 축제의 날들이 되면, 주위 여인들을 불러 모아 남소를 나누면서 그들에게 성경을 읽어주었고, 그들이 경건하게 살도록 하나님의 말씀으로 권면하였습니다. 남편의 사랑을 받지 못했지만 그를 이해하려고 부단히 노력했습니다. 그의 성격을 이해하고, 그의 취미생활을 이해하고, 그리고 그가 원치 않는 것이 무엇임을 이해하려고 부단히 노력했습니다. 수년 동안 노력하는 그녀를 보고 남편도 이제 그녀를 이해하게 되었습니다."

"이제 그녀와 두 번째 남편은 뜻을 모아 세상으로부터 떠나 수도원적 삶을 살기로 마음을 굳게 먹었습니다. 그런데 이것이 어떻게 된 일입니까? 청천벽력과 같은 일이 또 다시 일어났습니다. 이제 겨우 그녀를 이해하고 사랑하며 동반자임을 알게 된 두 번째 남편도 이름 모를 병으로 세상을 떠나고 만 것입니다. 이 시련을 극복하기는 정말 힘들었습니다. 하지만 마음속에 품었던 꿈이 있었기에 억장이 무너지는 슬픔 속에서도 소망을 가질 수 있었습니다."

나. 수녀생활

"다시 한 번 자리에서 일어난 아타나시아는 섬에 있는 경건한 여인들을 위해 모임을 만들었습니다. 세상에 아무런 소망도 없는 분들과 함께 자신을 하나님께만 드리기 위해 자신들에게 수녀원을 제공했던 한 사제에 의해 모두 체발을 받았습니다. 다시 말하면 수녀가 되었다는 것이죠."

"약 4년 동안 아타나시아는 그들의 지도자 겸 감독자로 있으면서 함께 음식을 먹고, 함께 수면을 취하고, 그리고 함께 옷 입는 것을 절제하며 공동체 생활을 했습니다. 그녀는 세례요한처럼 매일 염소 털옷을 입고 지내면서 철야하며 기도에 전혀 힘썼습니다. 그리고 다윗의 시편들을 읽으며 늘 묵상하고 연구했습니다. 낮에도 시편을 낭송하며 늘 말씀대로 살려고 노력했습니다."

내가 여호와를 항상 송축함이여 그를 송축함이 내 입에 계속하리로다(시 34:1).

"이리하여 아타나시아는 수녀가 된 후, 하나님 나라에 갈 때까지 이렇게 살았습니다. 자신을 해하는 사람들에게 관용을 베풀고, 자신을 비난하는 사람들에 대해서 결코 내꾸하지 않았습니다. 정말 온유하고 겸손하게 모든 사람들을 대했습니다. 정말 하나님의 은혜가 우리에게 임하면 누구든 사랑할 수 있고, 무엇이든 참으면서 사랑할 수 있습니다. 찬송가 가사처럼 '내 영혼이 은총 입어 중한 죄 짐 벗고 보니 슬픔 많은 이 세상도 천국으로 화하도다…' 그러면서 다음의 말씀을 기억했습니다."

> 그리스도를 위하여 받는 능욕을 애굽의 모든 보화보다 더 큰 재물로 여겼으니 이는 상 주심을 바라봄이라(히 11:26).

"섬에서 이런 생활을 한 지 4년, 아타나시아는 함께 거하는 여인들을 설득하여 보다 한적한 곳으로 이주하자고 제안했습니다. 그녀는 사람들의 발길이 닿지 않는 곳으로 가기를 원했습니다. 자신들이 가진 것들을 가난한 자들에게 모두 나눠준 후 자신들의 목적을 이루기 위해 준비했습니다. 그러는 가운데 마티아스라 불리는 하나님을 사랑하는 덕스러운 사람을 그들은 만났습니다. 이 사람은 그들의 목적을 듣고 난 후 아타나시아에게 말했습니다."

> 당신의 목적과 그들의 목적은 선하고 귀합니다. 하지만 당신의 금욕적 기강으로 피곤해 있는 모습을 보면서 마음이 아파서 권합니다. 결코 더 험한 생활 습관을 갖지 마시기 바랍니다. 제 충고를 받으실 수 있으시다면 당신이 원했던 것보다 나은 장소로 당신을 제가 인도할 수 있습니다. 당신의 힘과 의지를 위해 내가 봉사할 수 있도록 기회를 주시기 바랍니다.

"이 말을 들은 아타나시아는 다른 수녀들과 그의 제안에 동의하고 그가 인도하는 곳으로 가기로 했습니다. 그런 후 마티아스는 그들을 데리고 귀한 장소에 이르게 되자 놀라워하며 이렇게 말했습니다."

오랫동안 이와 같은 장소를 마음에 그리고 있었습니다. 여기서 우리가 죽을 때까지 살았으면 합니다.

"그리고 그 지역의 수도원 지도자는 감독의 허락을 받아 그녀에게 티미아라는 수녀원을 제안했습니다. 어느 날, 전신불수인 사람이 마티아스에게 찾아와서 무슨 구체적인 도움을 청했습니다. 마티아스는 자신이 덮고 있던 외투를 벗어 그의 어깨에 걸쳐주었습니다. 그러자 전신불수인 그의 몸이 회복되었고 깨끗하게 나았습니다. 또 다른 일이 일어났는데 귀신에게 사로잡힌 자가 수녀원을 찾아왔을 때 마티아스가 손으로 십자가를 긋자 귀신이 그 남자에게서 나가고 깨끗함을 받았습니다. 하나님은 수일 내에 이와 같은 이적들을 행하도록 하셨습니다."

"이와 같은 일들이 일어나는 가운데 아타나시아는 어느 날 하늘을 향해 기도하다가 환상을 보고 두려움 속에 거하게 되었습니다. 태양 빛이 구름 사이로 비춰진 가운데 아름다운 한 사람을 보았기 때문입니다."

이 사람이 도대체 누구기에 이렇게 은혜로운 모습을 나에게 보이는 것일까? 저렇게 아름답고 거룩한 덕을 어떻게 하면 행할 수 있을까?

"이런 일들을 생각하고 고민할 때 아타나시아는 누군가의 음성을 듣게 되었습니다."

당신이 보고 있는 이 사람에게는 온유와 겸손이 가득 차 있습니다. 이러한 덕행을 닮으시면 당신도 그와 같이 빛이 날 것입니다.

"그날 아타나시아는 이 두 가지 덕행, 즉 온유와 겸손은 교만이나 분노 가운데서는 결코 찾아볼 수 없는 것임을 알게 되었습니다."

"교수님! 위의 말씀을 듣다보니 떠오르는 것이 하나 있습니다. 나이가 들고 기력이 쇠하는 것도 서럽지 않습니까? 그런데 새로운 사람이 등장하여 자신이 받던 총애를 그 새 사람이 받게 될 때, 또 은퇴를 하고 난 후 새로 부임한 사람이 자신에게 집중되었던 모든 영예를 가로챘다고 느낄 수 있을 것입니다. 교수님! 제 생각이 옳은 것입니까?"

"아~ 예! 얼마 전에 세상을 떠난 20세기 성녀라 불리는 '마더 테레사'도 그러한 마음을 가진 적이 있었습니다. 그 때 무릎을 꿇고 기도할 때 그녀가 느낀 것은 우리는 단지 '몽당연필'이라는 것이죠. 그리고 연필을 사용하신 분은 하나님이심을 그녀는 깨달았습니다. 우리는 몽당연필일 뿐입니다. 그분이 우리를 사용하신 것만 하더라도 감사를 드려야 하겠죠? 그분이 혹시 새 연필을 사용하신다 하더라도 말입니다. 참 의미 있는 말씀이군요."

"또 다른 어느 날, 아타나시아는 하나님의 말씀을 묵상하면서 앉아 있었는데 두 눈에 질병을 가진 어느 남자가 자신에게 다가와서 나을 수 있도록 하나님께 기도해 달라고 부탁했습니다. 겸손한 마음으로 아타나시아는 그에게 권면하면서 말했습니다."

이 병은 나도 괴롭게 당한 적이 있습니다. 인내하고 기다리시면 주님께서 당신을 치유하실 것입니다.

“이 권면을 들은 사람은 지금까지 기도를 드렸지만 나을 만한 믿음이 없으니 믿음을 더 달라고 그녀에게 간청했습니다. 그러자 그녀는 그에게 손을 얹으며 말했습니다.”

태어나면서부터 소경된 자를 낫게 하신 그리스도께서 형제인 당신도 깨끗하게 치유하시기를 간절히 원합니다.

“이 말을 들은 그는 큰 위로를 받고 마음을 강하게 하여 하나님께 기도할 마음을 갖게 되었습니다. 일어나 집으로 가다가 나음을 받았다고 합니다.”

“그러는 가운데도 아타나시아는 세 곳에나 교회를 세웠습니다. 그 후 어떤 이유에선지 몰라도 그녀는 콘스탄티노플로 여행을 떠났습니다. 그곳에서 6~7년 동안 어느 수도원에 거하였습니다. 그러던 어느 날 자신에 대한 꿈을 꾸고 급히 티미아로 되돌아왔습니다.”

“되돌아온 지 며칠 후 그녀는 심각한 질병에 걸리게 되었습니다. 콘스탄티노플에서 받았던 꿈에서 이미 그녀는 12일 내로 부르심을 받을 것임을 알고 있었던 것입니다. 그 꿈에서 두 사람이 그녀에게 말했습니다.”

이제 자유하라. 그 자유를 가지고 즐거워하라.

“질병에서 잠시 회복한 아타나시아는 수녀들 중 한 사람을 불러 그에게 자신의 유언을 남겼습니다. 12일 동안 그녀는 음식과 음료를 단절하면서 묵상에 들어갔습니다. 묵상 시간이 끝낸 후 다음의 말 외에는 아무 말도 하지 않았습니다.”

시편을 노래하라. 사랑하는 수녀들이여. 노래하라. 하나님을 항상 찬양하

라. 그 분은 우리 죄를 사하셨습니다.

"12일 째가 되던 날, 아타나시아는 수녀들에게 말했습니다."

교회로 들어갈 수 있도록 연약한 저의 몸을 일으켜 세워주세요.
시편의 말씀들을 들려주세요.
시편을 부를 힘이 없습니다.

"힘들어 하는 말을 들은 수녀들은 눈물을 흘리면서 대답했습니다."

선생님! 시편 어디를 말씀하십니까?
어디까지 당신이 노래하셨습니까?
우리가 어디부터 노래해야 할까요?

"그들에게 말하기를,"

90편까지 노래했습니다. 그런데 기력이 쇠하여 더 이상 노래할 수가 없군요.

"이 말을 들은 수녀들은 몹시 슬픔에 빠졌습니다. 그러자 아타나시아는 그들에게 축복기도를 해 주고 사랑하는 두 수녀를 가슴에 안았습니다."

사랑하는 수녀여! 오늘부터 우리는 서로가 헤어질 것입니다. 하지만 주님께서 다시금 영원한 저 곳에서 만나게 하실 것입니다. 당신들에게 평화가 있기를 간구합니다. 사랑과 조화도 함께. 하나님의 모든 복들이 함께 하시기를 기원합니다.

"두 수녀를 꼭 안으면서 그녀는 평화롭게 잠을 잤습니다. 이 모습을 본 모든 사람들은 그녀가 잠을 자는 줄 알 정도였다고 합니다."

"우리 다 같이 시편 90편을 묵상하면서 이번 장을 마무리하겠습니다."

주여 주는 대대에 우리의 거처가 되셨나이다.
산이 생기기 전, 땅과 세계도 주께서 조성하시기 전 곧 영원부터 영원까지 주는 하나님이시니이다.
주께서 사람을 티끌로 돌아가게 하시고 말씀하시기를 너희 인생들은 돌아가라 하셨사오니, 주의 목전에는 천년이 지나간 어제 같으며 밤의 한 경점 같을 뿐임이니이다.
주께서 저희를 홍수처럼 쓸어 가시나이다. 저희는 잠간 자는 것 같으며 아침에 돋는 풀 같으니이다.
풀은 아침에 꽃이 피어 자라다가 저녁에는 벤바 되어 마르나이다.
우리는 주의 노에 소멸되며 주의 분내심에 놀라나이다.
주께서 우리의 죄악을 주의 앞에 놓으시며 우리의 은밀한 죄를 주의 얼굴빛 가운데 두셨사오니. 우리의 모든 날이 주의 분노 중에 지나가며 우리의 평생이 일식 간에 다하였나이다.
우리의 년 수가 칠십이요 강건하면 팔십이라도 그 년 수의 자랑은 수고와 슬픔뿐이요 신속히 가니 우리가 날아가나이다.
누가 주의 노의 능력을 알며 누가 주를 두려워하여야 할대로 주의 진노를 알리이까?
우리에게 우리 날 계수함을 가르치사, 지혜의 마음을 얻게 하소서.
여호와여 돌아오소서! 언제까지니이까? 주의 종들을 긍휼히 여기소서.
아침에 주의 인자로 우리를 만족케 하사 우리 평생에 즐겁고 기쁘게 하소서.
우리를 곤고케 하신 날수대로와 우리의 화를 당한 년 수대로 기쁘게 하소서.
주의 행사를 주의 종들에게 나타내시며 주의 영광을 저희 자손에게 나타내소서.
주 우리 하나님의 은총을 우리에게 임하게 하사 우리 손의 행사를 우리에게 견고케 하소서. 우리 손의 행사를 견고케 하소서. 아멘.

7 젊은 메리 : 현숙한 여인[2)]

약 903년 사망

Mary the Younger

슬픔이 어느 정도 가라앉자 그들은 시신을 목욕시키려고 했습니다. 시신을 옮기기 전에 그 시신에서 향기로운 냄새가 나서 온 방을 덮었습니다. 모두들 너무나 놀라워했습니다.

Mary the Younger

■ 자제력이 강한 여인이며, 자비가 많고, 경건이 뛰어나고, 그리고 신적 사랑을 실천하는 모범 신앙인

"온 세상에 오직 남자들만 있는 것처럼 여겨지던 10세기에 덕행의 영역이 여성에게도 개방되었음을 여실히 보여주는 여성들이 있었습니다. 보통 여성들처럼 결혼하고 자녀들도 가졌지만 어느 누구도 어떤 것도 하나님의 영광을 위해 살아가는 그녀들을 방해하지는 못했습니다. 자신의 연약한 성품, 결혼의 상처, 자녀들을 보호하고 보살펴야 하는 그 어느 것도 하나님을 사랑하고자 하는 그녀의 사모함을 막지 못했습니다. 긴 터널을 지나면서도 희망과 소망을 잃지 않았다는 말이죠. 또 근거 없는 소문으로 인해 부부간에 의심이 생겨날 때 우리는 어떻게 대처해야 하는지 이 장에서 교훈 받았으면 합니다. 그럼 이제 메리를 만나봅시다. 제안하는데요. 손수건을 준비하셔야 할 거예요."

"동로마제국, 즉 비산틴제국 황제 바실 1세(Basil I, 867~886)는 콘스탄티노플 귀족 출신이 아니고 마케도니아에 살았던 슬라브인들 또는 아르메니아인들의 후손이었습니다. 로마인들이 보기에는 야만족이었죠. 그런

2) 이 이야기는 주로 Alice-Mary Talbot, ed. *Holy Women of Byzantium* (Washington, D.C.: Dumbarton Oaks Press, 1996)에서 여기저기서 발췌한 글이다.

바실 1세와 그의 아들 레오 6세

데 그는 856년 황제 미카엘 3세(Michael III, 842~867)의 신망을 두텁게 받았습니다. 미카엘의 도움을 받아 그의 삼촌과 국무총리인 바르다스를 죽이고, 바실은 미카엘과 함께 공동 황제가 되었습니다. 자신에 대한 미카엘의 태도가 변하고 있다고 느낀 바실은 그를 죽이고 단독으로 황제직에 올랐습니다. 그리하여 비잔틴제국에 마케도니아 왕조가 형성된 것입니다. 미카엘은 성상파괴론자들을 전멸시켰고 그리스 정교회를 새롭게 발전시킨 자였습니다. 바실 시대에 이르러 아르메니아에서 온 위대한 귀족들을 환영하고 그들에게 여러 혜택을 주었습니다."

"교수님! 혹시 '바실 1세'라는 사람이 '대 바실'과 동일 인물인가요?"

"죄송하지만 아닙니다. 그는 동로마제국 황제로 탁월한 지도자였습니다. 국가 재정난을 극복하고, 국방을 튼튼히 하고, 가난한 자들을 보살피고, 비잔틴 예술의 발전을 일으킨 황제였습니다. 그가 치리하는 동안 있었던 가장 큰 일은 서방교회와 동방교회 간의 불화였습니다. 바실은 포티우스에 의해 파직을 당했던 콘스탄티노플의 대주교 이그나티우스를 복직시켰습니다. 그런데 얼마 후, 이그나티우스가 세상을 떠나자 하는 수 없이 바실은 포티우스를 복직시킬 수밖에 없었죠. 이 일로 인하여 로마감독 니콜라스 1세는 바실에 대해 썩 좋지 않은 감정을 가졌습니다. 설상가상으로 865년 바실이 아내와 이혼하고 미카엘의 정부였던 여인과 재혼하자 이 일도 니콜라스 1세에게는 매우 불편했습니다. 그리하여 두 교회는 분열의 씨앗을 낳게 되었습니다."

"그럼, 다른 사람이네요. 헤헤 죄송합니다. 잘 몰라서 그만 실수했네요."

가. 생애

"젊은 메리(Mary the Younger, 약 903년 사망)의 부친은 두 아들과 세 딸을 두었는데 두 딸은 결혼했지만 메리는 막내로서 모친의 품에서 귀여움을 받으면서 고이 자라고 있었습니다. 바르다스 브라체스라 불리는 메리의 형부는 니케포루스라는 사람을 그녀에게 소개하였습니다."

> 여보게, 우리는 결혼하지 않은 여동생이 있다네. 외모는 물론이고, 마음씨가 정말 예쁘다네. 아마 마음이 외모보다 훨씬 예쁠걸! 만일 하나님께서 기뻐하셔서 자네가 나의 여동생을 아내로 맞이한다면 우리의 형제 우애도 더 돈독하게 될 걸세. 먼저 장모님에게 허락받는 것이 먼저이겠지만 말일세.

"주위 사람들은 그녀를 가리켜 자제력이 강한 여인이며, 자비가 많고,

경건이 뛰어나고, 그리고 신적 사랑을 실천하는 모범 신앙인이라고 불렀습니다. 화를 내면서 종들을 채찍으로 때리며 막 대하는 일이 없었습니다. 공격적으로 큰 소리를 지르는 법도 없었습니다. 그녀는 거룩한 교회를 늘 마음에 두고 있었습니다. 늘 다윗의 시를 암송했습니다."

여호와여 내가 주의 계신 집과 주의 영광이 거하는 곳을 사랑하오니 (시 26:8)

"우울하거나 괴로울 때도 말씀을 통해 위로를 받으며 슬픈 기색을 나타내지 않았습니다. 남의 성공을 시기하거나 질투하며 남의 것에 대해 탐심을 가지지 않았습니다. 메리는 사제를 하나님의 사역자로 존경하고 수도사들을 아버지들로 모셨습니다. 아니 주위 모든 사람들을 자신의 가족처럼 대우했습니다."

"집 안에 기도할 개인 채플이 없었지만, 마을의 교회에 찾아가서 매일 저녁과 새벽마다 메리는 기도했습니다. 비가 오나 눈이 오나 추우나 더우나 항상 지정된 은밀한 장소에 가서 기도하는 것을 게을리 하지 않았습니다. 질병이나 아프지 않는 이상 메리는 하나님께 간절히 기도했습니다. 교회에서 기도할 때 그녀는 조용한 곳에 가서 무릎을 꿇기도 하고 땅에 엎드리어 땀을 흘리며 정성껏 하나님께 기도드렸습니다. 그녀는 정말 하나님을 사랑했습니다. 진정으로 하나님의 말씀을 따라 살고 싶어 했습니다."

"당시에는 민주적이지 못했기 때문에 세금을 지불하지 못하면 감옥에 가는 경우가 허다했습니다. 죄를 짓지 않았지만 빚을 갚지 못해 감옥에 들어가는 사람들을 매우 안타까워한 그녀는 그냥 두고만 볼 수 없었습니다. 그리하여 필요한 재정을 대신 채워주는 일도 했습니다. 이렇게 하여 풀려난 사람들은 집으로 가지 않고 메리에게 되돌아와서 감사를 표하며 자신들의 은인으로 모셨습니다. 정말 메리는 많은 사람들에게 은택을 베풀며 살았던 아름다운 여인이었죠."

"교수님! 이런 현숙한 여인이 있었다는 것에 대해 듣고 있노라니 우리 주위에 있는 여러 분들이 생각납니다. 자태도 아름답고 삶도 아름답고, 그래서 닮고 싶은 여성들이 많이 있다는 것을 정말 하나님께 감사드립니다."

"그럼요! 조금만 눈을 돌리면 이러한 여인들을 쉽게 찾아볼 수 있습니다."

"니케포루스는 이 말을 듣고 매우 기뻤습니다. 그는 주저하지 않고 콘스탄티노플로 달려가 메리의 모친에게 겸허하게 무릎을 꿇고 딸에게 청혼한다고 하고 마침내 결혼하였습니다. 결혼한 후 남자애를 출산했는데 이름을 오레스테스라 불렀습니다. 안타깝게도 5세가 되었을 때 그 애는 위험한 낫을 가지고 놀다가 생명을 잃고 말았습니다. 아이의 이름을 연이어 부르면서 메리는 가슴을 치면서 아픔을 달래려고 했지만 어려웠습니다. 자신을 정말 진정시킬 수 없었습니다. 멍하게 있다가도 갑자기 엎드려 울기도 하고 미친 듯이 밖을 내다보며 울기도 했습니다. 그렇지만 자식을 잃은 마음의 고통은 좀처럼 가시지 않고 고통은 더해져만 갔습니다. 심지어 자신의 몸을 학대하며 재를 머리에 덮어쓰기도 했습니다. 입으로는 하나님을 원망하는 참람한 말을 서슴지 않고 내 뱉었습니다. 마침내 자신을 억누르고 욥의 말씀을 읽으면서 그녀는 자신을 가다듬었습니다."

내가 모태에서 적신이 나왔사온즉 또한 적신이 그리로 돌아가올찌라 주신 자도 여호와시요 취하신 자도 여호와시오니 여호와의 이름이 찬송을 받으실찌니이다(욥 1:21).

“그러는 가운데 그녀는 두 번째 아들 바르다네스를 낳았습니다. 그리고 메리는 아들과 함께 남편을 따라 전쟁터로 나갔습니다. 당시 비잔틴제국의 황제 바실을 이어 현명한 레오 4세와 그의 아들 알렉산더가 제국을 879년부터 공동치리하고 있었습니다. 기독교인이라고 하지만 이름뿐인 불가리아 사람들의 왕자 시므온이 로마인들에 반대하여 원정을 일으켰는데 비잔틴 제국은 로마인들을 후원하기 위해 불가리아 사람들과 전투를 벌였습니다. 이 전투에서 메리의 남편 니케포루스는 장군으로 브츠예 지역으로 발령을 받았고, 메리는 남편을 따라 그곳까지 갔던 것입니다.”

“장소를 옮기고 난 후에도 메리는 여전히 경건의 삶을 늦추지 않았습니다. 과부들과 고아들을 돌보았고, 동굴에 있거나 거리에 있거나 어디에서든지 만나는 수도사들에게 필요한 것을 공급했습니다. 사제들과도 친밀하게 지내서 교회에 필요한 것을 늘 제공했습니다. 하나 달라진 것이 있다면 더 이상 교회에 가서 기도하지 않고 집에서 기도했다는 것입니다. 집에서 찬송을 부르며 시편을 읽으면서 엎드려 기도했습니다.”

“어느 날 기도하는 가운데 메리는 주님의 음성을 들었습니다.”

삼가 이 소자 중에 하나도 업신여기지 말라(마 18:10).

“이 말씀에 따라 주위에 있는 사람들을 늘 보살폈습니다. 비록 시종들이 일을 잘못하거나 실수하여 그르치더라도 그것에 대해 덮어주고 격려하며 위로했습니다. 그들을 자신의 소유물처럼 취급하지 않았습니다. 그들을 때리거나 꾸짖지 않았습니다. 그녀는 그들을 노예로 보지 않았습니다. 단지 하나님의 말씀처럼 누구든 형제와 자매로 여겼습니다. 더욱이 지나가는 나그네를 위해 시종들에게 말하기를 늘 대문을 잠그지 말고 개방해 놓으라고 했습니다. 아브라함이 늘 나그네를 대접했던 것처럼 누구든지 그녀의 집에 부담 없이 들어와서 편하게 지내게 했습니다. 수도사들이 마침 집 앞을 지나가면 언제든 그녀는 하나님의 천사가 방문한 듯이 그들을 극진히 대우했습니다."

"이게 어떻게 된 일입니까? 두 번째 아들도 이유를 알 수 없는 질병으로 세상을 떠나고 맙니다. 그런데 이제는 첫째 아들을 잃었을 때처럼 충격적인 슬픔에 잠기지 않고, 오히려 하나님께 영광과 감사를 드렸습니다. 그 후 그녀는 곧 쌍둥이를 낳았습니다. 첫째의 이름을 바아네스라 불렀고 둘째를 스티븐이라 불렀습니다. 하나님께 감사를 드리면서 한 아들은 군인이 될 것이고 다른 아들은 수도사가 될 것이라고 그녀는 예언했습니다. 이에 대해 부친은 첫째 아들은 군인이 되기를 원했지만 둘째는 교사가 되길 원했죠. 이러한 의견 차이가 있자 메리는 다음과 같이 남편에게 말했습니다."

> 하나님이 원하시는 대로 되기를 바랍시다. 당신이 말씀하시는 것처럼 두 가지 일도 가능할 것입니다. 하지만 저는 이러한 꿈이 이뤄지는 것을 보지 못할 것입니다. 왜냐하면 나는 이런 일이 일어나기 전에 떠날 것이기 때문입니다.

"그녀의 예언대로 두 아들은 군인과 수도사가 되었습니다."

나. 의처증

"메리가 모든 사람들을 환영하고 극진히 대하는 것을 본 남편의 두 친척은 아마도 메리가 남종 데메트리오스와 사귀고 있을 것이라고 의심을 품었습니다. 이 이야기를 들은 남편은 조용히 메리를 불러 말했습니다."

오늘 당신에 대해 좋지 못한 소문을 들었습니다.

"무슨 소문이냐고 메리가 묻자 남편은 다음과 같이 대답합니다."

내 친척들이 나에게 말하기를 집안의 무엇인가를 약탈당하고 있다고 합니다. 더군다나 사람들은 당신이 남종 데메트리오스와 간통했다고까지 의심합니다.

"이 이야기를 들은 메리는 가장 수치스러운 말을 들었기 때문에 눈물을 흘리면서 다음과 같이 말했습니다."

정말 슬픕니다. 당신이 정말 저를 믿고 있는지 매우 궁금합니다. 당신이 그 혐의에 대한 소문을 믿지 않는다면 그 두 사람에게 나를 방어하며 말씀하셨을 것인데 그러지 않고 그 소문에 대해 제게 말씀하시는 것을 보니 저의 마음이 매우 불편합니다. 당신이 궁금해 할 것이기에 분명히 말씀을 드립니다. 나는 이런 소문이 왜곡되었으며 그것에 대해 아는 바가 전혀 없다는 것입니다. 나는 당신 외에 다른 남자를 알지 못합니다.

사랑하는 여보! 나는 당신과 법적으로 결혼했습니다. 당신만이 내가 알고 있는 유일한 남자입니다. 신적 법이 만일 다른 것을 요구한다고 하더라도 거부할 것입니다. 당신은 나의 머리입니다. 이것이 나를 의심하는 것에 대한 답변입니다. 나는 조금도 양심에 부끄럽지 않습니다. 정말 내가 무엇을 하고 있는지 당신에게 거짓을 말한 자들에게 물어보십시오. 그렇게 되면 밝혀지겠지만 그렇지 않더라도 심판 날에 하나님께서 나의 증인이 되실 것입니다. 나는 지금까지 가난한 자들과 배고픈 자들을 먹였습니다. 구원의 길을 알렸습니다. 이것이 잘못이라면 잘못이겠지만 말입니다.

“이렇게 말하는 메리에게 니케포루스는 다음과 같이 대답합니다.”

가난한 자들을 향한 당신의 친절을 내가 모르는 바가 아닙니다. 당신도 알다시피 결코 지금까지 그것을 탓한 적이 없었습니다. 내가 불평한 것은 지나치게 자유스러운 마음과 고결한 마음씨입니다. 내가 두려워하는 것은 다른 사람들의 필요에만 관심을 가지고 베풀다보면 우리는 가난하게 될 것이란 거요.

“이 말을 한 후, 니케포루스는 메리를 위해 경비를 철저히 하도록 종들에게 일렀습니다. 그리고 메리를 보살피고 있는 가장 믿을만한 여종을 불렀습니다. 그녀에게 니케포루스는 생명의 위협을 가하면서 여주인의 간음에 대해 고하지 않으면 죽인다고 큰 소리로 외쳤습니다. 그러자 그 여종이 다음과 같이 대답했습니다.”

주인님! 당신은 지금 저의 생명을 좌지우지 할 수 있습니다. 당신이 원하시는 대로 형벌을 내리시거나 죽이시더라도 저는 어쩔 수 없습니다. 하지만 제가 분명히 아는 것은 나의 여주인님이 다른 사람들과 아무런 관계를 가지지 않았다는 것입니다.

“이런 대답을 들은 니케포루스는 매우 화가 났습니다. 여종을 내동댕이치며 엄히 치라고 명을 내렸습니다. 그녀로부터 아무 것도 듣지 못한 것에 매우 화가 났습니다. 이 소식을 접한 메리는 억장이 무너지는 것처럼 슬펐습니다. 과거에 자신의 도움을 받은 수녀들과 수도사들에게 연락을 하여 자초지종을 말하고, 자신을 위해 기도해 달라고 간절히 부탁했습니다. 그리고 다음과 같이 기도했습니다."

하나님이여 속히 나를 건지소서 여호와여 속히 나를 도우소서(시 70:1).

"자신을 고소한 자들을 위해 간절히 기도하면서 그들의 죄들을 용서해 달라고 간구했습니다. 이것에 아랑곳 하지 않고 남편은 그녀에 대한 경비를 더 강화시켰습니다. 그녀의 모든 일거수일투족을 다 감시하라는 의도가 깔려 있었습니다. 이 일로 인해 메리는 정신적으로 매우 힘들었기에 결국 장염을 얻게 되었습니다. 점점 자신의 죽음이 다가오는 것을 느꼈습니다."

"또 이런 일도 있었습니다. 사순절에 남편은 금식도 하지 않고 교회도 가지 않고 친척들과 함께 집에서 먹고 마시고 즐겼습니다. 이에 대하여 메리는 매우 마음이 아팠습니다. 그러면서 주위에 있는 여인들에게 이렇게 말했습니다."

보세요. 오늘은 우리 자신을 정결케 하는 날입니다. 회개하고 우리가 지었던 모든 죄들을 해결해야 하지요. 그런데 내 남편은 형편없는 친구들과 함께 하면서 어떻게 회개하고 금식 기도할 수 있겠습니까? 사탄에게 저주가 있기를 바랍니다. 우리를 하나님으로부터 이간(離間)시키는 사탄에게 저주가 있기를 바랍니다.

"이런 대화에 대해 듣게 되자 니케포루스는 화가 나서 그 자리에서 일어나서 주위에 있는 사람들을 의식하지 않고 분하여 어쩔 줄을 몰라 했습니다. 다음 날 채찍을 가지고 그녀의 침실로 들어갔습니다. 들어선 그는 동정녀의 거룩한 작은 동상이 있는 가운데 곤히 잠자는 부인을 보았습니다. 머리채를 잡고 질질 끌고 방 밖으로 나왔습니다. 사정없이 그녀를 내리쳤습니다. 이 상면을 본 종들은 차마 보지 못하여서 위험을 무릅쓰고 주인으로부터 여주인을 떼어놓았습니다."

"사정없이 매를 맞은 메리는 세 가지 흔적을 갖게 되었습니다. 마음의 상처, 육체의 상처, 그리고 육체의 질병이었습니다. 이 일로 인해 그녀는 열병에 걸려 일어나지 못할 정도로 허약해져 갔습니다."

"10일이 지난 후, 그녀는 사람을 남편에게 보내어 메시지를 전달했습니다."

> 아직도 살아있는 저의 누추한 모습을 보기를 원하시면 오십시오. 함께 의논할 일이 있습니다.

"남편은 그 메시지를 듣고 그녀에게 오라고 말했습니다. 그러자 메리는 다음의 말을 했습니다."

> 지금 저는 주님에게로 가야 합니다. 주님께서 이것을 저의 꿈속에서 말씀하셨습니다. 주님께서 두 아들을 나에게 주셨음을 감사드립니다. 이제 나를 자신에게로 부르십니다.

"이 말을 듣자마자 남편은 울기 시작했습니다. 울고 있는 남편에게 메리는 이렇게 말합니다."

> 주님께서 예정하신 뜻대로 저는 질병을 얻었습니다. 주인의 명대로 이뤄질 것입니다. 비록 당신이 나를 믿지 않았을지라도 이제는 믿어주시기를 간청합니다. 당신은 나의 비난자들에 의해 깊은 수렁에 빠져 있습니다. 거

짓된 소문에 귀가 멀었습니다. 주님은 나의 증인이십니다. 나의 영혼을 그분이 건지실 것을 믿습니다. 나는 내가 알지도 못하는 것에 관해 질문을 받았습니다. 부탁합니다. 당신의 마음에서 불신을 쫓아내십시오. 우리 자녀들을 잘 부탁드립니다.

"이 말을 한 후 메리는 어깨에서 외투를 끄집어내어 종에게 주었습니다. 그것을 팔아 빚진 자에게 갚으라고 했습니다. 이 장면을 본 남편은 다음과 같이 말합니다."

아이들이 당신의 외투를 가지게 합시다. 그러면 내가 그녀가 빚진 것을 모두 갚아주도록 하겠습니다.

"주님의 부르심이 가까이 오자 메리는 마지막으로 종들에게 입을 맞추고선 이렇게 말했습니다."

보세요. 하늘이 열립니다. 나를 위해 준비된 해같이 빛나는 면류관이 보입니다.

"이 말을 남기고 메리는 주님의 부르심을 받았습니다. 남편도 주위 종들도 한 없이 소리 내어 울었습니다. 슬픔이 어느 정도 가라앉자 그들은 시신을 목욕시키려고 했습니다. 시신을 옮기기 전에 그 시신에서 향기로운 냄새가 나서 온 방을 덮었습니다. 모두들 너무나 놀라워했습니다. 욕조가 들어오고 시신을 위해 마지막 옷을 입히려고 했습니다. 남편은 다른 외투를 가지고 오라고 명했습니다. 그러자 여종 하나가 말하기를 그녀는 아무 것도 가진 것이 없다고 했습니다. 그녀와 함께 묻을 옷이 하나도 없다고 하자 이 말을 들은 남편은 당황해 했습니다. 그러자 여종 마리아나가 말했습니다."

주인님! 이것에 대해 왜 그렇게 놀라워하십니까? 여주인님이 우리가 입히는 옷 외에 다른 옷이 없다고 하니 당황되십니까? 여주인님은 자신의 영혼을 위해 아무 것도 남기지 않으셨습니다. 여기 있는 한 벌 외에 말입니다. 그분은 항상 가난한 자를 보면 무엇이든지 주었습니다. 그냥 지나치는 법이 없었습니다. 비단으로 된 옷이 있느냐고 물으시지만 분명히 말씀 드립니다. 금과 은 그 어떤 것으로 만든 옷이라 하더라도 이 옷보다 가치 있는 옷을 발견하지 못할 것입니다.

"이 말을 들은 남편은 아내를 의심하여 구디히고 미워하고 방탕했던 것을 생각하고 오열했습니다. 그리고 난 후 자신이 가진 외투를 여종에게 주라고 명했습니다."

"교수님! 눈물이 나서 견딜 수 없습니다. 메리의 인내하는 삶과 남편의 혹독함이 눈에 선합니다. 교회를 찾는 여성들 가운데 이런 일들을 당하신 분들이 많이 있음을 봅니다. 그런데 모두 승리하심을 알고 있습니다. 눈물이 나서 더 이상 말씀을 드릴 수 없네요…감사합니다."

8 에셀플레드 : 영국의 여전사

918년 사망

전쟁터에 참전하는 여전사들

Aethelflaed

기독교인 에셀플레드는 복음 전파나 순결을 위해 노력한 여인은 아닙니다. 자신이 처한 상황에서 조국을 침입하고 약탈하는 바이킹족에 대항하여 또 조국을 위해 군사들을 데리고 나가 용감하게 싸운 여전사입니다.

Aethelflaed

■ 남성처럼 직접 전쟁에 참전하여 국가와 가정을 위해 나섰던 여인, 남성 못지않게 전투에 헌신하면서 세상을 몸으로 막은 위대한 여인

"지금까지 보지 못한 새로운 여성을 만날 것입니다. 그것은 바로 '여전사'입니다. 순결을 지켰던 여인들도 있고, 현모양처도 있고, 그리고 정치가도 있지만 그 가운데서 남성처럼 직접 전쟁에 참전하여 국가와 가정을 위해 나섰던 여인들이 있습니다. 남성 못지않게 전투에 헌신하면서 세상을 몸으로 막은 위대한 여인들입니다. 그러면 그분들 가운데 한 여성…"

"교수님, 강의를 막아서 죄송한데요. 여전사들이 있었다고 하셨는데 앞으로 교수님께서 잘 설명해 주시겠지만 어떤 여전사들이 있었는지 간략하게 설명해주시고 난 후 오늘의 주인공을 만나는 것이 어떨까요?"

"그렇게 하는 것이 좋을까요? 좋습니다. 다른 시대보다도 우리가 다루고 있는 것이 중세시대이기 때문에 중세사에 등장하는 위대한 여진사들을 소개하도록 할게요. 먼저, 고딕 전투(535~552)에 대한 프로코피우스의 역사에 따르면, '섬의 소녀'라 불리는 어느 영국 공주의 이야기가 나옵니다. 그녀는 독일 북부 지방, 그러니까 지금의 덴마크 지역인 유틀란트 반도를 침략하는 데 지도자였고, 자기와 약혼했지만 약속을 어긴 젊

전쟁터에 참전하는 여전사들

은 왕 라디기스를 붙잡았다는 이야기입니다. 어떻게 보면 무서운 여인이기도 하지요."

"둘째, 여성 카훌라는 600년에 예르몽크스 전투에서 아랍인들의 장군으로 활약했고 또 다른 바페이라와 함께 그리스 군인들을 무찔렀다고 합니다."

"셋째, 덴마크의 여왕 티라는 남편이 없는 동안 국정을 맡으면서 스레스빅과 유틀란트 반도를 침략한 독일군들을 맞이하여 용감하게 싸웠습니다. 890년경 그녀는 수세기 동안 덴마크를 방어하기 위해 다네베르케라는 위대한 성벽을 쌓기도 했습니다."

"넷째, 여기의 주인공인 에셀플레드가 있고요."

"다섯째, 다음 장에 소개될 러시아 이고르의 과부 올가가 있습니다."

"여섯째, 헤스나, 비스나, 그리고 베비오르그는 왕 하랄드와 함께 브라벨리르 전투에서 덴마크를 위해 싸웠습니다."

"일곱째, 루실라는 덴마크와 노르웨이의 왕위 쟁탈전이 있을 때 동생 트론드에 반대하여 싸웠습니다."

"여덟째, 스티클라는 결혼하는 것보다 전투에 참여하는 것이 더 좋아 집을 뛰쳐나갔던 여인이었습니다. 이 외에도 바이킹족의 역사에 많은 여인들이 전사로 활약했습니다."

"이 외에도 많다고 하셨는데 어느 정도인지 상상이 되질 않습니다. 하여튼 역사 속에서는 많은 여성들이 남성 못지않게 직접 전쟁터에 뛰어 들어 활약했다는 것에 놀라움을 금치 못합니다. 갑자기 기억이 나는 한 여인은 만화영화로도 나온 '뮬란'이라는 중국 여성의 이야기입니다. 교수님! 감사합니다."

"예~ 저도 그 여인에 대해 알고 있습니다. 마치 영국의 '로빈 훗'의 이야기와 같이 지난 1,500년 동안 중국에서 읽혀진 전설이지요. 약 500년에 쓰인 시를 중심으로 디즈니랜드사에서 영화를 만들었다고 하지요. 예 기억납니다. '뮬란'이라는 시 가운데 특별히 이 소절이 보입니다."

12년 동안 함께 여행을 했으면서도
그들은 뮬란이 여자애였음을 알지
못했네.
토끼와 같은 그녀의 두 눈 주위는
피곤해 있었고 곤드레만드레 해 있
지 않았는가?
내가 남자일까요? 아니면 여자일까
요? 물어본다 하더라도 그들이 무
엇이라 대답했을까?

말을 타고 질주하는 남장한 뮬란

"예, 모든 시를 소개해 드리지 못해 죄송합니다. 하지만 만화영화를 보셨을 것으로 보입니다."

가. 초기 생애

"당시의 영국은 노르만족, 즉 바이킹족의 침입을 받아 어려움 속에 있었습니다. 영국은 먼저 게르만족 중에 앵글로 색슨족의 침략을 받았고 이어서 9세기에는 바이킹족의 침입을 받았습니다. 오늘의 이야기는 이런 침

10세기 영국

입을 받는 역사적 배경 속에서 일어난 이야기입니다."

"지도를 보시면 아시겠지만 영국 '머시아인들의 여인'(Lady of Mercians)으로 불리는 에셀플레드(Aethelflaed 또는 Ethelflaed, 918년 사망)는 웨섹스의 왕 알프레드 대왕(Alfred the Great)의 장녀로서 머시아의 왕 에셀레드와 결혼했습니다. 이 결혼으로 인해 머시아와 웨섹스는 덴마크인들, 즉 바이킹족의 위협을 받고 있던 영국의 색슨족들을 통합하게 되었습니다."

"교수님, 낯설지 않은 이름을 언급하셨네요. '알프레드' 말입니다."

"알프레드라 하면 영국을 침입하는 덴마크인들, 즉 바이킹족을 상대로 전투하여 영국을 통일한 왕이죠. 알프레드(849~899)는 남부 영국인 웨섹스 왕으로서 덴마크인들이 영국 남부지역을 침략할 때 알프레드에게 패배를 당합니다. 그러다가 마침내 878년 협정을 맺어 남부지역을 덴마크인들은 떠나게 되고 북부지역만을 공격하는 협정을 맺게 되죠. 이렇게 보면 우리나라의 성웅 이순신 장군과 흡사하신 분이지요."

"또 알프레드의 딸인 에셀플레드가 언제 태어났는지 어린 시절이 어떠했는지는 알려진바 없습니다. 하지만 그녀가 수행했던 수많은 일들을 볼 때, 그녀가 가진 천부적 재능도 있었겠지만 분명히 어릴 때 배웠던 학문 때문이었다고 믿어집니다. 10세기의 대부분의 여인들은 수녀들처럼 종교적 교육을 받을 때에만 고전 교육을 받을 수 있었습니다. 그런데 귀족 출신이었던 에셀플레드는 남동생 '나이든 에드워드' (Edward the Elder, 899~924)와 함께 부친의 궁궐에서 교육을 받았습니다. 또 남매는 정치적으로 하나의 팀이 될 수 있도록 협력하는 기회를 가졌습니다."

윈체스터에 세워진 알프레드 대왕 동상

"서부 색슨어에는 아내라는 말의 의미가 '평화 조성자'(*frithuwebbe*)라는 의미였습니다. 그녀는 남편 에셀레드와 결혼하여 그의 부족 머시아와 부친 알프레드의 웨섹스 간의 알력을 종식시키고 연합의 좋은 기회를 마련하였습니다. 그녀는 단순히 평화를 조성하는 자로 만족하지 않고 한 걸음 더 나아가 실제적으로 더욱 더 많은 일을 계속하여 수행해 나갔습니다."

"남편과 에셀플레드 사이에 898년 앨프윈이라는 딸이 태어납니다. 그리고 결혼 생활 10년 동안 에셀플레드는 아무 일도 하지 않고 가사의 일만 수행한 것처럼 보입니다. 쉽게 말하면 현모양처로 지냈다는 것입니다. 다음 해, 즉 899년 부친 알프레드 대제가

에셀플레드

영국 St. Andrew 교회에 그려져 있는 에셀플레트

세상을 떠나므로 남동생 에드워드가 웨섹스의 왕위를 이어받았습니다. 하지만 사촌 동생이었던 에셀울드는 에드워드가 이어받은 웨섹스의 왕위를 차지하기 위해 노섬브리아에 살고 있는 덴마크인들과 협력하여 에드워드를 공격하였습니다. 에드워드는 덴마크인들을 방 어하기 위해 누이 에셀플레드의 도움을 요청하게 되었습니다. 그런데 남편은 몸이 연약하여 전쟁에 나가기 어렵다는 것을 알고 있는 에셀플레드는 직접 군인들을 데리고 가서 동생 에드워드를 도왔습니다. 여전사로서의 에셀플레드가 시작되는 셈이죠. 시작이 중국의 여전사 뮬란과 유사하다고 여겨집니다."

나. 여전사

"909년 에셀플레드는 남동생 에드워드와 함께 동부 앵글리아 지역을 급습하는 데 성공합니다. 특별히 그 지역은 영국인들로부터 존경을 한 몸에 받고 있는 7세기 영국 왕이며 '순교자 오스왈드'의 시신이 묻혀있는 곳이었습니다. 그래서 되돌아오는 길에 글라스터에 있는 오스왈드 소수도원에 발굴한 유골들을 헌납했습니다. 일 년 후 910년 오스왈드 축제일에 에드워드는 요크 지방에 주둔하고 있는 최강의 덴마크인들을 공격하여 대승을 거둡니다. 이 테텐홀 전투의 대패로 인해 덴마크인들은 감히 영국에서의 영토 확장은 어렵다고 판단하기에 이릅니다."

"교수님, 방금 '순교자 오스왈드'라 하셨는데 그분은 어떤 분이세요?"

오스왈드의 모습

"오스왈드(Oswald, 633~641)는 노섬브리아의 왕이었습니다. 그는 선교사 아이단이 이끄는 스코틀랜드 수도사들을 초청하였는데 그들은 켈트 기독교를 노섬브리아에 소개했습니다. 그의 관심은 자신의 백성들을 기독교로 개종시키는 것이었습니다. 그가 설교할 때 오스왈드는 통역을 했습니다. 그리하여 기독교는 점점 노섬브리아에 확산되어 갔습니다. 그런데 머시아 왕 펜다는 642년 오스왈드를 매스서펠드 전투에서 죽였습니다. 전사하면서 오스왈드는 자신과 함께 죽는 경비원들의 영혼을 위해, 노섬브리아 백성들의 구원을 위해, 그리고 자신을 죽이는 이교도 적군들을 위해 큰 소리로 기도했습니다. 펜다는 그를 죽인 후 시신을 알아보지 못하게 하기 위해 사지를 찢어서 오딘이라는 신에게 불태워 희생제로 드렸습니다. 이러한 죽음을 당한 그를 교회는 '순교자'라 부릅니다."

"그러니까 머시아의 에셀플레드는 속죄하는 마음으로 그분의 유골을 들고 와서 수도원에 헌납했군요. 이제야 이해가 됩니다."

"에셀플레드는 남편인 머시아의 왕 에셀레드와 함께 전투에 나가서 용감하게 덴마크인들의 침입을 막았습니다. 불행하게도 911년 남편은 덴마크인들과의 전투에서 전사하고 맙니다. 머시아인들은 에셀플레드를 새로운 군주로 선포할 뿐만 아니라 왕위 계승까지 책임지게 했습니다. 마침내 그녀를 '머시아인들의 여인'으로 부르게 되었습니다. 명실공히 그녀는 머시아인들의 정치적 지도자며 군사적 지도자로서 912년에서 918년까지 다스렸습니다."

"에셀플레드는 영국 남부와 중부를 가르는 곳에 요새들을 건축하여 덴마크인들의 침략을 더 이상 허용치 않았습니다. 912년 세 차례나 강을 따라 올라가 웨일즈 변방, 즉 브리지노스와 스커기트에 요새를 지었습니다. 국방을 튼튼히 하는 일을 여기서 멈추지 않고, 916년 웨일즈인들이 침략할 때 전투에 나가서 웨일즈 왕비를 체포하고 웨일즈를 자신의 권위 아래 두었습니다."

"이 뿐만 아니라 917년 외교술을 발휘하여 에셀플레드는 스코틀랜드 왕들과 협정을 맺어 요크에 주둔하고 있는 덴마크인들을 협공하기도 했습니다. 그런 후, 덴마크인들이 또 다시 머시아를 침략하자 에셀플레드는 에드워드와 함께 협공하여 덴마크인들이 장악하고 있던 지역을 오히려 정복했습니다. 남동생 에드워드가 노섬브리아와 헌팅턴을 장악하자 이에 대해 동부 앵글리아, 웨섹스에 있는 덴마크인들은 에드워드를 향해 협공했습니다. 그러자 에셀플레드는 직접 군사를 이끌고 나가서 더비에 있는 덴마크인들을 대패시키고 레스터와 요크 지역을 점령했습니다. 남아있던 덴마크인들을 몰아내기 위해 군사를 이끌고 다시 나갔을 때 에셀플레드는 병을 얻어 918년 세상을 떠나고 맙니다. 그리고 그녀는 글라스터에 묻히게 됩니다."

"그러자 그녀를 대신하여 에드워드가 군대를 이끌고 나가서 남아있던 덴마크인들을 영국으로부터 내몰았습니다. 에셀플레드의 전략은 성공적이었습니다. 그래서 역사가 말메스버리는 에셀플레드에 대해 이렇게 말합니다."

용감한 여장부인 에셀플레드는 자신의 조언에 따라 행동한 에드워드를 도와 위대한 도시들을 건축했고, 자신의 위력이든지 행운이 뒤따라왔던지 간에 그녀는 내국인들을 보호하고 외국인들에게 위협의 대상이 되었다.

영국 글로스터 박물관에 있는
에셀플레드 묘지 덮개

"그녀를 이어 머시아는 그녀의 딸 20세난 엘프윈에게 왕위를 잇도록 했지만 919년 에드워느는 머시아를 자신의 왕국으로 통합하고 맙니다. 그리고 대부분의 영국을 통합하게 됩니다. 에셀플레드의 마무리가 조금 섭섭하게 마무리 되죠."

"기독교인 에셀플레드는 복음 전파나 순결을 위해 노력한 여인은 아닙니다. 자신이 처한 상황에서 조국을 침입하고 약탈하는 바이킹족에 대항하여 또 조국을 위해 군사들을 데리고 나가 용감하게 싸운 여전사입니다. 그리고 여러 교회들을 짓고, 성벽을 재건하고, 오늘날에도 남아있는 여러 도로들을 만들었습니다."

"우리는 이떤 상황에 있는지 한 번 살펴보았으면 합니다. 우리는 어떤 모습으로 그러한 상황에 대처하고 있는지 생각했으면 합니다. 어떤 때는 백합화처럼 순결하게, 어떤 때는 장미꽃처럼 아름답게, 어떤 때는 이름도 빛도 없이 대처해야만 할 것입니다. 우리가 처한 현재의 상황에서 하나님은 어떤 삶을 선택하기를 원하실까요?"

9 토마이스 : 경건의 모범

909/913~947/951년

토마이스의 모습

Thomais

토마이스는 정기적으로 가까운 교회당을 방문하고 기도하면서 이적도 행하게 되었습니다. 구약성경에 등장하는 사무엘의 모친 한나를 기억할 것입니다. 외롭고 힘든 경우에 하나님께 늘 기도했던 여인 말입니다.

■ 남편에게 동물취급을 받으면서도 천사적 경건을 나타내며 살아간 여인

"결혼을 했지만 늘 부부관계가 원만치 못하여 힘들게 살아가는 부부를 봅니다. 아무리 노력해도 끝이 보이지 않는 삶을 살아갈 수도 있습니다. 오늘 그러한 삶을 살아간 여인을 만나볼 것입니다. 남편에게 동물취급을 받으면서도 천사적 경건을 나타내며 살아간 여인을 만나볼 것입니다. 우리의 삶이 이 여인으로 인해 위로 받기를 바랍니다."

"레스보스의 토마이스(Thomais of Lesbos, 909/913~947/951)는 7장에 소개된 '젊은 메리'처럼 기혼 여성으로서 매일 정결한 삶을 살았던 여성이었습니다. 천사적 삶을 살았던 그녀가 태어난 레스보스는 축복받은 섬으로서 에게해에서 가까웠습니다. 그곳의 모든 레스보스인들보다 토마이스는 훨씬 뛰어난 노력성을 지녔습니다. 진실한 삶을 그리스도에게 헌신하여 그에게 영광을 돌렸습니다. 십자가를 자신의 어깨에 짊어지면서 날마다 자신을 부인하고 세상에 대한 자신의 욕심을 십자가에 못 박았습니다."

"토마이스는 909~913년 사이에 태어나서 947~951년 사이에 세상을 떠난 여인으로서 평생 하나님을 기쁘시게 하며 살았고 천사적 삶을 살았던 여성입니다. 그녀의 부친은 미카엘이었는데 곧은 성품과 거룩한 삶에 전념하는 자였습니다. 그의 아내며 토마이스의 모친 칼레는 매우 아름다웠습니다. 그녀는 조용한 성품을 가졌고 남편과 늘 뜻을 같이 했습니다. 부부는 매일 밤 교회에 가서 찬송을 부르며 주야로 하나님께 찬양을 드렸습니다. 경건한 부부에게 한 가지 걱정이 있었는데 그것은 아브라함과 사라 부부처럼 그들에게 자녀가 없다는 것이었습니다. 그래서 그들은 자녀를 위해 늘 무릎을 꿇고 하나님께 간구하였습니다."

> 우리 구원의 하나님이시여 땅의 모든 끝과 먼 바다에 있는 자의 의지할 주께서 의를 좇아 엄위하신 일로 우리에게 응답하시리이다(시 65:5).

"하나님은 이렇게 간절한 부부의 기도에 응답하셨습니다. 아이를 잉태하기 전, 칼레는 남편에게 이런 말을 하였다고 합니다."

> 지난 밤 잠을 자면서 하나님의 말씀에 대한 꿈을 꾸었습니다. 나의 양떼들이 매우 온순하게 나의 말을 잘 듣는 것이었습니다.

"칼레는 남편에게 자신이 꿈속에서 보았던 모든 것을 들려주었습니다. 그 후부터 부부는 아름다운 여아를 낳았는데 그 아이의 이름이 바로 '토마이스'였습니다. 하나님의 약속대로 받은 이삭이나 사무엘과 같은 아이였죠. 아이를 낳은 후 부부는 레스보스를 떠나 보스포루스 지역으로 가서 정착했습니다. 그 곳에서도 그들은 금식하며 온 밤을 기도하며 감사하며 보냈습니다."

"토마이스는 덕이 있는 여성으로 자랐고, 하나님께 전적으로 헌신했고, 선한 모든 것을 따랐습니다. 외모와 함께 마음도 아름다웠습니다. 부모는 딸을 버릇없게 키우지 않고 정말 여자답게 키우기 위해 엄하게 훈련시켰습니다. 이렇게 자란 토마이스는 자신을 순결하게 지키며 살기를 원했지만 25세가 되었을 때 부모는 그녀를 권하여 결혼시키려 했습니다. 부모의 뜻을 따라 결혼하게 되었지만 남편 스티븐은 토마이스처럼 하나님께 헌신하지 않았습니다. 남편은 동반자라기보다는 적대자였다고 하는 것이 더 맞을 것입니다. 그럼에도 불구하고 그녀는 하나님께 감사하며 교회당에서 지내는 시간을 자주 가졌습니다. 그러면서 가난한 자들을 돌보았고, 재산을 필요한 자들에게 나눠주기도 했습니다. 자선행위에 힘썼던 그녀는 다윗의 찬송을 늘 부르며 지냈습니다."

> 은혜를 베풀며 꾸이는 자는 잘 되나니 그 일을 공의로 하리로다…저가 재물을 흩어 빈궁한 자에게 주었으니 그 의가 영원히 있고 그 뿔이 영화로이 들리리로다(시 112:5, 9).

"가정주부로서의 가사 일도 게으르지 않고 열심히 일했습니다. 잠언 31장에서 말씀하시는 '현숙한 여인'처럼 손수 입을 옷을 짜거나 필요한 자에게 그냥 나눠주기도 했습니다."

"남편 스티븐은 정반대의 길을 걸어갔습니다. 토마이스가 가난한 자들에게 물질을 주면 스티븐은 방해를 일삼았습니다. 마치 사탄처럼 말입니다. 그래서 토마이스는 늘 복음서의 말씀을 기억했습니다."

> 내 뒤로 물러가라 네가 하나님의 일을 생각지 아니하고 도리어 사람의 일을 생각하는도다(막 8:33).

> 또 누가 우리를 그리스도의 사랑에서 끊으리요 환난이나 곤고나 핍박이나 기근이나 적신이나 위험이나 칼이랴(롬 8:35).

"남편으로부터 신앙 때문에 구타도 당했고, 심지어 벌과 고문까지 당하기도 했습니다. 그는 언제나 그녀를 증오하며 욕설도 아끼지 않았습니다. 그래서 하나님께 드리는 헌신을 포기하려는 위기에 빠지게 될 정도였습니다. 토마이스를 쳐다보는 것도 지나가는 개를 쳐다보듯이 무시하고 경멸했습니다. 토마이스는 매일 구타를 당하면서도 참을 수밖에 없었습니다. 그럼에도 불구하고 기도 생활을 게을리 하지 않았습니다. 기도할 때마다 그녀는 다윗의 시를 낭송했습니다."

> 주의 궁정에서 한 날이 다른 곳에서 천 날보다 나은즉 악인의 장막에 거함보다 내 하나님 문지기로 있는 것이 좋사오니(시 84:10)…의와 공의가 주의 보좌의 기초라 인자함과 진실함이 주를 앞서 행하나이다(시 89:14).

"남편은 어떤 때는 재정 지출에 대해 의심하고, 무슨 일을 하고 다니는지 의심하면서 의처증까지 가졌습니다. 그래서 자선행위를 하지 못하도록 방해했습니다."

"그럼에도 불구하고 토마이스는 정기적으로 가까운 교회당을 방문하고 기도하면서 이적도 행하게 되었습니다. 구약성경에 등장하는 사무엘의 모친 한나를 기억할 것입니다. 외롭고 힘든 경우에 하나님께 늘 기도했던 여인 말입니다. 어느 날 토마이스는 평생 동안 귀신에게 사로잡힌 한 여인을 만났습니다. 귀신 들린 여인은 토마이스 앞에 엎드려 낫게 해달라고 간청하였습니다."

> 하나님의 종이여! 나를 불쌍히 여겨주십시오. 사탄이 나를 해롭게 하지 못하도록 해 주소서. 전쟁의 포로처럼 여기저기를 옮겨 다녔습니다. 나의 고통이 너무 심합니다. 구원의 날이 이르지 않으면 나는 죽게 될 것입니다. 사탄이 계속하여 나를 괴롭힙니다. 그런데 나를 도울 자 한 사람도 없습니다.

"이러한 부탁을 들은 토마이스도 함께 울면서 하나님께 간구했습니다. 그러자 그 여자로부터 귀신이 물러갔습니다. 이런 이적을 보고 현장의 사람들은 너무나 놀라워했습니다."

"또 다른 이적도 있었습니다. 정말 순전하게 하나님께 삶을 드리고 싶은 한 사람이 6년 동안 출혈로 고생했는데, 토마이스는 이 병이 하나님께로부터 온 것을 알고 그 여자에게 다음과 같이 말했습니다."

> 만일 당신이 이 질병에서 벗어나기를 워하시면, 신적 축제일 동안 타 남자들과 관계를 끊으시기 바랍니다. 그리고 지금까지 즐겼던 일들을 그만 두시기 바랍니다.

"이 말씀대로 살겠다고 다짐하고 되돌아가는 중 여인은 낫게 되었습니다."

"남편 때문에 힘들게 살았지만, 선한 일에 전념하고, 개인의 경건 생활에 힘썼던 그녀는 38세의 나이로 주님의 부르심을 받게 됩니다. 부름을 받기 전에 이런 말을 한 적이 있었습니다."

> 내 영혼이 여기를 떠날 때 나를 거룩한 교회 무덤에 묻지 말아주십시오. 먼 곳에 묻어주십시오. 많은 이적이 일어난 후에 자연스럽게 옮겨질 수 있기를 바랍니다.

"그녀가 죽은 후 무덤을 방문하는 자마다 많은 이적을 경험했다고 합니다."

"교수님! 참으로 숙연해 집니다."

"예, 사실입니다. 실제로 아내를 이유 없이 구타하고 무시하며 살아가는 남편들이 있음을 알고 있는데 과거에는 이보다 더했음을 알게 되었습니다. 정말 이러한 토마이스의 삶을 우리가 기억하며 주님도 우리를 기억하신다고 생각할 때 큰 위로가 됩니다. 우리의 삶도 주님께서 기억하실 것을 믿기 때문입니다."

"다음 강의는 지금까지의 여인들과 너무나 판이하게 다른 여인들에 관한 내용입니다. 이 책에 등장하거나 중세시대에 살았던 여인들 중 가장 부끄러워해야 할 여인들입니다. 자신이 처한 상황에서 주님의 의를 이룬다는 미명 아래 자신의 의를 이룬 여인들에 대한 이야기입니다."

10 마로치아 : 창부정치의 주역

909/913~947/951년

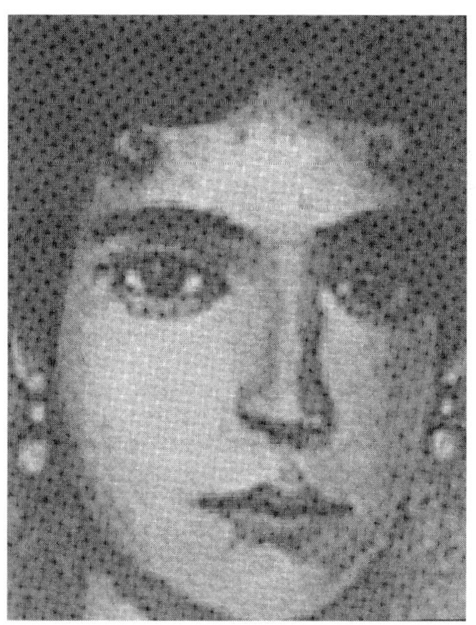

마로치아의 모습

Marozia

성욕과 정치적 욕망이 흘러넘치는 마로치아는 많은 남자들과 성직자들과 즐겼습니다.

마로치아 *Marozia*

■ '창부정치'는 세 명의 여인들, 데오도라 그리고 그녀의 두 딸, 마로치아와 젊은 데오도라에 의해 주도되었습니다.

"교회사에서 9~10세기는 새로운 시대가 시작하는 시기, 급변하는 시기, 그리고 흥미로운 시기였습니다. 새로운 시대라 함은 본격적으로 중세시대로 접어드는 시대라는 말이고, 급변하는 시기라 함은 노르만의 대이동, 즉 바이킹들이 남하하여 유럽을 변화시킨다는 의미이고, 그리고 흥미로운 시기라 함은 교회적으로 볼 때 도덕적으로 문란한 동시에 교회개혁을 위해 수도원제도가 적극적으로 뛰어들며 동 · 서교회가 분열되는 시기라는 의미입니다. 그야말로 사사기에 있는 말씀처럼 '그 때에 이스라엘에 왕이 없으므로 사람이 각각 그 소견에 옳은 대로 행하였더라'(삿 17:6과 21:25)와 같은 상황이었습니다"

"이번 강의에서는 교회에 대한 좋은 이미지가 상처받을 수도 있습니다. 하지만 역사이기에 바로 알고 시행착오를 다시 범치 말아야 한다는 교훈 아래 여기의 여인들을 보셔야 할 것입니다. 간음과 음모를 업으로 삼는 여인을 볼 것입니다."

"특별히 904년부터 30~60년 동안은 가장 타락한 시대들 중 한 시대로 확실히 자리를 차지합니다. 바로 '매춘부 정치'라 불리는 '창부정치'

(pornocracy)가 시행되었던 시기였습니다. 이 말은 크레모나 감독 리트프란드(약 922~972)가 붙인 이름입니다. 그는 롬바르족 역사가이며 저자였습니다. 그가 명명한 '창부정치'는 세 명의 여인들, 데오도라 그리고 그녀의 두 딸, 마로치아와 젊은 데오도라에 의해 주도되었습니다. 어떻게 하여 이런 일이 생길 수 있는지 살펴보는 것도 역사 속에 나타난 여인들의 발자취를 보면서 교훈을 얻을 수 있다고 보입니다. 비록 천상의 누이들과는 비교가 되지만…"

"10세기에 접어들면서 로마 교황 베네딕트 4세(900~903)의 후계자 레오 5세는 권력을 찬탈한 추기경 크리스토퍼에 의해 체포되어 감금되는 바람에 겨우 한 달 동안 교황직에 있었던 자였습니다. 어떤 이는 크리스토퍼가 적대교황이었다고 합니다. 합당한 방법으로 교황직에 오르지 못했기 때문입니다. 그에 의하면 교황청이 타락했기 때문에 레오 5세를 제거했다고 합니다만 그렇다고 교황직을 찬탈해도 되는 것인지 누가 정당하고 누가 합당한지 모르는 경우입니다. 분명한 것은 그가 처음으로 '성부와 성자로부터' 성령이 발현했다(필리오케[*filioque*])고 말한 자입니다. 그 외에는 그에 관해 아는 바가 없습니다."

"역사 이야기이다 보니 생소한 단어가 나오면 이렇게 질문을 하게 되네요. 질문하지 않으면 교수님이 의도하시는 것만큼 큰 감동을 받지 못할 것 같아서 질문을 던져 봅니다. 교수님! '적대교황'과 '필리오케'라는 단어의 개념에 대해 전혀 알지 못하겠거든요? 그래서…"

"설명을 제가 해주었으면 한다고요. 좋습니다. 정말 필요한 질문을 하셨습니다. 먼저 '적대교황'이라는 용어부터 설명하도록 하겠습니다."

"'적대교황'(anti-pope)이란 기존의 교황이나 선출된 교황을 인정하지 않고 스스로 교황이라고 자칭하는 자를 말합니다. 교황은 주로 12세기부터는 특별히 교황을 선거하는 '비밀회의'(conclave)에서 선출했습니다. 선출 전이라도 적대교황은 어떻게 선출되었던지 간에 관여하지 않고 선출된 교황에 반대하는 자였습니다. 다시 말하면 교황이 동시에 두 명 또는 세 명이 있었다는 말입니다."

"그럼 최초의 적대교황은 누구였어요?"

"히폴리투스라는 자였습니다. 그는 3세기에 로마감독에 대해 불만을 가진 소수의 로마인들이 기존의 로마감독 칼릭스투스 1세에 대해 반대하여 선출한 자였습니다. 당시에는 아직 교황이라고 부르지 않았기 때문에 그냥 '로마감독'으로 여기는 것이 좋겠습니다. 하지만 명칭상 로마교황이라 부르도록 할께요. 그 이후부터 1449년까지 42명의 적대교황이 있었습니다."

"그렇게 되면, 교수님! 누가 정통성을 가지고 있는지 판단하기가 참 어려웠겠습니다."

"그럼요. 힘들었을 뿐만 아니라 현재 교황이라고 하는 사람이 정말 정통성을 갖고 있는지 의심이 들기도 했지요. 적대교황이 일어났을 때 항상 부정적이지만은 않았거든요. 교황직을 고수하기 위해 상상하기 어려운 온갖 수단을 사용하여 교황직을 찬탈하거나 구입하곤 했습니다."

"그리고 두 번째 용어인 '필리오케'는 교회사에서 매우 중요한 개념입니다. 그러면서 좀 어려운 신학적 용어이기도 합니다. 쉽게 설명하려고 노력해 볼께요. '필리오케'라는 말은 라틴어로서 성령의 발현이 '성부와 성자로부터'라는 말에서 '성자로부터'라는 단어입니다. 요한복음 15:26에 '내가 아버지께로서 너희에게 보낼 보혜사 곧 아버지께로서 나오시는 진리의 성령이 오실 때에 그가 나를 증거하실 것이요'라고 되어있습니다. 성부와 성자가 동일하신데, 즉 동일본질이신데, 성부만이 유일한 권위를 받고 있는 듯한 느낌으로 인해 서방교회, 즉 로마 가톨릭에서는 '필리오케'를 주장하였고, 동방교회에서는 이 단어를 고백 속에 넣는 것을 반대했죠. 이 일로 인해 동방교회, 즉 지금의 동방정교회와 서방교회, 즉 지금의 로마 가톨릭이 1054년에 분열하게 됩니다. 지금까지 그 분열 상태를 유지하고 있죠."

"아~ 듣고 나니까. 머리가 더욱 복잡해지네요. 아무튼 교수님 말씀의 초점은 '필리오케'라는 말이 성부 하나님과 성자 하나님이 동일본질이심을 주장하기 위해 당시에 로마를 중심한 서방교회에서 주장되었고, 이런 주장으로 인해 동방교회와 서방교회가 나눠졌다는 것이죠?"

"예, 그렇습니다. 이런 색깔논쟁을 했다는 것은 그만큼 당시 교회가 정치성을 띠었다는 것을 대변하지요. 이 개념에 관해서는 이만큼 하고 보다 자세히 알기를 원하시면 교회사 책들 가운데 한 권을 택하시면 될 것 같은데요…그럼 우리가 어디까지 이르렀습니까?"

"앞에서 언급한 적대교황이라 불리는 크리스토퍼는 스스로 교황이라 하면서 레오 5세를 제거하고 군림하려고 할 때 추기경으로 있던 세르기우스는 교황직에 오르고자 하는 욕망으로 가득 차 있었습니다. 7년 동안 상황을 늘 지켜보고 있다가 절호의 기회를 얻었다싶어 세속군주와 함께 레오와 크리스토퍼를 제거하고 세르기우스 3세는 904년에 교황직에 오릅니다."

"세르기우스 3세의 성격은 다음의 사건을 통해 잘 알 수 있습니다. 그는 약 10년 전에 죽었던 교황 프로모수스(891~896)의 썩은 시신을 파내어 다시 한 번 정죄하고, 그 시신을 참수시키고, 손가락 세 개를 절단하고, 그리고 테베레 강에 버렸습니다. 강에 버려져 머리 없이 몸뚱이만 남은 시신을 어부들이 고기를 잡다가 발견하여 그 시신을 다시 베드로 성당으로 가지고 왔다고 합니다. 정말 말도 안 되고 상상조차 할 수 없는 시대였습니다. '창부정치'가 있었던 시기가 이렇게 상상조차 할 수 없는 타락한 상태였다는 것을 말씀드리고 싶은 것입니다. 이런 시기에 세 명의 여인들이 교회정치에 뛰어들어 수레바퀴를 돌리고 있었다는 것입니다."

가. 데오도라

118) 베네딕트 5세 (900~903)
119) 레오 5세 (903)
120) 세르기우스 3세(904~911)
크리스토퍼(903-904)
121) 아나스타시우스 3세(911~912)
122) 란도 (913~914)
123) 요한 10세 (914~928)
124) 레오 6세 (928)
125) 스티븐 8세 (928~931)
126) 요한 11세 (931~935)
127) 레오 7세 (936~939)
128) 스티븐 9세 (939~942)
129) 마리누스 2세 (942~946)
130) 아가피투스 2세(946~955)
131) 요한 12세 (955~963)

#표는 적대교황;
앞 번호는 교황의 역대순

"이제부터는 교황들의 연대기 도표를 보면서 설명을 듣는 것이 좋을 것 같습니다. 도표를 보시면 숫자가 나옵니다. 그 숫자는 교황들의 순번입니다. 그리고 연대는 그들이 교황직에 있었던 연한입니다."

"앞서 세르기우스 3세가 크리스토퍼를 죽이고 교황직에 오르는데 도움을 준 군주가 있었다고 했었죠. 그 사람이 바로 '창부정치'(娼夫政治)의 첫 번째 여자 데오도라의 남편 테오필락트입니다. 당시에 그는 로마시의 의원장이었고, 세르기우스 파를 지지하여 교황직에 오르도록 하는데 크게 공헌한 자였습니다. 그러니 자연스럽게 그의 아내 데오도라를 비롯한 두 딸, 마로치아와 데오도라도 세르기우스와 친분을 갖게 되었던 것이죠."

"이 정도까지 가다보면 어떤 일이 생길 수 있을까요? 상상에 맡깁니다. 자주 만나게 될 것이고 만나다 보면, 정을 주고받을 수 있겠죠. 그래서 세르기우스 3세가 교황직에 오르기 전, 그러니까 추기경으로 있을 때 데오도라의 딸 마로치아를 라테란 궁에서 유혹하여 그녀를 905년에 자신의 정부로 맞이했습니다."

교황 세르기우스 3세

"교수님! 어떻게 성직자가 아내를 취할 수 있습니까? 말도 안 되는 이야기네요?"

"상상도 할 수 없는 여인들을 이번만 볼 것이라고 미리 말씀드렸잖아요? 그리고 이때는 아직 로마 가톨릭이 '독신제도'를 행하기 전이었죠. 창부정치라는 사건으로 인해 '독신제도'가 만들어지게 되죠. 그러니 흥분을 가라앉히셔야 합니다. 우리는 지금 당시 역사적 정황을 살피면서 교훈을 얻고자 하는 것입니다."

"알겠습니다. 끝까지 들어보겠습니다. 갑자기 강의를 방해해서 죄송합니다. 그리고 감사합니다."

"마로치아를 정부로 맞이하던 그 해에 추기경 세르기우스는 적대교황 크리스토퍼를 살해하고 로마교황 세르기우스 3세가 되었습니다. 당시 마로치아의 나이는 15세였고, 그의 나이는 45세였습니다. 그 두 사람 사이에 아들을 낳았는데 후에 로마 교황 요한 11세가 됩니다. 이리하여 세르기우스 3세는 '창부정치'를 시작하였으며 그는 가장 사악한 교황들의 대열에 들어가게 됩니다."

"그러자 마로치아의 모친, 즉 세르기우스 3세의 장모 데오도라는 딸을 이용하여 자신의 권력을 장악하기 시작했습니다. 데오도라(Theodora, 928년 사망)는 아름다움, 재능, 그리고 술책이 능한 여인으로서 10세기 초 로마의 여지배자로 불립니다. 하나 흥미로운 사실은 교황 세르기우스 3세가 자신이 죽고 난 후 자신의 시신이 베드로 성당에 묻힐 수 있을지 늘 염려했다는 것입니다. 자신을 위해 동전도 만들어서 자신이 죽던 해 911년 4월에 발행하기도 했습니다. 세르기우스는 데오도라와 그녀의 딸 마로치아의 꼭두각시에 불과했습니다. 어처구니 없는 자입니다. 이런 자의 정부가 마로치아였다는 것이죠."

"계속하여 교황들의 연대를 고찰했으면 합니다. 왜냐하면 교황 세르기우스 3세가 데오도라와 마로치아와 관계를 가지면서 교황청은 그녀들의 치맛바람으로 늘 바람 잘 날이 없었기 때문입니다."

"교황직에 오른 아나스타시우스 3세(Anastasius III, 911~913)는 데오도라가 만든 꼭두각시입니다. 그러다보니 그녀의 기침소리에도 죽는 시늉을 하는 자였습니다. 그는 데오도라의 눈치를 보다가 동로마제국 황제 레오 6세를 인준해 달라는 부탁을 받았지만 여러 핑계를 대면서 겨우 거절했습니다. 이 일로 동방교회와 서방교회는 더욱 갈등을 하게 됩니다. 100여년이 지나 결국 동방교회와 서방교회가 분열하게 되는데 그 씨앗을 제공하게 된 것이죠. 그는 결국 독살을 당해 죽는데 정확하지는 않지만 데오도라의 남편 테오필락트의 심복들이 죽였다고 합니다."

"교황 아나스타시우스 3세가 독살된 후 데오도라는 란도(Lando, 913~914)를 교황직에 올립니다. 그의 교황직 생명은 겨우 6개월 11일 동안이었습니다. 그는 데오도라와 그녀의 남편 테오필락트의 음모로 죽었다고 여겨집니다. 정확하지는 않지만 말입니다."

"란도가 죽은 후 데오도라에게 꼼짝 못하는 요한 10세(914~928)가 교황으로 선출됩니다. 데오도라에 의해 라벤나의 대감독직에 올랐지만 만족하지 못하고 늘 두 사람은 서로 그리워했습니다. 매춘녀와 같은 데오도라는 요한에게 감독직을 그만두라고 여러 번 강권하다가 오히려 그를 로마교황직에 올리고 말았습니다. 그래서 그는 내연의 정부가 있다는 스캔들로 늘 시달립니다."

"요한 10세는 사라센들이 이태리로 침입해 왔을 때 친히 군시들을 데리고 나가 맞서 싸웠습니다. 물론 패배하고 말죠. 뻔한 일이 아니겠어요. 그가 치리하는 동안 기억해야 할 일은 클루니 수도회를 인준했다는 것입니다. 그 수도회는 타락해가는 교회를 바로 잡고자 하는 취지를 가지고 일어난 수도회였습니다. 교회사에서 몇 가지 중요한 과업들을 남깁니다."

"한편, 스폴레토의 후작 알베르트(약 928년 사망)는 데오도라의 남편 데오필락트와 친한 관계였습니다. 데오도라는 알베르트가 자신의 딸 마로치아와 가깝게 지내는 줄 알고 두 사람을 결혼시킵니다. 데오도라와 알베르트가 928년경에 세상을 떠나자 마로치아는 모친이 사랑했던 교황 요한 10세를 감금하여 질식사를 시켰습니다. 결국 그는 데오도라의 딸 마로치아에 의해서 제거된 거죠."

"그러니까 데오도라에 의해 꼭두각시로 활동했던 교황들은 세르기우스 3세, 아나스타시우스 3세, 란도, 그리고 요한 10세입니다. 시간적으로 보면, 904~928년까지 24년 동안입니다. 데오도라는 구약성경에 등장하는 사악한 이세벨보다 더욱 나쁠 뿐만 아니라 정신적 점검을 받아야 할지도 모르는 여성이라 여겨집니다."

"창부정치는 여기에서 그치지 않고 데오도라의 딸 마로치아에 의해 그 절정에 달하게 됩니다."

마로치아의 모습

나. 마로치아

"928년 요한 10세를 교황직에서 제거한 마로치아(약 892~937)는 같은 해 5월 자신의 심복인 레오 6세(928년 사망)를 교황직에 앉힙니다. 하지만 겨우 7개월을 그 직에 있다가 요한 10세가 갇혔던 감옥에서 평생을 지내게 됩니다. 레오 6세는 로마를 둘러싼 여러 갈등을 해결하려고 노력하고 교황제를 이루려고 노력했지만 좌절되고 맙니다. 그런데 사라센들의 침략을 성공적으로 방어합니다."

"마로치아는 레오 6세를 대신하여 또 다른 꼭두각시로 스티븐 8세(928~931)를 교황직에 앉힙니다. 별 특별한 과업을 행하지도 못하고 931년 스티븐 8세는 세상을 떠납니다."

"다음 로마교황은 교황 세르기우스 3세와 마로치아 사이에서 태어난 요한 11세였습니다. 아들을 통해 본격적으로 자신의 권력을 발휘하려는 마로치아는 모친 데오도라보다 훨씬 사악한 여성이었습니다. 마로치아의 주도 속에 교황직에 오른 레오 6세와 스티븐 8세는(전자는 1년도 채우지 못하고 후자는 3년 만에 의문스러운 죽음으로) 세상을 떠나게 되었습니다."

"마로치아와 교황 세르기우스 3세 사이에 낳은 아들, 즉 요한 11세는 마침내 931년 교황직에 올랐습니다. 그녀는 세르기우스가 죽은 후에도 계속하여 스폴레토의 알베르트(928년 사망), 투스카니의 귀도(929년 사망), 그리고 프로방스의 휴(Hugh of Provence)와 결혼합니다."

"20대에 교황직에 오른 마로치아의 아들 요한 11세는 다른 사람들보다 유명한 자입니다. 모슬렘 군인들을 중부 이태리로부터 내쫓았으며 노르만족들을 개종시키는 데 힘을 쏟았습니다. 또 동방교회와 관계도 개선하였습니다."

"아들을 교황직에 앉혀놓고 마로치아는 만용을 부렸습니다. 비근한 예로서 933년 마로치아는 자신의 야망을 이루기 위해 동로마제국 황제 로마누스 1세의 후계자와 자신의 딸 베르사를 결혼시키려고 했습니다. 하지만 수포로 돌아왔습니다. 이루어지지 않았습니다. 그리고 932년 마로치아는 이태리의 최고의 권력자이며 이태리 왕 프로방스의 휴(947년 사망)와 결혼하게 되는데, 아들 교황 요한 11세가 마로치아의 결혼식을 집례하였습니다. 이것이 그녀의 세 번째 결혼이었습니다."

"성욕과 정치적 욕망이 흘러넘치는 마로치아는 많은 남자들과 성직자들과 즐겼습니다. 그럼에도 불구하고 그녀는 요한 11세로부터 '세나트릭스'(senatrix, 여성 상임위원)와 '페트리치아'(patricia)라는 칭호를 받았습니다."

"마로치아의 여러 가지 사악한 행위들은 여러 모반에 직면해야만 했습니다. 그 첫 번째 모반은 첫째 남편 알베르트 1세에게서 낳은 아들 알베르트 2세(954년 사망)에 의해서 일어납니다. 그는 모친과 휴의 결혼식에서 휴로부터 뺨을 맞게 되어 거의 실명의 위기에 빠진 적이 있었습니다. 그래서 알베르트 2세는 그 경멸에 대한 복수심으로 가득 차 있었습니다. 그러던 차에 933년 12월 알베르트 2세는 성난 폭도들을 데리고 모친 마로치아와 휴의 집을 공격하여 모친을 검거했습니다. 이런 소식을 접한 휴는 야밤에 줄행랑을 쳤습니다. 마로치아와 교황 요한 11세는 쇠고랑에 채여 어두운 지하 감방에 던져졌습니다. 그리고 알베르트는 자신이 로마의 군주임을 천명했습니다. 자신이 심복이 될 것이라는 약조를 받은 후 알베르트 2세는 로마 교황 요한 11세를 석방시켰습니다. 이로부터 2년 동안 로마 교황 요한 11세는 알베르트 2세의 몸종이었기에 교황이 공석 가운데 있는 것과 같았습니다."

"마로치아는 도주하다가 검거된 휴와 함께 역사의 무대에서 사라지는 것처럼 로마 시로부터 추방당했습니다. 알베르트 2세는 새로운 교황으로 자신이 마음대로 부릴 수 있는 레오 7세(936~939)를 교황직에 올렸습니다. 하지만 레오 7세의 수도원적 삶과 개혁 운동에 대해 반대하지 않았습니다."

"이런 어두운 가운데서라도 경건한 일부 교황들은 정치적 세력에 말려들지 않으려고 노력했습니다. 10세기 교회개혁운동이 유럽에서 일어났는데 그것을 가리켜 '클루니 운동'(Cluniac Movement)이라고 합니다. 이 운동에 적극적으로 뛰어든 최초의 교황은 요한 11세였지만, 그는 세속권으로부터 자유하려고 부단히 노력하는데 전념하다가 졸지에 세상을 떠난 것입니다. 그를 이은 레오 7세는 클루니 수도원의 대수도원장 오도(Odo)를 로마로 불러 교회적 개혁을 주도하도록 했습니다. 로마 교황 스티븐 8세와 아가피투스 2세도 이 운동에 적극적으로 가입하여 개혁운동을 장려했습니다. 하지만 그 때마다 실패하고 맙니다."

"한편, 알베르트 2세는 라테란 궁에 로마 교황 요한 11세, 즉 자신의 씨 다른 형제를 가두고 모친 마로치아를 하드리안의 영묘가 있는 곳에 감금시켰습니다. 이런 가운데 935년 12월 말에 요한 11세는 세상을 떠나고 마로치아도 937년 세상을 떠나고 맙니다. 세상을 주름잡던 여인 마로치아는 자신의 아들에 의해 비참한 최후를 맞이하게 됩니다. 어떻게 보면, 인과보응처럼 당연한 결과였는지 모릅니다. 자녀가 부모를 모반할 정도였다면 그 부모의 행실이 어떠했다는 것은 불을 보듯 뻔한 일이 아닐까요?"

"얼핏 보면, 알베르트 2세가 그래도 요한 11세를 비롯한 로마 교황 레오 7세, 스티븐 9세, 마리누스 2세, 그리고 아가피투스 2세로부터 세속권을 배제시킴으로 무슨 업적을 이룬 것처럼 보입니다. 교황들로 하여금 영적인 임무에만 관심을 갖도록 했다는 것이죠. 하지만 결코 아닙니다. 954년 40세가 된 알베르트 2세는 자신의 아들 옥타비안을 교황 아가피투스 2세가 죽은 후 교황직에 세우도록 모든 귀족들로 하여금 베드로의 무덤에 손을 얹고 맹세하도록 합니다."

"이리하여 옥타비안은 요한 12세(955~963)라는 이름으로 955년 교황직에 오릅니다. 당시 그의 나이 18세였습니다. 그는 항상 세속권력을 장악하고자 했으며 사치와 방탕한 삶을 즐겼습니다. 그가 교황직에 있는 동안 잠시라도 전쟁이나 음모가 없었던 날이 없었습니다. 교황 요한 12세는 가장 악명 높은 난봉꾼 교황들 중 한 사람으로 유명합니다. 그는 노름을 좋아하고 늘 술에 절어 살았습니다. 여인들은 줄을 이어 밤마다 그가 거하는 라테란 궁으로 불려갔습니다. 그러던 가운데 교황령을 차지하려고 했던 이태리 왕 베렌가르 2세를 제거하기 위해, 962년 찾아온 독일 왕 오토(936~973)를 요한 12세는 신성로마제국 황제로 즉위시켰습니다."

"그런데 경건한 오토는 로마 교황 요한 12세에게 불경건한 삶을 청산하라고 여러 번 강권합니다. 이러한 용기는 그의 아내 아델라이데를 통해 잘 알 수 있습니다. 14장에서 그 여인에 대해 다루도록 하겠습니다. 기대하셔도 좋을 것입니다."

"로마인들의 반기와 오토 대제의 세력을 두려워했던 로마 교황 요한 12세는 마침내 티볼리로 줄행랑쳤습니다. 오토 대제는 곧 16명의 추기경과 많은 감독들과 함께 교회회의를 개최하여 요한 12세를 폐위시키고 크레모나의 감독 리우드프란드를 로마 교황으로 선출합니다. 이리하여 그 유명한 '창부정치'는 마침내 막을 내리게 됩니다."

"신성로마제국 황제 오토 1세(936~973)가 교회 일에 간섭하므로 교회는 깊은 수렁에서 나올 수 있었습니다. 하지만 이 일로 인해 또 다른 문제가 발생했으니 그것은 '성직자 수임권 논쟁'(Investiture Controversy)이었습니다. 영적 문제를 영적으로 풀지 않고 육적으로 풀면 또 다른 육적 문제에 직면하게 됩니다. 이 문제에 관해서는 17장 '마틸다'에서 자세하게 설명하도록 하죠. 죄송하지만 그 때까지 기다려주시면 감사하겠습니다. 죄송해요!"

다. 젊은 데오도라

"젊은 데오도라(약 950년 사망)에 관해 자세한 기록을 구하기는 쉽지 않았습니다. 젊은 데오도라는 크레센티우스의 요한과 처음 결혼하고 두 번째는 다비드와 결혼합니다. 그녀는 처음 결혼하여 로마 교황 요한 13세(965~972)를 낳습니다. 그리고 재혼한 후에 로마 교황 베네딕트 7세(974~983)를 낳습니다."

"이러한 '창부정치'에 대해 영국 역사가 에드워드 기번은 '부끄러운 시대'라 하면서 다음과 같이 말합니다."

> 9~10세기의 로마 교황청은 무례한 폭군자들에 의해 구속되고, 그리고 살해를 당했다. 교회의 세습재산들을 찬탈당한 후에 그들은 군주를 후원할 수도 없었고, 사제의 자선을 행하지도 못할 정도였다. 마로치아와 데오도라와 같은 두 명의 매춘녀들은 정치력, 음모, 그리고 아름다움에 탁월했다. 그들을 추종하고 사모했던 자들은 가톨릭 감독권으로 보상받았다. 그들의 치리는 여성교황이라는 이야기가 나올 정도로 어두운 시대를 장식했을지도 모른다. 마로치아의 서출, 손자, 그리고 증손자는 차례로 베드로의 자리를 차지했다…마로치아의 증손자는 로마시의 부인들과 공공연하게 간음을 저지르며 살았고, 라테란 궁은 매춘녀들을 위한 학교가 되었고, 그리고 처녀들과 과부들을 겁탈했는데 로마를 방문하는 여인들은 교황과

정을 나누지 않으면 베드로의 묘지를 방문하지 못할 정도였다고 한다.[3]

"또 다른 역사가는 이렇게 말합니다."

> 10세기에 이르러 권력을 가진 데오필락트는 장미처럼 화려하고 악랄한 아내 데오도라와 함께 공모하여 로마를 좌지우지했습니다. 그들의 딸 마로치아는 이런 타락한 상황을 만드는데 주인공이었습니다. 로마 시와 교황청을 진흙을 빚듯이 마음대로 주무르면서 타락시켰습니다. 마로치아는 이태리의 왕이 될 프로방스의 휴와 결혼합니다. 마로치아의 아들 중 하나인 요한 11세(931~936)가 교황이 되고, 또 다른 아들 알베르트는 '로마인들의 군주와 원로원'이라 천명하면서 로마를 지배했습니다. 그는 932~954년 4명의 교황들을 임명하게 됩니다.[4]

"'천상의 누이들'에 들어올 가치가 없는 여인들을 살펴보았습니다. 그들의 악랄한 면은 우리가 버려야 할 부분들이라 여깁니다. 부정적인 면을 통해 우리의 어두운 부분을 발견하고 긍정적인 천상의 누이들을 통해 우리의 밝은 부분을 더욱 밝혀나가기 원합니다."

"다음 강의에서는 다시 환경을 바꾸어서 삶의 변화를 통해 자신의 국가를 변화시키기 원했던 한 여성의 노력을 보도록 하겠습니다. 낙망치 말고 기도하라는 주님의 말씀을 기억하면서…"

---

3) Edward Gibbon, *The Decline and Fall of the Roman Empire* (New York : Harcourt, Brace and Company, 1960), V. xlix. part v.

4) John L. Lamonte, *The World of the Middle Ages: A Reorientation of Medieval History* (New York: Irvington, 1949), 175.

11 이디스 : 여자 대수도원장

961–984년

Edith

짧은 생애 동안 수도원장으로 있으면서 그녀는 수녀원 밖으로 거의 나가지 않았습니다. 화려한 외투를 입지 않고 청결한 외투를 선호했습니다. 수녀원에서 그녀는 자매들과 모친을 위해 누구든 하기 싫어하는 일들을 도맡아 행했습니다.

■ 수녀원에서 고등 교육을 받고 자라나 15세에 수녀가 되었고 후에 윌턴에 교회를 짓기도 했고 세 개의 수녀원의 여자 대수도원장이 되었던 여인

"8장에서 소개한 영국 왕 알프레드(849~899)가 871년 덴마크인들에게 일시적으로 승리한 후 윌턴의 왕궁터에 새로운 수녀원을 지었습니다. 그곳에는 소수의 수녀들이 거하고 있었습니다. 그런데 이곳이 후에 유명하게 되는데 그것은 수도원장 이디스 때문이었습니다."

가. 생애

"켄트에 있는 켐싱에서 태어난 이디스의 모친인 윌프리다는 아름다운 여인이었습니다. 그런데 영국 머시아와 노섬브리아의 왕 '평화의 에드가' (Edgar the Peaceable, 975년 사망)는 수녀인 윌프리다를 보고 한눈에 반하여 사랑하게 되었습니다. 어느 날 그녀가 혼자 있는 것을 보고 에드가는 그녀를 그만 겁탈하고 맙니다. 이렇게 하여 태어난 딸이 바로 이디스였습니다."

"윌턴의 이디스(Edith of Wilton, 961~984)는 에드가와 윌프리다의 불법적인 관계에서 태어난 딸이었습니다. 그 일이 있은 후 에드가는 던스턴의 지도 아래 진정으로 회개하고 하나님께 사죄하는 마음으로 7년 동안 왕직을 수행하지 않았다고 합니다. 윌프리다가 에드가로부터 탈출하여 수녀

켐싱 시청에 있는 이디스의 동상

원으로 되돌아온 후 이디스가 태어났습니다."

"수녀원에서 고등 교육을 받고 자라난 이디스는 모친을 닮아 매우 아름다웠고, 학문이 탁월했고, 그리고 경건했습니다. 에드가는 본처 에셀플레드가 죽은 후 월프리다에게 청혼했습니다. 처음에는 월턴의 수녀원에 있기를 원했기 때문에 반대하다가 964년 두 사람은 결혼하게 되었습니다. 이디스는 부친의 허락을 받아 15세에 수녀가 되었고 후에 월턴에 교회를 짓기도 했고 세 개의 수녀원의 여자 대수도원장이 되었습니다. 부친은 늘 그녀에게 필요한 것을 제공했습니다."

"짧은 생애 동안 수도원장으로 있으면서 그녀는 수녀원 밖으로 거의 나가지 않았습니다. 화려한 외투를 입지 않고 청결한 외투를 선호했습니다. 수녀원에서 그녀는 자매들과 모친을 위해 누구든 하기 싫어하는 일들을 도맡아 행했습니다. 979년 이디스는 꿈속에서 자신이 시력을 잃게 될 것을 알게 되었고, 그 꿈이 부친을 이어 왕이 된 남동생의 죽음을 알리는 것임을 알게 되었습니다. 바로 그 때에 남동생은 살해당했습니다. 귀족들은 이디스에게 왕관을 제안했지만 이디스는 완강히 거절했습니다."

"세속적 영예와 세속권을 포기했지만 외모는 아름답게 그리고 화려한 옷으로 단장했습니다. 그녀의 생각에 순결과 겸손은 허름한 옷 아래서만 아니라 왕복 아래에서도 존재할 수도 있다고 보았기 때문입니다. 그녀는 윌턴에 세인트 데니스 교회를 지었습니다. 그후 그녀는 3개의 수녀원을 더 지었는데 윈체스터에 있는 샤프트베리, 바킹, 그리고 세인트 메리입니다. 던스턴은 헌당식에 참여하여 미사를 드리는 동안 한없이 울었습니다. 그 이유를 묻자 대답하기를 이디스가 3주 안에 죽을 것이기 때문이라는 것이었습니다. 정말 3주 후 984년 9월 15일에 이디스는 주님의 부르심을 받았습니다."

"한 달 후 그녀는 모친에게 나타나 사탄이 자신을 고발하려고 애썼지만 그의 머리를 부쉈다고 했습니다. 몇 년 후 왕 카누트는 방종했던 에드가의 딸이 성자가 될 수 있느냐고 하면서 비웃자 던스턴은 관에서 이디스의 시신을 끄집어내어 교회 앞에 세웠습니다. 이것을 본 카누트는 두려움을 느끼고 이디스를 존경하게 되었다고 합니다."

"간략한 이야기이지만 그녀의 삶이 어떠했음을 짐작할 수 있습니다. 왕족이지만 모세처럼 백성들과 함께 고난 받기를 원했던 그녀의 삶이었죠. 외식하면서 경건의 모양을 나타내지 않고 삶으로 직접 보여주며 경건을 나타낸 이디스를 보면서 다시금 자신을 되돌아보게 됩니다."

"교수님! 질문이 있는데요. 여전사 '에셀플레드'를 설명하실 때 영국의 이야기를 조금 하셨잖아요. 오늘도 영국 왕족에 관한 이야기였는데요. 이디스의 부친인 '평화의 에드가'는 어떤 사람인가요? 궁금해요."

"'평화의 에드가'는 957년부터 에셀플레드가 살았던 머시아와 노섬브리아의 왕이었습니다. 959년 서부 색슨족 또는 웨섹스의 왕이 되었다가 선 영국을 통일하여 통일 왕국 왕이 되었습니다. 그는 각 지역의 특성을 무시하지 않았습니다. 그래서 점령당한 자들의 불만을 해소시키면서 평화롭게 정치했다고 하여 그를 '평화의 에드가'로 부릅니다."

평화의 에드가

"더욱이 그는 캔터베리 대감독 던스턴을 옆에 모시면서 늘 조언을 받았습니다. 그래서 그는 선정을 베풀 수 있었습니다. 이와 같은 현상은 구약성경에서도 찾을 수 있을 것입니다. 이스라엘 왕 사울도 옆에 사무엘이 있을 때에 선정을 베풀 수 있었지만 사무엘이 떠나고 나자 그의 삶은 정신병자와 같은 삶이 되지 않았습니까? 에드가는 던스턴의 조언에 따라 로마 가톨릭 신앙을 고수하며 매년 교황청에 드리는 헌납도 꾸준하게 바쳤던 왕이었습니다."

"교수님! 이디스의 강의를 들으면서 생각이 난 것인데요, 그것들 중에 말이죠. 던스턴이란 분에 대해 설명해 주실 수 있나요? 이디스와 에드가는 던스턴과 밀접한 관계를 맺으면서 영향을 많이 받잖아요. 물론 여성에 관한 강의이지만 궁금한데 어떡해요? 교수님~"

나. 던스턴

"좋습니다. 궁금하면 풀어야죠."

"던스턴에 관해 말씀을 드릴 것이 너무 많은데요. 그가 영국의 여러 왕들에게 영향을 끼친 만큼 이야기도 길어질 것 같습니다. 하지만 할 수 있는 대로 간단하게 하려고 노력할께요. 던스턴은 924년에 영국 남부 웨섹스 지역 글라스톤버리에서 태어났습니다. 부모는 귀족으로서 총명한 아들 던스턴이 훌륭한 교육을 받도록 하기 위해 어느 아일랜드 수도사에게 맡깁니다. 던스턴은 그에게서 라틴어, 성경, 수학, 그리고 역사를 배웁니다. 그러던 어느 날 던스턴은 의식을 잃어버릴 정도로 심한 중병에 걸리자 모친이 그를 간호했습니다. 모친이 잠든 사이에 던스턴은 사라졌습니다. 열병에 정신을 잃어버린 그였지만 그 밤에 몰래 나가 교회 인에서 잠을 잤던 것입니다. 그런 후 그는 회복했습니다."

사단의 코를 불집게로 잡고 쫓아내는 던스턴

"이 이야기를 듣고 웨섹스왕 아셀스탄은 던스턴을 불러 자신의 궁궐에서 살도록 했습니다. 예의바르고 총명한 던스턴은 왕자들의 친구가 되었습니다. 그런데 마술적인 꿈을 꾸면서 사람들로부터 마법을 행한다는 비난을 받게 됩니다. 던스턴은 마술적인 꿈꾸는 것을 정지시키기 위해서라도 수도사가 되기로 마음먹습니다. 그리하여 성경과 기도에 전념하고, 그림과 음악에도 조예가 깊게 됩니다. 특별히 철로 종을 만드는 기술을 갖게 됩니다."

"에드먼드 왕에게 부름을 받아 재무부장관이 되지만 왕은 그의 여러 마법적인 일로 인해 그를 내칩니다. 하지만 곧 후회하죠. 또 에드레드의 자문위원이 되었지만 또 여러 음모로 인해 플랑드르로 피신합니다. 그 곳은 지금의 북해를 접해 있는 네덜란드나 덴마크 지역입니다. 957년 오늘의 주인공인 '평화의 에드가'가 왕위에 오르면서 다시금 캔터베리 대삼독직을 맡게 됩니다."

"그는 적들을 많이 둘만큼 많은 이적들을 행했습니다. 특별히 악마를 쫓아내는 신유의 능력을 소유한 자입니다. 동시에 에드가에게 왕관을 씌울 뿐 아니라 '순교자 에드워드'(962~979), '준비되지 않은 에셀레드'(968~1016)의 조언자도 됩니다.

"교수님! 그럼 다음 강의에서는 어떤 여인에 대해 설명해 주실 건가요?"

"다음 강의에서는 러시아의 복음화를 위해 헌신한 여성을 보도록 하겠습니다. 당대에 이뤄지지 않을지라도 낙심치 말고 기도해야 한다는 교훈을 얻을 것 같습니다."

12 올가 : 러시아의 사도

879-969년

올가

Olga

올가는 아름다웠고, 지성적이고, 그리고 덕스러운 여인이었습니다. 하지만 잔인한 지도자로 변하고 말았습니다. 남편을 죽인 자들에 대한 복수심 때문이었습니다. 거의 20년간 섭정하는 동안 올가는 또 다시 변하였습니다. 공정하고, 헌신적이고, 그리고 열정을 가진 여인이었지 폭군은 아니었다는 것을 알리게 됩니다.

올가 Olga

■ 러시아 전체에 복음의 씨앗을 뿌린 여인

"우리가 변화를 받고 난 후, 즉 예수 그리스도를 처음 만난 후 우리에게는 모든 것이 새롭게 보입니다. 모든 것이 아름답게 보이고 모든 사람들이 사랑스럽습니다. 모든 사람들이 나와 같이 되기를 원하는 열망으로 가득 차게 됩니다. 아무리 힘들어도 감사함으로 지내게 됩니다. 복음을 들고 나가서 전하고 싶어집니다. 그 이유는 나와 같이 모든 사람들도 변화되기를 바라기 때문입니다. 비록 좌절되더라도 넘어지지 않습니다. 한쪽 문이 닫히면 하나님께서 또 다른 창문을 여시면서 인도하심을 우리는 체험합니다. 오늘 이러한 체험을 하는 여인을 만나볼 것입니다."

"오래 전부터 동방교회는 러시아를 기독교로 개종시키려고 부단히 노력했습니다. 잔인한 생활에 익숙한 그들을 기독교인으로 바꾸는 것은 너무나 어려운 일이었습니다. 어렵다기보다는 두려울 수도 있습니다. 어느 날 무명의 그리스 선교사는 러시아인들에게 바벨론의 다니엘의 세 친구 이야기(다니엘 3장)를 들려주었습니다. 이 이야기를 듣던 러시아인들은 '만약 그 이야기가 사실이라면, 비슷한 일이라도 우리에게 일어난다면, 우리가 믿을지도 모르지…'라고 했습니다. 그러자 그 선교사는 하나님께 기도하고 불 속에 신약성경책을 던졌습니다. 불에 탈 것으로 예상했던 책이 불 속에서 타지 않고 있는 것을 본 러시아인들은 기독교로 개종했다고 합니다. 믿을 수 없는 이야기지만 지금까지 전설로 내려오고 있습니다."

올가의 남편 이고르

"전국적으로는 아니고 국소적이었지만 기독교는 무명의 선교사들에 의해 점점 더 많은 러시아인들에게 소개되었습니다. 민주화된 사회가 아니었기에 전국적이고 전체적인 기독교화를 위해서는 지도자의 개종이 필요했습니다. 그리고 그러한 변화는 한 여인이 태어나서 자라기까지 기다려야만 했습니다. 하나님의 때가 차야만 했습니다. 마치 컵의 물이 마지막 물방울에 의해 넘치는 것처럼 그 마지막 순간을 감당할 사람이 태어나야만 했습니다. 하나님은 이제 그 마지막 한 방울이 되는 한 여인을 통해 러시아 전체에 복음의 씨앗을 뿌리게 하셨습니다. 그 여인이 바로 '올가'입니다."

가. 생애

"903년 키예프의 왕자 이고르 1세(Igor I)와 결혼한 올가(Olga of Russia 또는 헬가 [Helga], 850/890~969)에 대해 정확한 출생과 어린 시절에 대해서 우리가 아는 바는 없습니다. 러시아 연대기에 따르면, 올가는 879년에 태어났다고 합니다. 하지만 그렇게 되면 그녀의 나이 63세에 아들을 낳은 것이 되기 때문에 그녀의 정확한 출생연도라고 말하기 어렵습니다."

올가의 아들 스브야토슬라브

"이고르의 아내이며 '러시아의 사도'로 불리는 올가는 남편과 함께 조국의 이교주의를 기독교화 하려고 노력했습니다. 그들의 노력으로 기독교는 러시아 영역에 큰 영향을 끼쳤습니다. 944년 그리스인들과 이고르가 협약함에 따라 이런 일들이 가능케 되었습니다. 평화협정을 기독교식으로 할 것인지 아니면 이교도식으로 할 것인지가 이고르에게는 문제가 되었습니다."

"944년 콘스탄티노플과의 협정으로 인해 일부 귀족들은 기독교에 대해 호의를 가지게 되었습니다. 이들은 결국에 가서 러시아가 기독교로 개종하는 것이 현명한 일이라 믿었기 때문입니다. 이고르 자신도 그렇게 여겼습니다. 하지만 개인적인 취향으로 새로운 신앙을 받아들인다는 것은 지도자로서 그렇게 쉬운 일이 아니었습니다. 더군다나 자신이 세례를 받게 되면 모든 백성들이 받게 될 것인데 백성들의 심정도 고려하지 않고 행하면 모반들이 일어날 것 같았습니다."

"그런데 비잔틴을 방문한 사절단들이 키예프로 되돌아와서 보고하게 되자 상황은 바뀌었습니다. 이교도 귀족들이 기독교로 개종하는 것을 적극적으로 반대하고 나선 것입니다. 이고르는 협정을 기독교식이 아닌 이교적 방식, 즉 칼을 두고 맹세할 수밖에 없었습니다. 그리고 일 년 후, 945년 이고르는 국가를 기독교화하려는 것에 반대한 이교 귀족들에 의해 살해 당하고 말았습니다. 올가는 선관장(船棺葬)으로 남편을 바다로 떠나보냈습니다. 이제 국가의 모든 행정이 이고르의 아들 스브야토슬라브에게 맡겨졌습니다만 그의 나이가 3세에 불과했기에 관례에 따라 945~964년까지 모친 올가가 섭정 왕이 되었습니다."

"올가는 아름다웠고, 지성적이고, 그리고 덕스러운 여인이었습니다. 하지만 잔인한 지도자로 변하고 말았습니다. 남편을 죽인 자들에 대한 복수심 때문이었습니다. 거의 20년간 섭정하는 동안 올가는 또 다시 변하였습니다. 공정하고, 헌신적이고, 그리고 열정을 가진 여인이었지 폭군은 아니었다는 것을 알리게 됩니다. 공정한 재판자로서 그녀의 형벌은 자비로웠고, 가난한 자들과 장애자들과 노인들을 보살폈습니다. 국민들의 요청에 귀를 기울이며 고통들을 듣고 해결하는 데 힘을 쏟았습니다."

"어느 날 올가는 동로마제국의 수도 콘스탄틴노플을 방문하였는데 그 도시의 아름다운 건물들, 궁전, 행사들, 길거리의 풍경, 그리고 사람들을 보면서 꿈에서나 볼 수 있는 아름다운 광경에 감명을 받게 되었습니다. 그리하여 올가는 기독교로 개종하기로 마음먹게 됩니다. 대주교 테오필라크투스(933~956)에 의해 세례를 받고, 자신의 대부를 황제 콘스탄틴 프르필로겐니토스(912~959)로 삼고, 세례명으로 콘스탄틴 대제의 모친 헬레나의 이름을 채택합니다. 세례를 받고 난 후 그녀의 삼촌, 두 명의 통

세례 받는 올가

역관들, 16명의 수행한 고위직 여인들과 18명의 하위직 여인들, 22명의 각료들, 그리고 44명의 러시안 장사꾼들 모두 그녀와 함께 기독교로 개종하였습니다.[5] 세례를 베푼 대주교는 이렇게 그녀에게 말했습니다."

> 러시아 여인들 가운데 당신은 복을 받을 것입니다. 그 이유는 당신이 어두움에서 벗어나서 빛을 사랑하게 되었기 때문입니다. 러시아인들은 계속되는 세대 동안 당신을 칭송할 것입니다. 당신의 손자가 당신의 위대한 후손이 될 것입니다.

"대주교는 그녀에게 믿음의 도, 교회의 규율, 기도하는 법, 금식하는 법, 그리고 선행을 행하는 것에 관해 가르쳤습니다. 대부가 되는 황제는 올가와 대화를 나누면서 그녀가 하나님을 향한 특별한 마음을 가진 것을 읽을 수 있었습니다."

"기독교인이 된 올가는 조국으로 돌아와서 조국에 기독교를 전파하려고 다방면으로 노력했으나 실패하고 맙니다. 아들을 개종시키고 아들의 교육을 위해 로마로 사절단을 보내고, 선생들을 부탁하여 백성들에게 신앙을 가르치도록 했습니다만, 아들 스브야토슬라브는 군인들과 조상들의 잡신들을 두려워하여 모친 올가의 제안과 노력을 받아들이지 않았습니다. 아들은 '나는 군인들에게 웃음거리가 될 것입니다' 하며 기독교로 개종하기를 거절했습니다. 부친처럼 살해당할 것을 두려워했는지도 모릅니다."

"오히려 그는 이슬람교로 개종하고 말았습니다. 동시에 그는 자신의 부하들에게도 개종하는 것을 허용하지 않았습니다. 아들 스브야토슬라브

5) Edward Gibbon, *The History of the Decline and Fall of the Roman Empire*, ed. David Womersley (London: Penguin, 1994), V. lv. 3.

가 기독교로 개종하기 꺼렸던 정치적인 이유는 기독교로 개종하게 되면 콘스탄티노플, 즉 비잔틴 제국의 속국이 되지 않을까 하는 두려움 때문이었습니다. 당시 러시아는 비잔틴 제국과 경쟁관계였습니다. 그럼에도 불구하고 올가는 계속하여 기독교 신앙을 전파하는데 노력했습니다. 그리고 크리에브에 나무로 된 소피아 교회를 지었다고 합니다."

"올가는 하늘과 땅의 창조자이신 참된 하나님을 알고 난 후부터 예수 그리스도의 말씀에 따라 살기로 결심했고 사악한 우상들을 파괴했습니다. 그녀는 온 마음을 다하여 하나님을 사랑했고 가난한 자들에게 필요한 음식과 옷을 주면서 선행에 힘썼습니다. 더욱이 과부들과 고아들에게 늘 사랑을 베풀었습니다. 그리스도의 사랑을 삶으로 나타내다가 969년경 올가는 주님의 부르심을 받았습니다."

"올가에 대해 당시의 전설은 이렇게 말합니다.

> 참된 하나님, 천지의 창조자를 인식한 후 올가는 기독교로 개종했습니다. 지금까지 섬겼던 모든 우상들을 예수 그리스도의 계명에 따라 파괴하고 말씀에 따라 살기 시작했습니다. 진심으로 하나님을 사랑했고 가난한 자들에게 옷과 먹을 것을 주며 사랑을 실천하며 살았습니다. 집이 없는 노숙자들에게 피할 처소를 마련해 주었고, 고아나 과부에게 필요한 재정을 주었습니다. 진심으로 그렇게 그리스도의 사랑을 실천했습니다.

나. 블리디미르

"죽기 전에 아들을 개종시키는데 실패했지만 하나님은 올가의 헌신과 간구의 기도를 무시하지 않으셨습니다. 손자 블라디미르 1세(Vladimir 1, 956~1015)는 조모의 신앙에 따라 기독교로 개종하였습니다. 마치 4장에 소개되었던 루드밀라와 같다고 할 수 있습니다. 루드밀라도 손자 벤세슬

블라디미르 1세와 그의 가족

러스가 선한 왕이 되도록 큰 영향을 끼쳤음을 보았습니다. 기억나시죠? 올가 역시 러시아를 기독교화 시키려고 그렇게 노력했는데 눈물의 열매는 그녀가 떠난 후에 나타났습니다. 수많은 선교사들이 러시아를 기독교로 개종시키려고 노력했으나 실패하였습니다. 잔인했던 그들을 개종시키는데 많은 희생이 따랐던 것입니다. 하지만 하나님은 올가라는 여성을 통해 러시아를 변화시키기 시작하셨습니다."

"그러니까 972년 아들 스브야토슬라브가 세상을 떠나자 그의 세 아들 간에 왕위 쟁탈전이 벌여졌습니다. 형제들 간의 전투 속에서 977년 손자 블라디미르는 친척 바이킹족이 살고 있는 스칸디나비아로 도주했다가 980년 바이킹족의 지지를 받으면서 조국으로 되돌아왔습니다."

"조국으로 되돌아온 블라디미르 1세는 곧 왕위를 계승하였습니다. 본래 블라디미르 1세는 고대 신들을 존중하고 있었지만 바이킹족에게 피해 있는 동안 그들이 여러 우상들을 섬기는 것과 인신제사를 드리는 것을 못마땅해 하였습니다. 존경하는 조모 올가가 소개하는 기독교가 무엇보다도 단순한 종교였음을 알고 있었고, 더욱이 그리스 선교사들이 올가의 소개로 들어와 많은 사람들에게 좋은 인상들을 심어 주었습니다."

"그리고 러시아의 사절단들이나 장사꾼들은 콘스탄티노플의 웅장한 기독교와 자신들이 섬기고 있는 잡신들을 비교할 수밖에 없었음을 그에게 알려 주었습니다. 그러는 가운데 블라디미르 1세는 메신저들을 보내어 위대한 신앙 세 가지를 – 유대교, 기독교, 그리고 이슬람교를 – 연구토록 했습니다. 미식가였던 블라디미르는 유대교와 이슬람은 음식에 어떤 제한을 둔다는 것을 알게 되자 좋은 종교가 아니라고 여겼습니다. 또 유대인 사절단들이 말하기를 유대인들은 하나님을 배반했기 때문에 자신들의 수도인 예루살렘이 멸망했다고 했습니다."

"독일로 간 메신저들은 콘스탄티노플의 하이예 소피아 예배에 참석했던 경험을 다음과 같이 말했습니다."

> 예배를 드리는데 우리가 하늘에 있었는지 시상에 있었는지 모를 정도로 우리에게는 충격적이었습니다. 이 세상 어디에서도 이렇게 장엄하고 황홀한 분위기는 찾아보지 못할 것입니다.…그 아름다움을 결코 잊을 수 없습니다.

이런 보고를 들은 블라디미르는 마침내 기독교로 개종했습니다. 그런 후, 관습에 따라 자신의 부하들까지도 기독교인이 되도록 이끌었습니다. 러시아 교회는 비잔틴 교회의 지도를 받지 않는 자치권을 가졌습니다. 올가는 그리스 정교회에서 최초의 성자가 되었습니다."

"블라디미르 1세는 개종한 후 27세의 안나와 결혼했습니다. 그녀는 비잔틴제국의 황제 바실 2세의 여동생이며 신성로마제국 황제 오토 2세와 결혼했던 데오파노의 여동생이었습니다(15장 '데오파노'를 참고). 안나의 신부 지참금은 크림 지역이었고, 안나가 도착함으로 인해 비잔틴 문화가 러시아에 큰 영향을 끼쳤습니다. 마침내 블라디미르 1세는 조모 올가의 소원이었던 기독교 신앙이 러시아에 뿌리 내리도록 했습니다. 그 신앙을 좇아 이교도 부인들을 내쫓고 우상들을 파괴하였습니다. 그 자리에 교회

세례를 받게 하는 블라디미르

들, 수도원들, 그리고 학교들을 건축했습니다. 그리스 선교사들을 초청하여 백성들을 교육시켰으며 사형 제도를 폐지했습니다. 가난한 자들에게 주거지를 제공하였습니다. 동시에 백성들을 개종시켰습니다. 그러나 불행하게도 내쫓긴 이교도 아내와 부하들이 힘을 규합하여 모반을 일으키게 되었고 그들과 전투를 벌이다가 블라디미르 1세는 1015년 크리에브 근교에서 죽고 맙니다."

"자신의 당대에 이루어지지 않아도 그들의 기도를 이루어 가시는 하나님을 우리는 방금 접했습니다. 이스라엘 백성들의 간절한 호소를 하나님은 외면하지 않으셨습니다. 우리가 간절히 기도하는 바도 하나님께서 결코 외면하지 않으시고 하나님의 적절한 시간과 방법으로 이루어 가실 것을 우리는 믿습니다."

"교수님, 정말 짜릿한 도전을 받았습니다. 내 눈으로 당장 결과를 보겠다는 조바심을 하나님께 회개하게 되었습니다. 하나님의 약속을 받기 위해서는 인내함으로 기다리라는 말씀을 기억하게 되는군요. 감사합니다. 다음 강의도 기대하겠습니다."

13 마틸다 : 개혁자들의 모친

895–986년

황후 마틸다의 모습

Matilda

왕후가 된 마틸다는 거만하거나 사치스러운 여성으로 권세를 남용하는 여성이 아니었습니다. 어릴 때 배웠던 경건의 훈련대로 그리스도의 사랑에 감복하여 언제나 누구에게나 겸손하고, 경건하고, 그리고 진실했습니다. 그래서 자신의 직분에 연연하지 않고 성실하고 근면하게 억압받는 자들과 불우한 자들을 찾아가서 위로했습니다.

마틸다 Matilda

■ 많은 교회들을 건축했고 수많은 수도원들을 설립했고 후원했던 여인

"10장에서 우리는 얼굴을 들 수 없을 정도의 부끄러운 여인들에 대해 용기를 내어 만나보았습니다. 그런 여인들이 만든 죄악의 나무들을 근절시킨 인물이 '오토 대제', 즉 오토 1세였습니다. 오늘 우리가 살펴볼 여인은 바로 성녀라고도 불리는 오토 1세의 모친입니다. 정말 인자하고 천사와 같은 마음을 지닌 여인을 만나보게 될 것입니다. 훌륭하게 아들들을 키워 어두운 세상을 밝히게 한 우리나라의 신사임당과 같은 여인입니다."

가. 생애

"마틸다(Matilda, 895~986)는 오늘날 북부 독일에 위치한 베스트팔리아의 백작 디트리히와 덴마크의 라인힐드의 딸이었습니다. 또 마틸다는 메치틸디스(Mechtoldis)와 마우드(Maud)로 알려져 있습니다. 그녀는 독일 엘푸르트 수녀원의 여자 대수도원장인 조모로부터 어린 시절 경건하게 양육을 받았습니다. 그 후 그녀는 작센, 즉 독일 왕 '들새 사냥꾼'(the Fowler, 919~936) 헨리 1세의 아내가 되었습니다."

"헨리는 작센족 공작 오토의 아들이었습니다. 본래 헨리는 젊은 미망인 하트부르그와 결혼했지만 곧 이혼하고 마틸다에게 청혼하여 909년 두 사람은 결혼하게 됩니다. 마틸다는 후에 신성로마제국 황제가 되는 오토 1세를 비롯한 바바리아의 공작 헨리, 쾰른의 대감독 브루노(Bruno), 헤드빅, 그리고 프랑스의 루이 4세와 결혼하는 게르베르가 등을 낳았습니다."

"912년 마틸다의 남편 헨리는 부친 오토가 세상을 떠나자 작센의 공작위를 이어받았고, 918년 독일의 왕 콘라드(911~918)가 후사 없이 세상을 떠나자 그는 독일 왕위를 계승하였습니다. 사실은 두 사람은 912~915년 사이에 투링기아 지역의 주도권을 두고 서로 적대관계에 있었습니다. 헨리 1세는 여러 주변 지역들을 하나씩 점령해 나갔습니다. 그리하여 헨리 1세 하에 모든 독일은 하나의 통합된 왕국이 되었습니다. 그런 후 신성로마제국의 황제직까지 받게 되었습니다."

"왕후가 된 마틸다는 거만하거나 사치스러운 여성으로 권세를 남용하는 여성이 아니었습니다. 어릴 때 배웠던 경건의 훈련대로 그리스도의 사랑에 감복하여 언제나 누구에게나 겸손하고, 경건하고, 그리고 친절했습니다. 그래서 자신의 지분에 연연하지 않고 성실하고 근면하게 억압받는 사들과 불우한 자들을 찾아가서 위로했습니다. 그리고 마틸다는 남편을 적극적으로 도와 정치적인 일에도 많은 도움을 주었습니다. 국가를 마자르족의 침입으로부터 성공적으로 방어하며 17년 간 다스린 통치를 마무리 한

들새 사냥꾼 헨리 1세

남편 헨리 1세가 936년에 세상을 떠나자 남편을 이어 장자인 오토가 왕직을 계승하였고 그는 '오토 대제'로 불리게 됩니다."

"내심으로 마틸다는 자신이 더욱 사랑하는 아들 헨리가 왕위를 이어받기를 기대했었지만 부친의 유언대로 오토가 독일 왕이 되었습니다. 사실 마틸다는 귀족들과 함께 오토가 왕위를 이어받지 못하도록 하고 헨리를 세우려고 했으나 우여곡절 끝에 오토가 당당히 936년 왕으로 선출되었습니다. 3년 후 헨리는 오토에 반대하여 모반을 일으켰지만 성공하지 못했습니다. 오토는 헨리를 제거하려고 했으나 마틸다의 간청으로 인해 그를 바바리아의 공작으로 임명합니다."

"이런 일이 있은 후 마틸다는 두 아들, 즉 헨리와 오토로부터 따돌림을 받게 됩니다. 그러자 마틸다는 남편 헨리에게서 받은 영지들을 포기하고 베스트팔리아에 있는 엥게른으로 물러갑니다. 얼마 후 두 아들에게 불행이 겹치자 마틸다는 다시 왕궁으로 되돌아와서 정말 어머니의 참된 사랑으로 그들을 위로하면서 적극적으로 도웁니다. 그런 후 두 아들은 모친의 희생적 사랑에 감복하여 용서를 구합니다."

"마틸다는 많은 교회들을 건축했고 수많은 수도원들을 설립했고 후원했습니다. 그녀의 가장 큰 업적은 퀘들링부르그, 엥게른, 그리고 포엘덴에 수도원을 지은 것입니다. 그리고 퀘들링부르그 수도원에서 지내다가 그곳에서 주님의 부르심을 받아 남편과 나란히 묻힙니다. 그녀는 죽은 후 곧 성녀가 되었습니다."

나. 오토와 브루노

"그녀의 아들들 가운데 우리는 두 사람을 꼭 기억해야만 합니다. 한 사람은 오토 1세, 즉 오토 대제이고 다른 한 사람은 브루노입니다. 오토 1

오토 대제

세는 '부끄러운 시대', 10장의 창부정치에서 다뤘던 것처럼 그 어지럽고 죄악 된 시대의 마지막 교황인 요한 12세에 의해 신성로마제국의 황제직을 받지만 그를 파직시키며 교회 개혁에 나섰습니다. 그는 주로 '오토 대제'나 '성자 오토'로 알려져 있습니다. 5세기에 게르만족들로 인해 몰락된 서로마제국을 다시 회복시켰던 인물이기에 붙여진 이름이었습니다. 그는 대부분의 독일 지역을 통합했습니다. '창부정치'라는 추잡한 시대를 맞이했던 교회를 바로 잡는 데 큰 몫을 감당합니다."

"오토는 과거 프랑크 왕 '난장이 페핀'과 그의 아들 샤를마뉴가 교황에게 헌납했던 모든 지역을 교황들에게 되돌릴 것과 교황청을 보호할 것을 약속하므로 교황들이 세속적 야망을 갖도록 했습니다. 그리하여 요한 12세에게서 황제직을 받았음에도 불구하고 다음 해, 963년 그를 교황직에서 물러나게 합니다. 그 이유는 파렴치하고 추악한 죄를 교황이 범하고 있었기 때문이었죠. 그는 요한 12세를 대신하여 새로운 교황 레오 8세(963~965)를 선출하였습니다."

"마틸다의 다른 아들인 브루노(925~965)는 953년 독일 쾰른의 대감독이 됩니다. 다음 해 그는 로타링기아의 공직이 되었습니다. 그야말로 브루노는 '대공'(archduke)이었습니다. 감독으로 시내면서 브루노는 로마에 있는 베드로 성전에 못지않은 성당을 짓기도 하면서 훌륭한 성직자로 지냈습니다."

"그런데 11세기에 있었던 개혁자 쾰른의 브루노(약 1030~1101)와 혼돈하면 안 됩니다. 그는 세속권을 누리면서 동시에 수도원 개혁을 주창했을 뿐만 아니라 '클루니 개혁운동'에 적극적으로 동참했습니다. 아니 이끌었다고 말하는 것이 더 나을 것입니다."

"교수님! 물론 마틸다의 아들 브루노는 아니지만 개혁자 브루노에 관해 설명해주실 수 있으시겠죠?"

"예, 그렇게 하죠. 쾰른의 브루노는 1074년까지 라임에서 신학교수로 지낸 후에 대감독과 대법관이 되었죠. 후에 시토 수도원을 창설하는 몰레스메스의 대수도원장 로버트 아래서 1084년 은자가 되었습니다. 가난을 맹세하며 독방에서 금욕하며 지냈습니다. 1090년 로마로 가서 교황 우르반 2세에게 성직자들을 개혁시켜야 한다고 조언합니다. 그는 교회 개혁에 앞장섰던 인물이었습니다. 그는 시편과 바울 서신들 주석을 썼는데 다음은 클레르보의 베르나르가 브루노에게 보낸 서신입니다. 매우 감동적일 것입니다."

쾰른의 감독으로 선출된 브루노에게[6]

베르나르는 쾰른의 감독직을 맡아야만 하는지에 관한 조언을 부탁받았습니다. 그래서 중요한 임무를 두려운 마음으로 맡으라고 권하면서 하나님께 기도할 것을 권합니다.

---

6) 이 편지는 1131년 클레르보의 베르나르가 브루노에게 보낸 서신이다. Bernard of Clairvaux, "Some Letters of Saint Bernard, Abbot of Clairvaux," in *Christian Classics Ethereal Library* (London: John Hodges, 1904)을 보라.

1. 감독직을 수임 받아야만 하는지에 대해 현명한 브루노께서 저로부터 조언을 원하심을 들었습니다. 그 감독직은 당신을 한층 더 높은 자리로 올릴 수 있는 자리입니다. 이런 결정을 위해 가장 염려되는 것이 무엇입니까? 하나님께서 당신을 부르신다면, 누가 감히 당신을 거절하겠습니까? 만일 하나님께서 당신을 부르시지도 않는데 누가 감히 당신에게 이것을 제안하겠습니까? 이 부르심이 하나님께로부터 왔는지, 그렇지 않으면 하나님의 깊은 것이라도 통찰하시는 성령의 인도함 없는 알지 못하는 자로부터 왔는지, 또 그렇지 않으면 하나님의 계시를 받은 사람으로부터 왔는지가 큰 문제가 될 것입니다. 당신은 서신에서 당신의 과거에 대해 매우 수치스럽게 생각하고 있습니다만, 확신컨대 그러한 생각은 신중함이며 진실함을 의미합니다. 그러한 삶이 무능력하기 때문에 거룩할 수도 없고 존경받을 수도 없다는 것은 시인할 수 없는 것입니다. 다른 편으로 볼 때, 무가치한 느낌으로 인해 보다 나은 다른 길을 발견하지 못한다면 당신이 그렇게 힘썼던 지식은 무용지물이 될 것입니다. 솔직하게 말씀드립니다. 제가 느끼는 대로 당신께 말씀을 드리는 것입니다. 언제, 어떻게 소명을 받았는지 생각해 보십시오. 특별히 한 곳에서 다른 곳으로 옮겨질 때에 되돌아보는 시간이 있어야만 합니다. 그리고 당신은 다른 사람들을 보호하고 이끄는 책임을 맡아야 하는 자신에 대해 지금 신중하게 검토하고 있습니다. 그야말로 이것은 경건의 첫 단계입니다. 이 단계에서 나오는 것은 이웃을 사랑하는 길로 곧장 나아갑니다. 자신처럼 남을 사랑할 수 있기 때문입니다. 만일 자신을 사랑하는 것처럼 당신에게 맡겨진 영혼들을 사랑하게 한다면, 사랑하는 것이나 맡은 것이나 같게 될 것입니다. 그래서 먼저 자신을 사랑하는 법을 배운다면 다른 사람을 사랑하는 법을 알게 될 것입니다.

2. 하나님께서 은혜를 베푸시고 긍휼을 당신에게 베푸셨고, 매일의 회개보다는 은혜에 거하도록 온정을 베푸실 것입니다 : "여호와께 청쇠믈 당

치 않은 자는 복이 있도다"(시 32:2). 왜냐하면 하나님께서 선택한 자들에 대해 어느 누구도 송사하지 못할 것이기 때문입니다. 하나님께서 의롭게 하셨다면, 누가 그를 정죄하겠습니까? 자신의 불법을 고백하고 영광에 들어가는 자들만이 구원에 이를 수 있습니다. 그는 죽음의 종교로부터 생명의 땅으로 가는 다리, 즉 십자가로 건널 수 있습니다. 어리석은 미로에서 나와 기쁨의 낙원으로 들어갑니다(눅 23:43). 경건한 자들에게만 주어지는 갑작스러운 구원은 죄성을 가진 여인이 가졌던 것이었으며 그녀는 주님을 너무나도 사랑했습니다(눅 7:37-50). 그녀는 많은 자선을 베풀며 수많은 죄들을 덮었습니다(벧전 4:8). 이와 같은 은총과 선행은 복음서에서 수없이 찾아볼 수 있을 것입니다.

3. 그런 행위는 죄들을 용서받는 한 방법입니다. 다른 방법은 교회에서 고위 직분을 맡아 자신이 저지른 죄들을 용서받는 일입니다. 세리였던 마태를 기억하십니까? 하지만 그는 사도가 되었습니다: "너희는 온 천하에 다니며 만민에게 복음을 전파하라"(막 16:25). 유혹을 받는 곳이라도 주님은 그를 떠나지 않으시고 그와 함께 하신다고 하셨습니다. 암브로스 선생이 재판석에서 사제직으로 옮겼습니다. 어릴 때부터 순수하고 정결한 삶을 살았습니다. 하지만 감독직을 받지 않기 위해 도망하여 많은 사람들이 보지 못하도록 숨었습니다. 사울이 이방인의 사도인 바울로 갑자기 변화되었습니다: "이는 나의 연약함이라 지존자의 오른손의 해"(시 77:10).

4. 당신의 문의에 대해 만족한 응답이 되었는지 궁금합니다. 내가 결정적인 견해를 당신에게 드렸는지 매우 궁금합니다. 하지만 위의 말씀들은 필요합니다. 당신의 염려를 푸는데 도움이 될 것입니다. 흙탕물에서 누가 깨끗한 물을 기대할 수 있겠습니까? 사랑하는 친구를 위해 다른 마음을 가지지 않고 드릴 수 있는 한 말씀이 있습니다. 하나님께서 이 문제에 있어 도우실 것입니다. 하나님께 맡기십시오. 크고 비밀한 일을 그가 보이실 것

입니다. 겸손하게 무릎을 꿇고 하나님께 기도하며 당신 안에서 행하실 주님을 바라보며 그의 영광을 위해 살도록 기도합시다.

다. 클루니 개혁운동

"교수님! 정말 감동적입니다. 한 여인의 어진 모습으로 아들들이 어두운 세상을 밝히는 빛의 역할을 하도록 했으니 말입니다. 아들들 가운데 오토 1세에 대해서는 조금 이해될 것 같은데 브루노에 관해서 말씀하실 때 그가 '클루니 개혁운동'에 동참했다고 하셨는데 그 개혁운동이 어떤 것입니까? 설명을 부탁드려도 되나요?"

"좋은 질문입니다. 현재 한국교회를 개혁하고자 할 때 교훈을 받을 수 있는 운동입니다."

"그러니까 '클루니 개혁운동'은 11세기에 일어난 운동으로 개혁적 수도원들과 개혁적인 수도사들의 영향을 받았습니다. 그 가운데서 클루니 수도원들은 이 운동에 중추적 역할을 수행합니다. 그들의 주장은 세속권력으로부터 영적 권한을 독립시키고자 하는 것입니다."

"클루니 수도원은 909년 아퀴테인의 경건한 공작 윌리엄이 세운 것입니다. 윌리엄은 바울과 베드로의 사상과 로마청의 권위를 회복하려는 의도를 가졌습니다. 이 수도원이 천명하는 것은 어떤 면에서도, 어떤 관계에도, 어떤 왕권에도, 어떤 지상권에도, 어떤 백작에게도, 어떤 감독에게도, 그리고 타락한 교황청에도 종노릇하지 않겠다는 것입니다. 그리하여 순수한 하나님의 종의 사명을 감당하겠다는 것입니다. 이러한 정신에 동참하는 감독들이 늘어만 갔습니다. 또 독립적 영적 자유를 추구했던 그들은 당시 깨어있는 젊은이들에게 스며들었습니다. 그리하여 11세기의 교회

오래된 클루니 수도원의 모습

적 비전과 목표가 되었습니다. 이런 운동에 '창부정치'에서 말했던 요한 11세도 동참하려고 했지만 여의치 않았습니다."

"클루니가 주장하는 도덕성은 수도원적이었습니다. 그들이 꿈꾸는 도덕성은 로마 사상가들인 키케로와 호라티우스에게서 나온 것입니다. 그러다보니 개혁하기 위해서는 하나를 버리고 다른 하나를 선택하는 것이죠. 또는 이것을 위해 다른 것을 택하는 것이라든지 제도를 바꾸는 식의 개혁 방법은 처음에는 성공하는 것 같지만 후에는 둘 다 잃어버리는 결과를 빚게 됩니다. 세속권으로부터 교회권을 독립시키기는 했지만 후에는 세속권을 주도하려고 했죠. 클루니 대수도원장이 단독 사법권을 가지고 모든 클루니 수도원들을 장악한 것처럼 후에 교황 그레고리 7세도 자신의 세력 아래 모든 교회들을 지배하기를 원하게 되죠. 하지만 종교개혁자들은 교회와 정치는 분리해야 하며, 교회는 전적으로 하나님의 주권 아래 있는 몸으로 보았습니다. 클루니 개혁운동은 이런 면에서 부족한 것이 있습니다."

"그럼, 교수님! 말씀이 나왔으니까. 질문을 드립니다. 교회와 정치를 분리한다는 의미가 무엇입니까?"

"예, 매우 중요한 질문이지만 단순하게 대답할 수 있는 것은 아닙니다. 정말 간략하게 말씀드리면 어거스틴이 쓴 「하나님의 도시」에서 말하는 자세입니다. 지상의 도시와 하나님의 도시가 있습니다. 그 두 나라는 서로 이 세상에 존재합니다. 사도바울이 말한 바대로 세상에 살면서 천국 시민권을 갖고 있다는 것입니다. 그래서 정치를 위해 기도해야 하지만 정치성을 지녀서는 안 됩니다. 국가가 교회를 방해해서는 안 됩니다. 교회도 역시 국가를 방해해서는 안 됩니다. 기독교인들은 국민의 한 사람으로 성실해야 하고, 교회 일원으로서도 성실하게 살아가야 합니다."

"교수님! 오늘 올가와 연관된 역사적 이야기를 들으면서 새로운 도전을 받았습니다. 개혁이 필요한 자리에 교수님이 주신 교훈을 기억하도록 하겠습니다. 감사합니다. 다음 강의 내용은 무엇인가요? 궁금하네요. 아니 기다려져요."

14 아델라이데 : 오토 대제의 아내

931-999년

오토 1세와 아델라이데

Adelaide

아델라이데는 수녀는 아니었습니다. 역경을 겪으면서도 하나님을 신뢰하여 승리한 여인입니다. 이상적으로 모범적인 어머니상을 지닌 것도 아닙니다. 남편을 죽인 베렝제의 음모에서 벗어나려고 부단히 노력했던 여인이었습니다. 아마도 베렝제의 아들과 결혼했으면 순탄한 삶을 살았는지도 모릅니다. 하지만 그녀는…

Adelaide

■ 파란만장한 삶을 산 여인, 자신이 처한 상황에서 최선을 다해 살아간 여인

"아름답고 자비로운 아델라이데(Adelaide, 931~999)는 부르고뉴 왕 롤레인의 루돌프 2세(912~937)의 딸이며, 부르고뉴 공작 로타르의 미망인이며, 신성로마제국 황제 오토 1세의 아내며, 그리고 그의 아들 오토 2세와 손자 오토 3세의 섭정 왕이었습니다. 이것만 보아도 파란만장한 삶을 산 여인임을 알 수 있습니다. 자신이 처한 상황에서 최선을 다해 살아간 여인을 여기서 만나보게 될 것입니다."

가. 미망인

"931년에 태어난 아델라이데는 겨우 2세 때 약혼을 하게 되고 16세 때 이태리 왕 로타르(Lothair)와 결혼하게 됩니다. 그런데 아델라이데가 살았던 시기는 순탄하고 평화로운 시대가 아니라 반역이 연거푸 일어났던 시기였습니다. 로타르의 동료 공작인 베렝제 2세는 이태리 북부지역을 장악하고 자신이 이태리 왕이 되고자 하는 의도를 가지고 있었습니다. 950년에 로타르를 독살한 후, 베렝제는 스스로 이태리 왕이라고 천명했습니다. 로타르가 죽은 후 아델라이데가 당연히 왕위를 받아야 하는데도 불구하고 그녀를 무시하였습니다. 그는 아델라이데를 포로로 삼고 자신의 장

애인 아들과의 결혼을 강요했습니다."

"이러한 베렝제의 행동에 관해 학문이 깊은 수녀 강데세임의 흐로스비타는 다음과 같이 말했습니다."

> 증오와 탐욕에 눈이 먼 베렝제는 아델라이데를 향해 분노를 가졌다. 그녀의 보좌를 찬탈하고 그녀가 가진 보화들을 가능하다면 많이 가로챘다. 마침내 그녀의 왕관을 빼앗았다.

"교수님! 강데세임의 흐로스비타는 어떤 분입니까?"

"흐로스비타(Hroswitha of Gandesheim, 930~990)는 수녀, 작가, 그리고 독일 최초의 여성 역사가였습니다. 어릴 때 그녀는 작센족에서 가장 중요한 수녀원, 즉 베네딕트 수녀원에 들어갔습니다. 그 수녀원은 작센족, 즉 독일 공작들에 의해서 10세기에 설립된 여러 수녀원들 중 하나였습니다. 괴팅겐 근교에 있는 강데세임은 지성적 활동과 종교적 활동의 중심지였습니다. 게다가 신성로마제국 황제 오토 1세와 밀접한 관계를 맺고 있었습니다. 오토 대제는 여자 대수녀원장직을 그곳의 대수도원장에게 내리고 자신이 개최하는 의회에 참석하는 권한을 주었습니다. 수녀원에서 흐로스비타는 지성적 능력을 발휘하여 마침내 그 교단의 수녀가 되었습니다. 수녀가 된 그녀는 자신의 수녀원을 떠나서 외부로 나갈 수 있는 방문자가 되어 수녀원 밖의 세상을 구경할 수 있었습니다. 그리고 오토 대제의 정치를 서사시로 옮기기도 했습니다. 그를 가리켜 '대제'(the Great)라는 말도 썼으며 연극집들과 시들을 썼습니다. 다 현존하지 않지만 기독교와 이교도 간의 전투들, 성자들의 삶, 그리고 강한 남자들에 반대하여 자신들을 지키기 위해 진력했던 '연약한' 여인들의 영웅담들이 남아 있습니다."

"한편, 감옥에 갇힌 아델라이데는 베렝제가 자신의 아들과 결혼시키려는 음모를 품고 있다는 것을 알아차리고 저항했습니다. 왜냐하면 그가 자신의 남편을 죽였다고 여겼기 때문입니다. 기회만 있으면 탈출을 시도했습니다. 언젠가 두 여종과 함께 탈출했으나 곧 잡혀서 감옥으로 끌려와 고문을 당하기도 했습니다. 베렝제의 아내인 빌라는 탐심을 가지고 그녀가 가진 보석들을 빼앗고, 그녀의 머리카락을 밀고, 얼굴을 때리고, 그리고 발로 차며 그녀를 경멸했습니다. 베렝제는 아델라이데를 레이크 가르다의 조그마한 섬에 있는 자신의 성들 중 하나에 가둬버렸습니다. 그곳에서 아델라이데는 4개월 간 고통과 고문을 당하며 지냈습니다."

"신실한 사제 바리누스는 아델라이데를 구하기 위해 두터운 성벽 밑에 돌과 함께 섞여있는 땅을 팠습니다. 다시 말하면, 지하 동굴을 팠다는 것이죠. 그녀 역시 여종과 함께 성벽 다른 쪽에서 지하 동굴을 팠습니다. 그래서 바리누스의 동굴과 연결시키고자 했습니다. 마침내 그들의 노력은 결실을 맺었습니다. 성 밖으로 몰래 나갈 수 있는 땅굴이 만들어진 것입니다. 동굴이 서로 연결되자 아델라이데는 여종과 함께 몸을 움츠려서 동굴을 통해 감옥을 빠져 나갔습니다. 그리고 사제가 미리 준비한 작은 배를 타고 도주했습니다. 추적을 피하기 위해 사제와 함께 그들은 밀밭으로 숨었습니다. 밀밭에 숨었기 때문에 검거되지는 않았으나 추적자들의 창에 찔려 상처를 입었습니다. 바리누스의 도움으로 그녀는 이태리 카놋사에 있는 백작 아조의 성으로 피하여 아조의 보호를 받았습니다."

"하지만 포기하지 않는 베렝제는 그 성을 포위하였고 다시금 바리누스는 아델라이데를 도와 포위망을 피하여 독일로 갔습니다. 당시에 그녀는 유럽에서 최고의 권력을 가지고 있는 오토 1세에게 보내는 서신을 가지고 있었습니다. 그녀는 오토에게 자신을 보호해 줄 것과 그리고 결혼해 줄 것을 제안했습니다. 그 제안을 받은 오토는 지체하지 않고 아델라이데

오토 2세와 데오파노

를 아내로 맞이합니다. 951년 오토가 그녀와 함께 이태리로 진격해 온다는 소식을 들은 베렝제는 그가 오기 전에 줄행랑을 쳤습니다."

"오토의 첫 아내는 이디스이었습니다. 11장에 나오는 이디스와 같은 이름이죠. 하지만 오토는 이디스와 이혼하고 맙니다. 이디스(910~946)는 영국 왕 '나이 든 에드워드'(Edward the Elder)의 딸로 929년 앞으로 신성로마제국 황제가 될 오토 1세와 결혼했던 것입니다."

나. 섭정

"결혼한 오토와 아델라이데는 서로를 사랑했습니다. 결혼할 당시 20세였던 아델라이데는 매우 아름다웠지만 오토의 나이는 거의 두 배였습니다. 그들의 결혼생활은 행복했습니다. 오토는 아델라이데와 함께 제국을 다스리도록 했습니다."

"오토는 951년 아델라이데와 결혼한 일년 후, 952년 신성로마제국의 황제가 되었습니다. 그녀도 그와 함께 황후가 되어 20년간 신성로마제국을 통치했습니다. 슬하에 5명의 자녀를 두었으며, 973년 다시 미망인이 된 아델라이데는 아들과 며느리인 데오파노로부터 냉대를 받기도 했지만 왕족 친척을 통해 화해할 수 있었습니다."

"오토 대제가 죽은 후 그의 아들 오토 2세가 황제가 되었습니다. 978년까지 아델라이데는 계속하여 아들 오토 2세에게 영향을 끼쳤습니다. 아들 오토 2세는 17세에 16세난 데오파노(Theophano, 956~991)와 971년 결혼합니다. 그녀는 비잔틴제국의 공주였고 황제 로마누스 2세의 딸이었습니다. 오토 2세가 983년에 죽을 때 아들 오토 3세는 3세의 어린 나이였습니다. 그래서 데오파노는 어린 황제를 위해 섭정 왕으로 991년까지 활동합니다. 984년 바바리아의 공작인 '싸우길 좋아하는' 헨리(Henry the Quarrelsome)는 오토 3세를 납치하여 황제직을 가로채려고 했습니다. 여러 역경을 겪은 후 데오파노가 섭정하다가 991년 죽자 이어서 아델라이데는 오토 3세를 위해 신성로마제국을 다스립니다."

"사실 데오파노는 여러 가지 새로운 정치적인 많은 술수를 비잔티움에서 갖고 왔습니다. 오토 2세는 모친 아델라이데의 말보다 아내 데오파노의 밀에 더 귀를 기울였기 때문에 아델라이데와 머느리 데오파노 사이는 점점 멀어져 갔습니다. 예기치 않게 젊은 날에 세상을 떠나게 된 후에도 두 여인 간에는 심각한 갈등이 있었습니다."

"'임페라토르 아우구스투스'(Imperator Augustus)로 불리는 데오파노는 7년 동안 여러 모로 아들을 대신하여 제국을 다스리다가 991년 30대에 세상을 떠나고 맙니다. 그녀를 대신하여 시모인 아델라이데는 궁정으로 되돌아와서 991~996년 오토 3세를 위해 섭정왕이 되었습니다. 14세가 된 오토 3세는 조모의 간섭으로부터 자유하기를 원했습니다."

다. 비둘기와 뱀

"아델라이데는 하나님의 여종이면서 가난한 죄인으로 불립니다. 그 이유는 가난한 자들을 도왔고, 노예들에게 복음을 전하였기 때문입니다. 수도원들과 교회들을 건축하고 재건하는 데 힘을 쏟았습니다. 오토 3세도 나이가 들자 아델라이데는 쾰른 근처에 있는 셀타 수녀원으로 물러갔습니다. 그곳에 집을 짓고 살면서 남은 평생을 기도하며 보냈습니다."

"아델라이데는 수녀는 아니었습니다. 역경을 겪으면서도 하나님을 신뢰하여 승리한 여인입니다. 이상적으로 모범적인 어머니상을 지닌 것도 아닙니다. 남편을 죽인 베렝제의 음모에서 벗어나려고 부단히 노력했던 여인이었습니다. 아마도 베렝제의 아들과 결혼했으면 순탄한 삶을 살았을지도 모릅니다. 하지만 그녀는 하나님께서 준비하신 또 다른 인생을 향해 모험을 시도했습니다."

"탈출을 감행한 다음 그녀는 먼저 카놋사로 갔습니다. 그곳에 거하면서 어디로 피신해야 안전할 것인지를 강구했습니다. 한 편으로는 순수한 신자였지만 다른 한 편으로는 선한 정치가였습니다. 그곳에서 그녀는 미래성이 있는 독일 왕이고 앞으로 신성로마제국 황제가 될 오토 1세에게 서신을 보내면서 청혼하게 됩니다."

"새로운 삶을 시작한 아델라이데였지만 며느리와의 갈등으로 인해 어려움을 겪습니다. 그런 가운데서도 꾸준히 섭정 왕으로서의 삶을 마무리한 후 수도원으로 들어가 인생을 마칩니다."

"어때요? 자신이 처한 상황에서 한 편으로는 순결한 비둘기로 다른 한 편으로는 지혜로운 뱀으로 산 여인을 우리는 만났습니다. 마치 우리의 일반적인 삶이 아닌가 싶습니다. 한편으로는 하나님을 사랑하고 다른 한편으로는 야망을 포기하지 못하는 여인이었습니다."

라. 데오파노

"교수님! 질문이 있습니다. 아델라이데의 며느리인 데오파노에 관해 설명해 주실 수 있나요? 아니 억지로는 아니고요. 우리가 기억할 만한 것이 있다면 말입니다."

데오파노

"여기서 우리가 오토의 아내인 아델라이데에게 초점을 맞추었지만 실제로 데오파노도 유명한 여성이지요."

"데오파노는 15세에 이태리에 와서 다음 해 오토 2세와 결혼합니다. 이 결혼은 동로마제국과 서로마제국, 다시 말하면, 비잔틴제국과 신성로마제국과의 평화협정의 의미를 가지고 있는 듯합니다. 그녀의 개인적 삶에 관한 기록은 쉽게 찾아보기 어렵습니다. 단지 그녀가 아름다웠고 남편으로부터 사랑을 많이 받았다는 것입니다. 하지만 시모인 아델라이데와 늘 갈등을 빚었습니다."

"전설에 의하면, 그녀는 결혼 지참금으로 이태리와 네덜란드를 바쳤다고 합니다. 믿기 어려운 일이지만 말입니다. 갑작스럽게 973년 시부인 오토 1세가 세상을 떠나자 남편 오토 2세가 황제직을 이어받았습니다. 자신의 건강을 돌보지 않았던 남편도 983년 데오파노의 품에서 떠나고 말았습니다."

"남편이 죽고 난 후 데오파노는 어려움을 겪게 됩니다. 아들의 고백사인 쾰른 감독 바리누스는 그의 삼촌 바바리아 공작 헨리에게 아들을 맡깁니다. 아니 헨리가 납치합니다. 그래서 황제직을 누리고 싶어 했습니다."

"그는 데오파노의 장녀 아델하이드를 소유하고 로마인들의 왕이 되려고 음모를 꾸밉니다. 그러나 귀족들의 반대로 거부되고 오토 3세를 984

년 데오파노에게 돌려보낼 수밖에 없는 상황이 됩니다. 이 일에 있어 아델라이데가 중간에서 데오파노와 헨리를 화해시킵니다. 985년이 되어서야 헨리는 모든 야심을 포기하게 됩니다. 데오파노는 헨리와 그를 따르는 자들에게 복수하게 되고 이런 일로 인해 제국은 늘 불안했습니다. 그녀는 섭정 왕으로 지내다가 991년 35세의 나이로 세상을 떠납니다."

"다음에 만날 여인도 데오파노입니다. 하지만 여기서 다룬 데오파노를 다음 장에 나오는 데오파노와 혼동해서는 안 됩니다. 이름이 같다고 사람까지 같질 않지요. 여기서 다룬 데오파노는 신성로마제국 황후 데오파노이고, 다음 장에 다루는 제국은 비잔틴제국, 즉 동로마제국입니다. 또 어머니와 딸의 관계입니다. 물론 교회사를 배우는 것에 걸림돌이 되는 것이 바로 같은 이름들이지만 차이나는 특징을 정확히 알고 있으면 혼동이 일어나지 않으리라 믿어집니다. 혼동하지 마세요."

15 데오파노 : 악명 높은 여인

943-969년

로마누스 2세

Theophano

데오파노는 첫 남편 로마누스 2세를 살해하고, 두 번째 남편 니케포루스도 살한 여인으로, 바실 2세와 콘스탄틴 8세의 모친입니다. 정말 복잡한 관계를 갖고 있는 여인입니다.

데오파노 Theophano

■ 비잔틴제국에서 권력에 눈이 먼 악랄한 여인

"정치적 야망에 불타는 여인들을 '창부정치'에서 우리는 살펴보았는데 그들은 신성로마제국에서 가장 추악한 여인들이었죠. 이번 장에서는 비잔틴제국에서의 악랄한 여인을 만날 것입니다. 권력에 눈이 먼 사람의 만행과 그 최후가 어떻게 되는지를 알 수 있는 좋은 기회가 되리라 여깁니다. 물론 그들은 천상의 누이들이 아니라 지상의 누이들이 되겠죠?"

"데오파노(Theophano, 943~969)는 첫 남편 로마누스 2세를 독살하고, 두 번째 남편 니케포루스도 살해했습니다. 그녀는 바실 2세와 콘스탄틴 8세의 모친입니다. 정말 복잡한 관계를 갖고 있는 여인입니다. 그 여인의 삶을 간략하게 살펴봅시다."

가. 로마누스 2세

"데오파노는 비잔틴제국 황제 로마누스 2세(959~963)에게 먼저 시집을 갑니다. 실제로 남편을 조종하면서 그를 대신하여 제국을 다스립니다. 내시 요셉 브링구스와 함께 제국을 치리하면서 963년 남편 로마누스 2세를 독살합니다. 그 후 그녀는 자신의 아들들 바실 2세(976~1025)와 콘스탄틴

로마누스 2세

8세(1025~1028)를 위해 섭정 왕으로 군림합니다. 그녀는 963년 9월 20일 니케포루스 포키스(963~969)와 결혼합니다. 하지만 남편 니케포루스는 969년까지 황제직에 있다가 아내 데오파노와 공모한 요한 1세 찌미스케스(969~976)의 음모에 의해 살해됩니다. 그 결과 데오파노는 콘스탄티노플의 대주교 폴리유크투스에 의해 수녀원으로 추방을 당하고 나머지 살해자들도 형벌을 받습니다. 그야말로 파란만장한 삶을 살았던 그녀에 대해 보다 자세하게 살펴보도록 하겠습니다."

"교수님, 데오파노에 대한 이야기에 들어가기 전에 질문이 있어요. '요한 1세 찌미스케스'라 하는데 무슨 이름인데 그렇게 구성되나요?"

"예, 동로마제국 황제들의 이름이 특히 이렇습니다. '찌미스케스'라는 단어는 '빨간 신발'이란 뜻이고 요한 1세의 성이기도 합니다. 그러니 이름은 요한 1세라는 것이죠."

"여기에 등장하는 데오파노의 딸 데오파노는 신성로마제국의 황제 오토 2세와 결혼합니다. 이제야 혼동되는 것이 없어지는 듯 하죠. 그녀의 또 다른 딸인 안나는 키예브의 블라디미르 1세와 결혼했습니다(12장 '올가'를 참고). 비잔틴제국 황제 콘스탄틴 7세의 죽음은 아들 로마누스 2세가 그의 아내 데오파노에게 부추김을 받아 부친을 독살함으로 비롯된 것입니다. 데오파노는 남편을 황제직에 빨리 즉위시키기 위해 시부를 독살했습니다. 음씩한 시선은 여기서 멈추질 않습니다."

"여기에 등장하는 데오파노는 유명한 고급 창부로 알려져 있습니다.

여인숙 주인의 딸로서 젊었을 때 로마누스 2세의 사랑을 받았습니다. 그래서 그녀는 그와 결혼하여 황후의 자리까지 오릅니다. 남편 로마누스 2세도 26세의 젊은 나이로 악랄한 아내 데오파노에 의해 독살당합니다. 시부와 남편까지 제거한 20세의 데오파노는 어린 두 아들, 즉 바실 2세와 콘스탄틴 8세를 제쳐두고 섭정을 하면서 제국 권력을 장악합니다. 그리고 내시 요셉 브링구스의 조언과 조정을 받으면서 정치합니다."

나. 니케포루스

니케포루스 포카스와 바실 2세

"960년 시부 콘스탄틴 7세 아래 동부지역의 장군이었던 니케포루스가 그레데를 점령하면서 큰 승리를 거두는 동시에 로마누스 2세가 죽자 그는 곧장 콘스탄티노플에 들어옵니다. 그녀는 승전보를 울리며 들어오는 장군 니케포루스를 보고 반해 버립니다. 데오파노는 963년 자신을 지켜 줄 수 있는 용감한 장군이 필요했습니다. 왜냐하면 바실 2세는 겨우 5세였고, 콘스탄틴 8세는 겨우 3세에 불과했기 때문입니다. 내시 브링구스는 그들의 부친, 즉 로마누스가 죽자 어린 두 왕자들을 위한 후원자로 주장했지만 데오파노와 대주교는 전쟁의 영웅 니케포루스를 추천했고 선호했습니다. 그 결과 니케포루스는 두 어린 왕자를 위해 보호자로서 섭정을 하게 됩니다."

"그녀와 함께 섭정하는 니케포루스는 스스로 군인들에 의해 황제로 군림하게 됩니다. 니케포루스는 미망인 데오파노와 사랑에 빠진 후 곧 결혼합니다. 이 결혼은 대주교로부터 좋은 인상을 받지 못합니다. 그러자 니케포루스의 수도원 친구들은 대주교를 폐위시켰고, 교회는 이러한 폐위를 못마땅하게 생각했습니다. 그래서 교회와 제국 간에 갈등이 일어났습니다. 사랑에 눈이 멀다 못해 사랑에 종이 된 니케포루스는 모든 수도사들을 제국의 도시들로부터 추방시키고 그들의 물품들을 압수하면서 박해합니다."

"이와 같은 니케포루스의 움직임에 주도적인 역할을 한 사람은 그의 나이 어린 사촌 요한 1세 쯔미스케스였습니다. 이 두 사람은 군사적 능력에서 비슷했지만 인격과 외모에서는 전혀 달랐습니다. 니케포루스는 털이 많고, 거칠고, 덩치가 크지만 이에 반해 요한은 잘생겼고, 예의 바르고, 그리고 지식이 풍부했습니다."

다. 요한 1세

요한 1세 쯔미스케스

"니케포루스는 많은 시간을 전쟁터에서 보내면서 964~966년 킬리키아를 위시한 시리아와 메소포타미아를 점령합니다. 다음 해, 사라센들과 평화협정을 맺으면서 동방지역을 안정시킵니다. 하지만 서방지역에 대해서는 상대적으로 약했습니다. 그래서 데오파노와 함께 있는 시간을 거의 갖지 못하게 됩니다. 영어에도 있잖아요. '보지 않으면, 마음도 멀어진다'(out of sight, out of mind). 이 말이 딱 적중하는 경우입니다."

"이에 외로움을 느낀 데오파노는 연하의 요한과 함께 많은 시간을 보내게 됩니다. 그러자 니케포루스는 요한을 장군의 자리에서 옮겨 전방으로 전령을 내립니다. 그러자 이번에는 데오파노가 니케포루스를 살해하려고 음모를 꾸밉니다. 그리하여 황후인 데오파노는 잠을 자고 있는 니케포루스에게 몰래 다가가 칼로 난도질하여 죽이고 맙니다."

"니케포루스를 제거한 후 요한 1세 쯔미스케스는 황제직에 올랐습니다. 이제 데오파노는 잘 생기고 총명한 새로운 황제의 아내가 되었습니다. 그는 붉은 색 머리칼을 하고 푸른 눈동자를 지닌 자로서 여인들에게 인기가 많았습니다. 어린 나이에 군대에 들어가 삼촌 니케포루스로부터 신망을 받은 자였습니다. 25세가 되기 전에 벌써 그는 아르메니아 지역의 총사령관이 되었습니다. 하지만 대주교 폴리엑트는 요한을 황제로 인준하기를 거절합니다. 간음을 행한 여인을 궁중에서 내쫓은 후에야 인준하겠다는 것입니다. 요한은 니케포루스를 살해한 자들에게 벌을 내리고 데오파노를 모든 것에서 물러나게 해야 한다고 마음을 먹고 실천에 옮깁니다. 결국 요한은 데오파노를 수녀원으로 내치고 맙니다. 자신이 세운 사람에 의해 배반을 당하는 데오파노의 심정을 한 번 상상해 보시기 바랍니다."

"그런 후 요한은 콘스탄틴 7세의 딸 데오도라와 결혼합니다. 아울러 요한은 니케포루스가 내린 반 성직적 입법안들을 모두 폐지하고 교회들과 수도원들에 대한 혜택을 다시 회복합니다. 악랄한 데오파노와 함께 니케포루스를 제거한 후 황제직에 오른 요한 1세 쯔미스케스는 제국에 침입하는 자들을 방어하는 데 온 힘을 기울입니다. 그러다가 갑자기 976년에 사라센들을 정벌하고 되돌아오는 길에 세상을 떠나고 맙니다."

"강의를 듣고 나니 정신이 없죠. 같은 이름이 나오는 것도 혼동되지만 두 남편을 죽이면서 권력에 눈이 먼 데오파노를 만나니 분노가 치밀어 오르는 느낌을 가지게 될 것입니다. 결국 그녀 역시 자신이 세운 남자들로부터 철저하게 버림을 받게 되죠. 하지만 16~17장에서는 비잔틴제국에서 신성로마제국으로 배경을 옮기겠습니다. 그런 후 다시 18~19장에서 비잔틴제국과 예루살렘 왕국 역사와 문학에 크게 기여한 여인을 만나볼 것입니다."

16 로쯔비타 : 연극 작가

935-1001년

로쯔비타

Hrotsvitha

로쯔비타(Hrotsvitha, 935~1001)입니다. 그녀에 대한 출생 연대, 출생 장소에 대해 우리는 전혀 아는 바가 없습니다. 단지 그녀의 글만 남아있을 뿐입니다.

Hrotsvitha

■ 독일 여성으로 최초의 문학작품을 쓴 인물

"우리들 가운데 귀한 재능을 가지고 있어도 인맥이 닿실 않아 발휘하지 못하는 분이 있을 수 있습니다. 그리고 어떤 재능을 가지고 있는지 잘 파악하지 못할 수도 있죠. 그러나 어떤 계기를 만나게 되면 그 기회를 사용하여 귀한 일을 감당하는 분들이 있습니다. 오늘 우리가 만나보게 될 여인이 그러한 여성입니다. 어두운 시절, 아니 좀더 구체적으로 말하면, '창부정치'가 시행되던 어두운 시절에 서신이나 시를 쓸 뿐만 아니라 역사와 연극본을 쓴 여인입니다. 자~ 그 여인이 우리를 기다리고 있습니다."

"우리가 만나볼 여인의 이름은 로쯔비타(Hrotsvitha, 935~1001)입니다. 그녀에 대한 출생 연대, 출생 장소에 대해 우리는 전혀 아는 바가 없습니다. 단지 그녀의 글만 남아있을 뿐입니다. 가끔씩 그녀는 자신의 글에서 개인적인 일을 언급하는데 그것을 통해 그녀를 어렴풋하게 알게 되죠. 다른 사람에 관해서는 썼지만 자신에 대해서는 다른 사람이 써줘야 하는데…."

가. 생애

"로쯔비타는 독일 여성으로 최초의 문학작품을 쓴 인물입니다. 동부 작센족에 있는 강데세임 왕족 수도원에 입학한 것을 볼 때, 그녀는 귀족 출신임에 틀림없습니다. 947년 오토 1세(936~973)는 독일 괴팅겐 근교에 있는 베네딕트에 속한 강데세임 수도원에 자치권을 부여합니다. 그래서 외부의 세속권이나 교회권이 간섭하지 못하도록 했습니다. 그곳의 대수도원장은 후작과 같은 위치에 있었습니다."

"특별히 당시 강데세임은 문화와 교육의 중심지였습니다. 약 850년 공작 루돌프, 그의 아내 오다와 장모 아에다에 의해 설립된 이후 강데세임 수도원은 로즈비타가 살던 당시에 독일에서 가장 영향력을 가진 수도원이었습니다. 독일 작센 공작들이 세운 수도원들 중 하나였고 지성과 종교적 활동 중심지였습니다. 왜냐하면 서로마제국이 5세기에 멸망한 후 문화의 중심지는 프랑스에서 독일로 옮겨갔으며 더욱이 오토 대제의 개혁으로 인해 신성로마제국은 프랑스에서 독일로 옮겨졌기 때문입니다. 962년 오토 1세가 황제가 되면서 유럽 각지에서 많은 사람들이 독일로 모여들었습니다. 동시에 학문과 예술의 교류가 이루어졌습니다."

"일 세기 후 오토가 집권하면서 제국권과 강데세임은 밀접한 관계를 맺게 되었습니다. 더욱이 그곳은 959년 바바리아의 공작 헨리의 딸이며 오토 1세의 질녀인 게르베르가가 여자 대수도원장으로 지냈던 곳이기도 했습니다. 게르베르가가 이 수도원에 여자 대수도원장으로 부임하면서 로즈비타와 게르베르가의 만남이 시작되게 되었죠."

"세상의 일들에 관한 많은 지식을 소유한 것을 보아 분명히 로즈비타가 오토의 궁중에 있지 않았을까 하고 추측해볼 수 있지만 그렇지는 않았습니다. 강데세임 수도원의 특징은 평생의 맹세를 하면서 한 사람의 지도자 아래서 지내지 않았다는 것이죠. 결혼하고 싶으면 결혼도 허용되었습니다. 게다가 수도원을 떠날 수도 있었습니다. 더욱이 젊은 귀족들은 그 수도원에서 학문을 배웠습니다. 그들은 결혼할 때까지 학문을 배우면서 거했기 때문에 그들을 통해 수녀들은 바깥세상에 관해 많은 것을 배울 수 있었습니다.

"로쯔비타가 강데세임 수도원에 들어갈 수 있었고, 그곳에서 왕족인 게르베르가를 만난 것이 그녀 인생에 큰 전환기가 된 셈이죠. 우리 역시 인생을 통해 틀림없이 여러 번의 기회와 전환기를 맞이할 것입니다. 그것을 잘 선용하고 진취해 나갔으면 합니다."

"로쯔비타의 이름이 '강한 소리'(Hrosuind)라는 뜻이기에 자신을 '강데세임의 강한 소리'(*ego, clamor validus Gandeisheimersis*)라고 말하곤 했습니다. 자신의 출생과 학문 습득에 대해 그는 자신의 책 서문에서 이렇게 말합니다. 한 번 봅시다."

> 나의 능력에 따라 나는 강데세임에 있는 수도원 내에서 친숙했던 것을 글로써 나타내 보이려고 부단히 노력했습니다. 처음에는 리카르디스 교사의 교훈으로 그 다음에는 그녀를 대신하여 가르친 사람들의 학문의 지도를 받으면서 노력했습니다. 내가 현재 거하고 있는 곳의 여자 대수도원장인 게르베르가의 은혜로운 지침도 나에게 매우 큰 영향을 끼쳤습니다. 그녀는 나보다 어리지만 황제의 질녀로서 학문에 있어 뛰어난 여성이었습니다. 학식이 많은 교사들의 가르침을 받았던 그녀는 나에게 많은 것을 가르쳐 주었습니다.[7]

"위의 글에서 우리가 짐작하는 것은 로쯔비타는 게르베르가(940년 출생)

7) Hrotsvitha, *The Plays of Roswitha*. trans. Christopher St. John, with an introduction by Cardinal Gasquet and a critical preface by the translator (London, Chatto & Windus, 1923)을 보라.

보다 5년 전, 그러니까 935년에 태어난 것으로 여겨집니다. 그 이유는 로쯔비타가 여자 대수도원장 게르베르가보다 나이가 많다고 했기 때문이죠. 자신의 작품에서 게르베르가에게 선사하는 내용을 통해 우리는 로쯔비타에 관해 어느 정도 알 수 있습니다."

> 탁월한 여자 대수도원장이시며 어느 왕족이나 귀족보다도 더 고귀한 인품을 지닌 분으로 정직하시고 흠이 없으신 당신을 존경합니다. 강데세임의 로쯔비타는 당신의 지도 아래 자란 작은 자들 중 가장 미천한 자로서 당신에게 빚진 모든 것을 갚을 길 없습니다.
>
> 오~ 사랑하는 여인이여! 당신의 모든 영적 지혜는 수많은 보석보다 밝으며, 당신의 친절함은 당신이 내리시는 지침서를 속히 읽어보도록 만드십니다. 황제의 행위를 연대기로 기록할 것을 권하신 분은 바로 당신이십니다. 자료들을 수집하여 작성하는 것이 쉽지 않음을 당신은 아셨습니다. 이 작품에 내가 얼마나 심혈을 기울여야 하는지 당신은 아셨습니다. 어떤 때는 기록들을 찾을 수도 없었고, 믿을만한 진술들을 얻기란 더 더욱 어려웠습니다. 이 일을 행할 때 저는 마치 짙은 눈으로 길을 덮고 있는 숲 속을 안내자 없이 지나는 느낌을 가졌습니다. 그 길을 보여주었던 사람들의 지침을 따라 가는 것이 얼마나 힘들었는지 모릅니다…그렇지만 위대하신 분의 행적을 완전하게 연대화 하라는 당신의 명령에 순종했습니다. 어떤 때는 떨며, 주저하며, 그리고 망설였지만 숲 속에서 왕의 행적들을 찾는 일을 수행했습니다. 이제 여행에 지친 저는 안락한 장소에서 평화와 쉼을 누리고 있습니다.[8]

---

8) Ibid.

나. 작품

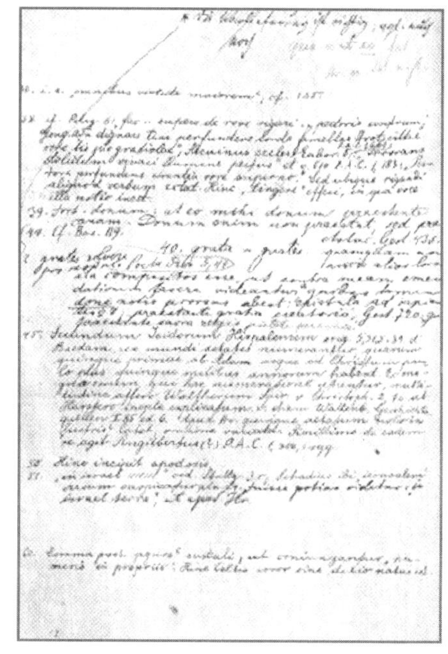

로쯔비타가 쓴 마리아에 관한 글의 35~60부분

"강데세임 수도원에서 로쯔비타는 자신의 지성을 발전시켜 나가서 결국 그곳의 여자 참사원이 되어 959~1001년까지 있었습니다. 관례에 따라 참사원은 외지로 나갈 수 있었는데 이런 기회를 통해 로쯔비타는 수도원 밖의 세상을 배울 수 있는 기회를 삼았고, 황제 오토 1세에 관한 자세한 장문의 대서사시들을 쓸 수 있었습니다. 그리하여 그녀는 황제 오토 1세가 샤를마뉴에 필적할 정도의 인물임을 알렸습니다. 동시에 그녀는 기독교 주제를 가지고 여러 연극 각본들만 아니라 시들도 썼습니다. 오토 1세의 삶을 보면서 역사와 전설을 연대기로 기록했습니다. 주로 그녀는 라틴어로 모든 작품들을 썼습니다. 1500년에 이르러 그녀의 작품들은 발견되었으나 대단히 부분적이었습니다."

"로쯔비타는 950~955년에 작품을 쓰기 시작했을 것입니다. 처음에 그가 서문에서 밝혔듯이 리카르디스와 게르베르가루부터 3학과 4학을 배웠을 것입니다."

"교수님! 3학과 4학은 무엇입니까"

"아! 예, 3학은 문법, 수사학, 그리고 논리학이며, 4학은 수학, 기하학, 천문학, 그리고 음악입니다. 중세시대 대학교에서 가르친 과목들이죠."

"그 외에도 로쯔비타는 헬라어와 라틴어로 된 고전들을 많이 접했을 것입니다. 이런 기본적 지식을 바탕으로 그녀는 로마제국 시기에 순교한 여인들의 모습을 그리고 싶어 했습니다."

"그녀의 작품들은 대체적으로 세 부분으로 나눌 수 있습니다. 첫 번째는 8개의 종교적 시들로 운율이 웅장한 육보격(hexameter)의 시들 또는 대구법의 시들을 지었습니다. 그것들의 주제는 마리아, 동정녀 탄생축일, 야고보의 계시록, 주님의 승천과 성자들인 간돌프, 코르도바의 펠라기우스, 데오필루스, 바실, 그리고 아그네스 등과 같은 분들의 전설들입니다."

"두 번째는 이런 이야기 시들처럼 로쯔비타가 쓴 연극 극본들인데, 수녀들에 의해 크게 낭송되기 위해 작성된 것들입니다. 각 내용들은 로쯔비타 자신을 잘 반영하고 있습니다. 그 연극본들은 6개로 나눠있고 악과 육체를 선으로 이긴다는 주제를 다루고 있습니다. 소재는 성자들의 전설들에서 가져온 것들이었습니다. 예를 들면, 갈리카누스(Gallicanus)라는 작품은 콘스탄틴 대제의 딸을 흠모하던 이교도 장군 갈리카누스의 이야기를 다루고 있습니다."

"교수님! 그 이야기를 간략하게나마 들려주실 수 있으세요?"

"스키티안들에 대한 원정을 떠나기 전날 밤, 갈리카누스는 로마제국 황제 콘스탄스(337-350)의 딸, 순결을 지키는 콘스탄티아에게 청혼했으나 번번이 거절을 당합니다. 사랑의 상처를 받은데다 전투에서 패배할까 봐 두려워하던 갈리카누스는 존과 폴의 전도로 기독교로 개종하게 됩니다. 곧 세례를 받고 독신을 맹세하게 됩니다. 후에 그는 기독교인이라는 이유만으로 로마제국 황제 배교자 율리안의 명령으로 인해 추방을 당합니다. 로쯔비타가 쓴 연극 극본들 중 신앙의 절개를 지키다가 죽었다는 내용이 가장 유명한 연극 극본입니다."

"갈리카누스를 개종시킨 존과 폴도 율리안에 의해서 순교를 당합니다. 그런데 형집행자의 아들이 귀신에 붙잡힙니다. 부친이 저지른 죄를 고백한 후에 나음을 받았다고 합니다. 그는 순교자들의 장렬한 순교 장면들을 목격한 후 부친과 함께 세례를 받았다는 내용입니다. 매우 감동적인 내용이죠."

"그럼 직접 이 연극의 2막을 들어보도록 합시다. 참! 연극을 듣기 전에 황제 율리안이라는 사람에 관해 잠시 소개하고자 합니다. 그래야 이 연극을 보다 잘 이해할 수 있을 것입니다."

"혹시 콘스탄틴 대제(306~337)를 아십니까? 1~4세초까지 로마인들은 기독교인들을 핍박했습니다. 그런데 313년 황제 콘스탄틴 대제는 그 핍박을 종식시켰습니다. 대단한 황제입니다. 콘스탄틴의 조카가 바로 율리안(360~363)입니다. 그를 특별히 '배교자 율리안'이라고 부르는데 그 이유는 기독교인들을 타락시킴으로 기독교인들로 하여금 스스로 배교하도록, 즉 기독교를 포기하도록 했던 장본인이기 때문입니다. 그래서 여러 이교도들을 장려하여 기독교인들의 정체성을 혼동시킨 자이기에 그를 가리켜 '배교자'라는 별명을 붙입니다. 그를 소재로 한 소설들이 있습니다. 예를 들면, 메레즈코프스키(Dmitri Sergeevich Merezhkovsky, 1865~1942)가 1896년에 쓴 「신들의 죽음」(*Christ and Antichrist*)이라는 소설입니다. 다른 하나는 2002년 마이클 포드(Michael Curtis Ford)가 쓴 소설 「신들과 군인들」(*Gods and Legions*)입니다. 주인공으로 등장할 만큼 '율리안'은 정말 악랄한 자였습니다. 그럼 로쯔비타는 그를 어떻게 묘사하고 있는지 보도록 하죠."

율리안 : "제국 내에는 쥐들로만 가득 차 있다. 이런 기독교인들은 너무나 많은

포드가 쓴 소설의 겉표지

자유를 누리고 있다. 그들이 복종하는 율법은 콘스탄틴 시대에 만든 것으로 시대에 뒤떨어진 것이야."

집정관 : "그것을 그대로 둔다는 것은 올바르지 못한 처사입니다."

율리안 : "그것을 더 이상 보고만 있지 않을 거야."

집정관 : "옳으신 말씀입니다. 황제님!"

율리안 : "군인들은 들으라! 무기를 들고 가서 기독교도들의 모든 소유들을 압류하라. 그들이 항상 내뱉는 그리스도의 말은 이러하다 – '나를 위해 소유물을 버리지 않는 자들은 내 제자가 될 수 없느니라' – 고 한다."

군인들 : "예! 분부대로 거행하겠나이다."

군인들이 나갔다가 되돌아온다.

집정관 : "황제님, 군인들이 되돌아왔습니다."

율리안 : "그래 일을 잘 처리 했느냐?"

군인들 : "그럼요. 분부대로 거행했습니다."

율리안 : "그런데 예상보다 빨리 일을 처리했구나."

군인들 : "그렇지 않아도 말씀을 드리려고 했습니다. 황제님의 명령에 따라 갈

리카누스 성을 포위할 계획을 세웠습니다. 그 성에 도착하자마자 그는 문둥병자 또는 미친 자가 되었다는 것을 알았습니다."

율리안 : "다시 돌아가서 갈리카누스를 생포하여 신들에게 희생을 드리도록 하라."

군인들이 갈리카누스를 만났다.

갈리카누스 : "친구들이여, 헛된 수고를 하는군요. 태양 아래 있는 모든 것을 나는 이제 소유하고 있습니다. 영생을 그 무엇으로 바꿀 수 있겠습니까? 그리스도를 위해 추방당하여 알렉산드리아로 갈 것입니다. 그 곳에서 순교할 것입니다. 이렇게 율리안에게 보고해 주십시오."

되돌아 온 군인들이 율리안에게 이렇게 보고 한다.

군인들 : "황제여, 당신의 명령을 받아 갈리카누스는 추방을 받아 알렉산드리아로 도망했습니다. 그래서 그를 포박하여 총독 라티아누스가 있는 도시에서 칼로 참수형을 시켜 죽였습니다."

율리안 : "그것 잘 했구나."

군인들 : "그런데 황제님! 존과 폴은 여전히 황제님을 무시하고 있습니다."

율리안 : "그들은 지금 무엇을 하고 있느냐?"

군인들 : "이 곳 저 곳을 두루 다니면서 콘스탄스가 남겨 둔 것을 포기하라고 한답니다."

율리안 : "그들을 내게로 붙잡아 오너라."

군인들 : "그들이 여기 있습니다."

율리안 : "존과 폴, 너희들은 어릴 때부터 황제의 집에서 자랐지? 너희들은 나의 선조를 섬겼지?"

존 : "예! 그렇습니다."

율리안 : "그런데 너희들이 자란 이 궁궐에 있는 나를 섬기지 않고 다른 것을 더 따르고 있느냐?"

폴 : "우리는 당신을 섬기지 않을 것입니다."

율리안 : "뭐라고?"

존 : "우리는 섬기지 않을 것이라고 말씀드렸습니다."

율리안 : "내가 아우구스투스라는 사실을 망각하고 있느냐?"

폴 : "아닙니다. 하지만 당신은 저희들이 기대했던 아우구스투스가 아닙니다."

율리안 : "그러면 내가 선조와 어떤 면에서 다르다는 것이냐?"

존 : "당신이 행하고 있는 종교적 활동이나 덕행 면에서 그렇습니다."

율리안 : "그게 무슨 말이냐?"

폴 : "콘스탄틴, 콘스탄티우스, 그리고 콘스탄스 모든 황제들은 영화롭고 존경스러운 분이셨기에 우리는 그분들을 섬겼습니다. 그들은 하나님을 섬기는데 헌신적이었습니다."

율리안 : "그것은 나도 알아! 그런 면 때문에 나는 그들을 따르고 싶지 않아."

폴 : "당신은 나쁜 실례를 따르고 있습니다. 그들은 한결 같이 교회를 방문하여, 바닥에 엎드리어 예수 그리스도께 경배했습니다."

율리안 : "나더러 그들을 닮으라는 말이냐?"

존 : "당신은 그들과는 다릅니다."

폴 : "창조자 하나님에게 영광을 돌리므로 그들은 제국을 존귀케 했습니다. 그들은 자신들의 덕행과 거룩한 행적을 남겼습니다. 그래서 그들은 영원한 왕관을 받으실 것입니다."

율리안 : "나도 그렇게 될 것이다."

존 : "아닙니다. 결코 그렇게 될 수 없으십니다. 이것은 하나님의 은혜로만 될 수 있는 것입니다."

율리안 : "가소로운 것들! 너희들이 말하는 그 말에 내가 더 이상 귀를 기울일 것 같으냐?"

존 : "폴, 들었습니까? 그가 하는 말을."

폴 : "예! 사탄이 하는 말을 들었습니다."

율리안 : "너희들이 하는 말에 나는 상관하지 않고 로마신들에게 경배를 드릴 것이다. 그리하여 더 높은 권력과 번영을 누릴 것이다."

존 : "당신은 의로운 자들의 말을 무시하셨습니다."

율리안 : "그게 무슨 말이냐?"

폴 : "세상은 더 이상 당신과 같은 군주들을 따르지 않을 때가 곧 올 것입니다. 천사들의 합창이 들릴 때 당신의 권력은 바닥에 내동댕이쳐 칠 것입니다."

율리안 : "뭐 무엇이라고?"

폴 : "당신은 방금 참 종교를 포기하시고 우상의 미신을 선택하셨습니다. 이런 이유로 하여 우리는 당신을 멀리 할 것입니다."

율리안 : "너희들이 나의 말을 들을 것 같으면 너희들을 고위직에 올리려고 했

건만 하는 수 없구나."

존 : "배교자인 당신을 두려워하거나 무서워하지도 않습니다."

율리안 : "내가 너희들에게 10일의 여유를 주마. 잘 생각하고 결정하라. 내 말을 듣는다면 이 제국에서 고위직을 선물로 주겠다. 그렇지 않는 경우에는 너희들은 사람들의 조롱거리가 될 것이고 비참한 결과를 맞이할 것이다."

폴 : "원하시는 것을 지금 당장 시행하십시오. 당신의 궁궐의 뜰을 다시는 밟지 않을 것입니다. 또 당신의 신들이나 당신을 섬기지 않을 것입니다."

율리안 : "물러가라. 꼴도 보기 싫다."

존 : "당신이 우리들에게 무엇을 명하실지라도 개의치 않습니다. 하늘나라에서 우리를 기다리는 분이 계시기 때문입니다. 그 기간을 위해 우리들에게 금식과 기도의 시간을 주시겠다니 감사할 따름입니다."

폴 : "우리는 기도와 금식 하는 것 외에 할 일이 아무 것도 없습니다."

율리안 : "트렌티아누스, 너는 지금 군인들을 데리고 가서 존과 폴을 쥬피터 신전에서 희생을 드리도록 하라. 그들이 거절한다면 쥐도 새도 모르게 죽여라."

트렌티아누스 : "폴과 존이여, 율리안 황제는 당신들에게 쥬피터 신에게 희생제를 드릴 것을 명했습니다. 번제를 드리십시오. 그렇지 않으면, 죽을 것입니다."

존 : "율리안을 당신의 주인으로 모시고 있습니까? 그와 함께 태평성세를 누리십시오. 우리는 주 예수 그리스도 외에는 주인이 없습니다. 그 분을 위해 죽어도 영생이 우리를 기다리고 있음을 우리는 믿습니다."

트렌티아누스 : "여봐라. 무엇을 지체하느냐? 그들을 끄집어내어 칼로 죽여라. 그래서 신들과 황제에게 보고하도록 하라."

군인들 : "사람들이 이들에 대해 물으면 무엇이라고 말할까요?"

트렌티아누스 : "추방을 당했다고 말하라."

존 : "오 그리스도여! 성부와 성령과 함께 계신 분이시며, 한 하나님이신 분, 당신을 찬양합니다."

폴 : "우리의 영혼을 받으십시오. 오 그리스도여! 당신을 위하여 이 육신의 장막을 떠납니다."

"어떻게 읽으셨습니까? 배교자 율리안이라는 이름에 맞게 말과 행동을 하는 것 같지 않습니까?"

"두 번째 연극본의 내용은 다음과 같습니다. 기독교인들을 핍박했던 로마제국 황제 디오클레치안의 장관 둘치티우스는 신앙이 약한 기독교인 여종들을 로마인들과 결혼시키기 원합니다. 이에 응하지 않는 종들을 부엌에 가두고 고문하자 하나님께서 벌을 그에게 내려 소경이 되게 하셨습니다. 눈이 멀게 된 그는 부엌에서 식기들을 잘못 만져 얼굴이 엉망이 되었습니다. 그리고 밖에 나가서 사람들에게 조롱을 받습니다. 두 번째 연극 극본에서는 순교자, 아가페, 지오니아, 그리고 이레나의 순교를 다루고 있습니다."

"세 번째는 역사적 연대기입니다. 여자 대수도원장 게르베르그가의 요청에 따라 로쯔비타는 로마인들이 따라야 할 대서사시를 쓰게 되었습니다. 968년에 시작하여 그 당시 때까지의 영웅들의 얘기들을 적습니다. 이 자료를 통해 우리는 당시의 제국 가문들의 생활상들을 엿볼 수 있죠. 불행한 것은 그 중 절반만 우리가 접할 수 있다는 것입니다."

"하나님은 우리들을 차별대우 하시지 않습니다. 준비된 사람들을 적절한 시기에 적절한 상황으로 하나님은 인도하십니다. 하나님의 인도를 받기 위해서는 항상 우리는 준비 되어 있어야 합니다. 현재의 자리에 만족하지 말고 끊임없이 주님이 원하시는 것이 무엇인지를 찾고 문을 두드릴 때 열릴 것을 믿습니다."

"교수님! 감사합니다. 마치 저희들이 역사의 현장을 둘러보는 것 같습니다. 교회사 여행을 하는 듯 합니다. 오늘은 여기에서 이 여인을 만나서 이렇게 도전을 받고, 저기서는 저 여인을 만나 또 다른 도전을 받고 있습니다. 정말 감사합니다. 다음 강의에서 어떤 여주인공을 만날지 기대가 됩니다."

"16장 로쯔비타를 다루면서 비잔틴제국에서 신성로마제국으로 무대를 옮긴다고 했잖아요? 계속해서 우리는 비잔틴제국에서 활약했던 다른 여인을 보도록 하겠습니다."

17 마틸다 : 교황의 친구

1046-1115년

마틸다의 비문

Matilda

로마교황 그레고리 7세와 신성로마제국 황제 헨리 4세를 화해시키는데 노력한 두스카니의 어벡직 마틸다는 이데리 두스기니의 후작의 딸이었습니다. 그녀는 성자도 아니고 교황도 아니면서 처음으로 베드로 성당에 묻힌 여인입니다.

마틸다[9)]Matilda

■ 사도적 교황청을 위한 온건한 정신의 옹호자였던 여인

가. 성직자 수임권 논쟁

"이번 장에서는 10장 '창부정치'를 다루면서 숙제로 남겨 둔 이야기를 먼저 하면서 들어가는 것이 좋을 것 같아요. 악랄한 여인들이 뿌린 씨앗을 근절하는데 등장한 사람은 '오토 대제'였습니다. 오토 대제는 경건한 모친 '마틸다'로부터 신앙을 이어받아 교회 개혁에 힘쓰게 되었죠. 그런데 세속권, 즉 황제가 교회권을 가지고 즉 성직자를 제거한다는 것은 매우 위험한 결과를 만들고 맙니다. 예를 들어, 교회 문제가 힘들다 하여 세상 법정에 호소하게 될 때 공권력이 동원되면 문제가 법적으로 해결될 수 있겠지만 그 가운데서 수많은 사람들이 상처받는다는 것을 우리는 잘 알고 있습니다. 이와 같은 일이 교회사에서 일어났던 것입니다."

"800년 신성로마제국을 만들면서 중세가 시작되고 동시에 로마 가톨릭이 시작되는데 그때 황제는 교회를 보호한다는 미명 아래 성직자들을 임

---

9) 카놋사에서 있었던 화제를 가지고 연극이 만들어졌는데 Alfred de Grazia가 쓴 Matilda's Love of King and Pope이다. 최근에도 그녀에 관한 내용의 책이 나왔다. Michele K. Spike, *Tuscan Countess, The Life and Extraordinary Times of Matilda of Canossa* (New York : Vendome Press, 2004)이다.

교황의 지상권을 주장하는 그레고리의 모습

명했습니다. 황제가 청렴할 때는 문제가 되질 않지만 그렇지 못한 경우, 황제가 물질을 받거나 정치적으로 성직자를 임명하게 됩니다. 그러한 결과로 인해 '성직매매'(simony)가 흥행하게 되었습니다. 그것이 가장 많이 일어났던 때가 바로 '창부정치' 시대였습니다."

"성직매매를 근절시키기 위해 개혁 운동이 일어났습니다. 그 개혁 운동을 주도한 수도원이 바로 클루니 수도원이었습니다. 그 클루니 수도원 출신들이 이제 로마 교황직을 맡게 되면서 로마교회가 콘스탄티노플교회보다 우위에 있다느니 또 황제보다 우위에 있다는 억지 주장을 하면서 어두운 교회를 밝게 하려고 어리석게 노력했습니다. 그러다보니 로마교황과 황제가 맞붙을 수밖에 없는 시점에 이르게 됩니다. 그것을 논쟁으로 이끈 장본인이 바로 로마교황 그레고리 7세와 신성로마제국 헨리 4세와의 논쟁입니다. 이것을 가리켜 교회사에서는 '성직자 수임권 논쟁'(Investiture Controversy)이라 부릅니다."

"그러면 교수님! 그레고리 7세와 헨리 4세가 서로 어떻게 논쟁을 벌인 것입니까? 매우 궁금하네요."

"이 두 사람의 논쟁을 화해시킨 사람이 오늘의 주인공, '마틸다' 여백작입니다. 어떻게 시작했냐고요? 그러니까…신성로마제국 황제 헨리 4세(1056~1106)는 독일 지역에 있는 성직자들을 자연스럽게 임명하고 파직시켰습니다. 지금까지의 관행대로 행했던 것입니다. 헨리가 그렇게 행할 때 독일국가의 정치 상황은 사분오열이었습니다. 성직자들을 임명하는 헨리 4세의 관행을 보고 로마교황 그레고리 7세는 신랄하게 비난했습니다. 그러자 헨리는 그레고리를 파직시켰죠. 이번에는 그레고리가 헨리를 출교시키고 국가의회에서 그를 파직시키겠다고 했습니다. 1076년 사태가 여기까지 오니 독일국가 내에서 헨리를 싫어하는 귀족들은 헨리를 보고 교황과 화해하라고 몰아갔습니다. 국가의회에 참석하기 위해 이태리에서 독일로 오는 도중에 그레고리를 만나 화해하지 않으면 황제직마저 위협을 받게 되었던 거죠. 하는 수 없이 헨리는 가족과 함께 마틸다에게 속한 카놋사 성에서 여행 중에 쉬고 있는 그레고리를 찾아갑니다. 그 다음 이야기는 마틸다 이야기를 통해 파악하도록 하죠."

"교수님! 마치 드라마와 같습니다. 교회사도 이렇게 배우면 재미있겠습니다. 아무튼 그 다음 이야기가 기다려지네요."

나. 마틸다의 역할

"로마교황 그레고리 7세와 신성로마제국 황제 헨리 4세를 화해시키는데 노력한 투스카니의 여백작 마틸다(Matilda, 1046~1115)는 이태리 투스카니의 후작의 딸이었습니다. 그녀는 성자도 아니고 교황도 아니면서 처음으로 베드로 성당에 묻힌 여인입니다. 대단한 여성이죠. 성자들도 다 묻히지 못하는 곳에 묻혔다는 것이 말입니다. 그녀의 대리석 비문을 보면 이렇게 쓰여 있습니다."

사도적 교황청을 위한 온건한 정신의 옹호자였던 한 여인의 경건과 관용을 기립니다.

마틸다의 비문

"군사적 업무를 수행했던 불과 얼마 되지 않는 여인들 중 한 사람이었습니다. 1053년 부친이 실해를 당하고, 신성로마제국 황제 헨리 3세는 1055년 마틸다와 모친을 데리고 독일로 갑니다. 젊은 여백작은 어린 시절을 불행하게 지냈으나 개의치 않고 열심히 라틴어를 배우고 어려운 책들을 섭렵하면서 학문에 전념합니다. 1056년 세상을 떠나기 전에 헨리 3세는 마틸다와 모친을 고향으로 되돌려 보냅니다. 고향으로 되돌아온 마틸다는 고트프리드와 결혼하지만 1071년 별거하며 지냅니다. 얼마 있지 않아 1076년 남편이 살해를 당하고 맙니다. 이때부터 그녀는 자녀도 없이 과부로 혼자 지냅니다."

"이미 1071년부터 귀족인 그녀는 넓은 이태리 지역을 다스리고 있었습니다. 정치적으로나 교회적 문제가 있을 때 이 지역은 가장 중요한 역할을 감당했습니다. 왜냐하면 독일에서 로마로 가려면 이 지역을 반드시 통과해야만 했기 때문이죠. 1071년 교황이 된 그레고리 7세는 교회의 독립과 교회 개혁을 위해 세속권과의 전쟁을 선포합니다. 이런 투쟁 속에 마틸다는 두려움 없이, 용감하게, 그레고리와 그의 후계자들을 전적으로 후원합니다. 마치 예수님을 보필하던 여인들처럼 말이죠."

"세속권과 맞싸울 때 보였던 마틸다의 자세를 보고 로마 교황 그레고리는 그녀와 그녀의 모친을 가리켜 '베드로의 누이며 딸'이라고 칭송합니다. 로마교황 그레고리 7세는 교회 개혁을 위해 평신도들이 성직을 임명

마틸다와 교황 그레고리

하거나 성직을 사고파는 행위를 청산하고자 결심합니다. 이 일을 위해 그는 신성로마제국 황제 헨리 4세와 맞싸울 수밖에 없었습니다. 1074년 그레고리 7세는 헨리 4세에게 서신을 띄워 종교회의에서 결정된 사항들, 즉 '성직매매'와 '축첩제도'를 금지하는 사항들을 흔쾌히 받아준 것을 감사드립니다. 하지만 심적으로 헨리는 매우 불편해 합니다."

"1076년 마틸다의 첫 남편 고트프리드가 안트베르프에서 살해를 당했던 해, 로마 교황 그레고리 7세는 종교회의 결정에 불복하며 여전히 성직매매를 일삼는 황제 헨리 4세를 출교시킵니다. 제국의 대부분의 군주들은 교황 편이기에 상황적으로 난처하게 된 헨리는 그레고리 7세를 만나 화해하지 않으면 군주들의 불만을 해소할 수 없게 되었습니다. 하는 수 없이 1077년 추운 겨울 마틸다의 소유지 카놋사 성에 거하는 교황을 찾아가 무릎을 꿇고 용서를 빕니다. 이것을 가리켜 '카놋사의 굴욕'이라 부릅니다."

"이때 마틸다는 교황에게 자신의 영지를 헌납할 것을 약속하며, 무장한 사람과 함께 헨리가 돌변적으로 어떻게 나올지 몰라 만반의 준비를 하며 교황을 보호합니다. 이와 같이 그레고리의 후계자들도 교회의 개혁을 위해 힘쓸 때 적극적으로 후원합니다."

"1089년 43세의 나이로 마틸다는 17세 밖에 되지 않은 바바리아의 공작 벨프 5세를 그녀의 두 번째 남편으로 맞이합니다. 1090년 헨리 4세는 교황을 변호하고 있는 마틸다를 공격하지만 남편에 의해 패하고 맙니다. 1093년 황제직을 두고 쟁탈할 때에 마틸다는 헨리의 콘라드를 후원합니다. 이 일로 인하여 헨리 4세만 아니라 헨리 5세와 사이도 불편해졌으며 1095년 남편 벨프가 헨리 4세를 옹호함으로 인해 마틸다는 남편 벨프와 헤어집니다. 황제 헨리 5세는 자신을 도와준 마틸다를 리구리아지역의 부황제로 임명합니다."

"마틸다의 생애를 보면 마치 전적으로 교역자 편에 서서 그들을 위해 전적으로 헌신하는 권사님들과 집사님들을 보는 듯합니다. 이런 면들로 인해 베드로 성당에 그녀의 기념비가 세워집니다. 역사상 유래 없는 일입니다. 성자가 아니면서…그리고 그녀에게 '카놋사의 마틸다'라는 별명을 붙입니다."

다. 카놋사 극본

"다음은 '왕과 교황에 대한 마틸다의 사랑'(*Matilda's Love of King and Pope*)의 내용 중 5막으로 마틸다와 신성로마제국 황제 헨리 4세와의 대화입니다 :

헨리 : "교황과 대화를 나눴습니까?"

마틸다 : "예, 그럼요. 모든 것이 잘 될 것입니다. 사면을 얻는 것이 정말 필요하다면 그의 창문 밖에 계속 서 있어야만 할 것입니다. 아마도 그가

지금의 카놋사 성

당신에게 자비를 베풀지도 모르지요."

헨리 : "얼마동안이나?"

마틸다 : "당신은 아직도 상황을 재대로 파악하고 있지 못하는 듯 합니다. 왜 당신은 칼을 십자가형으로 만들어야 하는지 이해하지 못하십니까? 왜 당신이 사제 앞에 무릎을 꿇어야만 하는지 아직도 모르십니까? 다른 생각을 가질 여유가 없습니다. 지금 당장 가셔서 영원히 타오르는 불 못에 빠지지 않도록 기도해야만 할 것입니다."

헨리 : "좋습니다. 당신 말대로 하지요.…여기는 알프스 산중입니다. 로마인들과 대화를 나눌 때까지 기다리라는 것은 정말 난감한 일이 아닐 수 없습니다."

마틸다 : "헨리여! 어리석게 굴지 말기 바랍니다. 지금 그렇게 한가하게 신세타령이나 하고 있을 때가 아닙니다. 고백하시면 사면하시겠다고 나에게 말씀하셨습니다."

헨리 : "그 늙은이가 나를 지금까지 쭉 살피고 있으며 나의 행동거지에 대해 다 보고 받았으리라 믿습니다. 조금이라도 나에 대한 온정이 남아있는지 궁금합니다. 이것은 무슨 원리적인 것이 아니라 유동적이기 때문에 너무나 답답할 뿐입니다."

마틸다 : "당신이 뭐라 말씀하시든 사실입니다. 하지만 그레고리는 그렇게 오랫동안 당신을 기다리지만은 않을 것입니다. 그러니 아침에 일어나셔서 용서를 받기 위한 행동을 즉시 수행하시기 바랍니다. 그러면 당신이 원하는 것을 받을 수 있고, 그 날 저녁이면 모든 것이 해결되고 원

카놋사 성 밖에서 참회하는 헨리 4세 가족

하시는 것을 할 수 있을 것입니다."

헨리 : "나를 더 이상 훈계하는 식으로 말하지 마십시오."

마틸다 : "죄송한 말씀입니다만 선택의 여지가 없습니다. 당신은 사면을 받지 않으면 안 되는 신세입니다."

다음은 7막의 내용이다. 눈 위에서 회개하는 모습을 본 그레고리는 헨리를 자신의 방으로 불러들인다.

그레고리 : "성부, 성자, 그리고 성령의 이름으로 말하노라. 아멘. 지금 헨리는 이전에 서명했던 것이 범죄한 사실임을 인정하는가?"

헨리 : "예! 맹세하노니 그렇습니다."

그레고리 : "문서들에 서명했던 것이 죄를 범하는 것임을 알고 지금은 후회하며 회개하는가?"

헨리 : "예! 그렇습니다."

그레고리 : "출교를 내리는 권위는 신성한 가톨릭 교회에만 있는 것임을 인정하는가?"

헨리 : "예! 그렇습니다."

그레고리 : "이제 헨리는 모든 죄에서 사면을 받았노라. 신성 로마 가톨릭 교회와 독일인의 왕으로서 아들이 되었음을 선언하노라. 성부, 성자, 그리고 성령의 이름으로, 아멘."

"이상에서 볼 때 마틸다는 교회의 지도자와 국가의 지도자가 갈등 또는 투쟁을 빚고 있을 때 자신의 역량과 재능을 총 동원하여 화해시키는 데 전심을 다합니다. 이런 일들이 크게는 국가적이지만 작게는 가정에서 사람들 간에 갈등이 일어났을 때 화해자가 되려고 노력하는 자세는 필요합니다. 아니 갈등이 아예 일어나지 않으면 더욱 좋겠지만…그렇지 않은 경우에는 어느 한 편에서만 서서 다른 편을 비난하고 정죄하기보다는 양편을 위해 기도하고 화해시키는 현명한 자세가 필요합니다. 마틸다를 통해 이런 면을 우리가 배울 수 있죠."

"교수님! 정말 지당하신 말씀입니다. 교회역사 가운데 정말 중요한 사건에서 두 사람을 화해시켰던 이 여인의 지혜는 정말 귀합니다. 다음 강의에 대해 힌트를 주실 수 있나요?"

"그럼요! 다음은 무대를 다시 비잔틴제국으로 옮기겠습니다. 그리고 이번 장처럼 역사적 배경을 이해하고 난 후 읽는 것이 좋을 것 같습니다. 십자군 운동과 연관된 인물입니다. 교회사도 이해하고 신실한 여인도 만나기로 하죠."

18 안나 콤네나 : 최초의 역사가

1083-1153년

역사를 받아적게 하는 안나

Anna Comnena

안나는 자신의 재산을 포기하고 모친 황후 아이린과 함께 수녀원으로 갑니다. 이곳에서 그녀는 55세부터 쓰기 시작한 「알렉시아드」(Alexiad)라는 책을 1148년에 완성합니다. 15권으로 구성된 이 책에서 그녀는 부친의 경력을 묘사하고 십자군의 활동들을 묘사하고, 부친의 장군들과 군사들의 활동에 대해서도 묘사합니다.

Anna Comnena
안나 콤네나

■ 후손들을 위해 자신이 본 것을 기록함으로 세계 역사상 최초의 비잔틴제국의 여성 역사가

"신성로마제국에서 우리는 비잔틴제국으로 건너왔습니다. 이번 장에서는 비잔틴제국의 여성 역사가의 이야기, 다음 장에서는 예루살렘 왕비에 관한 이야기를 듣게 될 것입니다. 1054년 동방교회와 서방교회가 분열된 후 두 교회는 다시 연합하기 위해 노력하였는데 그중에서 가장 큰 노력이 '십자군 운동'이었습니다. 너무나도 익숙한 이야기지만 그것에 관한 정확한 역사적 배경을 알면 역사에서 활약한 여인들을 보다 정확하게 이해할 수 있다고 봅니다."

가. 십자군 운동

"1095년 '이것이 하나님의 뜻이다!'(데우스 불트![Deus Wult])라고 외치는 함성과 함께 시작한 십자군 운동은 거의 200년에 걸쳐 일어납니다. 이 운동에 관해 아시려면 먼저 2005년에 상영된 영화 '킹덤 오브 헤븐'(Kingdom of Heaven)을 떠올리면 될 겁니다. 혹시 이 영화를 보셨다면, 마지막 장면에서 두 주인공이 다시 십자군 운동에 참여하는지 아니면 그렇지 않은지 질문해도 될까요?"

영화 '킹덤 오브 헤븐'의 포스터

"그 장면은 기억나는데… 글쎄요~ 정확하게 모르겠는데요. 주인공이 칼을 차고 여왕과 함께 영화 첫 장면의 반대 방향으로 말을 타고 가는 것은 기억납니다만…"

"아무튼 로마 가톨릭인들은 모슬렘들로부터 예루살렘을 탈환해야 한다고 여겨 궐기해서 일어납니다. 이 운동을 가리켜 우리는 '십자군 운동'이라 칭하지요. 800년 신성로마제국이 탄생된 이래 여러 민족들로부터 공격을 받습니다. 곧 바이킹족, 즉 노르만족이 남하하여 북부 유럽을 파괴시키고 배를 타고 지중해 연안 도시들을 약탈합니다. 또 아시아로부터 온 마자르족은 10세기에 이르러 동부와 중부 유럽을 약탈합니다. 하지만 가장 무서운 침략이나 약탈은 역시 모슬렘들이었습니다. 7세기에 시작된 모슬렘들의 침략은 8세기에 이르러 북부 아프리카를 초토화시키더니 지브롤터 해협을 건너 스페인을 점령합니다. 이제 피렌체 산맥을 넘어 이태리까지 위협합니다. 파죽지세로 침입해오는 모슬렘에 관해 당시의 동로마제국은 아무런 힘도 쓰지 못했습니다. 서로마 지역을 도와주지 못할 뿐더러 자신들도 콘스탄티노플을 방어하기에 급급했으니까요."

"교수님! 이슬람은 무엇이고 모슬렘은 무엇입니까? 다른 이름입니까?"

"혼동하기 쉬운 단어를 질문하셨네요. 이슬람은 종교의 이름이고, 모슬

클레르몽에서 우르반 2세의 설교

렘은 이슬람교를 신봉하는 사람들을 의미합니다. 예를 들면, 기독교와 기독교인의 관계와 같은 것이죠."

"11세기에 접어들어 '클루니 개혁운동'으로 인해 신성로마제국을 비롯한 로마 가톨릭은 어느 정도 안정을 찾았다고 할 수 있습니다. 그것에 견인차 역할을 한 것이 지난 장에서 다뤘던 '성직 수임권 논쟁'이었습니다. 그 결과 교황들은 더욱 더 세속권에 대해 관심을 가졌습니다. 그러는 가운데 동로마제국에 속한 예루살렘이 모슬렘들에게 멸망당했을 뿐 아니라 주민들이 참혹한 박해를 당한다는 소식을 접합니다."

"절호의 기회가 교황들에게 주어진 것입니다. 세속권을 장악할 수 있는 기회가 말입니다. 그래서 로마 교황 우르반 2세(1088~1099)는 1095년 프랑스 클레르몽에서 군중들에게 예루살렘 탈환을 외치는 역사적인 설교를 합니다. 군중들은 하나같이 '이것이 하나님의 뜻이다!'라고 외치며 예루살렘으로 향합니다. 이렇게 시작된 십자군 운동은 1095~1291년에 이르는 긴 세월동안 이뤄집니다."

"이렇게 시작된 십자군들은 플랑드르인들, 즉 북해지역에 있는 국가들, 프랑스인들, 그리고 여기저기서 출발한 무수한 무명의 십자군들이었으며 비잔틴제국의 수도 콘스탄티노플에 집결하였습니다. 그렇지만 언어도 다르고 문화도 다른 데다가 2년에 걸친 행보로 인해 지쳐있는 십자군들의 만행은 말로 형용할 수 없었습니다. 이러한 모습을 기록으로 남긴 최초의 여성 역사가를 오늘 저희들이 만나 보고자 합니다. 그녀의 이름은 안나 콤네나입니다."

나. 생애

"안나 콤네나(Anna Comnena, 1083~1153)의 부친은 비잔틴제국 황제 알렉시우스 1세 콤네누스(Alexius Comnenus, 1081~1118)입니다. 콤네누스 가문 출신인 안나는 왕족의 관습에 따라 헬라 문학, 역사, 신화, 지리, 심지어 철학에 대하여 탁월한 교육을 받습니다. 부친의 부탁으로 십자군들이 콘스탄티노플에 도착했을 때 안나는 그들의 도착과 관습을 목독했고, 그녀는 후손들을 위해 자신이 본 것을 기록함으로 세계 역사상 최초의 여성 역사가가 됩니다."

"교수님! 방금 안나의 부친 알렉시우스 1세가 유럽에 도움을 청했다고 하셨잖아요. '십자군 운동'을 설명하실 때는 로마 가톨릭인들이 시작했다고 하셨는데…제가 잘못 알고 있는 것인가요?"

황제 알렉시우스 1세 콤네누스

"아닙니다. 잘못 아시는 것이 아니라 제가 한 부분만을 설명하고 비잔틴제국의 상황을 설명하지 않았던 것입니다. 알렉시우스 1세는 탁월한 지도자일 뿐만 아니라 군인으로서 24세의 나이로 황제직에 오릅니다. 그리하여 콤네누스 왕조를 시작합니다. 당시 여러 곳에서 제국을 위협했습니다. 동쪽에는 터어키인들, 서쪽에는 노르만

역사를 받아 적게 하는 안나

족, 북쪽에서는 슬라브족과 불가리아족 등입니다. 이들의 침략으로부터 벗어나기 위해서는 군사적인 전략보다도 외교술로 대처해야만 했습니다. 그래서 로마교황 우르반 2세에게 대사들을 보내어 터어키인들을 제거할 수 있는 용병을 요청하였습니다. 그러나 천문학적인 숫자의 십자군들을 일으킨 것을 볼 때 로마교황 우르반 2세는 동방교회까지 자신의 손아귀에 넣고자 하는 야심이 있었던 것 같습니다."

"한편, 안나는 부친의 황제직을 이을 수 있는 유일한 후계자였지만 남동생이 태어나므로 수포로 돌아갑니다. 모친의 권면을 받은 안나는 1097년 이전에 비잔틴제국 계승자였던 니케포루스 브렌니우스와 결혼합니다. 안나는 남편 니케포루스를 위해 남동생의 상속권을 자신에게 달라고 부친에게 청하지만 실패하고 맙니다. 부친이 죽은 후 자신의 남편을 보좌에 앉히려는 공모에 가담하여 동생을 전복하려는 음모에 가담했으나 다시 실패하고 맙니다. 그 후 그녀는 자신의 재산을 포기하고 모친 황후 아이린과 함께 수녀원으로 물러갑니다. 그곳에서 그녀는 55세부터 쓰기 시작한 「알렉시아드」(*Alexiad*)라는 책을 1148년에 완성합니다."

"15권으로 구성된 이 책 안에서 그녀는 부친의 경력을 묘사하고 십자군들의 활동들을 묘사하고, 부친의 장군들과 군사들의 활동에 대해서도 묘사합니다. 도착한 십자군들은 부친의 교훈과 조언에 아랑곳하지 않고 방종했습니다. 제국의 화려한 비잔틴 문화와 십자군 군사들을 비교할 때 안나에게는 그들이 마치 무식한 야만인들처럼 보였습니다. 더욱이 이슬람교보다도 훨씬 더 위험하다는 생각이 들었습니다."

"이에 그것에 대한 것을 기록으로 남깁니다. 그녀의 관찰은 자신의 지식과 가치관을 잘 표현하고 있습니다. 콘스탄티노플을 중심으로 하여 십자군들을 묘사한 것이죠. 그러다 보니 라틴인들, 즉 십자군들에 대한 증오심이 잘 표현되어 있습니다. 결점이 많고 주관적인 내용들이 많이 있지만 당시에 있었던 관습에 대한 묘사는 역사적 가치가 많다고 하겠습니다. 그 후의 삶에 대해서는 전혀 알려져 있지 않을 뿐만 아니라 죽은 시기조치도 불확실합니다."

다. 「알렉시아드」

"「알렉시아드」에 나오는 내용을 간략하게 소개하고자 합니다. 먼저 10:5에는 1차 십자군들이 콘스탄티노플에 도착하는 모습을 상술하고 있습니다."

더욱이 알렉시우스는 셀 수 없이 많은 프랑크 군인들이 도착한다는 소문을 들었지만 자신이 하고 있던 일이 있었기에 관심이 없었다. 분명히 그는 이 사람들이 오는 것이 부담스럽기만 했다. 그 이유는 그들이 난폭하고 야만적으로 공격했던 것을 이미 알고 있었기 때문이었다….

하지만 그들이 오는 것은 어쩔 수 없는 일이었기에 다시금 마음을 가다듬고 그들을 맞이해야만 했다. 그들은 정규적인 태도를 지니고 있지 않았다. 마음이 내키는 대로 결정하고 행동했다. 그들이 더 큰 문제를 일으킨다면 그들과 전투를 해야만 하는 만일의 사태에 대비해야만 했다. 이러한 일은 기근보다 더 심각한 일을 초래할 것이다….

비잔틴제국의 아름다움을 보고 놀라는 십자군들

어느 고올 사람, 즉 쿠쿠피터(Kukupeter)라는 성을 소유한 피터는 성묘를 장식하기 위해 고향에서 떠났다. 그는 모든 아시아를 초토화 시킨 터어키인들과 사라센들로부터 많은 위험들과 수난을 당했다. 그는 정말 허탈하고 녹초가 되어 고향으로 겨우 되돌아왔다. 그는 예루살렘 방문을 어렵게 하는 일들을 보고하였다. 그리고 두 번째 방문의 기회를 가지기 위해 이 십자군 운동에 참여했다…

피터가 십자군 운동에 참여한 후 그는 먼저 80,000명의 보병들, 100,000명의 기사들과 더불어 롬바르드 해협을 건넜다. 그런 후 헝가리 지역을 지나 이 왕궁에 이른 것이다. 출발할 때부터 모두들 예상했던 것처럼 고올 사람들은 매우 열정적이었을 뿐만 아니라 다혈질이었다. 우리의 황제는 피터가 이전에 터어키인들에게서 당했던 것을 알고 있기에 그에게 권하기를 다른 백작들이 올 때까지 기다리라고 했다.

"다음은 10:10에 나오는 십자군들의 나쁜 지도자에 관한 내용입니다."

나쁜 프랑크인들과 함께 온 어느 버릇없는 백작은 황제에게 맹세할 때 보좌에서 내려앉으라고 명했다. 황제는 라틴 사람들의 자만심을 익히 알고 있었기에 침묵을 지키고 있었다. 하지만 발드윈은 그 프랑크 백작에게 가서 손으로 그를 만지며 하는 말이 "그렇다고 당신이 그 자리에 앉을 것도 아니잖소. 그 자리는 황제만을 위한 보좌이지 그 누구에게도 어울리지 않

만행을 저지르는 십자군들

소. 당신이 이 국가에 있다면 이 국가의 풍습에 따라야만 할 것이요." 많은 사람들 앞에서 창피를 당한 백작은 발드윈에게 야만스러운 말을 했다. 함께 목숨을 걸고 출발했던 전사들에게 하는 태도냐고 되물었다. 알렉시우스는 라틴어를 알지 못하기 때문에 그 백작이 무슨 말을 하는지 정확하게 이해되지 않았지만 그 의도를 알아차릴 수 있었다.

백작들이 황제를 떠나가자 나쁜 백작과 독대를 하면서 누구냐고 물었다 : "나는 프랑크인이요. 고대부터 귀족 가문 출신이요. 내가 알기에는 내 나라에 한 교회가 있는데 전투에서 자신의 생명을 내어놓을 것이라고 맹세하는 장소이지요라고 나 역시 맹세하면서 나와 함께 싸울 사람을 찾을 것이요"라고 했다.

알렉시우스는 이렇게 도전하는 무례한 행동을 보았지만 경비원들에게 참으라고 하면서, "만일 당신의 용맹성을 나타내기 위해 그렇게 기다렸다면, 내가 너에게 충고하겠는데 그 용맹성을 터어키인들에 대하여 불태우기를 바란다"고 했다.

"안나가 살았던 시기는 여성들의 활동이 제한된 시기였습니다. 가족의 일에만 몰두했던 시질이있습니다. 여성들은 공직 행사에서 얼굴을 가려야만 했고 거리를 활보하며 걸어 나닐 수도 없었던 시질이있습니다. 자신의 작품 중 조모 안나 달라세나에 관한 이야기에서 우리는 그녀의 마음을 엿볼 수 있을 것입니다."

황제인 저희 부친이 조모를 그렇게 높은 영예스러운 위치로 올리고, 그분에게 완전한 권력을 허용한다는 것은 정말 놀라운 일이 아닐 수 없습니다. 어떤 이들은 말하기를 부친이 조모와 함께 제국의 일들을 보기 위해 나란히 마차를 타고 다녔다고 합니다.

국가의 행정을 조모에게 맡기고 재정적인 일들을 조모에게 맡기시지만 야만족에 대한 일은 스스로 해결하셨습니다. 그런데 어느 사람이 제국의 일을 한낱 여인에게 맡긴다고 비난한 적이 있었습니다. 그 때 부친은 당신이 이 여인의 재능, 우수성, 선한 마음, 그리고 탁월한 권능을 이해한다면 비난에서 존경으로 바뀔 것이라고 말했습니다.

조모는 제국의 일을 처리하는 능력이 탁월하셨습니다. 그분은 로마제국만 아니라 태양 아래 있는 다른 모든 왕국들을 잘 다룰 수 있는 행정력을 갖고 계셨습니다…그분은 지성만 아니라 말을 잘 표현하는 능력까지도 지니셨습니다. 상대방이 대꾸도 하지 못할 정도로 남을 잘 설득시킵니다….

그분이 제국권을 지니고 있을 때 유감없이 발휘했던 것은 그분의 지략이었습니다….

그리고 무엇보다도 가난한 사람들에 대한 애정이 넘쳤습니다. 곤경에 처한 사람들을 찾아가서 어떻게 위로해야 하는지를 잘 아시고 권면하셨습니다. 그분의 집은 항상 배고프고 가난한 사람들로 넘쳐났고, 나그네들로 북적대었습니다.…그분의 성품은 천사와도 같았습니다.[10)]

"아! 교수님~ 정말 감사합니다. 제 생각에는 안나는 부모와 조부모로부터 좋은 교육과 좋은 본을 보고 닮았던 것 같습니다. 자신의 부모와 조모에 관해

10) Anna Comena, Alexiad, III.vii in *The Writings of Medieval Women,* vol. 14, trans. and ed, M. Thiebaux (New York: Garland Library of Medieval Literature, 1987).

글을 남기면서 감사하며 칭송한다는 것은 쉬운 일이 아닐 것입니다. 그런데 안나는 훌륭한 부모를 모신 것에 관해 감사함을 유감없이 표현하고 있네요. 높은 직위에 있으면서 가난한 자들과 함께 할 수 있는 것은 용기 있는 자만이 할 수 있다고 생각합니다."

"다음 강의에 대해 궁금하지 않으신가 봐요? 이번 강의에 많은 도전을 받으셔서…다음 강의는 비잔틴제국까지 왔으니, 또 십자군들이 콘스탄티노플까지 왔으니 그들과 함께 예루살렘으로 가보도록 합시다."

19 멜리센데 : 예루살렘의 왕비

1105-1160년

벨리안과 함께 한 호스피틀 기사

Melisende

멜리센데는 총명한 여인이었습니다. 왕국을 치리하는데 노련했고 경험도 많았습니다. 여성임에도 불구하고 대담했고 섬세한 부분을 갖춘 여걸이었습니다. 현모양처는 아니었으나 멜리센데는 분명히 탁월한 지도자로서의 선천적인 재능을 타고난 여인임에는 틀림없습니다.

Melisende

■ 평생 교회를 헌신적으로 받들고, 베다니에 성 나자로 수녀원을 짓고, 종교적 업무에 최선을 다해 후원하고…예술을 증진시키는 일에도 노력한 여인

가. 1~3차 십자군 운동

"지난, 그러니까 18장에서는 '십자군 운동'의 역사적 배경에 대해서 간략하게 말씀을 드렸습니다. 어때요? 역사이야기니까 벌써 식상하세요? 하지만 배경을 알고 역사 영화들을 보시면 더 많은 감동을 받게 됩니다. 예를 들면, 2005년에 상영된 '킹덤 오브 헤븐'이란 영화는 역사적 배경을 알지 못하면 단지 주인공 벨리안과 왕비 실비아의 사랑이야기로 이해할 수밖에 없습니다. 실비아는 실제 인물이며 벨리안이란 인물의 이름은 존재하지만 그만큼 젊지는 않습니다."

"그 영화에 등장하는 기사들을 보면, 흰 바탕에 빨간 십자가를 하고 있는 사람들과 검은 바탕에 흰 십자가를 하고 있는 사람들을 보실 것입니다. 그들을 가리켜 '군사 수도사들'이라 부릅니다. 전자를 템플 기사단, 즉 성전 기사단이라고도 하고요. 그들은 영화에서 악역을 맡고 있죠. 이와는 달리 후자는 호스피틀 기사단, 즉 의료봉사자들로서 선한 일들을 합니다. 그 영화에서는 호스피틀 기사단이 부상당한 벨리안의 부친 갓프리를 간호하기도 합니다."

템플기사단의 모습

"그럼, 오늘의 역사적 배경이 되는 1~3차 십자군 운동과 예루살렘 왕국이 설립되는 간략한 역사적 배경을 이야기하도록 할께요."

1) 1차 십자군 운동

"비잔틴제국 황제 알렉시우스 1세의 도움 요청과 로마 가톨릭인들의 정권야욕이 어우러져 시작된 십자군 운동의 명목상의 목적은 이름처럼 거룩한 '예루살렘 탈환'이었죠. 처음부터 끝까지 주로 프랑스인들이 참여하게 되죠. 지도에서 보듯이 1096년의 프랑스 지역을 보면, 베르망도와의 휴, 부용의 갓프리와 동생 발드윈, 그리고 툴루제의 레이몽드 등이 시작합니다. 이들은 지도에서 보듯이 1097년 콘스탄티노플에 집결합니다. 알렉시우스 1세의 요청에 따라 니케아를 같은 해에 점령하죠. 다음 해, 1098년 안디옥을 점령하면서 기독교인들을 비롯한 수많은 사람들을 학살합니다."

"십자군들은 계속하여 행진하여 1099년 예루살렘 성에 도착합니다. 그곳에 거하는 모슬렘들과 유대인들을 무참히 학살하면서 마침내 예루살렘을 정복합니다. 그리하여 부용의 갓프리(1099~1100)를 왕으로 삼는 예루살렘 왕국을 건설합니다. 처음에 갓프리는 왕이라는 칭호를 거부하고 '성묘의 방어자'라는 칭호를 선호했지만 곧 왕이라는 칭호를 사용합니다. 아무튼 그는 1100년 세상을 떠나죠."

"그를 이어 그의 남동생인 발드윈 1세(1100~1118)가 왕이 되고 그의 후손들이 계속하여 왕위에 오릅니다. '킹덤 오브 헤븐'에 등장하는 왕, 즉

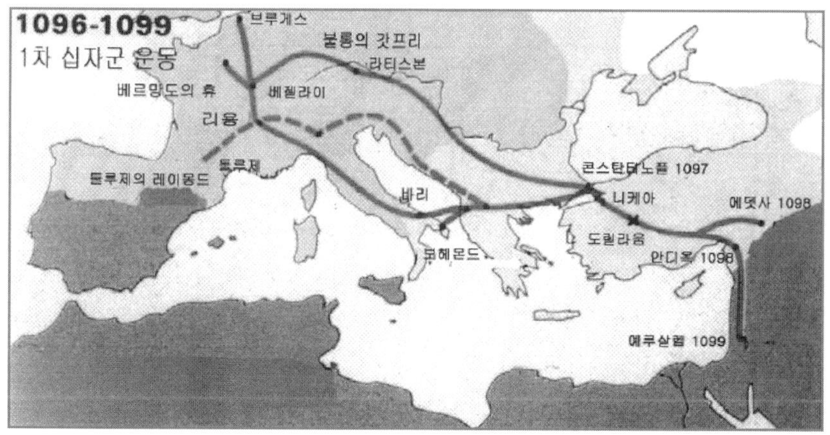

1차 십자군 운동의 경로

한센병에 걸려 철가면을 쓴 발드윈 4세(1174~1185)를 기억하실 거예요. 오늘의 여주인공 멜리센데의 손자입니다. 이것에 대해서는 조금 후에 자세히 설명해 드릴께요."

2) 2차 십자군 운동

"1099년 예루살렘 왕국을 건설하면서 1차 십자군 운동은 막을 내립니다. 계속하여 예루살렘 왕들이 다스리게 되죠. 그런데 1144년에 터어키인들에 의해 에뎃사가 몰락하게 되자 당시에 최고의 영적 지도자였던 '클레르보의 베르나르'는 2차 십자군 운동의 필요성을 역설합니다. 프랑스의 루이 7세와 신성로마제국 황제 콘라드 3세가 그의 감동적인 설교에 따라 1147~1149년에 2차 십자군 운동을 일으킵니다. 그들은 발칸반도를 지나 비잔틴제국 수도 콘스탄티노플에 도착합니다. 두 나라 군대는 서로의 알력으로 인해 황제 콘라드는 1148년에 되돌아가고 루이 7세도 1149년 되돌아갑니다. 이리하여 2차 십자군 운동(1147~1149)은 실없이 끝나고 말죠."

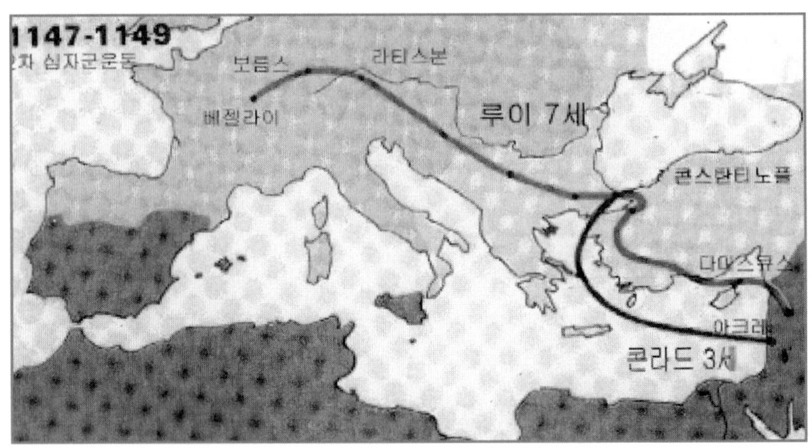

2차 십자군 운동의 경로

3) 3차 십자군 운동

“영화 ‘킹덤 오브 헤븐’은 바로 2차 십자군 운동이 끝나고 3차 십자군 운동(1189~1192)이 일어나기 전 1184년 배경부터 시작하죠. 주인공 벨리안의 부친 갓프리는 아들을 찾아오죠. 어두운 배경과 함께하는 음악이 아직도 들려오는 듯합니다. 영화의 마지막 장면에 보면 모슬렘들의 지도자 살라딘은 1187년 템플기사단의 지도자 구이와 레이놀드 등을 대패시키면서 예루살렘을 점령합니다.”

“그러자 영국의 사자 왕이라 불리는 리처드 1세, 프랑스의 필립 2세, 그리고 신성로마제국 황제 프레데릭 1세가 새로운 십자군 운동, 즉 3차 십자군 운동을 일으킵니다. 프레데릭 1세는 1190년 킬리키아 전투에서 전사하고, 리처드와 필립만이 예루살렘에 도달합니다. 하지만 두 군주 간의 알력으로 인해 예루살렘 공격은 지연되고, 마침내 필립은 프랑스로 되돌아가고 말죠. 홀로 남은 리처드 1세는 1192년 살라딘과 협정을 맺어 예루살렘을 모슬렘들 하에 두지만 무장하지 않는 기독교인들이 예루살렘

3차 십자군 운동의 경로

을 방문할 수 있도록 허락합니다."

"리처드 1세는 1192년 10월 9일 군사들을 데리고 회군합니다. 3차 십자군 운동에 참여했던 오스트리아 공작 레오폴드 5세(1177~1194)는 리처드와의 언쟁 끝에 고국으로 되돌아왔다가 1192년 영국으로 되돌아가는 리처드를 체포합니다. 몸값을 요구하죠. 이런 배경에서 로빈훗의 전설이나 왈트 스캇경(Sir Walter Scott, 1771~1832)이 쓴 소설 '아이반호'와 같은 유명한 이야기들이 생겨났습니다. 이것이 1952년에 영화로도 상영되었죠. 오래된 영화죠."

"오늘의 이야기를 하려고 지나간 역사적 이야기를 했는데요. 2~3차 십자군 운동 사이에 살았던 예루살렘 왕국의 여왕이었던 멜리센데를 보려고 합니다. 그럼 그녀를 알현하도록 할까요?"

소설 '아이반호'의 겉표지

나. 생애

"예루살렘의 왕후 멜리센데(Melisende Queen of Jerusalem, 1105~1160)는 예루살렘 왕국의 왕 발드윈 2세(1118~1131)의 딸입니다. 그녀는 1차 십자군들이 1099년 모슬렘들로부터 예루살렘을 탈환한 후인 1105년에 태어났습니다. 1128년부터 멜리센데는 부친을 이어 후계자로 지명됩니다. 그 이유는 발드윈이 아들이 없고 네 딸만 두었기 때문이죠. 1131년 병환으로 세상을 떠나게 된 발드윈 2세는 정말 경건하고 하나님을 두려워할 줄 아는 사람이었습니다. 왕으로서도 훌륭한 자였죠."

풀크가 새겨진 동전

"부친이 왕국을 다스릴 때 멜리센데는 부친과 함께 여러 공적 행사에 나란히 참석하며 행정을 보았습니다. 그래서 그녀를 가리켜 '예루살렘 왕국의 후사며 왕의 딸'이라고 불렀죠. 하지만 멜리센데 혼자서 왕국을 다스릴 수 없다고 판단한 부친은 1129년 프랑스 앙주의 풀크와 결혼시킵니다. 당시에 풀크는 발드윈을 도와 여러 전쟁들을 승리로 이끈 장군이었습니다. 부친이 떠난 후 1131년부터 멜리센데 부부는 연합 지도자들로서 예루살렘을 다스립니다."

"하지만 풀크는 멜리센데를 무시하고 무관심할 뿐만 아니라 십자군들을 직접 통치하면서 멜리센데를 여러 공적 업무들에서 배제시킵니다. 이러한 감정적 관계는 결국 불행한 일을 일으키고 말죠. 그러니까 불륜관계가 있다는 거짓소문을 퍼치면서 둘의 사이는 되돌릴 수 없게 되고 맙니다."

"당시에 풀크에게 강력한 경쟁자는 욥바의 백작 휴 2세(1106~1134)였죠. 그는 멜리센데의 부친 발드윈 2세에게 신실한 충신이었답니다. 그러한 충성은 그의 딸 멜리센데에게까지 연결되었습니다. 동시에 멜리센데의 사촌으로 왕족이기도 했습니다. 그러니 풀크에게는 누구보다도 부담스러운 존재였던 것이 분명합니다. 그러던 차에 1132년 거짓 소문이 일어나 멜리센데는 휴 2세와의 불륜관계를 가졌다는 혐의로 고소를 당하게 됩니다. 풀크는 그 소문을 믿게 되고, 이에 따라 멜리센데와 그녀를 지지하는 자들 그리고 풀크 사이에 전쟁이 일어나고 말았습니다. 그녀의 군사력이 더 앞섰고 그녀의 운명은 전화위복이 되었습니다. 또 풀크는 휴가 사라센들과 공조하여 안정을 도모했다는 혐의로 씌우려 했지만 전략에 능한 휴와 멜리센데는 풀크의 세력을 약화시키는 데 성공합니다."

베다니에 있는 성 나사로 교회

"멜리센데는 평생 교회를 헌신적으로 받듭니다. 1138년 베다니에 성 나사로 수녀원을 짓고 많은 혜택을 베풉니다. 종교적 입무에 최선을 다해 후원하고 보조합니다. 그녀는 평화를 주장했고 왕국의 내정 업무들을 돌보도록 허락받았습니다."

"멜리센데는 예술을 증진시키는 일에도 노력합니다. 1135년 남편 풀크와 함께 필사본에

시편성시집의 12페이지
'그리스도께 드리는 간구'

새겨지는 채식의 전통의 모본이 될 수 있는 '멜리센데 성시집'(Melisende Psalter)을 만들도록 장려합니다. 이 작품을 만들기 위해 7명의 서기관들과 사본채식가들이 모여 '성묘교회' 안에 있는 필사실에서 작업을 했죠. 가로 21.6cm, 세로 14cm의 크기의 이 책은 예식서라기보다는 개인용 성시집으로 보는 것이 좋을 것 같습니다. 1~12페이지에는 신약성경의 풍경을 그리고 있는데 예를 들면, 수태고지, 출생, 세례, 동방박사, 세례, 변화, 나사로, 예루살렘 입성, 최후의 만찬 등등이 그려져 있고요. 13~21페이지는 달력으로서 성자들과 연관된 일자들을 그려놓았습니다. 22~196페이지는 제롬이 쓴 라틴어 성경인 불가타에서 선택한 시편 구절들을 아름답게 채식하며 그려 놓았습니다. 끝으로 197~211페이지는 9명의 성자들, 즉 동정녀 마리아, 미카엘, 세례요한, 베드로, 사도요한, 스데반 집사, 니콜라스, 막달라 마리아, 그리고 아그네스 등의 기도들이 채식되어 있죠. 현재 이 '성시집'은 대영박물관에 소장되어 있습니다."

"1143년 남편 풀크가 죽고 1144년 에뎃사가 사라센들의 공격을 받아 몰락 위기에 빠지자 팔레스타인 지역 기독교 공작들에게 후원을 요청했지만 너무나 많은 숫자를 이기지 못하여 에뎃사가 사라센들에게 정복되고 맙니다. 그러자 멜리센데는 로마교황에게 도움을 요청하는 서신을 보냅니다. 이리하여 프랑스 왕의 루이 7세와 신성로마제국 황제 콘라드 2세가 2차 십자군 운동을 일으키게 되죠. 그 루이 7세와 함께 아내 아퀴테인의 엘러놀이 참전합니다. 이 여인에 관해서는 20장에서 소개해 드리도록 할께요."

"남편 풀크가 죽은 후 멜리센데는 13세의 아들 발드윈 3세(1143~1162)를 위해 섭정 왕이 되지만 매우 복잡하게 됩니다. 이러한 현상은 1128년

발드윈 3세가 새겨진 동전

멜리센데가 부친 발드윈 2세와 공동 치리했던 것과 같은 상황입니다. 하지만 1145년에 이르러 발드윈 3세가 15세의 성인이 되어 정권을 가질 수 있는 나이가 됩니다. 멜리센데는 그것을 무시했고 그로 하여금 모든 공적 업무에 간섭하지 못하도록 합니다. 이러한 현상이 1150~1152년까지 계속되다보니 주위로부터 아들의 권력을 너무 무시한다는 원망을 들을 수밖에 없었습니다. 그래서 서로 협의를 보아 예루살렘 왕국을 둘로 나누어 북쪽은 빌드윈에게 남쪽 사마리아와 유대지방은 멜리센데에게 속하도록 합니다."

"이러한 분열은 예루살렘 왕국을 위태롭게만 할 뿐이었기에 그렇게 오래가지 못했습니다. 멜리센데 지지자들은 프랑스인들이 예루살렘을 지배해야 한다는 점에서는 일치했지만 그녀가 정권을 유지해야 한다는 점에서는 이견을 가집니다. 그리하여 점점 대세는 멜리센데보다는 발드윈에게로 기울어졌고 이에 따라 발드윈은 지지자들과 함께 모친을 공격하여 모친의 군대를 전멸시킵니다. 전투에서 진 멜리센데는 둘째 아들 아말릭과 함께 예루살렘에 있는 다윗의 탑에 갇힙니다."

"하지만 피는 물보다 진한가 봅니다. 1153년 멜리센데와 빌드윈은 모자의 관계를 다시 회복합니다. 비록 전쟁을 했지만 발드윈은 언제는 모친을 존경했습니다. 외부 침략자들이 침입할 때 멜리센데에게 조언을 얻고 출성하곤 했습니다. 그녀는 1160(또는 1161)년 죽을 때까지 발드윈의 가장 가까운 자문위원이 됩니다."

"하지만 모자지간에 일어난 내부적 갈등은 결국 외부적으로 드러나서 예루살렘 왕국에 주둔하는 십자군들의 미래에 크나큰 손상을 입힙니다.

2차 십자군운동을 위해 설교하는 베르나르

모슬렘들은 멜리센데가 치정하는 동안 십자군들로부터 여러 지역들을 정복하게 되었고 그 결과 예루살렘을 다시는 여자의 손에 맡기지 말자는 결론에 이르게 됩니다."

"멜리센데는 총명한 여인이었습니다. 왕국을 치리하는데 노련했고 경험도 많았습니다. 여성임에도 불구하고 대담했고 섬세한 부분을 갖춘 여걸이었습니다. 현모양처는 아니었으나 멜리센데는 분명히 탁월한 지도자로서의 선천적인 재능을 타고난 여인임에는 틀림없습니다. 여성들 가운데 전형적인 지도자로서의 자질을 갖춘 분들이 있죠. 마치 멜리센데와 같은 분들이…"

"역사 이야기와 영화 이야기를 하면서 들려주시기 때문에 멜리센데를 다시금 보게 됩니다. 그 영화에 나왔던 실비아가 템플기사단 지도자 구이와 결혼하는 이유는 예루살렘을 방어하기 위함이었죠. 그러한 상황을 연상하면서 멜리센데를 그려보았습니다. 유익한 시간이었고요. 대단히 감사합니다. 그리고 교수님! 지나간 느낌이 들지만 궁금하여 묻는데요. 2차 십자군 운동을 말씀하시면서 멜리센데의 부탁과 함께 '클레르보의 베르나르'의 주도적인 역할이 있었다고 하셨는데 그분이 어떤 분인지 간략히 설명해 주시면 안 될까요?"

"좋은 질문입니다. 중세시대에 가장 강력하게 영향을 끼쳤던 수도사가 바로 베르나르(약 1153년 사망)였습니다. 그분은 프랑스 출신으로 1112년 시토 수도원에 들어가 수도사가 된 후 1115년 그곳의 지도자가 되었습니다. 이적적인 치유와 감동적인 설교로 유명합니다. 프랑스에서는 그의 설교에 영향을 받지 않은 사람이 없을 정도였죠. 더 나아가 온 유럽에도 그의 설교는 정말 대단할 정도로 영향을 끼쳤습니다. 교황들의 조언자였고요. 그의 평생에 68개의 수도원을 설립했죠. 다음 장에 나오는 엘로위즈의 사랑의 대상자인 아벨라르를 정죄하는 일에 앞장섭니다. 다시 말하면 이단에 대해 로마 가톨릭 신앙을 지키려고 노력한 인물이지요. 결국 1146년 그는 2차 십자군 운동을 일으키는 데 결정적인 역할을 합니다."

"그는 평생에 500편 이상의 서신을, 13개의 소논문을, 그리고 330개의 설교를 썼습니다. 하지만 그가 일으킨 십자군의 허무함과 예루살렘의 허상을 깨닫고 '우리가 죽은 자들 가운데서 산 자를 찾았나이다'라고 고백합니다. 이 말씀은 누가복음 24장에 나오는 말씀으로 이미 주님은 부활하셨고 예루살렘에 계시지 않으시며 하나님 우편에 계신데, 사람들은 예루살렘에 가서 텅 빈 무덤에서 계시지도 않는 주님을 찾는다고 하는 후회의 고백입니다. 우리의 신앙생활에서도 이런 실수를 범할 수 있습니다."

"교수님! 매우 감동적입니다. 우리가 행하고 있는 일들이 하나님의 뜻이라고 열심히 외치고 행하지만 그렇지 않은 경우가 많다는 거죠. '주의 전을 사모하는 열심이 나를 삼키리라'(요 2:17)는 말씀이 기억납니다. 다시 한 번 큰 깨달음을 주셔서 감사합니다. 교수님."

"지금까지 우리는 18~19장에서 동로마제국, 즉 비잔틴제국과 예루살렘 왕국에 속한 여인들을 살펴보았는데 다시 서로마제국에서 활약한 여인들을 만나보도록 하겠습니다."

20 엘러놀 : 십자군 여전사

1122-1204년

엘러놀의 초상화

Eleanor

부친의 유언에 따라 1137년 엘러놀은 로와르 강부터 피레네 산맥에 이르는 광범위한 소유지를 통합했던 루이 7세(1120-1180)와 결혼합니다.

엘러놀 Eleanor

■ 봉건제도 시대 유럽에서 가장 많은 권력을 가졌고 가장 매혹적인 성품을 지닌 여인들 중 한 사람

"아퀘테인의 엘러놀(Eleanor of Aqutaine, 1122-1204)은 봉건제도 시대 유럽에서 가장 많은 권력을 가졌고 가장 매혹적인 성품을 지닌 여인들 중 한 사람이었습니다. 그녀를 아퀘테인이라 부르는 이유는 아퀘테인의 부유하고 권력이 막강했던 공작 윌리엄 9세(1071-1126)의 손녀로서 그 기업을 이어받았기 때문입니다. 조부 윌리엄 9세는 음악가 시인으로서 역사상 최초의 '음유시인'(troubadour)이었습니다. 물론 그의 아들 그러니까 엘러놀의 부친 윌리엄 10세(1099-1137)도 음유시인이었습니다."

"교수님! '음유시인'이 무엇입니까?"

"윌리엄 9세는 군사적 지도자라기보다 시인으로 유명합니다. 그는 중세시대의 음유시인으로 유명합니다. 그가 다룬 노래의 주제는 성, 사랑, 여성들, 그리고 봉건제도에 관한 것입니다. 십자군 운동에서 되돌아오자마자 아내를 버린 것 때문에 그는 출교를 당하죠. 그리고 여성들과 어울려 희희낙락하면서 시들을 만듭니다. 그래서 '음유시인'이란 여러 곳을 돌아다니며 여러 주제들을 가지고 시들을 읊는 자들을 일컫습니다. 주로 사랑에 관한 것이죠."

가. 초기생애

미국 국회도서관에 있는 엘러놀의 모습

"윌리엄 9세가 십대 때에 처음으로 결혼했지만 아내 엘멘가르데와 함께 살지 못하고 결혼은 무효가 됩니다. 그 후 뚤루제의 필립파와 두 번째 결혼을 합니다. 슬하에 두 아들, 즉 윌리엄과 레이몽드와 5명의 딸들을 둡니다. 음유시인 남편 윌리엄 9세에게 환멸을 느낀 필립파는 엘멘가르데가 거하는 수녀원으로 떠나버리고 맙니다. 1121년 윌리엄 9세는 장자 윌리엄을 강제로 아에놀과 결혼시킵니다. 다음 해 엘러놀이 그들 사이에서 태어나죠."

"조부와 부친에게서 탁월한 재능을 이어받은 엘러놀은 당시에 최고의 교육을 받습니다. 라틴어로 읽고, 문학과 음악을 좋아하며, 승마와 사냥을 즐겼습니다. 엘러놀이 5세 때 조부 음유시인 윌리엄 9세는 죽고 부친 윌리엄 10세가 아퀘테인의 공작이 됩니다. 몇 년 후 모친과 남동생이 죽자 엘러놀이 자연스럽게 상속자가 되었고 넓은 프랑스 지역을 다스리게 됩니다."

"부친처럼 윌리엄 10세도 음유시인들과 이야기 잘하는 사람들을 후원했기에 엘러놀은 어릴 때부터 음악과 문학을 좋아합니다. 총명한 딸을 자랑스럽게 여긴 윌리엄은 최고의 교육을 시킵니다. 윌리엄 10세는 엘러놀을 여공작으로서 아퀘테인 지역을 여행하며 지역을 익히게 합니다. 1137년 함께 스페인을 방문하는 동안 부친은 갑자기 식중독으로 세상을 떠납니다. 엘러놀에게는 매우 큰 충격이었죠."

"이제 15세가 된 그녀는 일생에 큰 변환기를 맞이합니다. 윌리엄은 세

엘러놀

상을 떠나기 직전 자신의 사람들에게 엘러놀을 당시 프랑크족의 왕 뚱뚱한 루이와 결혼시키라는 유언을 남깁니다. 루이는 그녀를 사랑해서라기보다는 그녀의 부와 영지가 더 필요했기 때문에 결혼하고, 엘러놀은 부친의 유언이기에 결혼합니다. 부친이 루이를 선택한 이유는 프랑스 나머지 지역을 루이가 다스리고 있었기에 보다 안정되고 넓은 지역을 다스리고 싶어서였습니다."

"아무튼 부친의 유언에 따라 1137년 엘러놀은 로와르 강부터 피레네 산맥에 이르는 광범위한 소유지를 통합했던 루이 7세(1120~1180)와 결혼합니다…"

"교수님! 프랑크족인지 신성로마제국인지는 모르겠는데요. 뭐 '경건한 루이', '대머리 샤를' 등등의 이름들이 등장하잖아요? 그 모든 것이 뭔가요?"

"예, 당시에는 성이 없었죠. 그래서 이름만을 불렀는데 1세, 2세, 또는 3세 등으로 붙이기도 하지만 그 사람의 특징이 뚱뚱하거나, 경건하거나, 또는 날렵한 것에 따라 역사가들이 같은 이름의 사람들을 구별하기 위해 붙인 이름들이죠."

"정치적인 목적으로 미리 계산된 결혼이었을 뿐 아니라 두 사람 모두 십대였기에 결혼 생활은 그렇게 낭만적이지 못했을 것입니다. 아니 공통

점이란 전혀 찾아볼 수 없었다는 것이죠. 엘러놀은 기개 있고 강한 의지를 가진 여인이었고, 상대적으로 루이는 조용하고 종교성이 깊은 자였습니다. 어느 누구도 엘러놀을 성자로 보기는 어려웠습니다."

"결혼한 지 며칠 후 엘러놀의 시부가 죽고 남편 루이가 왕이 됩니다. 엘러놀은 집에 거하면서 벽걸이용 비단이나 짜고, 조용하고 참한 왕비의 역할을 할 인물은 아니었습니다. 그래서 조용한 루이는 그녀로부터 정치적 자문을 많이 들었습니다. 보다 적극적으로 엘러놀은 아퀘테인을 방문하며 부친의 심복들과의 관계를 늘 유지합니다."

"결혼 1년 후 엘러놀은 한 아이를 가졌지만 사산하고 맙니다. 유럽의 최고의 영적 지도자였던 클레르보의 베르나르는 그녀에게 앞으로 더 이상 아이를 가질 수 없을 것이라고 예언합니다. 그 이유는 하나님을 분노케 했기 때문이라는 것이죠. 엘러놀은 마음이 매우 무거웠습니다. 하나님의 긍휼을 받아야겠다는 마음이 들어 기도하며 간구하여 1145년 다시금 그녀는 마리아라는 딸을 낳습니다. 그렇지만 엘러놀은 전형적인 중세 시대의 모친은 아니었습니다."

나. 십자군 전사

"1차 십자군 운동 이후, 거의 50년 동안 기독교 도시였던 터키에 위치한 에넷사가 1144년 모슬렘들에게 정복당했다는 소식을 접합니다. 그 곳의 시민들은 잔인하게 학살을 당하거나 노예로 팔린다는 끔찍한 소식이었죠. 여기에다가 베르나르의 열정적인 설교에 힘입어 루이 7세와 신성로마제국 황제 콘라드 3세는 2차 십자군 운동을 일으킵니다. 제각기 길을 택하여 예루살렘으로 향합니다. 프랑스인들과 독일인들은 서로 협력할 의사가 전혀 없었던 것이죠."

"남편이 정벌을 떠나는 동안 엘러놀은 십자군 운동이 일어난 상황에서 궁 안에만 가만히 있을 수 없었습니다. 그 이유는 19세 때 베제레이 성당에서 당시에 클레르보의 베르나르 앞에 무릎을 꿇고 2차 십자군 운동을 위해 배들을 헌납하겠다고 맹세한 적이 있었기 때문이었습니다. 왕비 엘러놀은 말 타는 복장을 하고 흰 말을 타고 베제레이에 나타나서 십자군 행렬에 사람들을 가입시키는 일에 열심을 다했습니다."

"교회는 그녀로부터 군함을 선물 받아 기뻤지만 300명의 군사와 함께 여자의 몸으로 십자군 운동에 참여하여 부상병들을 돌보겠다는 엘러놀의 제안을 선뜻 받아들이기 쉽지 않았습니다. 여종들과 함께 등장한 엘러놀을 보고 주위 사람들은 놀랄 뿐만 아니라 도저히 이해할 수 없었습니다. 당연히 봉건제도 속에서 기사도 아닌 여성들이 무장하고 무기를 들고 싸우는 것은 허용되지 않았기 때문이죠. 아니 그렇게 하는 여성이 없었다는 것이 맞는 말인지 모르겠습니다."

십자군에 참여하는 루이 7세에게 베르나르의 축복기도

"엘러놀은 십자군들과 함께 안디옥에 도착합니다. 엘러놀은 그 곳을 다스리던 삼촌 뽀아띠에르의 레이몽드와의 관계를 새롭게 다집니다. 레이몽드는 안디옥의 군주로서 엘러놀보다 몇 살 위였습니다. 남편을 등지고 삼촌과 농담하며 지내는 그녀의 삶은 결코 주위 사람들로부터 온정의 눈길을 받기 어려웠습니다. 삼촌과 무슨 관계가 있었는지는 모르지만 이 일로 인하여 그녀의 결혼 생활이 점점 더 힘들어져 간 것은 틀림없었습니다. 그녀는 모든 면에서 레이몽드의 영향을 받고 있었으니까요."

"그래서 레이몽드가 십자군들의 최고의 전략지인 에뎃사를 재탈환하고, 성지에 유럽의 십자군들이 주둔할 것이라고 주장할 때, 엘러놀은 그 주장에 적극적으로 찬성했지만 남편 루이 7세는 예루살렘에 도착하는데만 모든 관심을 가집니다. 이러한 면을 본 엘러놀은 루이에게 이혼을 제안합니다. 그러자 루이 7세는 매우 큰 상처를 받습니다. 예루살렘으로 함께 가자는 루이의 강력한 권면이 있었지만 엘러놀은 함께 가지 않겠다고 합니다. 엘러놀의 재반응에 놀랐지만 그녀의 반대에도 아랑곳 하지 않고 결혼 시 맹세를 지키라고 강권하면서 루이 7세는 그녀를 데리고 예루살렘으로 향합니다."

"불행하게도 그 원정은 실패하고 맙니다. 설상가상으로 레이몽드도 1149년 전사합니다. 그야말로 2차 십자군 운동은 실패 그 자체가 됩니다. 신성로마제국 황제 콘라드 3세를 비롯한 군주들끼리의 분쟁은 결국 실패와 패배를 자초했던 것입니다."

파뮤야 전투에 임한 레이몽드

"전쟁에서 대패한 루이는 엘러놀과 함께 로마까지 왔다가 교황의 권면을 듣고 부부관계가 잘 되어지는 듯 했습니다. 그래서 그들 사이에 둘째 딸 알릭스가 1150년에 태어납니다. 그러나 루이와 엘러놀의 결혼 생활은 여전히 회복되지 못합니다. 서로에게서 만족하지 못한 그들은 두 딸을 두었음에도 불구하고 결혼 생활을 끝내게 됩니다. 엘러놀은 부부관계를 완전히 끊어버린 상태에서 마침내 1152년 공식적으로 루이는 엘러놀과의 결혼을 무효화 시킵니다."

다. 영국 왕비

"1152년 결혼이 무효화 된지 불과 두 달도 채 안되어 30세가 된 엘러놀은 당시 11년이나 어리고 앞으로 2년 후 영국 왕이 될 앙주의 헨리, 즉 헨리 2세(1133~1189)와 재혼합니다. 이들의 결혼 역시 시부인 헨리 1세(1068~1135)와의 스캔들로 매우 힘들어 집니다. 어떤 일이 있었는지는 정확하게 몰라도 헨리 2세와의 결혼 13년 동안 엘러놀은 계속하여 헨리의 자녀들, 즉 5명의 아들들을 둡니다. 그 가운데 3차 십자군 운동을 일으킨 '사자왕 리처드'가 있습니다. 5명의 아들의 이름은 윌리엄, 헨리, 리처드, 제프리, 그리고 존입니다. 그리고 3명의 딸들을 낳았는데 마틸다, 엘러놀, 그리고 잔입니다."

"하지만 그들의 결혼 생활 역시 순탄치 못했습니다. 헨리 2세는 어느 기사의 딸 로스먼드와 불륜관계를 가집니다. 전설에 의하면, 분개한 엘러놀은 그녀에게 명하기를 독이 든 잔을 취하거나 단도를 가지고 자신의 목숨을 끊도록 명했다고 합니다. 그 후 1177년 로스먼드는 자연사하고 맙니다. 또 헨리 2세가 아들 리처드의 약혼녀와 관계를 맺는 것을 알아차렸습니다. 그러자 부친에게 거슬리지 않기 위해 리처드는 그 프랑스 여인과 결혼하지 않습니다."

"휴~ 복잡하지요. 당시의 왕족들이 그랬습니다. 성적으로 매우 문란했던 시기였습니다. 지금은 그렇지 않나요? 영국 왕족을 보십시오. 다이아나와 찰스의 관계를 보시면 이해하실 수 있으실 텐데요."

"1168년 엘러놀은 프랑스로 되돌아와 자신의 공작 지역을 다시 점검하며 다스립니다. 당시의 아퀘테인은 문화의 중심지였습니다. 그렇다고 음유시인으로 평생을 보낼 여인은 아니었습니다. 엘러놀은 남편 헨리가 자신에게 준 권력보다 더 큰 권력을 원합니다. 그래서 그녀는 아들과 함께 음모를 계획합니다. 번번이 실패하지만 그녀는 포기하지 않습니다. 심지어 다시 영국으로 돌아온 후에도 여전히 음모를 계획합니다."

로빈 훗을 다룬 영화 DVD 표지

"1173년 50세가 넘은 엘러놀은 세 아들들, 즉 헨리, 리처드, 그리고 제프리와 함께 부친 헨리 2세에 반대하는 모반을 시행하지만 성공치 못합니다. 탄로 난 엘러놀은 결국 15년 동안 감옥 신세를 지게 됩니다. 아들들은 헨리 2세를 반대하여 여전히 전쟁을 일삼습니다. 사랑하는 막내 존마저도 자신을 배반하자 헨리 2세는 1189년 세상을 떠나고 맙니다. 장자 윌리암은 3살 때 죽었고, 둘째 헨리도 1183년에 세상을 떠났기 때문에 왕권은 셋째 아들인 리처드 1세에게 돌아갑니다. 그러자 엘러놀은 마침내 복귀합니다."

"왕위에 오르자마자 리처드 1세는 3차 십자군 운동에 참여합니다. 엘러놀은 섭정 왕으로 영국을 다스리게 되죠. 3차 십자군 운동에 실패한 리처드는 되돌아오는 길에 오스트리아의 공작 레오폴드에게 포로가 됩니다. 아들 리처드를 구하려고 엘러놀은 노력합니다. 다시 되돌아온 리처드는 얼마 살지 못하고 세상을 떠납니다. 그러자 그의 동생 존이 왕위를 계속 잇습니다(19장 벨리센네의 '3차 십자군 운동'을 참고하세요)."

폰테드발트에 있는 헨리 2세와 엘러놀의 상

“당시의 재미있는 전설이 바로 ‘로빈 훗’이잖아요? 검은 머리카락을 한 존은 리처드가 십자군 운동에서 되돌아오지 못한다고 여겨 왕위를 찬탈하려 하고, 로빈 훗은 리처드를 구하기 위해 몸값을 존에게서 훔쳐 모으지요. 결국 리처드는 나타납니다. 그리고 마리안, 존, 그리고 로빈 훗의 삼각관계도 흥미가 있습니다. 하지만 존은 영화에 나오거나 소설에 나오는 것만큼 악하지 않습니다.”

“왕이 된 존 역시 리처드처럼 모친을 존경합니다. 존은 그녀의 조언을 들으면서 정치를 합니다. 엘러놀은 이미 고령의 나이지만 유럽 전역을 여행하면서 여전히 정치적 능력을 과시합니다. 알프스산맥을 넘기도 합니다. 1202년 프랑스 왕의 군대에게 포로로 잡히자 존은 전쟁하여 엘러놀을 구하기도 합니다. 1204년 엘러놀은 평소에 바랐던 프랑스 폰테드발트에 가서 여생을 보내다가 그곳에 헨리 2세와 리처드 1세와 함께 나란히 묻힙니다.”

21 엘로위즈 : 사랑과 미움

1101-1164년

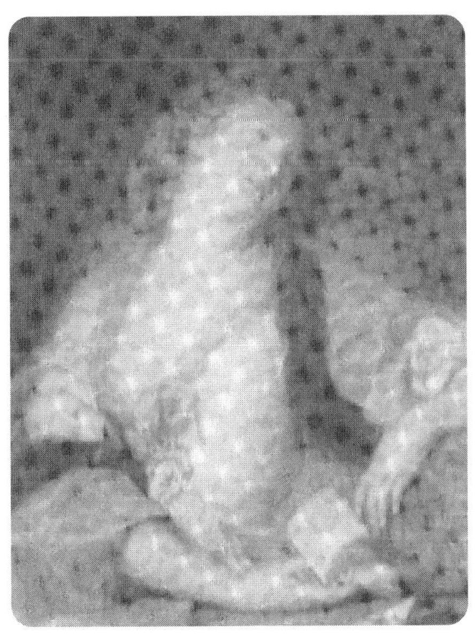

엘로위즈의 초상화

Héloïse

40세가 된 아벨라르는 성 데니스 수도원에 있으면서 학문에 전념하게 됩니다. 그리고 그의 강의를 통해 많은 학생들이 다시 그를 찾아옵니다. 동시에 그의 강의 내용으로 인해 많은 적들도 만들게 됩니다. 아벨라르의 신학책들이 출간되자마자 그의 적들은 그의 삼위일체론 설명이 양태론을 주장하는 '사벨리안주의'라고 하며 1121년 소와송 종교회의에서 그를 이단으로 정죄합니다.

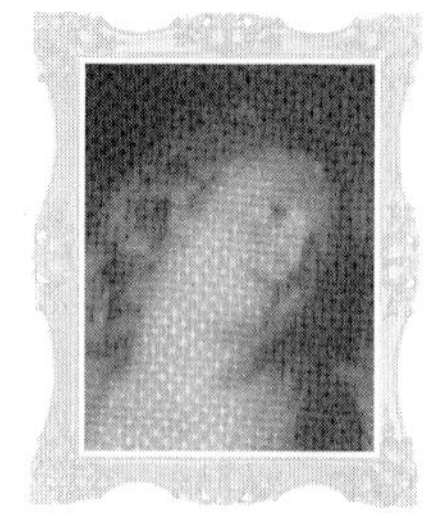

엘로위즈 Héloïse

■ 중세시대의 사랑 이야기들 중 대표적인 이야기일 뿐만 아니라 그 사랑의 대상자가 교회 신학에 커다란 영향을 끼친 여인

"누구든 젊었을 때 연애편지를 써본 적이 있을 것입니다. 오늘 이 여성을 만나면 그 시절이 생각날 것입니다. 사랑을 할 때면 모든 것이 그분으로 가득 찹니다. 세상에 그분밖에 없죠. 날씨가 춥든지 덥든지, 비가 오든지 눈이 오든지 혼자 미소를 지으며 소리 없이 중얼거리곤 하죠. 항상 보고 싶어 견디지 못하죠. 어떤 때는 시간이 너무나 빨리 지나가는 것 같고 어떤 때는 다시 만날 시간이 너무나 길게만 느껴집니다. 그분을 쳐다보거나 생각만 해도 행복하답니다."

"이러한 사랑의 감정은 우리 모두가 예수 그리스도를 만난 후 느끼는 감정과도 같습니다. 그렇다고 연애 이야기를 하고자 하는 것은 결코 아닙니다. 중세시대의 사랑 이야기들 중 대표적인 이야기일 뿐만 아니라 그 사랑의 대상자가 교회 신학에 커다란 영향을 끼친 인물이기에 여기에 그 사랑하는 여인을 소개하고자 합니다. 이제 그토록 사랑스러운 여인을 만나 대화를 나눠보도록 할까요?"

가. 아벨라르

"먼저 엘로위즈(Héloïse, 1098~1164)를 사랑한 아벨라르에 대해 어느 정

피터 아벨라르

도 이해하는 것이 좋을 것 같아요. 아벨라르(Peter Abelard, 1079~1142)는 프랑스 철학가였습니다. 1100년 경 파리에 와서 노드르담 학교에 들어가 학문을 배웁니다. 변증학에서 신학으로 자신의 관심을 확대시켜 나갑니다. 그의 탁월한 강의로 인해 무수한 학생들이 그를 찾아옵니다. 그리하여 그는 1115년 36세의 나이로 그곳의 교장이 됩니다. 그의 인기는 항상 그의 주변에 사람들이 북적댄다는 사실로 알 수 있었죠. 아마 수천 명의 학생들이 그의 강의를 듣기 위해 모여든 것 같습니다."

"노트르담 지역에 참사원 풀베르트의 질녀 엘로위즈라는 여성이 살고 있었습니다. 매우 아름다웠고 라틴어, 헬라어, 그리고 심지어 히브리어도 능통한 명석한 여성이었습니다. 자신의 강의를 듣는 그녀를 보고 아벨라르는 사랑에 빠지고 맙니다. 그래서 그는 풀베르트에게 간청하여 그녀의 가정교사로 가게 되죠. 그러면서 그녀와 사귀게 되고 그녀와 사랑을 나누게 됩니다. 그러나 삼촌 풀베르트는 그들의 비밀적인 사랑을 허락하지 않습니다. 사람들은 삼촌인 풀베르트의 말을 믿고 그들의 사랑이 순수하다고 주장하는 아벨라르의 말을 믿지 않습니다."

"그러는 가운데 두 사람 사이에 아들이 태어납니다. 이 사실을 삼촌 풀베르트가 알기 전에 두 사람은 교회의 허락도 없이 몰래 결혼합니다. 이러한 결혼을 엘로위즈는 극구 말렸지만 아벨라르는 막무가내로 결혼을 주장합니다. 하지만 질녀가 아이를 밴 사실을 풀베르트에게 들키지 않기 위해 아벨라르는 엘로위즈를 수녀원으로 강제로 보냅니다. 그런데 그 아

엘로위즈의 모습

이의 아버지가 바로 아벨라르임을 알고 난 후 풀베르트는 복수를 결심합니다. 밤에 몰래 아벨라르의 침상에 들어가서 그를 거세합니다. 20세도 안된 엘로위즈는 수녀로서 그에 대한 사랑을 고백하게 됩니다. 즉 사랑의 서신들을 주고 받게 되죠."

"40세가 된 아벨라르는 성 데니스 수도원에 있으면서 학문에 전념하게 됩니다. 그리고 그의 강의를 통해 많은 학생들이 다시 그를 찾아옵니다. 동시에 그의 강의 내용으로 인해 많은 적들도 만들게 됩니다. 아벨라르의 신학책들이 출간되자마자 그의 적들은 그의 삼위일체론 설명이 양태론을 주장하는 '사벨리안주의'라고 하며 1121년 소와송 종교회의에서 그를 이단으로 정죄합니다. 이제부터 아벨라르의 삶은 매우 힘들어지게 됩니다. 앞서 설명했던 클레르보의 베르나르는 그의 적들 중 가장 강력한 적으로서 그의 이단성을 철저하게 밝힙니다. 그가 쓴 책 중 '긍정과 부정'(*Sic et Non*, [식 엣 농])은 158개의 철학적 신학적 질문들의 목록을 말하고 있습니다."

"교수님! '사벨리안주의'라는 것이 무슨 사상인데요?"

"사벨리안주의는 이단 사상들 중 하나로 삼위일체에 관련된 주로 양태론을 주장하는데요. 성부 하나님, 성자 하나님, 그리고 성령 하나님을 시대의 역할에 따라 다르게 나타난 한 분 하나님이라 억지 주장하지요. 예를 들면, 아버지, 아들, 그리고 사회인 등으로 삼위일체를 설명하거나, 태양, 빛, 그리고 열로 삼위일체를 설명하는 사상이죠."

"어이~ 복잡합니다. 죄송합니다. 설명을 듣고 나니 더 혼동됩니다. 다음부터는 질문도 골라가면서 해야겠어요."

"이제 아벨라르의 사랑의 여인 엘로위즈를 만나기 전에 스미스(Elizabeth Oakes Smith, 1806~1893) 시인이 쓴 14행시를 읽어 보도록 합시다."

그대를 제가 정말 사랑해야만 하나요?
이런 생각에 늘 사로잡혀 있어요.
당신을 생각하면 가슴이 두근거려요.
정말 불변할까요?
이런 생각을 멈출 수 없어요.
사람이 원하는 대로 사랑을 멈추거나 묶을 수 있나요?
아니면 약이나 독을 사용해서라도
죽음 늪에 있는 사랑을 붙잡을 수 있나요?
그대를 사랑하지 않고는 견딜 수 없어요.
무릎을 꿇고 꽃이 그려져 있는
성배를 드리는 참배자처럼
제단 앞에서 굴복하여 죽은 자가 되는 사람처럼
죄책 없는 열성 신자처럼
사랑이 담긴 입술과 마음으로 기노하는 자처럼
눈을 들어 하늘을 바라봅니다.
이러한 사랑의 열성이 식어지도록
하지만 당신을 사랑하지 않고는, 당신을 느끼지 않고는…[11].

"이러한 사랑의 여인 엘로위즈를 만나보고 싶을 것입니다. 저 역시도 그렇습니다."

나. 엘로위즈

"중세 교회사에서 가장 낭만적인 사랑을 노래할 때 늘 등장하는 것은 아벨라르와 엘로위즈의 사랑 이야기입니다. 다음의 프랑스 시를 통해 그들의 사랑의 성격을 알아보도록 합시다."

> 어질고 어여쁜 엘로위즈여!
> 성 데니스의 피에르 아벨라르 수도사는
> 누구를 위해 거세를 당했는가!
> 그는 그 사랑의 대가로 그 형벌을 받았구나![12)]

"엘로위즈는 스승 아벨라르의 강의를 듣고 가정에서 그로부터 배우면서 아벨라르의 사랑의 고백 속에 그를 사랑하게 됩니다. 그의 강의를 듣기 위해 찾아온 수많은 학생들 중 한 사람이었던 엘로위즈는 진실한 마음으로 철학에 헌신했던 여인이었습니다. 엘로위즈가 얼마나 논리적이고 현명한 여인이었는지는 그녀의 서신들 속에 표현된 논리성을 보면 잘 알 수 있습니다. 그녀는 사랑하는 사람인 아벨라르의 신학논쟁에 참여하고 지켜보므로 많은 것을 배웠으리라 믿어집니다."

---

11) Elizabeth Oakes Smith, "Heloise to Abelard: a sonnet," in *Godey's Lady's Book and Magazine*, vol. 34 (Philadelphia: Louis A. Godey, 1847).

12) 이 시는 프랑소와 비롱 (François Villon, ca. 1460)이 쓴 '비공 시절의 발라드'(Ballade des dames du temps jadis)에 나오는 한 구절이다.

이것 외에 우리에게 남은 것은
아무 것도 없어요.
우리의 운명에 슬픔은
우리가 가진 사랑과 같을 거예요..

아벨라르와 엘로위즈

"그런 후 엘로위즈는 수녀원으로 들어갑니다. 그녀의 삼촌은 아벨라르가 그녀에게서 떠났다고 믿습니다. 하지만 그녀가 20세즈음 되어 두 사람에게서 남자아이가 태어난 것을 알아차린 풀베르트는 복수심에 가득 차 심복들을 데리고 가서 아벨라르를 거세하고 다시는 만나지 말 것을 경고합니다. 10년 동안 두 사람은 만나지 못합니다. 아벨라르와 엘로위즈 간에 주고받은 두 통의 서신은 초기 낭만적 사랑을 말하는 것으로 유명합니다. 13세기부터 수많은 저자들은 두 사람의 서신에 대해 언급하고 있습니다. 9개의 서신들은 1350년 이전으로 연도가 기록되어 있는데 이견이 많습니다. 다음은 엘로위즈가 아벨라르에 보낸 서신의 내용입니다."

당신의 시녀, 딸, 아내, 그리고 여동생인 엘로위즈가 나의 주인, 아버지, 남편, 형제 아벨라르에게

나의 가장 사랑하는 아벨라르여! 당신이 어느 한 친구에게 썼던 위로의 서신을 우연히 내가 접하게 되었어요. 그 수취인이 어디서 이 서신이 왔는지 말해줄 때 내가 얼마나 설레면서 읽고 싶어 했는지 당신은 모르실 거예요. 당신의 모습을 점점 잊어버리고 있었는데 당신의 말씀들로 인해 인자한 당신의 모습을 그릴 수 있었어요. 하지만 슬퍼요. 모든 문장마다

가슴 아픈 말들로 가득 차 있었기 때문이예요. 우리의 대화 중에 있었던 슬픈 얘기, 조금도 쉬지 않고 몰아치는 당신의 고통들이 담겨 있었기에 매우 마음 아팠어요.

당신은 당신의 친구에게 약속하셨던 것을 참으로 지키셨습니다. 당신이 당하는 고통과 비교할 때 그의 고통은 아무 것도 아닌 것처럼 보였고 공기처럼 가볍게 여겨졌을 것입니다. 당신이 당신의 주인들로부터 당했던 박해와 나의 삼촌의 잔인한 형벌을 말하면서 당신은 레임의 알베리쿠스와 롬바르디의 로툴푸스의 증오스럽고 불쾌한 행위를 상술했습니다. 그들의 제안으로 인해 당신이 심혈을 기울여 쓴 삼위일체론에 대한 작품은 불태워졌습니다. 당신 역시 감금되었습니다. 당신은 이것을 분명히 아시고 서신에 빼놓지 않으셨습니다. 성 데니스 대수도원장의 음모와 당신의 어리석은 형제들의 음모들은 여지없이 드러났고 – 이 일로 당신이 얼마나 고통을 당했는지 – 어리석은 사도들의 엄청난 비방과 중상도 드러났습니다. 노르베르트와 베르나르는 당신에 반대하여 시기심이 일어났죠.

당신이 세웠던 수사에 보혜사의 이름을 주게 하므로 당신을 범죄자로 몰아갔습니다. 성 길다스의 난폭한 끊임없는 핍박들과 저주할 수도사들의 핍박들은 슬픈 생애의 우울한 이야기와 같습니다.

누가 이런 일들을 읽거나 듣고 눈물을 흘리지 않겠습니까? 하물며 저는 어떻겠습니까? 일어나는 사건들은 저의 마음을 너무 아프게만 했습니다. 나는 너무나 흔들렸습니다. 무시무시한 사건의 소문으로 인해 매시간 저의 마음이 얼마나 요동되었는지 아마 모르실 것입니다. 나의 사랑하는 아벨라르여, 당신을 보호하실 하나님은 우리들에게 계속하여 당신이 처한 위험한 상황들을 알려주셨습니다. 나와 나의 자매들은 당신의 친구로 남아있을 것입니다. 당신의 기쁨과 슬픔에 동참할 것입니다. 다른 사람들의 애도가 고통 받는 자에게 어떤 위로가 될 수도 있습니다. 양어깨에 놓인 무거운 짐들을 가볍게 여길 수도 있을 것입니다. 당신의 서신들은 기쁨의 메시지가 되어 우리가 직면한 폭풍을 잠잠케 해 줄 것입니다. 어떤 상황이든지 간에 위로를 받을 것입니다.

나의 아벨라르여! 당신은 내가 얼마나 당신을 그리워하는지 잘 아실 것입니다. 나에게서 당신을 빼앗았던 잔인함으로 인해 내 마음이 얼마나 찢어졌는지 아실 것입니다. 잃어버림의 상처는 말할 수 없이 컸습니다. 그 과정은 저의 마음을 더욱 아프게 합니다. 슬픔으로 인해 괴롭지만 위로는 강력한 치료약이 됩니다. 당신으로 인해 저는 놀랍게 치유가 됩니다. 당신으로 인해 저는 치료를 받습니다. 나에게 고통을 준 분도 당신이고, 나에게 기쁨을 주신 분도 당신이며, 위로를 주신 분도 당신입니다. 당신이 하신 마지막 말씀을 기억합니다. 당신의 바람대로 행하기를 원합니다. 헌신할 것입니다. 한 가지 더욱 큰 것이 있습니다. 당신을 향한 저의 사랑이 저를 고무시킵니다. 당신을 기쁘게 하기 위해 우주 속에 혼자 남아 있다는 그 자체가 가치 있는 일입니다. 당신의 말씀을 듣자마자 저는 세상의 습관들을 그만두었습니다. 당신은 저 자신을 소유하신 유일한 분이십니다.

하늘은 아실 것입니다. 당신을 향한 나의 사랑을. 나는 당신만을 그립니다. 저 자신의 흥미에 저는 관심이 없습니다. 만족하려는 데도 관심이 없습니다. 모든 것은 당신 안에서 물거품이 됩니다. 당신이 저의 증인이 되실 것입니다. 당신 앞에 작은 자가 되면 될수록 나는 당신에게 가깝게 있음을 느낍니다. 그래서 나는 당신이 당하는 놀라운 일들로 인해 당황하지 않을 것입니다.

친구에게 보내는 서신에서도 당신의 이런 완성에 대해서 언급하시는 것을 잊지 않으셨습니다. 당신은 운명적 결혼으로부터 당신을 억제시켰던 어떤 주장들과 관련을 맺고 있습니다. 그 어려운 부분들을 잘 견디셨

서신을 쓰는 엘로위즈

습니다. 그것으로 인해 저는 결혼보다 사랑을 감옥보다 자유를 선호했습니다. 하늘이 저의 증인이 되실 것입니다. 최고의 지도자였던 어거스틴이 저와 결혼할 것을 제안하시고 우주의 명령을 저에게 주시면 나는 시저의 아내보다도 아벨라르의 여종이 되는 것이 훨씬 영예로운 것이라 말하겠습니다. 공로의 근원은 부나 능력에 있는 것이 아니라 덕행에 있기 때문입니다.

다른 사람들에게 있는 행복은 저에게 있어 환상적인 결과에 불과합니다. 나에게는 하찮은 것처럼 보입니다. 자신들의 남편들이 완전하다고 여깁니다. 행복하다고 합니다. 하지만 당신이 그렇게 완전함을 우주도 인정할 것입니다. 나의 애정이 모든 오류들로부터 저를 안전케 하면 할수록 저는 더욱 더 든든해집니다. 당신의 평판에 필적하는 자들이 철학자들 또는 왕들입니까? 마을, 도시 또는 왕국에는 당신을 찾는 사람들이 없습니다. 대중에게 당신이 나타날 때, 당신을 보고 누가 도망갈까요? 당신이 물러나시면 모든 사람들은 목을 내밀고, 눈을 들어 당신을 끝까지 볼 것입니다. 결혼한 사람이든, 결혼하지 않은 사람이든지 간에 당신이 멀리 떠나시면, 그리워할 것입니다. 당신이 계시면 모든 사람들은 기뻐할 것입니다. 엘로위즈가 당신을 소유했다고 하여 어느 군주라도 어느 여인이라도 부러워하지 않을 것입니다.

그야말로 당신은 멋있는 목소리와 은혜로운 노래를 하는 재능을 갖추셨습니다. 여인들의 마음을 울렁이게 합니다. 이러한 능력들은 당신에게 특별한 것입니다. 다른 모든 철학자들도 그러한 재능을 갖고 있는지 매우 궁금합니다. 흥미 있는 대화를 위해 철학의 엄격한 노력들을 부드럽게 하기 위해 당신은 사랑과 유사한 주제들에 대한 몇 가지 단시들을 지으셨습니다. 당신의 목소리가 들려올 때, 이것은 당신이 노래를 부르는 것입니다. 당신과 같은 목소리를 찾아볼 수 없었습니다. 당신의 멜로디로 인해 어느 누구도 무관심할 수 없습니다. 여성들의 마음은 당신의 달콤한 노래를 듣고 가만히 있을 수 없을 것입니다. 그렇게 되면 저의 이름들은 먼 국가들에서 불릴 것입니다. 엘로위즈와 아벨라르의 사랑은 당신의 모든 사랑의 주제입니다. 그러면 제가 얼마나 부러움의 대상이 되겠습니까?

당신은 마음과 육체의 모든 헌신을 갖고 있었습니다. 하지만 슬픈 것은 저의 행복이 다른 사람들의 질시를 받는다는 것입니다. 이제 그들은 저에게 관용을 베풀지 않습니다. 저의 적들은 제가 당하는 고통의 슬픔을 위해 눈물 한 방울도 흘리지 않습니다.

아벨라르 당신은 아실 것입니다. 저는 당신의 불운의 모든 근원이었습니다. 하지만 죄책을 갖고 있지 않습니다. 우리는 분명한 동기가 있었습니다. 범죄자로 만드는 우연한 것들이 아니었습니다. 항상 당신의 관심 속에 있는 무슨 성향이 있기에 당신을 판단할 수 있겠습니까? 당신에게 저의 모든 것을 맡깁니다. 당신의 판단에 저의 모든 것이 있습니다. 다른 증인은 저에게 필요 없습니다.

당신이 생명을 일으키실 하나님께 당신의 뜻대로 모든 것이 이뤄지기를 기도드립니다. 그리고 저에게 위로를 안겨다 달라고 기도드립니다. 이런 기도를 해 보시지요. 그러면 저의 마음은 더욱 편안해질 것입니다. 민첩한 마음으로 하나님을 섬길 것입니다. 이전에 당신을 따랐을 때 얼마나 제가 당신의 말씀을 들었는지 아실 것입니다. 당신의 노래 속에서 엘로위즈의 이름이 모든 입에서 오르내리고 있습니다. 거리마다 들려옵니다. 벽마다 그 노래를 부릅니다. 당신이 기쁨을 가지고 행하는 것보다 하나님께 나를 소개시키려는 마음이 얼마나 특별한지 저는 압니다. 당신의 책임들에 많은 관심을 가지십시오. 저의 소원을 들어주십시오.

이렇게 긴 편지를 씁니다. 저의 결론은 간단합니다.

저에게는 당신만 있을 뿐입니다. 안녕.

"교수님! 정말 감동적입니다. 사랑해보지 않은 사람이라도 감동을 받지 않을 수 없을 겁니다. 정말 그들의 사랑은 숭고하고 아름답습니다. 마치 윌리엄 셰익스피어가 쓴 '로미오와 줄리엣'과 같은 슬픈 사랑의 메아리입니다."

"예~ 그렇습니다. 이러한 사랑을 보고 사람들은 참다운 사랑을 사모합니다. 여기서 우리는 하나 꼭 집고 가야 할 사항이 있습니다. 이러한 사랑을 하게 되는 아벨라르에 관한 것입니다. 그는 이성적으로 성경의 진리들을 이해하려고 노력했던 인물입니다. 이러한 사랑의 배경에는 그의 이성주의적 삶이 깔려있죠. 금지된 사랑을 억지로 주장하는 것도 이성을 중시하는 그의 사상에서 비롯되었다고 여깁니다. 사랑 자체만을 본다면 고귀하다 하겠지만 전체적으로 볼 때 이러한 사랑의 근거가 어디에서 발로되었는지 아는 것도 좋을 것 같습니다."

"그렇지만 교수님! 사랑은 정말 숭고한 것이라고 믿어집니다. 그것만을 보지 않고 다른 요소와 연결시킨다면 숭고한 사랑을 제대로 볼 수 없게 되죠."

"예! 인정합니다. 그리고 좋은 지적입니다. 사랑은 귀하고 아름다운 것입니다. 단지 그런 면이 있다는 것을 말했을 뿐이지 그들의 사랑에 흠을 내려는 의도는 없었습니다."

"그럼요. 그건 그렇고요. 교수님! 다음 여인은 어떤 여인입니까?"

"'천상의 누이'입니다. 처음 강의 때 몇 분을 소개해 드린 것 같은데 지금부터는 아마도 본격적으로 '천상의 누이들'이 소개될 것입니다. 정말 하나님을 닮고 싶어 했고, 전심으로 그분을 사랑했고, 전심으로 그분을 따랐던 천상의 누이들입니다. 이제부터 진행되는 여러 분들은 그야말로 놀라운 영적 체험을 하면서 신앙생활을 하셨던 분입니다."

22 힐데가르드 : 최초의 독일 신비주의자

1098-1179년

힐데가르드의 모습

Hildegard

음악은 힐데가르드에게 매우 중요했습니다. 그녀는 음악을 천국의 기원적 기쁨과 아름다움을 맛보는 것으로 묘사합니다. 타락 전에 아담은 순수한 목소리를 가졌고 천사들과 함께 하나님께 찬양을 올렸다고 합니다.

Hildegard

■ 대부분의 여인들이 무시되고 소유물 중 하나로 취급받던 시대에 감독들, 왕들, 그리고 심지어 교황들에게 조언을 주었던 여인

힐데가르드(Hildegard of Bingen, 1098-1179)는 정말 뛰어난 여인으로서 많은 분야에서 최고의 여성이라 할 수 있습니다. 거의 모든 여성들이 글을 쓰지 않았을 때에 신학과 환상에 대한 작품들을 남기면서 힐데가르드는 '라인 강의 무녀'(Sibyl of the Rhine)로 알려지게 됩니다. 대부분의 여인들이 무시되고 소유물 중 하나로 취급받던 시대에 그녀는 감독들, 왕들, 그리고 심지어 교황들에게 조언을 주었던 여인이었죠.

그녀는 자연 매개체들을 사용하여 치유하는 놀라운 능력을 갖고 있었습니다. 우리가 흔히 말하는 신유의 은사와 같은 것입니다. 동시에 자연역사, 식물, 동물, 나무, 그리고 돌을 사용하는 의학적 방법에 대해 소논문들을 남깁니다. 정말 박식했고 학문이 출중했던 여인입니다. 중세시대에 탁월했던 그녀에 대한 이야기는 과학과 종교의 역사가들과 음악학자들에게 전수됩니다. 그녀의 이야기는 중세의 역사와 문화를 배우는 학도들에게 큰 영감을 주리라 믿어 의심치 않습니다. 그야말로 천상의 누이가 아닐까요?

가. 은자

1098년 지금의 독일 지역인 베르메르샤임 바이 발짜이에서 힐데가르

드는 귀족 가문, 즉 기사의 10번째 아이, 막내로 태어납니다. 태어났을 때 그녀의 부모는[13] 하나님께 드리는 십일조의 개념으로 그녀를 사무엘처럼 하나님께 드린다고 약속합니다. 세 살 때부터 그녀는 눈부시고 하얗게 빛나는 놀라운 환상을 가끔씩 봅니다. 후에 그녀는 그것을 가리켜 '생동력 있는 빛의 그림자'라고 불렀죠. 그것이 그녀에게는 '빛나는 연못'이었다고 합니다. 계속하여 그녀는 다른 환상들을 봅니다. 그녀는 이러한 능력이 자신에게만 주어졌다는 것을 알아차리고 수년 동안 조심스럽게 발설하지 않고 혼자 간직하며 지냅니다.

8세 때 가족들은 이상한 일을 경험하는 힐데가르드를 스팡하임의 주타라 부르는 여성 은자에게 보내어 종교교육을 받도록 합니다. 디시보데 산의 베네딕 대성당에 거하고 있었던 은자 주타는 부유하고 탁월한 가문 출생이었고 매우 아름다웠답니다. 그녀는 세상적 유혹들을 경멸하면서 자신의 평생을 하나님께 드리기로 결심했죠. 수녀원에 들어가지 않고 주타는 보다 힘든 길을 택하면서 여성 은자가 된 것입니다.

힐데가르드와 함께 주타는 금욕적 삶을 살아갑니다. 조그마한 방에 거하면서 세상적 욕망을 던져버렸습니다. 교회 근처에 기거하면서 교회를 위해 헌신했습니다. 음식들은 조그마한 창문을 통해 지나가는 사람들이 던져주곤 했죠. 대부분의 시간을 기도, 명상, 뜨개질과 같은 일을 하면서 보냅니다.

주타의 독방에는 문 하나가 있었는데 그 문을 통해 주타에게서 힐데가르드는 기본적인 교육을 배웠습니다. 라틴어로 시편을 읽고 노래를 불렀고, 그리고 문법을 배웠습니다. 노환으로 주타가 주님의 부르심을 받게 되자 힐데가르드는 은자들의 모임의 지도자가 됩니다. 14세 때에 그녀는

13) 부친의 이름은 스팡하임의 백작 메긴하르드이고 모친은 메크틸드였다.

감독 오토 폰 밤베르그에게서 수녀로서의 맹세를 하므로 수녀가 됩니다.

나. 신비주의자

"주타와 함께 있으면서 힐데가르드는 지속적으로 환상들을 봅니다. 그녀는 평생에 자신의 막역한 친구며 비서가 될 볼마르에게만 들려주었고 그 외 다른 사람들에게는 비밀로 합니다. 거의 20년 동안 성경의 지식을 넓히고, 교회교부들과 후기 교회 저자들의 작품들을 이해하고, 수도원 예식을, 과학을, 의학을, 그리고 철학을 배우는 데 힘씁니다. 기독교 고전들을 읽으며 앞으로의 서술 활동에 원천이 될 수 있는 지식과 경험들을 쌓았습니다. 1136년 주타가 세상을 떠나자 38세의 힐데가르드는 수녀들의 만장일치로 수도원장으로 선출됩니다."

"교수님! 힐데가르드에 대해 듣다보니 생각나는 것이 있습니다. 우리에게는 기독교 고전을 읽어야 할 필요성을 느끼게 합니다. 교수님이 설명하시면서 힐데가르드는 기독교 고전을 읽었다고 하지 않았어요? 그녀가 읽었던 교회 저자들의 작품들을 말씀해주실 수 있나요?"

"특별히 그녀가 선호했던 저자들은 어거스틴, 보에티우스(Boethius, 475~525), 세빌라의 이시도레(Isidore of Seville, 약 560~636), 베르나르 실베스트리스(Bernard Silvestris), 갈렌(Galen, 약 130~200), 메사할라(Messahalah), 아프리카인 콘스탄틴(Constantine the African), 빅토르 휴(Hugh of Saint Victor, 1096~1141), 그리고 '젊은' 알베릭(Alberic the Younger) 등입니다."

"보에티우스는 로마의 철학자며 성지인이며 로마제국의 집정관으로서 황제 데오도릭을 도왔으나 거짓 혐의로 인해 파비아에 감금됩니다. 종신형을 받은 그는 감옥에서 위대한 작품들을 쓰지요. '철학의 위안에 대해',

'음악에 대해' 등입니다. 이런 작품들은 1,000년 동안 유럽에서 가장 권위 있는 음악에 관련된 책이 됩니다. 이시도레는 스페인의 성직자, 세빌라의 감독, 그리고 교회의 박사였습니다. 그는 어릴 때 탁월한 형님들과 비교되어 열등의식에 빠집니다. 열등의식에서 벗어나기 위해 탈출했다가 무력한 물방울이라도 반복적으로 오랫동안 바위에 떨어져서 바위를 가르는 것을 보고 소망을 가집니다. 그는 여러 작품을 쓰지만 그중에서 가장 유명한 것은 '어원론'입니다. 백과사전과 같은 것이죠. 갈렌은 헬라 의사며 저자였습니다. 그리스, 소아시아, 그리고 알렉산드리아에서 수학한 후 고향 페르가뭄으로 돌아와 의사 활동을 합니다. 162년부터 로마에 거하면서 황제 마르쿠스 아우렐리우스의 궁정의사가 되어 의학과 철학에 관련된 500여개의 소논문들을 씁니다. 빅토르 휴는 프랑스 또는 독일 철학자와 신학자였습니다. 그는 아벨라르 학파의 지도자로서 1133년 빅토르 수도원의 지도자가 되어 그곳을 중세 프랑스 학문의 중심지로 만듭니다. 그의 대표적 작품은 '기독교 신앙의 성례'가 있죠."

"혹시 이런 것들 가운데 익숙한 작품이 있는지요?"

"죄송합니다만 없습니다. 솔직하게 말씀드리면요 들어보지도 못한 이름들이고 작품들입니다."

"1141년 힐데가르드는 자신의 생애를 전환시킬 환상을 보게 됩니다. 그녀가 본 환상을 우리도 한 번 상상해볼까요?"

> 네가 보고 들은 것을 쓰라! 그리고 구원의 왕국으로 어떻게 들어가는 가를 백성들에게 알게 하라!

"이 환상을 보고 난 후 그녀는 혼란 속에 빠지게 됩니다. 과연 이것이

환상을 받는 힐데가르드

하나님께로부터 왔는지 또 연약한 여성이 어떻게 위대한 하나님의 사역의 대언사가 될 수 있는지 고민하게 됩니다. 그래서 힐데가르드는 다른 사람을 시켜 이러한 환상을 전하도록 합니다. 고백자인 수도사 갓프리에게 찾아가 이 문제를 논의합니다. 또 갓프리는 이 문제를 대수도원장 쿠노에게 부탁합니다. 힐데가르드는 그에게 찾아가 자신이 본 환상을 설명했습니다. 환상을 다 들은 후 쿠노는 마인츠의 대감독에게 보내어 최종적으로 힐데가르드의 환상에 대해 하나님으로부터 왔는지 아니면 정신적인 것에서 왔는지 결정하도록 했습니다."

"이런 과정들을 거치면서 마침내 그녀는 하나님에 대한 환상에 대하여 적은 종교적 문서들의 의미를 깨닫게 되었으며 자신이 본 환상들을 기록할 수 있게 됩니다. 이때 그녀는 42세였습니다. 하늘이 열리고 빛나고 강한 빛이 그녀의 머리를 비추더니 자신의 마음을 밝게 했고 가슴을 불타게 했습니다. 갑작스럽게 그녀는 책들의 모든 의미를 깨닫게 됩니다. 이런 일들을 듣고 보았지만 의심스러웠기 때문에 자신은 오랫동안 글 쓰는 것을 거부했고 마치 신의 꾸지람을 받는 듯싶어 자리에 눕고 맙니다."

다. 저자

"당시의 12세기 중세시대의 교계는 분열과 종교적 불화가 감돌고 있었던 시기였습니다. 특이한 교리를 전파하는 사람이 있으면 곧 사람들이 여기저기서 모여들었던 시대였습니다. 힐데가르드는 교회의 분파자들에 대해 매우 비평적이었죠. 특별히 카타르 이단자들에 대해 그러했습니다. 평생 동안 그러한 자들에 대해 반대하는 설교를 했습니다. 위에서 살펴보았듯이 자신의 환상들이 가톨릭 교회로부터 인준받기를 원했습니다. 스스로도 이것이 하나님께로부터 왔는지 늘 염두에 두면서 확인하여 보고 글로 옮겨 썼던 거죠."

"교수님! 우리가 환상을 보고 그것이 하나님께로부터 왔는지 사람으로부터 왔는지 분간하기가 어렵잖아요? 그런데 힐데가르드는 그것을 점검하기 위해 노력했다는 거죠. 요즘에 이상한 환상을 본다고 하는 사람들에게 큰 교훈이 되네요. 그런데 그녀가 평생 비평하였던 '카타르' 이단자들이 누군가요?"

"좋은 질문입니다. 조금 긴 답변이기 때문에 힐데가르드의 설명이 끝난 후 하면 어떨까요?"

"괜찮습니다. 감사합니다."

"어떤 경우에 그녀는 클레르보의 베르나르에게 글을 써서 가르침을 받기도 합니다. 그의 응답은 매우 형식적이었지만 그는 그것을 로마 교황 유제니우스(1145~1153)에게 알립니다. 그래서 교황이 그녀에게 답장을 쓰도록 했죠. 이렇게 끊임없이 힐데가르드는 자신의 신비한 체험이 신학적으로나 교회적으로 올바른지 점검합니다."

"앞으로 로마교황이 될 힐데브란드(그레고리 7세)와 그의 비서 볼마르와 함께 10년 동안 협력하여 자신의 환상적 경험들을 글로 옮깁니다. 그녀는 자신의 환상에 대한 작품인 '주님의 길을 아는 것'을 썼는데 독일을 비롯한 다른 나라에 알려지면서 유명해지기 시작했습니다."

1566년판 힐데가르드의 작품 겉표지

"이 책은 모두 26가지의 환상을 다루고 있는데 그 내용은 삼위일체 하나님, 그리고 창조, 구속, 그리고 교회로 인해 모여든 인류들 간의 서로 의존적인 관계를 다루고 있습니다. 묵시적이고 경고적인 내용이죠. 그리하여 힐데가르드는 교황들, 황제들, 군주들, 대감독들, 대수도원장들, 그리고 여수도원장들에게 100개나 넘는 서신들을 써서 보내면서 경고합니다. 게다가 독일과 프랑스를 두루다니며 진도여행하면서 부패한 교회와 학대와 오만성에 대해 설교했습니다. 환상들이 그녀를 인도하는 대로 그는 어디든 찾아가서 말씀을 전파했습니다."

"1147년 로마 교황 유지네스 3세는 트리에르에서 종교회의를 개최하여 힐데가르드를 점검해보라고 명령을 내립니다. 그러자 이미 그녀와 서신을 주고받았던 클레르보의 베르나르는 그녀를 변호하며 지지한다고 말합니다. 그런 후 교황은 그녀의 환상들이 성령에 의한 것임을 인준하고 책을 써서 출판할 것도 인준했습니다. 이 소식을 들은 힐데가르드는 장문의 서신을 써서 교회와 수도원들을 개혁할 것을 강력히 촉구합니다. 그녀는 세상을 향한 하나님의 대변자로서 담대하게 일들을 감당해 나갔습니다."

"교황의 인준을 받은 힐데가르드는 수도원 지원자들이 많아지고 수도원이 성장하게 되자 1150년 수녀들과 수도사들이 함께 살던 디시보덴베르그로부터 30km 떨어진 빙겐으로 옮깁니다. 18명의 수녀를 데리고 시작한 이곳은 라인 강 근처였습니다. 그녀는 또 다른 수녀원을 설립했는데

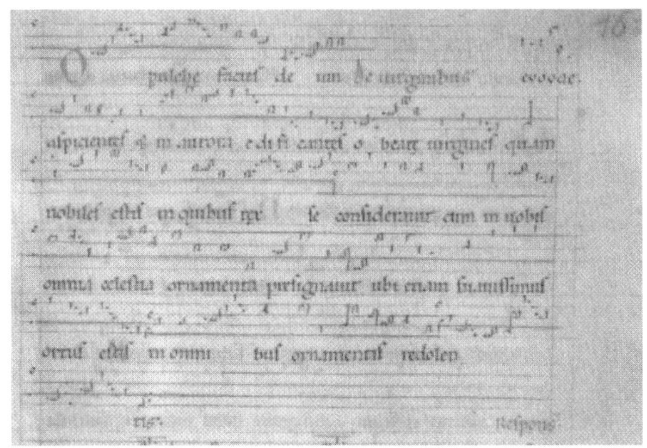

힐데가르드가 작곡한 노래

빙겐 강 건너 편에 있는 아이빙겐입니다."

"새로운 공동체에서 이제 그녀는 글을 쓰는 일에 몰두하게 됩니다. 1151년 '주님의 길을 아는 것'을 완성하고요. 1151년과 1158년 사이에 그녀는 77개의 노래를 작곡합니다. 또 예식에 사용되는 단선율 성가를 씁니다. 이 노래들은 주로 성자들과 동정녀 마리아를 송축하는 노래들입니다. 주로 교창하는 것으로 휴일과 축제일에 불렀습니다. 이러한 내용들을 모아 '하늘의 계시들과 조화되는 심포니'라는 제목을 붙였습니다."

"특히 자신의 수녀원에서 행했던 '덕행을 위한 연극'도 유명합니다. '주님의 길을 아는 것' 외에도 그녀는 두 개의 환상적 작품을 썼는데 하나는 '삶의 공로에 관한 책'(1150~1163) 그리고 '신적 사역에 대한 책'(1163)입니다. 이 책들 안에서 그녀는 자신의 작은 우주와 대 우주에 대한 신학을 그리고 있습니다. 쉽게 말하면 사람은 하나님의 창조의 최고 절정일 뿐만 아니라 소우주의 거울이라는 것이죠."

"힐데가르드는 '의학'과 '치료와 원인'을 1150년에 씁니다. 이 두 작품에서 그녀는 자연 역사와 다양한 자연적 물질들이 갖고 있는 능력들을 자세히 말하고 있죠. 그 외에도 복음서들에 대한 주석을 쓰기도 합니다."

"음악은 힐데가르드에게 매우 중요했습니다. 그녀는 음악을 천국의 기인적 기쁨과 아름다움을 맛보는 것으로 묘사합니다. 타락 전에 아담은 순수한 목소리를 가졌고 천사들과 함께 하나님께 찬양을 올렸다고 합니다. 타락 후 음악은 음악 기구들로 고안되어 하나님을 찬양케 되었다는 것이죠. 이러한 설명은 우리가 천사와 함께 찬양하는 듯한 느낌을 갖도록 합니다. 힐데가르드는 성자, 순결한 여인들, 그리고 마리아를 그리는 찬송들을 작곡합니다. 이러한 음악 작품들은 대중적 인기를 얻습니다."

"세상을 떠나기 전 그녀의 나이 80세가량이 되었을 때, 힐데가르드는 힘든 윤리적 공판을 받습니다. 그녀의 공동체는 출교를 받은 젊은 개혁파 한 사람을 수녀원 묘지에 묻었다는 것으로 인해 파문을 받은 것입니다. 힐데가르드는 묘지의 시신을 파서 옮기는 것을 거절합니다. 오히려 그 무덤에 복을 빌었죠. 그녀의 생각에는 출교를 받았지만 죽기 전에 교회에 의해 사면을 받았고 철회를 했다고 주장합니다. 그리하여 공동체는 미사, 성찬식, 주일 예배 업무 등 모든 종교적 일들을 정지당하고 맙니다. 이에 굴복하지 않고 그녀는 수많은 서신들을 써서 권위 있는 자들에게 보내어 파문이 철회될 때까지 청원합니다. 파문이 철회된 6개월 후 1179년 그녀는 주님의 부르심을 받습니다."

라. 작품

"1141년에 시삭하여 10년에 걸쳐 완성된 '주님의 길을 아는 것'(sicvias)은 세 부분으로 나눠집니다. 첫째 부분은 성부 하나님에 관련된 6개의 환상과 두 번째 부분은 성자 하나님의 구속사역에 관련된 7가지 환상이 다뤄집니다. 세 번째 부분은 7개 환상과 6개 환상을 합해 13가지 환상이 다뤄집니다. 물론 성령 하나님에 관련된 것입니다. 그중에서 2권의 세 번째 환상을 소개하고자 합니다."

> 나는 위대한 교회만큼이나 큰 어느 여인의 형상을 보았습니다. 그녀는 하늘에서부터 지상까지 빛나는 옷을 걸치고 머리와 팔에 빛나는 면류관을 썼습니다. 그녀의 자궁은 구멍이 나있는 그물처럼 누구든지 볼 수 있습니다. 또 수많은 사람들이 들어가기도 하고 나오기도 합니다. 그 여인은 다리가 없지만 하나님 앞과 제단 앞에서 균형을 잡고 굳건히 서 있습니다. 하늘을 바라보면서 손을 높이 쳐들고 있습니다. 나는 그 여인이 밝고 투명한 어떤 것을 입고 있으며 저녁놀 같은 붉은 가슴 외에는 그녀가 무엇을 입었는지 잘 알지 못하겠습니다. 나는 '저녁놀 같이 빛나는' 그녀의 노래하는 소리를 들었습니다.
>
> 그 형상은 옷처럼 환히 빛나고 있습니다. '나는 잉태하고 출산해야만 합니다!'라고 말합니다. 곧 그 형상이 완전해지면서 사람들을 위해 그녀 안에 있는 수많은 천사들을 자신에게로 모읍니다.
>
> 그런 후 나는 물 가운데 물고기처럼 물가에 있는 공기를 따라 움직이는 검은 아이들을 보았습니다. 그들은 그 형상의 자궁 안으로 들어갔습니다. 여인은 신음하면서 머리를 하늘로 치켜듭니다. 들어간 아이는 그녀 입 밖으로 나옵니다. 보십시오! 그 아이 안에 사람의 형상을 한 맑은 빛이 화염처럼 타오릅니다. 그 형상은 내가 이전에

'주님의 길을 아는 것'에 나오는 '지혜'에 관한 삽화

보았던 형상과 유사합니다. 검은 피부가 벗겨지면서 밝은 흰옷으로 갈아 입습니다. 그들은 영롱한 빛으로 들어가면서 하는 말이 '옛 불의를 벗어버리고 새로운 거룩함으로 옷을 입으라!'

"그럼! 앞에서 약속한 '카타르'에 관해 말씀을 드리겠습니다. 그들의 이름의 뜻은 '순수하다'입니다. 중세시대에 발칸반도를 비롯한 서부 유럽에 퍼져있었던 중세이단이었습니다. 이들은 다양한 이름으로 등장하기도 하는데 예를 들면 보고밀이나 알비파들입니다. 이들의 특성은 이원론입니다. 이원론이란 이 세상을 지배하는 두 개의 정신이 있는데 하나는 빛이나 선한 신이고, 다른 하나는 어두움이나 악한 신입니다. 어두움이 만든 이 세상은 악합니다. 카타르들은 교회의 외적 상징들을 거부합니다. 성례도 역시 그렇습니다. 하나님과 인간 사이의 직접적인 접촉이나 관계를 추구합니다. 신비주의적인 사람들에게 있는 경향입니다. 자칫하면 이러한 경우에 빠져서 육체를 타부시하며 영적인 것만을 추구하는 경향이 있습니다. 이런 생활을 일삼는 사람들은 세상의 직업이나 가정생활을 거부합니다. 오직 교회생활만을 일삼고 기도만 일삼는 광신적 신앙을 갖게 되죠. 그리하여 로마 가톨릭은 그들이 교회와 사회를 어지럽힌다 하여 십자군을 보내어 학살합니다. 이것이 마녀사냥, 즉 종교재판의 시작을 알립니다."

"그럼, 교수님! 힐데가르드는 이러한 카타르들을 반대하였다고 한 것을 보아 극단적 신비주의 신앙을 거부했다는 것이군요."

"꼭 그렇지만은 않습니다. 힐데가르드도 신비주의자입니다. 그분의 글에서도 볼 수 있듯이 마치 요한계시록을 읽는 듯합니다. 상상할 수 없는 형상들을 묘사하고 말씀에 기록되지 않는 이야기들을 상술합니다. 하지만 그녀에게 볼 수 있는 것은 자신의 계시와 환상이 하나님에게서 왔는지 알기 위해 또 인정받기 위해 많은 고찰과 노력을 했다는 점이죠. 교회가 인정하는 신비주의자였다는 것이 다른 신비주의와의 큰 차이점이라 하겠습니다."

"감사합니다. 그럼 다음 강의에서는 어떤 여인을 만나보게 됩니까?"

"혹시 중세에서 가장 청렴하게 살고, 탁발로 살았던 프란체스코를 아시는지 궁금합니다. 그분처럼 청빈을 삶의 목표로 삼고 청렴하고 청결하게 살았던 여인을 만나보실 겁니다."

23 클라르 : 청빈한 수도사

1194-1253년

클라르의 초상화

Clare

프란체스코의 죽음과 아울러 여러 수도원들이 청빈으로 시작했지만 부유하게 되어가는 것을 본 클라르는 몸이 매우 불편함에도 불구하고 자신이 수녀원만큼이라도 청빈을 지키기를 심히 원했습니다. 각 여인들은 외투 한 벌만 입도록 했습니다.

클라르 Clare

■ 정말 온 몸과 온 마음을 다해 주님을 닮고 싶어 했던 여인

"오늘 우리가 만날 여인은 아싯시의 프란체스코와 밀접한 관계를 맺고 청빈하게 살아간 존귀한 여인입니다. 프란체스코보다 12살 어리고 그보다 27년을 더 오래 산 이 여인은 자신의 삶을 가난한 자들을 위해 온전히 바친 고귀한 여인입니다. 정말 온 몸과 온 마음을 다해 주님을 닮고 싶어 했던 여인을 오늘 만날 것입니다. 이제 그분을 만날 시간이 되었습니다."

가. 프란체스코

"교수님! 늘 평소에 궁금했던 것이거든요. '아싯시의 프란체스코'라는 분 말이에요. 그가 지은 유명한 말이 '미움이 있는 곳에 사랑을…' 아니에요? 그렇다면 그분에 관해 조금이라도 설명해 주실 수…"

"예, 그렇게 하겠습니다. 오늘 만나볼 여인과 다음 장에서 만나볼 여인이 함께 프란체스코와 밀접한 관계가 있어서 간단하게 설명하는 것이 훨씬 좋을 것 같습니다."

"프란체스코(약 1182~1226)는 이태리인이며 7남매 중 하나로 아싯시에서 태어납니다. '프란체스코'란 '프랑스 사람'이라는 의미를 담고 있습니다. 아마 부유한 상인이었던 부친 피터는 프랑스로 자주 여행을 다녔기

프란체스코의 모습

때문에 아들의 이름을 그렇게 붙인 것 같습니다. 부유한 부친 덕택에 그는 훌륭한 교육을 받아 라틴어를 비롯한 여러 언어를 읽고 쓸 수 있게 됩니다. 동시에 친구들과 더불어 즐기는 삶을 당연한 것으로 여깁니다."

"어느 날 한 허름한 옷을 입은 거지가 찾아와 구걸합니다. 친구들은 그를 보고 조롱하고 떠들었지만 프란체스코는 그에게 다가가 먹을 것을 줍니다. 이 소식을 들은 부친은 그에게 매우 화를 내었다고 합니다. 프란체스코가 약 20세 되던 해 군인으로 전투에 참여했다가 포로 생활을 1년 간 합니다."

"2년 후 원치 않은 질병을 얻게 되죠. 집에서 요양을 하면서 그는 자신의 삶을 돌아보게 되고 세속적인 자신의 삶을 청산해야겠다는 마음을 갖게 됩니다. 물론 하나님의 도우심을 바라면서. 스스로 금식하고 금욕하면서 누더기 옷을 걸치고 살아갑니다. 그리고 1206년 로마로 여행을 떠납니다. 여행하면서 그는 타락하고 쇠퇴한 예수님의 교회를 세우라는 꿈을 받게 됩니다. 고향에 있는 교회를 재건하라는 의미로 받아들여서 부친의 재산을 팔아 무너진 고향 교회를 재건합니다."

"화가 난 부친은 그를 감독에게 데리고 갑니다. 그러자 프란체스코는 앞으로는 부친으로부터 오는 모든 것을 받지 않겠다고 합니다. 심지어 입고 있던 것도 부친이 주신 것이기에 벗어버립니다. 그리고 지금의 노숙자처럼 아싯시에서 지냅니다."

"2년 동안 노숙생활을 하면서 그는 무너진 여러 교회를 손수 재선합니다. 그리고 사람들이 찾지 않는 허름한 교회당을 복구하여 그 안에서 홀

청빈과 결혼한 프란체스코

로 지냅니다. 1209년 '너희 전대에 금이나 은이나 동이나 가지지 말고'라는 마태복음 10:9 말씀처럼 허름한 겉옷, 맨발, 그리고 지팡이도 없이 회개의 복음 말씀을 전파했습니다. 그의 삶을 보고 베르나르가 그에게 다가와 함께 일 할 것을 요청합니다. 이렇게 하면서 1년 내내 함께 사역한 11명의 동료들이 생겨납니다. 이들을 가리켜 '작은 형제들'이라고 부르죠. 대체적으로 프란체스코 수도회를 '형제들'이라고 부르는 이유도 여기에서 유래된 것입니다."

"그들과 함께 프란체스코는 흥겹게 찬송을 부르며 움브리아 지역에 있는 산악에서 지냅니다. 물론 여러 가난한 자들과 병든 자들을 돌보면서 말이죠. 철저한 금욕 생활을 하며 청빈을 목적으로 삼았습니다. 이들의 모습은 마치 청량리, 서울역, 또는 영등포 등지에서 노숙자들을 위해 수고하며, 아픈 자들을 돌보시는 여러 사역자들을 떠올립니다."

"1209년 로마교황 이노센트 3세로부터 새로운 수도회로 인준을 받습니다. 현재의 '프란체스코 수도회'가 탄생된 거죠. 그를 둘러싼 여러 일화들이 많습니다. '작은 꽃들의 이야기'를 읽다보면, 꽃이 만발하고 새가 지저귀는 거리를 가다가 잠간 쉬게 되었습니다. 프란체스코는 말합니다. '사랑하는 새 자매들에게 말씀을 전해야 되겠구나. 자매들아! 너희들도 하나님께 빚을 지고 있구나. 어디든지 날아다닐 수 있도록 너희들에게 자유를 주셨고 예쁜 옷들을 입혀주셨구나. 너희들은 씨를 뿌리거나 거두어들이지 않아도 먹을 것을 언제든 구할 수 있구나… 마음껏 하나님을 찬양하려무나.' 정말 대단한 영적 능력을 프란체스코가 소유하고 있음을 알게 됩니다."

아싯시의 클라르

"1224년 그가 세상을 떠나기 2년 전, 주님의 고통을 느끼기 위해 금식하며 가파른 언덕에서 40일 동안 홀로 지내면서 기도하는 가운데 '5상'(스디그마다 'stigmata')을 받았다고 합니다. 5상이란 그리스도께서 십자가상에서 죽임을 당하시면서 받으신 5가지 상처, 즉 양손, 양발, 그리고 옆구리의 상처를 일컫는 말인데 그것으로 인해 출혈이 심해 마침내 그는 주님의 부르심을 받았다고 합니다."

나. 생애

"아싯시의 클라르(Clare of Assisi, 1194~1253)는 귀족 출신으로 5형제 중 셋째 아이로 태어납니다. 클라르를 태중에 갖고 있을 때 모친 오르돌라나는 루피누스 교회에 있는 십자가 앞에서 기도를 드리는 중 주님의 은혜가 너무나 커서 울다가 다음의 말씀을 듣게 됩니다."

> 여인아! 두려워 말라! 네가 출산하게 될 아이는 온 세상을 빛나게 할 것이다.

복을 비는 클라르

"아이가 태어나자 모친은 그녀를 '클라르'라고 불렀습니다. 클라르는 그 교회에서 세례를 받고 그녀의 대부분의 교육도 그곳에서 받게 됩니다. 루피누스 교회는 지역교회이면서도 집에서 가까운 곳에 위치해 있었죠. 그래서 클라르가 자라기에는 정말 안성맞춤이었고 그곳에서 지내면서 클라르는 영적 체험을 하게 됩니다. 당시는 십자군 운동이 일어났던 시기였기에 모친은 십자군들과 함께 예루살렘을 향해 여행을 떠납니다."

"프란체스코가 세상의 모든 것을 포기하고 자신의 재물과 가족을 떠나보내고 가난한 자들을 위해 헌신하는 모습을 보며 클라르는 많은 도전을 받게 됩니다. 이런 가운데 클라르의 덕행은 세속적 삶을 등지고 명상적 삶을 일삼을 수 있도록 충분한 준비가 되어 있었습니다."

"15세에 결혼하기로 되어 있었지만 그것을 포기했고, 18세가 되던 1212년 사순절 시기에 프란체스코의 설교를 통해 클라르는 예수 그리스도를 어떻게 섬겨야 하는지에 관해 큰 도전을 받게 됩니다. 한 없이 울면서 그리스도의 고난을 기억합니다. 그리고 그분을 위해 살아야겠다고 마음에 굳게 다짐합니다. 그리고 종려주일 밤 아싯시에 있는 가족과 집을 몰래 빠져나가 프란체스코와 그의 제자들을 따라 갔습니다."

"프란체스코 수도회에 가입한 최초의 여성이 된 파시피가 디 구엘푸치오와 함께 클라르는 프란체스코와 그의 수도사들이 기다리고 있는 포르

치운콜라로 갑니다. 그곳에서 클라르는 프란체스코 의상을 입고, 머리카락을 자르고, 자신에 대한 참회의 시간을 가집니다. 그런 후 그녀는 프란체스코가 추천한 바스티아 움브라 마을에 있는 바울의 베네딕트 수녀들에게 들어갑니다. 머리카락을 깎았습니다. 이 사실을 접한 클라르의 부친은 딸에게 집으로 돌아올 것을 간청합니다."

"뿐만 아니라 동료들과 충돌이 일어나자 그녀는 프란체스코의 충고를 듣고 모든 수녀들의 모체가 되었던 다미안 교회로 몸을 숨깁니다. 그곳에서 그녀는 가난한 여인들이라 불리는 단체를 시작하며 프란체스코의 교훈대로 작은 독방에서 삽니다. 정말 겸손하게 남을 자신보다 낫게 여기면서 살았으며 존경받는 여성들을 닮으려고 부단히 노력했습니다."

"대수도원장으로 선출되자 그녀는 전보다도 훨씬 겸손하게 종들처럼 아픈 자들을 돌보았고 봉사 헌신했습니다. 프란체스코처럼 그녀는 복음서에 나타난 말씀에 따라 가난하게 지냈습니다. 부모로부터 받았던 모든 것을 팔아 여인들을 위해 또 다른 사람들을 위해 베풀었습니다. 결국 교황으로부터 인준을 받기에 이르렀습니다. 교황으로부터 서신을 받아들자 그녀는 한 없이 울면서 말합니다."

> 내 죄들이 면하게 되겠지만 내가 죽을 때까지 가난의 맹세를 지켜야만 할 것입니다.

"이러한 클라르에 대한 소문이 나면서 많은 여인들이 모여들었습니다. 모여든 여인들을 가리켜 '다미안의 가난한 여인들'(Poor Women of St. Damian)이라 부르다가 클라르가 죽은 후에 '가난한 클라르들'(Poor Clares)이라 불리게 됩니다. 그녀는 그곳에서 42년을 살았고 질병으로 계속하여 고생했습니다."

다. 규율

“1215년 프란체스코는 그녀를 여자 대수도원장으로 임명하고 그 수도회를 위한 최초의 규율을 확정합니다. 후에 이 규율은 유럽 전역으로 전해지게 되죠. 1245년 다미안 수도원이 사라센들의 공격을 받았을 때, 클라르는 용감하게 나가 그들을 퇴치하는 데 앞장섭니다. 이와 같은 그녀의 강력한 성품과 부드러운 마음은 수많은 사람들로 그녀를 따르게 합니다. 그리고 교황들까지도 그녀의 이러한 성품을 존경할 정도로 그녀는 탁월했습니다.”

“프란체스코의 죽음과 아울러 여러 수도원들이 청빈으로 시작했지만 부유하게 되어가는 것을 본 클라르는 몸이 매우 불편함에도 불구하고 자신의 수녀원만큼이라도 청빈을 지키기를 심히 원했습니다. 각 여인들은 외투 한 벌만 입도록 했습니다. 스스로도 그렇게 살았고 일주일에 3일씩 금식했습니다. 음식 역시 부드러운 빵을 먹지 않고 항상 적은 양의 빵과 단단한 빵을 먹으면서 지냈습니다. 베개도 단단한 돌멩이를 베고 바닥에서 그냥 잠을 잤습니다. 그리스도의 고난을 생각하면서 낮에는 명상하고 하루에 2시간씩 기도했습니다. 어느 날 친구가 찾아와 이렇게 말합니다.”

> 당신이 이렇게 기도하며 울며 간구하면 눈이 멀 수도 있습니다.

“그러자 클라르는 이렇게 대답합니다.”

> 주님의 영광을 볼 수 있도록 주님께서 저의 눈을 어둡게 하지 않으실 것입니다.

“이러한 자신의 삶에 따라 그녀는 규율을 작성하는데 이 규율은 ‘소

탁발 수도회'의 것을 거의 따릅니다. 1252년 추기경 레이날두스는 이 규율을 인준했습니다. 후에 그는 교황 알렉산더 4세가 되죠."

"그럼, 그녀가 쓴 규율을 소개해 드리도록 하겠습니다."

이것은 오늘날 수녀들이 삶의 기초로 삼고 있는 것으로 800년 전에 클라르가 쓴 규율입니다.

주님의 이름으로 가난한 여인들의 삶을 위한 규율을 시작합니다. 칭송받는 프란체스코가 설립한 가난한 여인들의 수도회의 삶을 위한 규율은 다음과 같습니다. 자신을 주장하지 말고 순종하며 살면서 또 자선을 행하며 살고 우리 주 예수 그리스도의 거룩한 복음을 준수하시기 바랍니다.

그리스도의 미천한 여종이며 가장 존경받는 프란체스코의 작은 나무에 불과한 클라르는 로마교황 이노센트, 교회법으로 선출된 그분의 후계자들, 그리고 로마교회에 순종할 것이며 그분들을 존경할 것입니다. 회심하는 분들이 존경받는 프란체스코에게 순종을 약속하는 것처럼 후계자들에게도 동일한 순종을 약속합니다. 그리고 다른 분들은 항상 존경받는 프란체스코, 클라르의 후계자들, 그리고 그녀를 이어 교회법적으로 선출된 대수도원장들에게도 순종해야만 합니다.

이런 삶을 살기 원하는 사람들과 그들을 어떻게 받을 것인지에 관해 말씀드리겠습니다.

하나님의 감동을 받아 어떤 분이 이런 삶을 받아들이겠다는 열망을 갖는다면, 대수도원장은 모든 수녀들의 동의를 받아야 합니다. 만일 대부분이 동의한다면 추기경 보호자의 인준을 얻은 후 그 수도원장은 그녀를 받을 수도 있습니다. 만일 수도원장이 그 여인을 받아야 하겠다는 확신이 들면, 기톨릭 신앙과 교회의 성례들에 관한 시험을 치러야할 것입니다. 또는 그녀가 이런 모든 것을 믿고, 신실하게 따를 것을 고백하고, 끝까지

고수할 것이라고 믿어진다면, 그녀가 남편이 없거나 또는 그녀가 교구 감독의 권위로 종교적 삶을 시작한 남편이 있고 평생 맹세를 행했다면, 그리고 만일 이런 삶을 성실히 준수할 자세가 보이면, 나이가 들거나 정신적으로 약하고 몸이 불편할지라도, 우리의 삶의 신조를 그녀에게 철저하게 가르쳐야만 합니다.

만일 그녀가 따르려고 한다면, 가서 자신이 가진 모든 것을 다 팔아 가난한 자들에게 나눠주라는 복음의 말씀을 들려주십시오. 만일 그녀가 행하지 않는다면, 그녀의 선한 의지는 그것으로 드러난 셈입니다. 대수도원장과 수녀들은 그녀의 세속적 업무들에 관한 것에 관심을 쏟지 마시고 그녀가 자유스럽게 주님이 그녀에게 감동하시는 대로 자신의 소유물을 포기하라고 하십시오. 하지만 어떤 조언이 필요하다면 그녀를 정말 분별력 있고 하나님을 두려워할 줄 아는 사람들에게 그녀를 소개하여 그들로 하여금 가난한 자들에게 나누어주어라 하시기 바랍니다.

머리를 둥글게 깎고 세속적 옷들을 폐기한 후 그녀는 세 벌의 긴 웃옷과 망토를 받을 것입니다. 그리고 그녀는 필요하고, 중요하고, 그리고 인준된 목적 외에는 수도원 밖으로 결코 나가서는 안 됩니다. 점검의 기간이 종결되면 그녀는 청빈에 관한 우리의 삶과 규율을 평생 지킬 것을 약속하면서 순종의 단계로 들어가게 될 것입니다.

점검의 기간 동안 어느 누구도 베일을 받을 수 없습니다. 봉사하고 일을 할 때에 편리함을 위해 작은 망토를 걸칠 수 있을 것입니다. 현명한 수도원장은 사람들, 출신, 시절, 그리고 기온에 따라 다른 망토를 베풀어 줄 것입니다. 물론 필요시에 말입니다.

법적으로 허용된 나이가 이르기 전에 수도원에 들어온 어린 소녀들은 머리를 둥글게 깎고 세속적 옷들을 폐기한 후 수도원장이 인정하는 복장을 입게 될 것입니다. 하지만 법적으로 허용된 나이에 이르면 그들은 다른 사람들과 동일한 복장을 하게 될 것입니다. 수도원장은 모든 수녀들 가운데 대표자를 선출하시기 바랍니다. 그녀는 우리의 규율에 따라 성실하고 거룩하게 동료들을 이끌 것입니다.

위에서 언급한 동일한 규율은 수도원 밖에서 섬기는 수녀들을 점검하거나 받아들일 때도 적용됩니다. 이러한 수녀들은 신발을 신을 수 있습니다. 어느 누구도 우리의 규율을 받아들이지 않는 사람은 우리와 함께 수도원에서 살 수 없습니다.

말구유에서 태어나셔서 강보에 싸인 가장 거룩하고 사랑스런 아이를 사랑하기 위해 또 그 거룩한 모친을 사랑하기 위해 나는 나의 모든 수녀들에게 가난한 옷들을 입을 것을 훈계합니다.

"그녀가 세상을 떠나기 전 이 규율은 교황 이노센트 4세에 의해 재가되었습니다. 그는 그녀에게 축복의 메시지를 진했고 그 규율을 확정하는 교황칙서의 복사본을 보냅니다."

"사라센들이 아싯시 가까이 쳐들어온다는 소문이 들리자 모든 수녀원 여인들이 무서워 떨며 클라르를 붙들고 눈물을 흘립니다. 그때 몸이 불편했던 클라르였지만 힘들게 몸을 세우고 하나님께 간구했습니다."

자비하신 주 하나님! 당신을 섬기는 이들은 아무 것도 가진 것 없이 당신의 사랑으로만 살아갑니다. 이들을 이교도의 손에서 건져주옵소서.
긍휼이 많으신 주님! 정말 엎드려 간절히 비옵니다. 이들을 지켜주옵소서.

"기도를 마친 후 클라르는 여인들을 안심시켰습니다."

사라센들이 결코 당신들을 해하지 못할 것입니다. 그들을 두려워하지 말고 그 이면에 천군과 천사가 있음을 기억하십시오. 엘리야의 시대처럼 지금도 그러한 일이 일어날 것입니다.

"그녀의 말대로 아싯시는 재산의 피해를 보았으나 수녀원은 아무런 피해가 없었습니다. 오랜 후 클라르는 1153년 8월 11일 주님의 부르심을 받습니다. 죽은 자를 위한 노래를 부르지 말고 동정녀들의 기쁜 찬송을 장례식 때 부르라고 교황은 원했습니다."

라. 서신들

"다음의 내용은 '프란체스코의 서신들'입니다. 프란체스코가 클라르에게 보낸 서신들의 내용들이죠. 첫 번째는 그녀의 삶에 대해 프란체스코가 쓴 것입니다."

> 당신은 신적 영감으로 인해 가장 높으신 하늘의 아버지의 딸들과 여인들을 이끌고 있고, 스스로 성령의 완전하심을 따라 살기로 마음을 정하므로 성령께 결혼하였기에, 저는 저의 모든 탁발 수도사들과 함께 항상 그들을 위하는 당신에 대해 특별한 대우를 할 것이며 부지런히 살필 것을 원하고 또 약속드립니다.

"두 번째 서신에는 클라르에게 보낸 프란체스코의 마지막 소원이 소개되어 있습니다."

> 탁발 수도사인 나 프란체스코는 가장 높으신 우리의 주 예수 그리스도와 그의 거룩한 모친의 삶과 청빈을 따르기를 심히 원합니다. 또 끝까지 이것을 보존하기를 간구합니다. 당신에게 간청합니다. 사랑하는 여인들이여! 당신에게 권하고 싶은 말이 있습니다. 당신들은 가장 거룩한 삶을 살고 청빈을 계속하여 지키시기를 바랍니다. 스스로를 지켜 사람들의 교리나 충고로 인해 당신들이 이런 것에서 물러나지 않도록 하십시오.

"세 번째 서신은 클라르를 위해 지은 프란체스코의 노래입니다. 이 노래의 이름은 '들으라! 가난한 작은 사람들이여!'(Audite Poverelle)입니다."

들으라, 작은 가난한 사람들이여!
주님께서 부르신 자들이여!
세상의 모든 곳에서 모인 자들이여!

진리로 당신들이 하나가 되어
세상을 떠날 때에라도
당신들이 온전히 의지할 완전한 순종이 되기를,

이 세상의 삶을 부러워 말라!
훨씬 뛰어난 것을 사모하라!

더 큰 사랑의 마음을 가지고 부탁하오니
은혜로 주신 하나님의 은사들을 사용하여
병든 자들에게 찾아가 평화를 전하라!

더 높은 대가를 치러서라도 당신들의 무거운 짐을 내려놓아라.
그러면 하늘에서 왕비처럼 생명의 면류관을 쓰리라.

"교수님! 오늘 강의에 대한 평을 하시기 전에 먼저 제 생각을 먼저 말씀 올리도록 하겠습니다. 그녀가 만든 규율을 들으면서 느낀 것입니다. 너무 가톨릭적이며 너무 개인 중심이지 않느냐는 마음이 강하게 듭니다. 우리가 흔히 지키기에는 심히 모가 난 부문들이 있다고 느끼는데요. 교수님의 생각은 어떠십니까?"

"좋은 지적입니다. 그 규율은 '가난한 여인들'을 위한 것입니다. 모든 여성들이 본받아야 한다고 느끼지는 않습니다. 그것을 알려드린 것은 그

클라르의 죽음

수녀들이 그렇게 지냈다는 것을 알려드리려는 것뿐입니다. 그들의 정신은 우리가 본받을 수 있어도 일반 사람들이 그대로 살아가기는 힘든 부분이 있죠."

"하지만 그들의 세속에 대한 미련을 떨쳐버리고 청빈하게 살고자 했던 거룩한 열망은 정말 우리들에게 도전이 됩니다."

"그럼 다음 여인은요?"

"다음은 가난한 자들의 어머니로 살았던 여인을 만나보겠습니다. 중세 1,000년 동안 구전으로 내려오는 여인의 미담을 들려드릴까 합니다. 기대가 되실 것입니다."

24 엘리자베스 : 가난한 자들의 어머니

1207-1231년

엘리자베스

Elizabeth

엘리자베스는 평생 동안 가난한 자들이 친구였고, 배고픈 자들에게 음식을 베푸는데 전적으로 헌신했습니다. 약한 자들을 돌봐주고 연약한 자들을 격려했습니다. 필요한 모든 자들에게 자선을 베풀었습니다. 상소를 가리지 않았고 그곳이 군궐이든, 성이든, 거리든, 어디서든지 그러한 자를 만나면 친절하게 자신의 것을 나누어 주었습니다."

엘리자베스 Elizabeth

■ 헝가리 귀족 출신으로 믿음에 부유한 여성. 많은 이적들도 행했고, 거룩한 삶을 살다간 여인

"여기 한 여인에 대한 아름다운 이야기가 있습니다. 천년 동안 전 유럽 사람들이 즐겨 노래했던 이야기입니다. 중세시대의 어머니들이 자녀들에게 들려주었던 이야기입니다. 그녀는 헝가리 귀족 출신이었으며 더 중요한 것은 믿음에 부유한 여성이었다는 것입니다. 많은 이적들도 행했고, 거룩한 삶을 살았으며, 그리고 여성다운 분이었습니다."

가. 어린 시절

"독일 투링기아의 백작 헤르만은 발트부르그에 있는 자신의 성에서 식사하고 있었습니다. 그 주위에는 기사들, 지주들, 경비병들, 성내에 거하는 여인들, 그리고 서성시인들이 매년 백작이 베푸는 시상을 받기 위해 모여 있었습니다. 그 가운데 헝가리의 클링조르는 노래와 예언으로 유명한 자였습니다. 헤르만 앞으로 나아와 그에게 말합니다."

혹시 헝가리의 왕 안드레의 딸 엘리자베스라는 여아에 관한 이야기를 들어보셨습니까? 당신의 아들의 아내가 되기로 약속되었다고 합니다만…

"그래서 헤르만은 그 사실을 확인하기 위해 파발을 급히 보냈습니다. 그리고 약혼한 사실이 있다면 헝가리 왕에게 정중히 부탁하여 그것을 이룰 수 있도록 하라고 명했습니다. 이리하여 엘리자베스는 발트부르그 성으로 들어와 살게 되었습니다."

가난한 자들과 함께 하는 엘리자베스

"이처럼 헝가리의 엘리자베스(Elizabeth of Hungary, 1207~1231)는 정치적 이유로 인해 부모에 의해 정혼되었습니다. 그 때 그녀의 나이는 4세였습니다. 그 결혼을 위해 이제 그녀는 발트부르그로 왔고 미래의 남편이 될 백작 헤르만과 함께 성에서 자랍니다."

"성에서 이뤄지는 축제에도 참여하면서 어린 시절을 정말 행복하게 지내다가 불행하게도 1216년 결혼하기로 예정된 큰 아들 헤르만이 죽고 맙니다. 그리고 그의 모친인 소피에는 엘리자베스를 경멸하며 미워합니다. 백작 부인 소피에의 시종들로부터도 그렇게 좋은 대우를 받지 못하게 됩니다. 어려운 상황에서도 그녀는 보는 사람들을 사랑하고 아끼고 자비를 베푸는 사람으로 자라갔습니다. 그들로부터 미움을 받는 그녀는 오직 자신에게 사랑과 존경을 베푸는 사람 루드빅으로 인해 위로를 받게 됩니다."

"어느 축제일이었습니다. 많은 사람들이 즐기고 있지만 그녀는 제단 앞에서 흐느껴 울고 있었습니다. 자신이 쓴 금관도 내려놓고 말입니다."

당신은 가시 면류관을 쓰셨는데 제가 감히 금관을 어찌 쓸 수 있겠습니까?

"이렇게 기도하는 모습을 본 소피에는 화가 나서 꾸짖습니다."

일어서지 못해! 재수 없는 아이 같으니라고! 무엇이 부족해서 아름다운 금관을 벗어버리고 더 달라고 떼를 쓰며 울고 있는 거냐? 냉큼 일어서지 못하겠니?

"이 말을 듣고 엘리자베스는 눈물을 닦으면서 말합니다."

나의 주님으로부터 위로를 받지 못하면 제가 누구로부터 위로를 받겠습니까? 나를 위해 가시면류관을 쓰신 분 앞에서 어떻게 감히 제가 금관을 쓸 수 있겠습니까?

헝가리 국립 박물관에 있는
선을 행하는 엘리자베스의 모습

"이 대화 속에서 우리가 알 수 있듯이 엘리자베스는 백작 부인 소피에와 그녀의 시종들의 경멸의 눈총 속에서 사랑을 받지 못하는 냉대 가운데 살았다고 보입니다. 엘리자베스는 성 안에 거하는 농노들 가운데서 지내면서 그들의 삶을 따라 살기로 마음을 먹습니다. 그러다가 가끔 열병에 걸려 고생하기도 하고 몸이 아파 자리에 누워 며칠 동안 일어서지도 못하는 경우도 있었습니다."

"이러한 소문이 퍼져 나가서 성 밖에

살고 있는 가난한 자들과 병든 자들이 그녀를 보기 위해 북적대며 올 때야 비로소 그녀의 삶이 알려지기 시작했습니다. 이 사실을 접한 소피에는 화가 머리끝까지 치밀었습니다. 성 주위가 그녀로 인해 지저분해진다는 것입니다."

"성에 거한지 10년이 지났습니다. 백작 헤르만이 세상을 떠나 남편이 될 루드빅이 그 백작위를 이어 받았습니다. 1221년 죽은 부친을 대신하여 백작위에 오를 때 루드빅은 21세의 나이로 14세의 나이인 엘리자베스와 결혼합니다."

나. 결혼생활

"루드빅과 엘리자베스 부부는 행복한 가정을 가꾸며 살아갑니다. 그는 엘리자베스를 아끼고 존경하고 위하는 남편이었습니다. 그녀는 그 사랑을 받으면서 시모 소피에의 미움 속에서도 잘 견디며 살아갑니다. 또 그는 엘리자베스의 기도 생활과 가난한 자들을 위해 자선하는 선행을 항상 권장했고 격려했습니다."

"두 사람이 결혼하기 전의 이야기입니다. 루드빅이 외국으로 여행하고 있을 때 소피에는 엘리자베스가 소문을 들을 수 있도록 거짓말을 꾸며 두 사람 사이를 이간질 시키려 했습니다. 루드빅이 비천한 농노의 딸을 사랑하고 있다는 소문이었습니다. 엘리자베스는 이런 소문을 벌리 있는 루드빅에게 전했습니다. 파발의 전갈을 들은 루드빅은 화가 났습니다. 그는 십자가가 그려져 있는 거울을 보내면서 다음의 말을 전했습니다."

> 내 사랑하는 당신에게 불신을 받고 사느니 나의 구세주를 배반하는 것이 낫겠습니다.

선행을 베푸는 엘리자베스

"이 메시지를 들은 엘리자베스는 매우 기뻤습니다. 돌아온 루드빅은 두 사람의 결혼을 공포했습니다. 이렇게 맺어진 결혼생활이 어떻게 아름답게 유지되지 않겠습니까?"

"또 이런 일이 있었습니다. 루드빅이 외국으로 갔을 때 엘리자베스는 자신의 재산을 가난한 자들에게 나누어주고 성으로 인근 사람들을 초청하여 여러 물품들을 나눠주었습니다. 젊은 백작이 집으로 되돌아 왔을 때 여러 성 관리자들은 그녀가 재산을 사람들에게 나누어준다고 고발했습니다. 그러자 루드빅이 말합니다."

그녀가 나의 지역의 모든 것을 팔았단 말인가?
그게 아니라 자선으로 나누어 주셨답니다.
그러면 그들이 우리들을 위해 하나님께 복을 빌었겠구먼!

"이렇게 말하며 남편은 빙그레 웃었다고 합니다. 매사에 루드빅은 아내가 하는 일을 믿었고 격려했습니다."

"또 다른 이야기가 있습니다. 어느 날 한센병 환자가 엘리자베스에게 도움을 청하기 위해 성 안으로 들어왔습니다. 모든 사람들은 그를 비껴 멀리 서 있었지만 엘리자베스는 그에게 찾아가 친절하게 루드빅의 침실로 모셔놓고 음식을 제공했습니다. 소피에가 이것을 보고 루드빅에게 메시지를 보냅니다. 심야에 성에 도착한 루드빅이 모친의 말대로 자신의 방에 한센병 환자가 누워있는 것을 발견하고서 하는 말입니다."

만왕의 왕 주님도 머리 둘 곳이 없다고 했는데 나일까 봅니까? 좋습니다. 오늘 밤은 거실에서 지내도록 하겠습니다. 그리고 잠이 오지 않으면 기도드리겠습니다.

"아침이 되어 일어나 보니 여전히 루드빅은 하나님께 기도드리고 있었습니다. 주님께서 자신의 침대를 사용하셨음을 감사드리면서…"

"이렇게 백작 부인으로서의 엘리자베스는 지속적으로 선행을 행했습니다. 그런 가운데 두 개의 병원을 지었고, 가끔 그곳의 환자들을 돌보았습니다. 또 고아들에게 필요한 재정적 지원을 아끼지 않았습니다. 그녀는 900여 명의 사람들을 성으로 불러들여 많은 것들을 베풉니다. 무턱대고 그들을 도와주지 않고 일할 수 있는 자들에게는 일자리를 주어 일하도록 강권했습니다. 행정력도 뛰어나서 남편을 도와 1226년 이태리로 가서 남편을 위한 업무들을 처리하기도 했습니다."

"루드빅과 엘리자베스는 슬하에 3명의 자녀들을 두었는데 불행하게도 아들 헤르만은 어린 나이에 죽었고, 딸 소피아는 브라반트의 공작부인이 되었습니다. 둘째 딸 게르트루드는 수녀원으로 들어갔습니다. 1227년 루드빅은 십자군에 가입하여 예루살렘으로 향하면서 십자가를 만들었답니다. 불행하게도 남부 이태리를 지나면서 그는 역병으로 죽고 맙니다. 이 소식을 접한 엘리자베스는 슬픔을 감추지 못했습니다."

'제 3의 수도회'에 가입하는 엘리자베스

이 세상은 나에게 등을 돌렸다. 이 세상에서 어떤 기쁨을 찾을 수 있을까?

"얼마 후 그녀는 슬픔을 극복하고 새로운 수도회, 즉 프란체스코 수도회의 일원이 되었습니다. 그들의 청빈과 자선이 그녀에게 매우 호감이 갔던 것이죠. 1228년 프란체스코 수도회의 '제 3의 수도회'에 가입했습니다. 그리고 마르부르그에 조그마한 집을 짓고 가난한 자들과 병든 자들을 위한 병원을 시작했습니다. 엘리자베스는 평생 동안 가난한 자들의 친구였고, 배고픈 자들에게 음식을 베푸는데 전적으로 헌신했습니다. 약한 자들을 돌봐주고 연약한 자들을 격려했습니다. 필요한 모든 자들에게 자선을 베풀었습니다. 장소를 가리지 않았고 그곳이 궁궐이든, 성이든, 거리든, 어디서든지 그러한 자를 만나면 친절하게 자신의 것을 나누어 주었습니다."

"세상을 떠나기 전에 한 사람이 물었습니다."

당신에게 남아있는 소유물들을 가지고 무엇을 해야 할까요?

나에게 속한 모든 것들은 가난한 자들의 것입니다. 그래서 내가 무덤에 들어가기 전에 입어야 하는 옷 외에는 모든 것을 그들에게 나누어주십시오.

"1231년 그녀는 세상을 떠났습니다. 그 때 나이 24세였습니다."

"교수님! 정말 아름다운 이야기입니다. 1,000년 동안 중세 사람들이 자녀들에게 이야기해줄 만한 덕담입니다. 그런데 궁금한 것이 있어요. 남편 루드빅이 세상을 떠난 후 엘리자베스가 '제 3의 수도회'에 가입했다고 하셨잖아요. 그것에 대해 간략한 설명을 부탁드립니다."

"프란체스코(1182~1226)는 복음을 따라 살기 위해 사람들을 한 자리로 불러 모았는데 그 모임을 '제 1의 수도회'라 부릅니다. 그런데 여성들도 프란체스코처럼 살기를 원했습니다. 그래서 그들을 위한 '제 2의 수도회'를 세웠습니다. 그리고 수도적 삶을 살고는 싶은데 가족이나 소유물을 포기하기를 원치 않는 사람들이 있었습니다. 그들은 가난하게 살기로 마음을 정하고 자신의 소유물로 사람들을 돕고 베푸는 자들이었죠. 그들을 가리켜 '제 3의 수도회'라고 합니다. 자유롭게 세상적 일을 하면서 봉사에 헌신하는 자들이라고 할 수 있죠."

"그럼 엘리자베스가 세상의 일을 하면서 평생 가난을 맹세하고 가난한 자들을 도우면서 살았다는 말씀이죠. 아~ 예! 이제 이해가 됩니다. 정말 고귀한 이야기를 들었습니다. 자녀들이나 친구들에게도 들려줘야겠습니다. 다음 강의는요?"

"다음에 강의 할 여인의 신앙은 불변의 신앙이라고 부르는 것이 좋을 것 같습니다. 정말 꺼져가는 등불도 끄지 않으시는 하나님의 자비와 약속을 인내로서 보답 받은 여인입니다. 남편의 폭행으로 여러 힘든 일들을 억울하게 당했지만 모든 것을 바꾸어 다시 일어서는 천상의 여인입니다. 그분을 만나보도록 합시다. 우리를 기다리고 있을 것입니다."

아샷시의 클라르와 헝가리의 엘리자베스,
제3의 수도회의 보호자

25 데오도라 : 욥과 같은 여인

1224-1270년

콘스탄티노플에 입성하는 십자군들

Theodora

추방을 당한 그녀는 사람이 살지 않고 동물만이 살고 있는 광활한 사막에서 살면서 추위와 더위로 고생합니다. 밤에는 추위와 야생동물로부터 위협을 받고, 낮에는 뜨거운 사막의 바람과 햇빛으로 고통을 받습니다. 배고픔과 목마름으로 괴롭고 힘들었던 그녀는 정말 하나님께 쉴만한 곳을 간청합니다. 이러한 고통의 시절이 5년째가 되면서 그녀는 말을 제대로 구사하지 못할 정도가 되었고, 주님께 제대로 간구하지도 못하게 되었습니다. 하지만 보다 더 강렬하게 순결한 삶을 추구했으며…

데오도라 Theodora

■ 후기 비잔틴제국의 내일을 예측할 수 없는 상황에서 등장한 보기 드문 여성 성자

"아르타의 데오도라(Theodora of Arta, 1224~1270)는 13세기 4차 십자군 운동을 이끄는 십자군들에 의해 비잔틴제국의 수도 콘스탄티노플 도시가 파괴당할 때 미카엘 2세 콤네노스 도카스와 결혼한 여인이었습니다. 당시 비잔틴제국은 추방당한 세 명의 후계자들, 즉 트레비촌드, 니카이아, 그리고 에피로스 등으로 인해 분열된 상황이었습니다. 다시 말하면, 데오도라는 후기 비잔틴제국의 내일을 예측할 수 없는 상황에서 등장한 보기 드문 여성 성자였다는 것입니다. 그런데 그녀가 살았던 시대는 복잡한 여러 이유들로 인해 모든 면에서 타락했던 시기였습니다. 특별히 십자군 운동으로 인해 도덕적, 사회적, 그리고 정신적으로 혼탁한 시대였습니다."

"여기서 우리가 만나는 데오도라는 귀족 출신이었습니다. 부친 요한 페트랄리파스는 귀족이었고 황제의 소개로 그녀의 모친 헬레나와 결혼합니다. 모친 역시 콘스탄티노플의 귀족 출신이었습니다. 결혼한 후 부친은 마케도니아와 데살로니카를 지배하도록 지명됩니다. 4차 십자군 운동으로 침략한 십자군들은 콘스탄티노플을 점령하였고 비잔틴제국 황제 알렉시우스 3세는 다른 사람들처럼 포로가 됩니다."

가. 4차 십자군 운동

"교수님! 십자군들이 본래는 예루살렘을 탈환하기 위해 일어난 정의의 기사들이었는데 어떻게 하여 콘스탄티노플을 점령하고 약탈했다는 것입니까? 도대체 이해가 되지 않습니다."

"아~ 예! 그것에 대해 제가 설명을 해야만 오늘의 데오도라에 대한 이야기도 이해되리라 여겨지네요. 18장 안나 콤네나를 소개하거나 19장 멜리센데를 설명하면서 1~3차 십자군 운동을 설명했던 것을 기억하시는지 궁금합니다. 아무튼 4차 십자군 운동은 가장 참혹하고 이해되지 않는 운동입니다. 어처구니 없다고 말하는 것이 더욱 나을 것 같군요. 설명하려는 저도 기가 막힙니다."

1) 발단

"19장에서 저는 3차 십자군 운동(1189~1192)에 대해 이야기하면서 영

4차, 5차 십자군 운동

국의 사자왕 리처드 1세, 로빈 훗, 그리고 아이반호의 이야기를 하면서 마무리한 것 같습니다. 3차 십자군 운동이 실패로 돌아가자 유럽인들은 이제 모슬렘들에 대한 십자군들을 일으키는 것에 관해 관심을 가지지 않았습니다. 혹시 컵의 물이 마지막 물방울에 의해 넘치는 것을 아십니까? 그렇다면 하루 중 가장 어두울 때가 동이 트기 직전이라는 것도 이해하시죠? 바로 4차 십자군 운동은 그러한 말을 적용할 수 있는 좋은 사건입니다. 다시 말씀드리면, 17장에서 마틸다에 대해 설명하면서 '성직자 수임권 논쟁'에서 로마교황들은 세속권력을 좌지우지 하는 계기를 마련했다고 말씀드렸잖아요. 그러한 11세기를 지나 13세기가 되면서 교황의 권력은 쇠퇴하고 약해지기 시작합니다. 교황권을 가장 최고로 이용한 사건이 바로 4차 십자군 운동이고, 이 운동이 실패하므로 교황권은 이제 쇠퇴하면서 몰락하게 되죠. 그러니 절정에 이른 교황권은 곧 쇠퇴와 몰락을 의미했던 것입니다. 조금 어려운 말씀이지만 잘 기억해둬서 우리의 삶 속에서도 적용했으면 합니다."

"그러니까. 교수님! 우리가 가장 힘들 때, 더 이상 일어설 수 없을 때, 막다른 골목에 섰을 때, 기댈 언덕이 더 이상 없을 때가 바로 하나님의 손길이 임하는 때라는 것이죠. 곧 기도할 때라는 것이죠. 위기 속에 기회가 있는 것입니다."

"예! 그렇습니다. 너무 힘들어서 더 이상 버틸 수 없을 때 그때가 바로 일어설 때입니다. 이 정도까지 말씀드렸다면 4차 십자군 운동을 설명하지 않아도 되겠네요?"

"아닙니다. 더욱 더 이해하기 위해 말씀해 주셔야죠. 그래야 우리의 삶에 적용할 수 있죠. 느끼기만 하면 되나요? 이해되고 체득이 되어야 적용할 수 있죠. 그래서 설명해주셔야 합니다. 교수님~"

"알겠습니다. 십자군 운동에 국가들이 참여하면서 군사력을 강화시키고 상업적 교류가 이뤄지면서 왕들은 세금에 의존하거나 교회권에 의존하여 군사력을 키우기보다는 재물로 군사력을 모을 수 있게 되었고, 상인들은 안전한 무역을 위해 왕의 군사력을 필요로 하게 되었습니다. 자연스럽게 '민족주의'가 일어났습니다. 그러니 교황의 무슨 명령에도 관심 없게 되었습니다."

2) 자라 공격

"그런 가운데서도 로마교황 이노센트 3세(1161~1216)는 1198년 새로운 십자군 운동을 제안하고, 눌리의 풀크의 감동적이고 강력한 설교는 십자군 운동을 다시 일어나게 합니다. 게다가 여러 가지 정치적 술책을 통해 1201년 주로 프랑스인들과 플랑드르인들(현재의 벨기에 서부 · 네델란드 남서부 · 프랑스 북부를 포함한 북해에 면한 중세의 국가들)로 구성된 십자군들은 이태리 베네치아 근처에 집결합니다. 이번에는 육로를 택하지 않고 해로를 이용하여 예루살렘으로 가겠다는 심산이었죠."

"많은 십자군들을 운송하는 배를 소유한 베네치아 사람들은 뱃삯을 다 물기 전에는 떠날 수 없다고 합니다. 그래서 그들은 거의 돈을 마련했지만 턱없이 부족했습니다. 단돌로와 베네치아 사람들은 헝가리 지역의 달마치아의 자라 항구를 점령해달라고 제안했습니다. 같은 기독교 지역을 공격하

단돌로의 설교

는 것이 힘들었지만 십자군 운동을 지연시키는 군주들에게는 로마 교황 이노센트 3세가 출교를 내릴 것이라고 위협했기 때문에 십자군들은 같은 기독교 도시를 전멸시킵니다. 십자군 운동에 필요한 재정 때문에 말이죠. 어처구니 없는 일이 일어난 셈입니다. 이런 어처구니없는 소식을 접하고 교황은 베네치아 사람들과 십자군들에게 출교를 명합니다."

3) 콘스탄티노플 공격

"한편 비잔틴제국은 왕권쟁탈전으로 인해 복잡해져 있었습니다. 황제 알렉시우스 4세는 자라 전투에 참여했던 스바비아의 필립의 조카였는데 삼촌 알렉시우스 3세로부터 황제권을 다시 갖도록 부탁합니다. 그 조건으로 이집트를 점령하는데 십자군을 돕겠다고 합니다. 그리하여 1203년 보스포루스에 십자군을 태운 선박이 도착했다는 소식을 들은 알렉시우스 3

콘스탄티노플에 입성하는 십자군들

세는 도망을 칩니다. 그런 후 알렉시우스 4세와 그의 부친이며 동생에게 황제직을 빼앗겼던 아이작 2세는 공동 황제로 비잔틴제국을 다시금 다스리게 됩니다."

"그런데 알렉시우스 3세의 조카 알렉시우스 5세는 1204년 공동 황제인 알렉시우스 4세와 아이작 2세를 몰아내고 말았습니다. 그러자 화가 난 십자군들은 콘스탄티노플을 포위하고 약탈과 학살을 시도합니다. 그리하여 플랑드르의 발드윈 1세(1204~1205)를 동로마제국, 즉 비잔틴제국 황제로 옹립합니다. 하지만 다음해 1205년 불가리아인들과의 아드리아노플 전투에서 그는 죽게 되고 그의 동생 헨리가 황제직에 오릅니다."

"이렇게 이룩된 비잔틴제국을 지배한 라틴왕국은 1261년까지 힘겹게 유지하다가 명목상의 황제직을 1383년까지 유지합니다. 하지만 실제는 비잔틴제국 황제들이 다스리게 됩니다."

"어때요? 복잡하지요. 하지만 잊지 말 것은 겉으로 내세운 '성지회복'이나 '예루살렘 탈환'은 헛된 망상이나 신기루에 불과합니다. 우리의 신앙생활에 있어 이러한 실수를 범하지 않기를 바랍니다. 진실로 말씀드립니다. 이러한 망상에 사로잡힌 광신적 신앙주의는 헛된 파멸을 안겨다 줍니다."

나. 초기 생애

"4차 십자군 운동으로 빚어진 사태뿐만 아니라 자체적으로도 왕권쟁탈전으로 인해 비잔틴제국은 내일 무엇이 일어날지 아무도 예측할 수 없는 가운데 혼란과 소요가 끊이지 않았습니다. 이런 가운데 데오도라는 태어납니다. 그녀가 태어날 때인 1224년경에 남편 미카엘 2세(약 1231~1267/8)는 데살로니카에 있었습니다. 어느 날 그는 아름다운 미모를 지닌 데오도라를 보고 첫눈에 반하고 맙니다. 그는 데오도라의 오빠들의 동의를 얻어 그녀를 합법적 아내로 맞이합니다. 1231년 미카엘 2세가 에피로스의 지도자가 된 후 데오도라는 그와 결혼합니다. 남편 미카엘은 자신의 영토 분쟁에 여념이 없었지만 데오도라는 자신이 가진 권한을 마음대로 사용하지 않으며 오히려 자신의 삶을 하나님께 드리며, 덕행을 좇으며 정숙하게 살고자 노력했음이 분명합니다. 겸손했고, 분을 내지 않고, 사랑하고, 온유하고, 불쌍히 여기고, 그리고 자비를 베푸는 삶을 삽니다."

"어린 나이에 미카엘과 결혼했던 그녀는 나이 16세 때에 첫 아들 니케포루스를 낳습니다. 1249년 그녀는 요한 3세 바타체스의 손자며 비잔틴 제국 데오도레 2세 라스카리스의 딸 마리아의 약혼식을 기해서 아타톨리아로 아들 니케포루스와 함께 여행하면서 1256년 아들과 함께 데살로니카로 갑니다."

다. 추방생활

"이제부터 그녀의 삶에 시련이 시작됩니다. 사탄은 그녀를 그대로 놓아두지 않았습니다. 그녀의 남편으로 하여금 음욕을 품게 하여 귀족 부인 강그레네를 범하게 하고 그의 정신 상태를 마술에 의존하지 않고는 살지 못하도록 만들고 맙니다. 정신이 혼미한 남편은 아내 데오도라를 가끔 경멸하기도 하고 이따금 구타하기 시작합니다. 더욱이 부하들을 시켜 데오도라를 지지하지 말 것을 강요하고 그녀를 존경하거나 그녀의 이름을 입 밖에도 발설하지 못하도록 합니다. 이런 고통을 당할 때, 데오도라는 자신의 위치를 탓하면서 불평하거나 반응을 하지 않고 오직 하나님만을 바라보며 지금까지 행했던 것처럼 여전히 행합니다. 결국 데오도라는 남편으로부터 추방을 당하고 맙니다."

“추방당하는 데오도라의 심정이 어땠을 것 같습니까? 그야말로 기가 차는 일이라 아니할 수 없습니다. 남편의 구박을 받는 것도 견디기 어려운 일이지만 다른 여인으로 인해 정든 집에서 아무 것도 걸치지 못하고 내침을 당하는 여인의 마음은 당한 사람 외에는 아무도 이해하지 못하리라 믿습니다.”

“추방을 당한 그녀는 사람이 살지 않고 동물만이 살고 있는 광활한 사막에서 살면서 추위와 더위로 고생합니다. 밤에는 추위와 야생동물로부터 위협을 받고, 낮에는 뜨거운 사막의 바람과 햇빛으로 고통을 받습니다. 배고픔과 목마름으로 괴롭고 힘들었던 그녀는 정말 하나님께 쉴만한 곳을 간청합니나. 이러한 고통의 시설이 5년째가 되면서 그녀는 말을 제대로 구사하지 못할 정도가 되었고, 주님께 제대로 간구하지도 못하게 되었습니다. 하지만 보다 더 강렬하게 순결한 삶을 추구했으며 자신의 삶을 비관하거나 불평하지 않고 그분을 찬양했습니다.”

“그런데 추방을 당할 때 이미 아이를 배고 있었는데 아이를 자신의 손으로 직접 출산합니다. 아이를 통해 힘들 때도 있었지만 그 아이로 인해 그녀는 말동무를 얻었고 위로를 받곤 합니다. 소망을 잃어버릴 때도 있었지만 아이를 통해 다시금 일어나서 하나님께 감사하며 찬양을 드리곤 했습니다. 그러던 어느 날 들판에서 야생풀을 뜯고 있는 그녀를 발견한 프레니스테의 마을의 어느 사제가 아이와 그녀의 출신을 알게 되었을 때 그녀를 자신의 집으로 인도하고 숨겨 주며 음식을 제공하였습니다.”

“마침 궁정에서는 이런 일이 발생합니다. 미카엘 도카스의 부하들은 사악한 여인 강그레네가 행한 엉큼한 일들을 알아차리고 황제에게 고하게 됩니다. 그때야 비로소 마카엘은 정신을 차리게 되었고, 추방시킨 데오도라를 기억하게 됩니다. 그녀를 찾도록 해서 궁으로 되돌아오도록 했습니다. 이제 모든 일이 제자리로 돌아왔습니다.”

라. 승리

"그들 두 사람은 그 이후부터 하나님을 사랑하고 섬기면서 자신들의 구원을 위해 헌신하며 행복하게 살았습니다. 존경을 받게 된 데오도라는 두 개의 아름답고 성스러운 수도원을 지었습니다. 하나는 판타나사고 다른 하나는 파나지아였습니다. 그녀는 위대한 순교자인 게오르기에게 하나의 수도원을 헌납했고 그것을 여성들을 위한 수녀원으로 운영토록 했습니다. 그곳에서의 그녀의 금욕, 자선, 자신의 죽음에 대한 예시, 그리고 죽은 태아를 살리는 기적 등은 정말 특이한 일이 아닐 수 없습니다. 그녀의 이야기는 아르타 사람들 가운데서 동정과 존경을 일으키고 있습니다."

"1267~1268년 사이에 데오도라는 2장에서 만난 데오도라와 6장에 소개된 아타나시아처럼 남편을 여의고 수도원적 삶을 살아갑니다. 9장에서 설명된 토마이스와 젊은 마리아처럼 그녀는 남편에게서 많은 고통을 받았지만 어느 경우에서라도 결혼이 결코 성결에 방해가 되지 않음을 우리에게 다시 한 번 분명히 보여줍니다. 이런 경건한 삶을 살다가 미카엘이 하나님의 부르심을 받자 데오도라는 수도원적 삶을 살기 위해 누추한 두루마기를 입었습니다. 수년 동안 그녀는 여러 방법으로 교회를 섬겼고 예식기들과 재정과 여러 일들을 모두 책임지면서 말없이 감당했습니다. 자신의 경건을 위해 덕행의 열매들을 맺었습니다. 그녀는 철야하며 밤새 하나님과 대화하며 시편과 찬송을

파나지아 교회

늘 불렀습니다. 금식하며 모든 수녀들의 종의 역할을 수행했습니다."

마. 죽음

"자신의 죽음을 미리 알게 된 그녀는 눈물을 흘리면서 교회 건립을 완성하도록 해달라고 간절히 하나님께 기도하면서 6개월을 더 살아갑니다. 예정된 시각이 점점 다가오자 그녀는 수녀들을 불러 모아서 정말 긴요한 예절에 관해 교훈을 주고 그들의 구원을 위해 간구한 후 기쁜 마음으로 하나님의 손에 자신의 영혼을 맡깁니다. 1270년 어느 날에 주님의 부르심을 받은 것이 틀림없습니다. 그녀의 시신은 자신이 설립한 수도원에 묻혔습니다. 하나님께서 그녀를 높이 드셨습니다. 그녀의 무덤을 통해 수많은 일들이 일어났습니다. 병든 자들과 아픈 자들이 그녀의 무덤에 가까이 오면 나았다고 합니다. 그녀 역시 생전에 암에 걸린 자를 낫게 한 적이 있었습니다. 먼 곳에서 오든 가까운 곳에서든 누구든지 자신을 찾아오는 사람들을 언제나 따뜻하게 맞이했던 귀하고 모범적인 여성이었습니다."

"그야 말로 천상의 누이였죠. 지상에서 당하는 고난과 고생을 참을 수 있는 것은 천상의 시민권을 바라보기 때문입니다. 집 떠나면 고생이라는 말이 있죠. 태어나면서부터 우리는 힘든 세상 속에서 살아갑니다. 물론 가끔씩 보람되고 행복한 순간을 맞이합니다만, 대부분 힘든 삶이죠. 그런데 아무리 힘든 여행이라도 돌아갈 가정이 있거나 되돌아갈 곳이 있으면 기나긴 여행을 참을 수 있습니다. 우리는

데오도라 교회

데오도라 교회에 있는 그녀의 무덤에 새겨진 그녀와 아들의 모습

돌아갈 본향이 있습니다. 그래서 현재의 고난을 참을 수 있는 것이죠."

"백번 맞는 말씀이십니다. 정말 그렇습니다. 자신이 하나님의 자녀임을 알고 있으면 현재의 고난을 이길 수 있으리라 믿습니다. 정말 훌륭한 여인을 소개해 주셔서 감사드립니다. 다음 여인이 어떤 분일까 기대됩니다."

"자신의 영적 체험을 글로 옮긴 여인입니다. 자신의 경험을 글로 옮겨 본 적이 있으십니까? 다음의 여성을 통해 그러한 도전을 받았으면 합니다. 그녀의 주옥같은 글도 함께 읽어보도록 합시다."

26 게르트루드 : 헬프타의 신비주의자

1256-1302년

게르트루드의 모습

Gertrud

헬프타의 수녀들을 위해 게르트루드는 성경 구절들을 읽을 수 있도록 단순하게 했으며 성자들의 교훈에 대한 저서들을 편집합니다. 그녀는 공직을 갖고 있지 않았지만 동료 수녀들에게 영적 조언자로 활동합니다. 서신을 통해 그녀는 수노원 밖에 있는 분들에게도 동일하게 조언의 활동을 합니다.

게르트루드 Gertrud

■ 성경연구와 종교 작품들을 집필한 여인

가. 초기 생애

"헬프타의 게르트루드(Gertrud of Helfta, 1256~1302)의 가문에 대해서, 또 어디서 그녀가 태어났는지 전혀 알려져 있지 않습니다. 수도원 고문서에 그녀의 가문에 대해 소개되어 있지 않은 것도 매우 특이한 일입니다. 지금까지 알려진 바에 의하면, 1256년 1월 6일 공현축일(Epiphany)에 태어났다는 것밖에 없습니다. 자신도 고아라고 했으니 자신의 출신을 아무도 알 수 없다는 말이겠죠. 아무튼 그녀는 5세 때 독일 아이스레벤의 헬프타에 있는 베네딕트 수도원의 학생이 됩니다. 헬프타는 시토(Cistercian) 수도회에 속해 있었습니다. 왜냐하면 공식적이지는 않지만 대체적으로 시토 관습을 따랐고 클레르보의 베르나르의 작품에 나오는 영적 생활을 준수했기 때문이라 여깁니다."

"10세 때 게르트루드는 수녀가 되어 라틴어와 수사학을, 수도원 전통, 베네딕트 규율, 성경, 그리고 예식에 대하여 계속해서 배워 15세나 16세 때에는 모든 것을 습득하였습니다. 학문을 배우면서 수도원 생활을 멀리하며 세속 작품들을 연구했지만 1281년 25세에 그녀는 부활하신 그리스도에 대한 영적 체험을 합니다. 그리스도께서 자신에게 '두려워 말라. 내가 너를 구원하며 해방시키리라'는 말씀을 듣게 됩니다. 이 말씀을 통해 자신의 삶은 변하게 됩니다. 그 때부터 성경연구와 종교 작품들만을 연구합니다."

"1289년 게르트루드는 그리스도께서 자신에게 자신이 받은 수많은 은혜들을 글로 옮기라고 하시는 말씀을 듣습니다. 처음에는 아무런 가치가 없는 것으로 여겨 거절합니다. 계속되는 그리스도의 말씀을 들으면서 글을 통해 다른 사람들을 감동시키고 격려할 수 있다는 생각을 갖게 됩니다. 그런 후 주님의 제안을 수용하고 글을 쓰기 시작합니다."

"헬프타의 수녀들을 위해 게르트루드는 성경 구절들을 읽을 수 있도록 단순하게 했으며 성자들의 교훈들에 대한 저서들을 편집합니다. 그녀는 공직을 갖고 있지 않았지만 동료 수녀들에게 영적 조언자로 활동합니다. 서신을 통해 그녀는 수도원 밖에 있는 분들에게도 동일하게 조언의 활동을 합니다. 그녀는 주로 독일과 라틴어로 글을 썼습니다. 현존하는 그녀의 두 작품들은 라틴어로 되어있습니다. 첫째 저서는 「신적 사랑의 선구자」(*Legatus divinae pietatis*), 그리고 두 번째 책은 「영적 훈련」(*Exercitia spiritua~lia*)입니다."

나. 「신적 사랑의 선구자」

"그녀가 쓴 첫 번째 저서 「신적 사랑의 선구자」는 5권으로 구성되어 있는데 그 중에서 2권만 게르트루드가 직접 쓴 것입니다. 특별히 1장에는 자신의 개종의 경험을 말하고 있습니다."

제가 26세 때의 일이었습니다. 그 날은 나의 구원의 날로서 1월 27일 월요일 가장 금욕적으로 살았던 어머니의 청결케 하는 축제의 날이었습니다. 그 시각은 한 날의 최종의 기도시간이었습니다.

나의 하나님! 모든 진리이시며, 빛보다 더 밝으신 하나님! 어떤 비밀이라도 당신 앞에서 숨길 수 없음을 믿습니다. 당신께서 나를 어두운 밤에 버리시지 않으시고 나를 따뜻하게 맞이해 주셨습니다. 저는 한 달 동안 마음이 매우 무거웠습니다. 당신은 나의 무력한 탑을 무너뜨리셨습니다. 그 때 저는 가장 허무한 삶을 살았고, 피곤한 삶을 살았음을 비로소 깨닫게 되었습니다.…이때부터 저는 당신의 은혜로운 향기를 맡으면서 새로운 마음과 기쁨으로 살기 시작했습니다. 저에게 매어준 멍에가 무겁지 않음을 느꼈습니다. 잠시 동안 짊어지고 가는 것뿐임을 알게 되었습니다.

"3~5권은 그녀가 아팠을 때 자신의 말을 받아 적도록 하여 쓴 것입니다. 3권은 그녀가 세상을 떠난 후에 집필된 것이며 다른 책들은 헬프타 수녀가 쓴 것입니다. 그 중에서 3권 42장에 나오는 굽어진 십자가에 대한 내용을 소개합니다."

침대 가까이에 있는 십자가가 나를 향해 기울어져 있어 나에게 떨어질 것만 같은 느낌이 들었습니다. 일어나서 그 벽에 걸려있는 십자가를 바로 잡았습니다. 그리고 이런 말을 했습니다. '사랑하는 주님! 왜 당신께서 이렇게 기울어져 있어야만 합니까?' 그러자 주님은 나에게 말씀하셨습니다. '나의 마음속에 있는 사랑이 너에게로 이끌기 때문이란다.' 그래서 십자가를 붙잡지 않고 가슴에 안고 입을 맞추면서 이렇게 말했습니다. '나의 사랑하는 주님은 나를 위해 이렇게 많은 배려를 하시는군요.' 주님은 '나에게 기대어라'고 말씀하셨습니다. 이 말씀을 하시면서 주님은 모든 사람들이 자신들의 고통과 역경들을 주님의 고난으로 감싸주시며 덮어주실 뿐만 아니라 향기 나는 삶을 살도록 하실 것임을 말씀하셨습니다.

다.「영적 훈련」

"게르트루드가 쓴「영적 훈련」은 7가지 교훈들, 명상, 그리고 기도들이 담겨 있습니다. 4가지는 교회의 예식에 관한 것들이고 나머지 3가지는 종교적 예배에 있어 부르는 시편과 독서에 관한 것들입니다. 수세기 동안 수도원에서 대표적으로 행해왔던 것들이었습니다. 현존하는 그녀의 작품들은 12세기~13세기의 수녀들의 작품들 가운데 매우 특별합니다. 남성 지도자들인 고백자들이나 편집자의 제안이 전혀 나타나지 않는 것이기 때문입니다.「영적 훈련」의 장에 나오는 하나님의 자비에 관한 내용을 소개해 드립니다."

오~ 진리이시고 공평하신 하나님! 제가 어떻게 나의 불법과 죄악을 다 아시는 당신 앞에 감히 나갈 수 있겠습니까? 나의 죄가 너무나 막중하여 감히 설 수 없습니다. 저는 기독교인으로서의 삶을 제대로 살지도 못했습니다. 자선의 행위를 제대로 행하지도 못했습니다. 완전한 자리에 나아가지도 못하고 있습니다. 저는 당신을 신뢰하는 면에서도 무척 게으릅니다. 감히 당신 앞에 나갈 수 없는 부끄러운 죄인입니다.

오~ 진리이시고 공평과 정의를 행하시는 하나님! 당신은 수, 무게, 그리고 자를 가지고 판단하십니다. 당신이 보시는 것마다 당신은 모든 것을 재시고 있습니다. 그렇다면 저는 천 번이나 저주를 받을 것입니다. 만일 나를 변호하시는 분이 없이 당신 앞에 있다면 저는 불쌍한 자일 수밖에 없습니다. 오~ 자비하신 하나님! 나의 도움이 되어주시기를 바랍니다. 저에게 말씀하여 주십시오. 저는 용서 받기를 원합니다. 그리하여 당신의 은혜 가운데 서하도록 하옵소서.
아멘.

"일반 여성들 가운데 글 쓰는 재능을 가지신 분이 많이 있습니다. 16장의 로즈비타와 18장의 안나처럼 말입니다. 특별히 자녀들을 키우면서 그들이 자라가는 것을 사진으로나 음성으로 다 담을 수 없는 것은 기록으로 남겨 감성을 표현할 수 있습니다. 그런 후 먼 훗날 그들이 자신들에 관한 기록을 읽게 될 때 그들이 갖게 될 감회와 부모님께 고마움을 가질 것을 생각해 보시기 바랍니다. 오늘의 게르트루드도 자신이 만난 주님에 관해 글을 남겼기에 지금 저희들에게도 큰 감명을 주지 않습니까?"

"교수님! 저는 듣는 것과 읽는 것을 좋아하는데 글을 쓰는 재주는 정말 없거든요? 글을 잘 쓰려면 어떻게 해야 하나요? 많은 책을 읽어도 안 되던데요?"

"책을 읽는 것과 글을 쓰는 것은 다른 영역입니다. 책을 많이 읽으면 읽을수록 점점 그 속도가 빨라지는 것처럼 글도 자꾸 써볼 때 그만큼 늘어납니다. 남에게 보여주려고 쓰는 것이 아니기 때문에 쓰다보면 어떻게 하면 잘 쓸 수 있는지 관심을 가지게 되고 관심을 가지다보면 늘게 되죠. 일상생활에서 일어나는 일들을 짧게나마 정기적으로 기록하는 것은 매우 중요합니다. 한번 시도해보시죠."

"교수님! 정말 유익한 정보를 알려주셔서 감사합니다. 다음 강의에는 어떤 여인이 등장합니까?"

"이태리 신비주의자 여성 안젤라를 소개해 드리겠습니다. 성찬식 때 받았던 은혜를 되새김하는 시간이 되기를 바랍니다."

27 안젤라 : 이태리 신비주의자

1248-1309년

안젤라

Angela

이런 일이 있은 그날부터 안젤라는 참된 회개를 하게 됩니다. 자신의 죄들을 위해 참회했고 프란체스코의 권면대로 청빈을 약속합니다. 남편, 아들, 모친이 일 년 내에 세상을 모두 떠나서 슬픔을 가눌 수 없었지만 오히려 그녀는 하나님께 온전하게 나아갈 수 있는 기회를 얻었다고 생각합니다

안젤라 Angela

■ 깊은 영적 체험을 통해 성찬식에 임하는 사람들에게 깊은 은혜를 체험케 하는 여인

가. 간략한 생애

"안젤라(Angela of Foligno, 1248~1309)는 아싯시에서 불과 16km 떨어진 이태리 도시 폴리그노에서 살았습니다. 그녀는 결혼하여 몇 명의 자녀를 두었습니다. 그녀가 30대 그러니까 1285년 그녀는 도덕적 위기와 같은 것에 직면했습니다. 어떤 죄를 범했는데 너무 부끄러워 자신의 고백자에게도 말하기가 어려웠습니다. 그래서 지옥에 간다는 두려움에 사로잡혀 있었습니다. 그녀는 아싯시의 프란체스코에게 간구했습니다. 물론 60여 년 전에 이미 세상을 떠났지만 꿈속에 나타난 그에게 구했던 것입니다. 그 꿈속에서 그는 그녀를 도울 것이라고 약속합니다. 얼마 후 그녀는 프란체스코 수도사인 친척을 만납니다. 그녀는 그에게 자신의 모든 것을 고백합니다."

"이런 일이 있었던 그날부터 안젤라는 참된 회개를 하게 됩니다. 자신의 죄들을 위해 참회했고 프란체스코의 권면대로 청빈을 약속합니다. 불행하게도 남편, 아들, 모친이 일 년 내에 세상을 모두 떠났습니다. 그녀는 슬픔을 가눌 수 없었지만 오히려 하나님께 온전하게 나아갈 수 있는 기회를 얻었다고 생각합니다. '이 풍랑 인연하여 더 빨리 갑니다'라는 찬송처럼 말이죠. 그래서 그녀는 자신의 재산을 모두 팔려고 합니다. 그러자 자신의 가문과 심지이 프란체스코 수도회 조언자들도 그녀를 만류합니다."

나.「회상」

"1291년 그녀는 로마 시를 방문합니다. 되돌아오는 길에 그녀는 자신이 소유한 모든 것을 가난한 자들에게 나누어 주게 됩니다. 그리고 프란체스코 수도회의 평신도 수도사가 됩니다. 그녀는 아싯시도 방문합니다. 그곳에서 수많은 환상적 체험을 하게 됩니다. 다음 해 그녀는 신부 아르날도에게 자신의 환상에 대해 말합니다. 회의적으로 듣던 신부는 마침내 그녀의 말을 믿고 그녀가 말하는 이야기들을 라틴어로 적기 시작합니다. 그 책이 바로「회상」(*Memoriale*)입니다. 그리하여 1296년 그 기록은 완성되고 그 지역에 널리 전파됩니다. 그리스도를 본받기 원하는 열정은 개종시부터 시작합니다. 자신의 몸이 그리스도의 몸에 연결되어 있음을 알았습니다. 십자가에 달리셨던 주님을 생각할 때에 자신의 죄가 생각이 나서 그녀는 회개할 수밖에 없었습니다."

제 자신이 그리스도를 못 박았다는 것을 느꼈습니다.

"그런 후 십자가 앞에서 자신이 입고 있는 모든 옷을 다 벗고 그분에게 자신을 드리면서 자신의 순결을 맹세합니다. 그리하여 자신의 몸은 그리스도와 연합된 그분의 도구라고 여깁니다."

영속적으로 순결성을 유지할 것을 그분에게 약속했습니다. 자신의 육신에 있는 모든 것을 하나씩 버리면서 계속하여 그에게 드렸습니다…만일

> 제가 십자가 앞으로 나아가기를 원한다면, 나는 더 밝아지기 위해 자신을 벗어야만 할 것이고 벌거숭이가 되어야만 할 것입니다.

"그러자 그리스도께서 그녀에게 나타나셔서 피가 아직도 흐르고 있는 못자국난 손과 발을 보여주십니다. 그녀는 자신이 얼마나 큰 죄인인지 더욱 느끼게 되었고 죄를 놓고 하나씩 기도하기 시작합니다. 그때부터 그녀는 기도할 때마다 십자가의 주님을 늘 그렸습니다."

"그 후부터 그녀는 그리스도와 연합된 삶을 사는 다섯 가지 경험을 하게 됩니다. 첫 번째 경험은 아싯시를 방문하고 집에서 십자가의 고통을 당하신 그리스도를 묵상하고, 육체를 찢었던 못들을 묵상합니다. 묵상할 때 그녀는 그분이 보여주신 사랑의 고난을 통해 몰려오는 감정과 은혜를 억제할 수 없었습니다. 한 없이 눈물을 흘렸습니다. 그러다가 그녀는 엎드리고 맙니다."

"두 번째 경험은 성찬식에서였습니다. 성찬식에서 분잔과 분병이 이뤄질 때 그녀는 자신의 몸 안에 그리스도께서 계심을 강하게 느낍니다. 자신의 몸 안에서 무엇인가로부터 분리되어지는 느낌을 받습니다. 그러면서 그리스도의 몸으로 연합되는 것을 느끼는 순간 한없는 기쁨을 느꼈던 것입니다."

"세 번째 경험은 자신 안에 있는 그리스도를 느낀 것입니다. 십자가를 바라보면서 그리스도께서 자신을 안고 계시는 환상을 봅니다. 그 순간 그는 무엇인가를 느낍니다."

> 그리스도께서 내 안에 계심을 느꼈고, 나의 영혼이 그의 못 박히신 팔에 안김을 느꼈습니다.…갑자기 나의 영혼은 사랑으로 불탔고, 모든 지체들이 하늘의 즐거움을 갖는 듯 했습니다.

"네 번째 경험은 그분의 무덤에서 자신이 그리스도를 안았고, 그리스도께서 자신을 안고 계심을 느낍니다. 이러한 느낌은 다음과 같았다고 말합니다."

> 눈을 감고 죽은 채로 누워있는 그리스도의 가슴에 입을 맞추었습니다. 그리고 그분의 입술에 입을 맞추었습니다. 기쁨의 향기를 맡을 수 있었습니다. 그런 후 그리스도의 얼굴에, 그리스도의 손,…그러면서 그리스도께서 나에게 하시는 말씀을 들을 수 있었습니다. '이곳으로 오기 전에 나는 너를 이미 알고 있었다.' 나는 감은 눈, 움직이지 않는 입술을 보면서 당시의 그분을 그렸습니다.

"다섯 번째 경험은 성찬식에서 그리스도께서 어디든 계신다는 것을 그녀는 강하게 느낍니다."

> 나의 영혼은 삼위일체 하나님 안에 있는 느낌을 받았습니다. 그리스도의 몸이 내 안과 어디든 계심을 깨닫게 되었습니다. 그리스도께서 나의 영혼의 필요한 것을 어디서든 채워주심을 믿게 되었습니다.

다. 「교훈집」

"1296년 안젤라는 폴리그노에서 조용히 살았던 것처럼 보입니다. 하지만 그녀의 영향력은 대단했습니다. 특별히 프란체스코 수도회의 탁발 수도사들에게는 더욱 그러했습니다. 그들은 프란체스코가 세상을 떠난 후 수도회의 쇠퇴를 보면서 개혁할 방도를 찾고 있었는데, 그녀가 영적 생활에 대한 글을 썼기 때문에 그들이 호감을 가진 것입니다. 그녀가 죽은 후 이러한 교훈들이 편집되어 지금의 「교훈집」(*Instuctiones*)이 된 것입니다.

「회상」은 9장으로, 「교훈집」은 36절로 구성되어 있는데 그 중에서 3절을 소개합니다."

> 기도의 목적은 하나님과 자신을 명료하게 하는 것 외에 다른 것이 아닙니다. 하나님과 자신이 명료해지면 완전하고 참된 겸손으로 들어갈 수 있습니다. 이 겸손은 영혼이 하나님과 자신을 보는 것을 의미합니다. 심오한 겸손에서 그리고 이러한 겸손에서 하나님의 은혜는 영혼 깊은 곳으로 들어오고 그리고 자라납니다. 하나님의 은혜가 영혼 속에서 겸손을 깊게 하면 할수록, 하나님의 은혜는 겸손의 깊은 속에서 자라날 수 있습니다. 하나님의 은혜가 자라나면 자랄수록 영혼은 더 깊게 돈독하여지고, 참된 겸손의 경지에 이를 수 있습니다. 참된 기도를 계속하면 하나님의 빛과 은혜가 그만큼 성장할 것입니다. 그리하여 영혼은 겸손 안에서 심오해집니다. 나는 하나님과 자신을 명료하게 하는 것보다도 더 큰 것을 보지 못했습니다. 이러한 발견은, 즉 하나님과 자신을 명료하게 하는 것은 참된 기도에 자신을 헌신하는 하나님의 합당한 딸과 아들에게 주어지는 것입니다.

"예수 그리스도의 고난을 기념하는 성찬식에 참여하여 느낀 은혜를 다시 한 번 안젤라는 우리들에게 상기시킵니다. 이사야 53:5~10의 말씀입니다."

> 그가 찔림은 우리의 허물을 인함이요 그가 상함은 우리의 죄악을 인함이라 그가 징계를 받음으로 우리가 평화를 누리고 그가 채찍에 맞음으로 우리가 나음을 입었도다. 우리는 다 양 같아서 그릇 행하여 각기 제 길로 갔거늘 여호와께서는 우리 무리의 죄악을 그에게 담당시키셨도다. 그가 곤욕을 당하여 괴로울 때에도 그 입을 열지 아니하였음이여 마치 도수장으로 끌려가는 어린 양과 털 깎는 자 앞에 잠잠한 양 같이 그 입을 열지 아

니하였도다. 그가 곤욕과 심문을 당하고 끌려갔으니 그 세대 중에 누가 생각하기를 그가 산 자의 땅에서 끊어짐은 마땅히 형벌 받을 내 백성의 허물을 인함이라 하였으리요. 그는 강포를 행치 아니하였고 그 입에 궤사가 없었으나 그 무덤이 악인과 함께 되었으며 그 묘실이 부자와 함께 되었도다. 여호와께서 그로 상함을 받게 하시기를 원하사 질고를 당케 하셨은즉 그 영혼을 속건 제물로 드리기에 이르면 그가 그 씨를 보게 되며 그 날은 길 것이요 또 그의 손으로 여호와의 뜻을 성취하리로다.

"그렇습니다. 교수님! 저도 성찬식 때에 받았던 은혜를 잊을 수 없습니다. 그분의 몸을 상징하는 떡을 양손에 받들고 기도를 드리면서 다짐했습니다. '주님! 당신께서 말씀하시기를, 내 말이 네 안에 네가 내 안에 있으리라고 하신 것을. 주님! 마음을 엽니다. 당신을 나의 주, 나의 하나님으로 모십니다. 좌정하셔서 나의 주인이 되시옵소서. 그리하여 당신으로 인하여 즐거워하고, 당신으로 인하여 이것도 하고 저것도 하게 하옵소서. 당신의 뜻이 나에게 이뤄지기를 간절히 바랍니다. 다시는 당신의 고난을 잊지 않겠습니다.' 그런 후 그분의 잔을 들고 이렇게 기도했죠. '주님, 당신이 나를 위해 흘리신 보혈을 상징하는 것을 이 시간 마십니다. 당신의 골고다 언덕을 늘 기억하게 하옵소서. 주여~ 주여~'하며 외쳤던 순간을 기억합니다. 이렇게 기도하며 하염없이 흐르는 눈물을 멈출 수 없었던 때를 기억합니다. 교수님! 정말 감사합니다. 잠시 잠간 잊고 있었던 주님의 사랑의 체험을 기억나게 하시니 말입니다."

28 마가렛 : 명상법

1310년 사망

마가렛

Marguerite

1288년에 이르러 마가렛은 라틴어로 「명상록」을 쓰기 시작했다가 후에 평신도들이 읽기 쉽도록 다시 씁니다. 1294년에 이르러 그녀의 가장 대중적인 작품이 됩니다. 어느 카르투지오 선임자는 이 작품을 최고 지도자에게 보입니다. 그러자 너무나 좋은 내용임을 알고 그 지도자는 복사하여 널리 읽히도록 합니다.

Marguerite

■ 말씀을 어떻게 묵상하고 명상해야 하는지를 잘 설명한 여인

"오늘 우리가 만나볼 여인은 카르투지오 공동체에 속한 수녀입니다. 그리고 말씀을 어떻게 묵상하고 명상해야 하는지를 잘 설명한 여인입니다. 우리는 성경을 읽고, 듣고, 묵상하고, 그리고 지키는 훈련이 늘 필요한데 오늘의 여인을 통해 그것에 관한 도전과 해결을 보실 수 있으리라 믿어집니다. 그럼 그분을 만나보도록 하겠습니다."

가. 카르투지오

"교수님! '카르투지오'라는 공동체는 어떤 것입니까?"

"카르투지오 수도회를 1084년 창립한 분은 독일의 수도사인 브루노(1030~1101)입니다. 그는 여섯 명과 함께 수도원을 시작합니다. 그곳에는 수도사들과 수녀들이 함께 기거합니다. 그들은 베네딕트가 만든 '규율'보다 자신들이 만든 독자적인 '규칙'을 갖고 있었습니다. 그 규칙은 은자적 삶과 시노바이트(2장에서 소개한) 삶을 결합하여 만든 것입니다. '카르투지오'라는 이름은 알프스에 있는 프랑스 언덕에서 따온 이름입니다. 브루노는 그곳에 최초의 수도원을 만든 것이죠."

카르투지오 독방

"그곳의 카르투지오들은 공동 기도와 주일 성찬 외에는 독방에 들어가서 대부분의 삶을 지냅니다. 그래서 일반 형제들이 찾아와 수도원에 필요한 것을 제공합니다. 그들은 '변하지 않았기 때문에 개혁할 필요가 없다'고 지금도 주장할 만큼 과거의 모습을 그대로 존속시키고 있습니다."

"독방, 즉 작은 집에서 주로 혼자 생활하는데 마룻바닥에, 침대, 책상, 그리고 창문만이 있습니다. 물론 화장실과 세면장도 있겠죠. 이층에는 작업장이 조그맣게 있고요. 개인이 작은 정원도 가꿀 수 있는 아주 작은 공간의 집이라고 상상해도 됩니다. 그곳에서 그들은 묵상합니다. 그리고 참! 카르투지오 공동체에서는 여자 대수도원장이나 대수도원장이 지금도 없습니다. 카르투지오 수도회는 노인들을 위한 병원을 짓고 소년들을 위한 학교를 세웁니다."

나. 생애

"도이그트의 마가렛(Marguerite d'Oingt, 1310년 사망)은 프랑스 리용 지역에서 권력을 가진 가문의 출신입니다. 이 외에 그녀와 관련된 개인적 삶에 대해서는 전혀 알려진 바가 없습니다. 그녀는 폴레타인에 있는 카르투지오 공동체에 속해 있었으며 1288년에 이르러 그녀는 그곳의 최고 선임자가 됩니다. 남성들과 함께 얼마 되지 않는 여성들이 이 수도원에 가입했는데 마가렛도 이 수도원에 가입하여 묵상 훈련을 합니다."

"1288년에 이르러 마가렛은 라틴어로 「명상록」(*Pagina Meditationum*)을 쓰기 시작했다가 후에 평신도들이 읽기 쉽도록 다시 씁니다. 1294년에 이르러 그녀의 가장 대중적인 작품이 됩니다. 어느 카르투지오 선임자는 이 작품을 최고 지도자에게 보입니다. 그러자 너무나 좋은 내용임을 알고 그 지도자는 복사하여 널리 읽히도록 합니다. 그 외에도 여러 작품들을 그녀가 썼지만 현존하지 않고 있습니다. 그녀의 현존하는 마지막 작품은 1303년에 쓴 「오르나시오의 베트리스의 생애」(*Life of Beatrice of Ornacieux*)입니다."

"그녀가 이렇게 글을 쓰는 주된 목적은 명상하는 법을 널리 알려 누구나 쉽고 바르게 수행하도록 하기 위함이었습니다. 그래서 여러 예화들이 많이 등장합니다. 이런 예화들을 숨기지 않고 그대로 드러내는 것이 그녀의 작품의 특징이라 할 수 있습니다. 자~ 그러면 그녀의 작품의 세계로 들어갑시다."

다. 「명상록」

"1286년 미사에서 자신이 경험한 것을 상술하면서 마가렛의 첫 작품은[14] 시작합니다. 자신이 지은 죄들과 하나님의 은혜를 생각하기 위해 그녀는 찬송을 간절히 부릅니다. 죄들을 생각하면서 자신의 욕망을 떨쳐버리고 자신을 비웁니다."

> 남성이나 여성들의 마음들은 너무나 산만하여 어느 한 곳에 집중하거나 머무는 것을 싫어한다고 생각했습니다. 왜냐하면 하나님께서 내 마음에

14) 계속되는 글들은 Magaret, *Pagina Meditationum*, trans. Renate Blumenfeld-Kosinski (Newburyport, Mass.: Focus Information Group, 1990)에서 발췌한 것입니다.

명하셨던 것을 집필하려고 했을 때 내 마음에 있는 것을 포기하기가 어려웠고, 그의 은혜를 조금씩이라도 생각하는 일이 그렇게 쉬운 일이 아니었습니다. 이런 이유 때문에 이 책을 읽는 모든 분들에게 부탁드리는 것은 내가 감히 이것을 쓰려고 마음먹었다는 것을 기분 나쁘게 생각하지 않았으면 하는 마음입니다. 왜냐하면 내 마음으로부터 이런 것들을 어떻게 취하는 것인지 하나님께서 내 마음에 역사하신 은혜가 없었으면 불가능했기 때문입니다.

"마가렛은 성찬에서 처음으로 은혜를 경험한 이후 모든 것을 적기로 마음을 먹게 되죠."

나의 죄가 기억나기 때문에, 나의 깊은 곳에 감추어져 있는 것이 있기 때문에 내가 이것을 쓰기 시작하는 시간부터 나를 늘 괴롭혔습니다. 하지만 우리는 내가 어떻게 하여 그분에게로 완전히 개종하게 되었는지 알기를 바랍니다.

"마가렛은 하나님의 사랑과 자비에 관한 많은 실례들을 들고 있습니다. 특별히 하나님의 사랑을 부친, 형제, 모친의 사랑으로 묘사하고 있습니다."

사랑의 주님! 당신이 만일 저에게 사람들에게 종노릇하며 섬기는 일만 허락 하셨더라도, 저는 만족했을 것입니다.

사랑의 주님! 심지어 당신께서 저를 위해 아무 일도 하지 않으신다 하더라도, 저는 당신을 사랑했을 것입니다. 왜냐하면 당신은 저에게 은혜를 베푸셨기 때문입니다. 그 은혜로 인하여 저를 사랑해 주시는 당신의 사랑을 강하게 붙잡을 수 있고, 당신 외에는 어느 누구도 의지하지 않을 수 있기 때문이지요….

도이그트의 마가렛

사랑의 주님! 제 주위에 너무 많은 적들이 있습니다. 저를 도와주시기를 간청합니다. 그런 적들은 세상, 육신, 그리고 악마들입니다. 세상은 저를 영예와 부를 택하여 자신을 만족시키라고 유혹합니다. 육신은 게으름과 졸음으로 가득 차서 영혼을 늘 거슬리고 있습니다. 악마는 낮이고 밤이고 두루 다니며 저를 넘어뜨려 죄를 짓도록 합니다. 하지만 저는 당신의 넘치는 선하심을 신뢰할 것입니다. 제 발 밑에 전적으로 무가치한 세상을 두는 것처럼, 저는 당신께서 저를 엄습하고 있는 육신과 악마를 제가 추방시킬 수 있도록 인도하시리라 믿습니다.

사랑의 주님! 당신께서 제가 해야 할 일을 명하셨음을 압니다. 당신의 율법을 적고, 당신의 명령을 적어 지워지지 않기를 원하심을 압니다.

사랑의 주님! 게으름과 졸음으로 가득 찬 저의 육신을 저도 잘 아오니 저의 영혼이 저의 의지를 따라 행하도록 하옵소서.

사랑의 주님! 저는 당신의 위안보다도 다른 것에 오는 위안에 익숙해져 있음을 잘 알고 있습니다. 저를 기억하실 때에 당신의 사랑으로 가득 차게 하셔서 당신 안에서 기쁨을 누리게 하옵소서. 사랑하는 주님.

“이제 마가렛은 독자들에게 어떻게 묵상할 것인지 관해 가르침을 줍니다. 서문에서 이것을 쓰는 이유를 다음과 같이 간략하게 밝힙니다.”

> 당신들이 들었던 것들은 모두 우리 주님께서 자신의 친구들에게 베푸신 은혜에 대하여 말씀하신 것을 다른 사람들에게 전하라고 하신 것으로 나는 여깁니다. 당신들의 구원이 나의 구원이 되기를 바라는 갈망이 있기에 저는 당신들에게 가능하다면 간략하게 그렇게 오래 전이 아닌 때에 ‘제가 잘 아는 분’이 주신 것을 나누고자 합니다. 그리하여 당신들이 가능하다면 이런 은혜를 마음껏 누릴 수 있기를 바랍니다. 제 생각에는 하나님께서 이것을 원하신다고 여깁니다.

“독자들을 돕기 위해 마가렛이 ‘제가 잘 아는 분’이라고 표현했던 것은 자신이 묵상하면서 느꼈던 주님에 대한 자신의 감정에서 나온 것입니다. 먼저 그녀는 그리스도께서 닫혀 있는 책을 들고 자신 앞에 서 계심을 상상합니다. 하지만 그녀는 그 책의 겉표지를 볼 수 있었지만 책 안을 볼 수 없었습니다. 예수님의 인간성에 관한 책을 연구하고 자신의 양심을 연구할 때에만 알 수 있는 것이었습니다. 그녀는 하늘에 계신 하나님을 생각하려고 노력했습니다.”

> 하지만 자신이 그 책에 따라 자신의 삶을 바꿀 때에만 우리 주 예수 그리스도께서 지상에서 이끄셨던 삶으로 되돌아올 수 있습니다. 이런 방법으로 오랫동안 그녀는 명상했던 것입니다.

“그래서 그리스도께서 그 책을 펴실 때까지 오랫동안 닫힌 책을 바라보고 있었습니다.”

> 이 책은 아름다운 거울과 같았습니다. 오직 두 페이지 밖에 없었습니다.

그 안에서 본 것에 대해 저는 당신들에게 조금만 말할 수 있습니다. 왜냐하면 그것을 온전히 이해할 수도 없었거니와 그것을 말할 수도 없기 때문입니다. 그럼에도 불구하고 하나님께서 저에게 은혜를 베푸신다면, 당신들에게 조금이라도 말하기를 원합니다.

"책이 마침내 펼쳐지자 페이지들은 하늘에 있는 천사들과 성자들을 반영하고 있었습니다. 그들은 너무나도 행복하게 보였습니다. 그래서 영광을 받으신 그리스도를 그녀로 하여금 다음과 같이 상상하게 했습니다."

그녀의 마음은 너무나 황홀해서 자신이 온 세상보다 더 넓은 곳에 있었다고 생각할 정도였습니다. 태양보다도 더 밝았습니다. 그 곳은 이 세상의 그 어느 것보다 아름다웠고 영광스러웠습니다. 사람의 입술로써 말할 수 없었습니다.

그녀는 다른 사람들 가운데서 예수 그리스도를 볼 수 있었습니다. 너무나 영광스러워서 누구라도 그것을 쉽게 알아 볼 수 있었습니다. 그분은 영광의 가운을 입으셨습니다. 손과 발에는 영광의 상처를 그대로 지니고 있었기 때문에 아직도 우리를 사랑하심을 알 수 있었습니다. 이런 영광스러운 상처로 인하여 놀라운 빛이 우리에게 비췄던 것입니다. 마치 신성의 아름다움이 그것을 통해 비취는 듯 했습니다.

이런 영광스러운 몸은 너무나 귀하고 투명하기 때문에 모든 사람이 그 안을 볼 수 있습니다. 이 몸은 너무나 고귀하기 때문에 모든 사람이 자신을 반영해 볼 수 있습니다. 이 몸은 너무나도 아름답기 때문에 모든 사람이 천사들과 성자들을 볼 수 있습니다.

"마가렛은 이런 광경을 실제로 손으로 만지듯이 또 직접 눈으로 보듯이 독자들에게 설명하고 있습니다."

그분의 놀라운 아름다우심을 상상해 보십시오! 그분이 모든 천사들과 모든 성자들에게도 주셨던 것입니다. 너무나 밝고 밝음이 강렬한 만큼 그 장소의 아름다움을 당신은 상상할 수 있을 것입니다.

자신의 친구들에게 자신이 소유한 모든 것을 주신 그분의 위대한 선하심을 상상해 보십시오! 그들을 위해 그분은 모든 것을 행하셨습니다. 그 모든 것을 만드셨고, 영광스럽게 하셨고, 그리고 그들이 삼위일체 하나님을 보도록 하셨습니다. 그분 앞에 있는 거울과 같습니다. . .

성자들이 우리 주님의 아름다우심을 보는 것으로 즐거워하는 것처럼, 우리의 선하신 창조자는 자신의 형상과 모양으로 지으신 아름다운 모든 피조물들의 아름다움과 사랑으로 즐거움을 삼으셨습니다. 그리하여 선하신 주님은 그 아름다우심을 보기 원하십니다.

우리 주님과 성자들에게 명시하신 영광에 대한 아름다움을 명상하기 위해 마음을 다하는 사람은 하나님께서 선지자 다윗을 통하여 성자들에게 약속하신 것을 지키신다고 말합니다.

이 세상에 우리의 마음을 두지 않기 때문에 우리의 사랑이 머물 곳도 없습니다. 그 이유는 우리 주님의 아름다우심을 우리가 이미 알고 있기 때문입니다.

라. 「오르나시오의 베트리스의 생애」

"베트리스는 1303년 세상을 떠난 카투리지오 수녀들 중 한 분입니다.

마가렛은 그녀를 개인적으로 잘 알고 있었으며 베트리스가 세상을 떠난 후 그녀의 삶에 대해 썼던 것으로 여겨집니다. 이 작품은 성인전의 한 부분이지만 마가렛은 그녀의 덕행에 초점을 맞추고 있습니다. 한 부분만 소개하겠습니다."

> 그녀는 말에나 행동에서 매우 겸손했습니다. 그녀는 자신과 동반하는 사람들 가운데 가장 겸손했고 자선을 많이 행했습니다. 그녀는 악마의 유혹을 두려워하였으며 자신의 연약함을 위해 심각한 금욕과 절제를 감행했습니다.…
>
> 하지만 모든 것을 두려워하면서 행했습니다. 그래서 우리 주님께서 모든 것을 도우셨습니다.

"시편 1편에 보면, 의인은 주야로 주님의 말씀을 묵상한다고 되어 있습니다. 신명기에서는 주님의 말씀을 앉았을 때에나, 길을 걸어갈 때에나 항상 묵상할 것을 권합니다. 그래서 시편 기자는 '주의 말씀은 내 발의 등이라'고 고백합니다. 말씀 없이 우리는 어두운 세상을 살아갈 수 없고, 말씀을 묵상하지 않고는 그 참된 의미를 찾을 수 없습니다. 이런 면에서 마가렛의 「명상록」은 큰 의미를 담고 있죠."

"정말 그렇습니다. 교수님! 말씀을 건성으로 읽는 저에게는 큰 도전이 됩니다. 말씀을 다시금 읽으면서 묵상하는 법을 다시 한 번 배워야겠다고 느낍니다. 감사합니다."

29 마가렛 : 베긴파

1310년 사망

마가렛

Marguerite

1308년 중엽 그녀는 진리를 말할 것을 맹세하기 위해 교회 법정 앞에 서기를 원했으나 오히려 거절당하고 파리 감옥에 갇히고 맙니다. 1310년 4월 신학자들은 그녀의 책에 이단성이 있다고 결정합니다. 이런 혐의들은 사형 죄에 해당되지는 않지만 교회 법률가들은 그녀가 자신의 책에 대하여 캄브라이 감독에게 말하지 않았다는 것이 중한 죄가 되어 정죄 받게 됩니다.

Marguerite

■ 문학, 성경, 그리고 다른 종교 작품들에 깊은 조예가 있었던 여인

"뽀레떼의 마가렛(Marguerite Porete/ Porette/ Marguerite of Hainault, 1310년 사망)에 대한 생애는 전혀 알려진 바가 없고 그녀에 대한 '이단 공판'의 기록에서만 찾아볼 수 있습니다.[15] 그녀를 고소한 사람들은 그녀를 '베긴파'라고 했습니다. 하지만 비난한다는 의미로 그렇게 불렀던 것이지 그녀가 실제로 베긴파였는지 전혀 알 길이 없습니다. 작품들을 보면, 마가렛이 문학, 성경, 그리고 다른 종교 작품들에 깊은 조예가 있었음을 알 수 있습니다."

"교수님! 또 질문해도 되나요? 궁금해서 견딜 수 없네요. 마가렛이 이단 공판에서 죽임을 당한 것처럼 말씀하셨잖아요. 이단 공판이란 것이 무엇인지 궁금하고요. 그리고 또 있어요. '베긴파'라는 게 뭐에요?"

"'천상이 누이들'이 교회사와 연관되어 있기 때문에 생소한 용어가 나타나면 이해가 되지 않는 부분들이 많죠. 질문을 막지 않겠습니다. 하지

15) Henry Charles Lea, *A History of the Inquisition in the Middle Age*, vol. II (New York: Macmillan, 1922), 575-8.

만 동시에 두 질문을 하시면 대답하는 제가 힘들거든요. 그래서 여기서는 '이단 공판'에 관해서만 간략히 설명하고, 이 장 끝부분에 가서 '베긴파'를 설명해도 괜찮겠어요?"

"예! 그렇게 해주시면 제가 얼마나 고마운지…모르시죠?"

"그럼 생애를 간략하게 다루면서 그녀의 '이단 공판'을 설명하도록 할게요."

가. 생애

"1300년대 초 그녀는 발렌치엔느 근교에 살고 있었습니다. 그녀의 출생, 어린 시절, 그리고 배경 등은 우리가 전혀 알 길이 없습니다. 단순히 그녀가 이단 공판에 소환되기 전까지 그곳에 살았다는 것이죠. 발렌치엔느는 현재 벨기에 지역입니다. 이것 역시 그녀가 1306년에 쓴 「단순한 영혼의 거울」(*Mirouer des simples ames*)에서 나온 것입니다. 이 책은 캄브라이 감독에 의해 정죄를 받고 불태워진 것입니다. 그것을 읽는 자들에게는 출교가 내려졌죠. 마가렛은 계속하여 성직자들의 권위를 괴롭혔기 때문에 당시의 성직자들은 그녀에 대해 많은 반감을 가졌던 것입니다. 그래서 그녀가 이른 나이에 죽었기 때문에 충분한 저서들을 남기지 못했다고 여겨집니다."

"1308년 중엽 그녀는 진리를 말할 것을 맹세하기 위해 교회 법정 앞에 서기를 원했으나 오히려 거절당하고 파리 감옥에 갇히고 맙니다. 1310년 4월 신학자들은 그녀의 책에 이단성이 있다고 결정합니다. 이런 혐의들은 사형 죄에 해당되지는 않지만 교회 법률가들은 그녀가 자신의 책에 대하여 캄브라이 감독에게 말하지 않았다는 것이 중한 죄가 되어 정죄 받게 됩니다. 또 그녀가 자신의 책의 내용에 대하여 맹세하기를 계속 거절했기 때문에 그녀는 5월 말에 이단성을 재발한 자로 정죄를 받게 됩니다. 그리고 6월 1일 참혹한 화형에 처해집니다."

나. 이단 공판

"마가렛은 중세 후기에 선행과 자선을 많이 행했던 여성들의 종교 단체, 즉 베긴파에 속한 일원이었습니다. 지금부터 소개되는 내용은 그녀의 공판에 관한 기록들을 중심으로 발췌하여 말씀을 드리도록 하겠습니다. 당시의 종교재판이 어떠했는지 조금이나마 상상할 수 있을 것입니다. 끔찍한 일이지만."

1) 판결

"성부, 성자, 그리고 성령의 이름으로, 아멘으로 시작하는 마가렛에 관한 판결은 아시다시피 도미니크 수도회 수도사이며 종교재판자인 파리의 윌리엄으로부터 사도적 권위를 타락시킨 여인, 뽀레떼라고도 불리는 하인놀프의 마가렛의 이단성에 대한 보고를 받았다고 로마교황 클레멘트 5세가 선언함으로 시작합니다. 거의 일 년 반 동안 심의하여 윌리엄이 제출한 보고에 따르면 마가렛이 이단자임을 스스로 맹세하기를 거부했다고 합니다. 당시에 마가렛이 이단성 있고 오류가 가득한 책을

종교 재판을 받는 어느 여인

유포했다는 것입니다. 그 책은 세상을 떠난 캄브라이 감독 구이에 의해 정죄 받아 대중 앞에서 불살라 진 것입니다. 동시에 그 감독은 다시는 책을 쓰지 말고, 유포하지 말라고 엄히 경고했음에도 불구하고 그녀는 지속적으로 알렸다고 합니다. 그 외에도 다른 종교재판자들이 그 책을 검토한 결과 이단성이 있음을 보고했다고 합니다. 그 결과 하나님과 거룩한 복음서 앞에서 그리고 존경받는 성직자들과 군주들과 심의한 결과 마가렛이 이단에 빠졌을 뿐 아니라 다시 재발된 이단자라고 판결을 내립니다. 곧 세속 군주에게 마가렛을 넘기고 죽음이나 육체 절단과 같은 것 없이 교회법이 허용하는 범위 안에서 형을 집행하라고 명합니다. 그 형 집행은 화형으로 정한다고 판결내립니다."

"생각만 해도 끔찍한 일이지 않습니까? 사람을 아니 살아있는 사람을 불태워 죽입니다. 물론 과거 로마제국의 로마인들이 기독교인들을 참혹하게 불태워 죽였던 사실은 이미 「위대한 여인들의 발자취」(초대교회사편)에서 여러 차례 소개한 바 있습니다만 이것은 결코 올바른 일이 아닙니다. 이렇게 해서는 정말 안 됩니다. 기독교인들이 또 다른 기독교인을 불태운다는 것은 있을 수 없는 일입니다. 정말 안 됩니다. 그런데 이러한 공판이 수없이 중세시대에 일어났다는 사실입니다."

2) 이단성

"교수님! 당시의 종교재판자들은 마가렛의 어떤 점이 이단성이 있다고 결론 내렸을까요?

"정말 좋은 질문입니다. 당시의 파리대학교 여러 신학자들이 마가렛의 책을 점검한 뒤 다음과 같은 결론을 내립니다. 그녀는 하나님의 사랑 안에서 자유한 영혼은 덕행에 자유하며, 그 이유는 덕행이 의지에 따르지 않기 때문이라고 합니다. 또 그러한 영혼은 하나님께 기도하거나 의지할 필요가 없고 그분의 은사들도 필요 없다고 합니다. 그 이유는 그 영혼이 전적으로 하나님과 함께 있고 하나님을 향하여 늘 살아가기 때문입니다."

"좀 더 구체적으로 말하면 다음과 같습니다."

1. 은혜의 7단계를 말하고 있는데 특별히 5-6단계에서 영혼이 삼위일체와 연합된다는 것이다.
2. 영혼이 덕행으로부터 자유한다.
3. 사랑은 위대한 교회며 이성은 작은 교회이다.
4. 영혼은 행함으로 또는 사상과 말로서 하나님을 찾지 못한다.
5. 하나님은 지금 계시고 이 세상에 육체로 계신다.
6. 공적으로 이 글을 써서 유포했다.
7. 질문들에 응답하지 않았다.

"종교재판에 관해서는 후에 '잔 다르크'에 관한 강의를 하면서 다시 한 번 설명을 드리도록 하겠습니다. 그러면 위와 같은 판결을 받고 화형을 당한 마가렛이 쓴 내용을 우리가 직접 읽어보도록 합시다."

다. 「단순한 영혼의 거울」의 내용

"「단순한 영혼의 거울」을 오늘의 관점에서 보면, 그 내용은 교회의 영예를 변호하는 자들 외에는 그렇게 반감을 주는 것이 아닙니다. 하지만 당시 1300년대 초에는 종교직이든 세속직이든 권위자들에게 반항하는 것이 허용되지 않았던 시절에 그녀가 그런 글을 썼다는 것은 믿어지지 않는

「단순한 영혼의 거울」의 겉표지

사실일 수도 있습니다. 아니면 그 글은 단순히 1296년과 1306년 사이 어느 누군가에 의해 쓰여졌을 것으로 여겨집니다."

"아무튼 종교재판자들에 의하면, 마가렛이 「단순한 영혼의 거울」을 옛 프랑스어로 써서 대중적으로 널리 유포시켰다는 겁니다. 그 내용은 대체적으로 인간이 가진 사랑이 하나님의 사랑과 어떤 관계성을 갖고 있는지 분석하는 신학적 소논문이었고, 이런 관계를 통하여 인간의 영혼이 어떻게 이생에서 하나님과의 연합을 경험할 수 있는지에 관한 신학적 소논문 형식을 띠고 있습니다. 사랑과 영혼은 그 글의 핵심적인 단어입니다. 그 글의 서언은 다음과 같이 시작합니다."

> 사랑은 여기 있습니다: 이생에 있는 사랑에 관한 도덕적 훈화를 겸손하게 듣고, 그것을 신적 사랑과 비교해 보세요.
>
> 도덕적 훈화 : 오래전 옛날 어느 용감한 왕에게 딸이 있었습니다. 그녀는 먼 곳에 살았는데 우연히 알렉산더 왕의 부드럽고, 친절하고, 그리고 고귀한 성품에 대해 듣고, 그녀는 그에게 반하고 말았답니다. 온 마음을 다하여 그를 사랑하고 사랑했지만 그를 직접 만나거나 볼 수 없었죠. 그래서 그녀는 늘 슬픔에 잠기게 되었죠. 왜냐하면 그 사람 외에는 어느 누구도 사랑할 수 없었기 때문이었습니다. 자신 안에 있거나 자신에게 가깝게 있는 머나 먼 사랑이 자신에게 불가능하다는 것을 알게 되자 그녀는 스스로 생각하기를 어떤 다른 사랑을 상상하므로 자신의 우울증을 달랠 수 있을 것이라고 했습니다. 그래서 자신이 사랑했던 왕과 닮았다고 여기는 모습을 그리라고 했습니다. 이렇게 만들어진 형상을 가지고 그녀는 왕에 대해

꿈을 꾸었습니다.

영혼 : 이 글을 쓰라고 했던 영혼은 유사한 방법으로 말합니다. 부드러운 친절과 귀품을 지닌 왕에 대해서 나는 들었습니다. 알렉산더라 불리는 그는 나에게서 너무 멀리 살고 있었습니다. 그래서 어떻게 스스로 위로해야 할지 모르겠습니다. 그에 대한 기억을 위해 그는 이 책을 통해 유사한 방법으로 그의 사랑을 나타내고 있습니다. 그럼에도 불구하고 나는 그가 살고 있는 궁궐로부터 너무나도 멀리 살고 있습니다. 왕과 함께 하는 사람들은 그로부터 오는 자유, 순결, 그리고 선물을 마음껏 누리고 있습니다.[16)]

"여기서의 영혼이 완전함을 위해 노력하는 것처럼 7가지 단계에서 하나님의 은혜로 인하여 죄를 벗어버린다고 합니다. 여기서 말하는 사랑은 하나님께서 우리를 위해 오시는 사랑을 말합니다. 모든 사람들에게 상처를 주지 않고 모든 것을 성취하는 사랑을 의미하죠. 사랑 자체는 창조하신 하나님과 삼위일체 하나님 안에 있는 하나님의 사랑을 말합니다. 그런고로 모든 피조물들이 받는 귀중한 존재에는 7가지 단계가 있음을 의미합니다. 사랑은 모든 단계에서 나타나 영혼이 완전함을 성취하도록 합니다. 그래서 영혼이 완전함을 얻는 과정을 명시하고 있습니다. 그 7단계는 다음과 같습니다."

1 단계 : 영혼은 은혜로 인하여 죄의 능력을 벗어버리고, 온 마음을 다해 자신과 이웃을 사랑하라는 하나님의 명령을 받습니다.

16) 여기에서 인용되는 것은 모두 Marguerite Porete, "The mirror of simple souls," *in Archivio italiano per la storia della pietae. Roma, Edizioni di storia e letteratura* (1968)입니다.

2 단계 : 영혼은 복음적 완전에 대한 권면을 성취하기 위해 자신을 포기합니다.

3 단계 : 완전을 위한 사랑의 풍성함은 영혼 안에서 불타면서 선행을 행하도록 합니다.

4 단계 : 영혼은 사랑의 환상 속에서 살아가다가 하나님께서 자신을 위해 주신 것이 아무 것도 없다고 여길 수 있지만 사랑은 이것에서 벗어나 더 높은 것을 향해가도록 합니다.

5 단계 : 영혼은 하나님이 누구신지 생각합니다.

6 단계 : 영혼은 자신이 빠져 있는 겸손의 혼란 속에서 자신을 보지 못하고, 더 높으신 하나님도 보지 못합니다. 오히려 하나님께서 영혼을 보십니다.

7 단계 : 이 단계 영혼이 몸을 떠나게 될 때에만 이뤄질 수 있습니다.

"이상에서 마가렛은 특별히 4~6단계들의 관계를 강조하고 있습니다. 영혼이 자신의 의지를 무시하고 5단계로 옮겨가며 변천하는 과정, 그리고 6단계를 창조하기 위해 삼위일체의 사랑을 강조하죠. 4단계는 환상적인 사랑을 말합니다. 환상이란 영혼이 자신에게 머무르는 것, 자신의 의지가 열렬한 욕망에 사로잡혀 있는 것을 의미합니다. 이 단계에서의 기쁨들과 황홀에도 불구하고 영혼은 무의지의 상태에 있는 영혼을 의미하기보다는 최상으로 높으신 왕의 법정에 있는 것이죠. 그러한 상태는 의지를 '무시'할 때에만 이를 수 있는 것입니다."

"'무시한다'는 것은 신플라톤주의에서 말하는 자신의 '무'(無, nothingness)를 이해할 때 비로소 시작한다고 합니다. 하나님 편에서 보아 영혼을 부정적으로 보고 하나님을 위해 영혼을 부정적으로 여긴다는 것이죠. 그리하여 영혼은 하나님의 선을 이해할 때 비로소 자신의 비천함을 이해하게 됩니다. 이것이 곧 모든 것의 완전함입니다. 완전하신 하나님으로부터 자신이 떠나 있음을 알고, 전적으로 비천하고, 그리고 아무 것도 아님을 알게 됩니다."

"또 '무시한다'는 것은 영혼 자신이 어떻게 하면 사랑하는 하나님을 기쁘게 할까를 생각하는 과정을 말합니다. 이 과정에서는 어떻게 하면 자신의 의지가 하나님께 일치할 수 있는지를 생각합니다. 하나님의 뜻에 거슬리지 않고 그의 기쁨에 어긋나지 않도록 노력합니다. 이것은 결정적인 변이의 순간입니다. 하나님께서 자신 앞에 서 계시는 것처럼 하나님을 향한 자신의 사랑이 얼마나 제한적인지를 점검하면서 자신에게 가장 어렵고 힘든 질문들을 묻게 됩니다."

내가 하나님 외에 다른 사람을 사랑해야만 하는 것을 그분이 기뻐하실 수 있다는 확신을 내가 어떻게 가지게 되었는지 그분은 나에게 물을 수 있을 것입니다. 이 질문에 있어 아니라고 해야 하는지 그렇다고 해야 하는지에 관해 아무런 답변도 할 수 없습니다. 내가 그것에 대해 고심하고 있을 뿐입니다.

다른 질문을 하셨습니다. 그분이 나를 사랑하는 것보다 다른 사람을 나보다 더 사랑할 수 있다는 것을 내가 어떻게 확신할 수 있는지에 대해서였습니다. 하지만 저는 아니라고도 그렇다고도 대답하지 못했습니다.

그런 후 그분보다 다른 사람이 나를 더 사랑하는 것을 그가 기뻐하실 수 있다는 확신을 어떻게 내가 가지게 되었는지 나에게 그분은 물으셨습니다. 그래서 저의 마음은 다시금 고민에 빠졌습니다. 무엇이라고 대답해야 하는지 아니면 아니라고 해야 하는지에 대해서 말입니다.
이제 제 생각을 그분에게 말씀을 드릴 때 위의 세 가지 질문은 이 전에 들었던 것보다 훨씬 어려운 것이었다고 했습니다.

내가 그분보다 다른 사람을 더 사랑한다는 것이, 그분이 나보다 다른

> 분을 더 사랑할 수 있다는 것이, 그리고 다른 사람이 그분보다 나를 더 사랑할 수 있다는 것이 어떻게 나에게 일어날 수 있는지에 대하여 저는 고심에 빠졌습니다. 정말 힘들었습니다. 이 세 가지 질문에 대하여 부인하거나 논쟁하거나 아무 말도 할 수 없었습니다. 계속하여 그분은 저에게 응답을 요구하셨습니다. 내가 하나님을 사랑하고 그분과 함께 편안함을 가지고 있다면, 내 스스로 할 것은 아무 것도 없고, 평정을 찾을 수도 없었습니다. 이제 스스로를 구속하게 되었습니다. 아무 것도 할 수 없었습니다. 이런 곤궁 속에 있는 나를 아무도 이해하지 못했습니다. 그분이 나에게 대답을 주실 때까지 나는 아무런 평강을 가질 수 없었습니다. 나는 그분과 함께 나를 너무나 사랑했습니다. 그분과 더불어 나를 사랑하지 않는다면 나의 대답은 의무적일 수 있습니다.…내 마음 속에 마치 전쟁을 치루는 것처럼 지낸 후 나는 그분에게 대답할 기회를 가졌습니다.
>
> '주님, 만약 그러하다면, 위에서 말씀하신 것처럼 그것이 가능하다면, 영원하고 사실일 것 같으면, 당신에게, 당신을 위하여, 그리고 당신으로 인해 당신이 원하시는 것이 무엇임을 말씀 드릴 수 있습니다. 이 세 질문을 하셨는데 이 질문으로 인해 저는 절망 가운데 빠졌습니다. 당신의 거룩한 선하심을 축소시키지 않고선 불가능한 답변이었습니다. 주님, 이 질문으로 인해 나의 의지는 죽었습니다. 나의 사랑은 죽었습니다. 당신으로 인하여 당신을 위하여 나는 죽었습니다.'

이상에서 보듯이 마가렛은 하나님과 자신과의 관계를 신플라톤적으로 고심하고 답변합니다. 영혼이 마치 신격의 삶과 연합함을 경험하듯이 분석하고 설명합니다. 마치 하나님께서 그렇게 하는 것처럼 단정하고 있습니다. 이런 관점은 당시의 신학적인 관점에서 허용될 수 있는 것이었습니다.

라파엘의 '아테네인들의 학교' 중앙에 서 있는 플라톤과 아리스토텔레스

라. 신플라톤주의

"교수님! '베긴파'를 설명해 주신다고 하셨는데요. 강의를 듣다보니까 하나 더 궁금한 게 생겼어요. 그게 뭐나면요. '신플라톤주의'입니다. 베긴파를 설명하시기 전에 간략하게 설명해주시면 안되나요? 플리~즈(please)."

"그렇게 부탁하는데 들어주지 않으면 저는 얼마나 몹쓸 사람이 되겠어요. 설명할께요."

"'신플라톤주의'는 플라톤 사상을 따르는 것을 말하며 특별히 '신'(新, neo)이라는 말을 덧붙이기 시작한 자는 3세기 알렉산드리아의 철학사 암모니우스였지만 로마의 철학자인 플로티누스(약 204~270)라는 자로부터 유래됩니다. 이 사상은 기독교, 유대교, 그리고 영지주의를 혼합한 사상이라고 할 수 있어요. 그리고 일원론 사상입니다. 일원론이란 궁극적으로 무한하고, 이해할 수 없고, 완전한 분으로 우주의 실체를 설명합니다. 이렇게 완전하신 분으로부터 이성(순수한 지성)이 발산되고, 이성으로 인해 세상의 영이 나오고, 그리고 그 영혼에서부터 저급한 영들이 나온다고 합니다."

"세상의 영은 이런 이성의 형상을 품고 있다고 합니다. 이는 마치 이성이 완전하신 분의 형상을 품고 있는 것과 같은 이치죠. 이성과 세상의 영은 서로가 상이하지만 완전한 분과 동등한 본질입니다."

"하지만 세상의 영은 이성과 물질세계 간의 중보역할을 수행하고 있기 때문에 고결한 완전함을 유지하거나 감각적이고 타락할 수 있다고 합니다. 세상의 영으로부터 나온 보다 저급한 영들도 이와 같습니다. 인간의 영은 이러한 본질적인 속성과 정체를 알지 못하고 분열하고자 하고 독립하고자 하기 때문에 교만스럽게도 자기주장을 내세우려고만 합니다."

"이런 곳에서 구원은 늘 가능합니다. 구원은 절망적인 것을 선택하도록 허용하는 선택의 자유로 인하여 가능합니다. 영은 타락하는 것과 반대되는 방향으로 나갈 때 가능하고, 영이 환각적인 상태를 신비적으로 경험하므로 실제적으로 구원은 가능하게 됩니다. 영적인 것과 육신적인 것을 나누는 신플라톤주의는 중보자가 있다는 것을 늘 전제로 합니다."

"중보자를 전제하니 우리 기독교 입장에서 보면, 그리스도이고 로마 가톨릭 입장에서 보면 마리아가 되죠. 그 중보자를 통해 구원을 이루려고 합니다. 눈에 보이는 가시적인 세계를 무한한 불가시적 세계로부터 끄집어내려고 하죠. 모든 것은 이상적인 것에서 현실의 모든 것이 나온다고 봅니다. 이것을 다시 우리 기독교에 접목시켜보면 무한하신 하나님으로부터 우리의 현실 세계의 모든 가치를 찾으려고 한다고 볼 수 있겠죠. 항상 상상의 세계를 선호합니다. 현실 세계는 무시하게 되죠. 이러한 사상이 수도원운동에 큰 영향을 끼칩니다. 영적 세계만을 선호하고 물질적 세계를 무시하는 경향이 있는 거죠. 물질적 세계를 무시하다보니 금욕적 삶을 추구하게 되죠. 금욕적 삶을 살다보니 항상 신비적인 삶을 살아갑니다. 대부분의 수도사들이 이런 삶을 살아간다고 감히 말할 수 있죠."

마. 베긴파

"12세기 여인들 중 아내 또는 수도원에 속한 수녀로서 사회에서 인준된 길 외의 삶을 살았던 부류들이 있었습니다. 타락하고 혼탁한 사회는 이런 새로운 아이디어가 만들어 질 수밖에 없었습니다. 13세기 중엽에 이러한 부류들이 그 절정을 이룰 때 등장한 것이 바로 '베긴파'(Beguines)였습니다."

1) 유래

"'베긴'(Beguine)이란 원래 경멸적인 용어로서 거의 이단적 의미를 가진 것으로 여겨졌습니다. 베긴파 초기 변호자들은 스스로 '거룩한 여인들' 또는 '종교적 여인들'이라 불렀습니다. 이와는 달리 다른 사람들은 그 이름을 매우 경멸적으로 불렀습니다. 그 이름이 유래는 여러 가지로 설명됩니다. 가장 제인적인 설명은 람베르트 레 베구이에서 유래되었다고 합니다. 그는 이단자 아니면 말더듬이었을 것이라 합니다. 또 다른 사람들은 '베긴' 이란 이름이 '알비파'에게서 유래되었다고 합니다."

"베긴파 운동이 있기 전에 여인들의 독립성과 권위는 매우 제한적이었습니다. 특별히 수도원 계열에서 일부 여성들은 상당한 권위를 소유했지만 교회적 직무와 세속 직무는 거의 모든 곳에서 개방되지 않았습니다.

영적이고 지성적인 남성과 비교할 때 여성들은 육적이고 탐욕적인 피조물로 여겼던 것입니다. 여성들은 상업적 삶에 종사했고 남편의 재정적 업무에 도움이 되는 것으로 보았던 거죠. 공식적 권위는 여성적이지 않다는 개념이 일반적으로 퍼져 있었습니다. 따라서 여자 대수도원장의 권위는 매우 제한적이었습니다. 결혼한 여성들은 순종적이었고 아내를 구타하는 것은 당연하게 받아들여졌습니다. 아무렇지도 않게…여성들이 많은 무역 분야에서 활동을 하였지만 남성들이 무역 분야에서도 압도적이었습니다."

"귀족 부인들에 대한 두 가지 개념들은 결혼 아니면 수도원이었습니다. 낮은 계급에 속한 여성들은 무역에 종사하든지 아니면 미혼으로 남아있었습니다. 이런 선택은 사회상으로 볼 때 당연한 것이었죠. 프랑스, 독일, 그리고 '저 국가들'에서 여성들은 남성들보다 모두 결혼을 선호했습니다. 그 이유는 지역 전쟁, 알력, 그리고 십자군들로 인해 남성의 수가 적어졌기 때문이었답니다."

"당시의 종교적 삶에서 여성들을 위한 배려를 찾아보기란 매우 어려웠습니다. 많은 여성들은 수도원적 개혁들과 새로운 탁발 수도회에 대해 매력을 느꼈습니다. 하지만 남성들은 여성들이 매우 위험한 유혹을 제공한다고 여겼습니다. 그래서 수도원 생활 하는 것을 꺼려했습니다. 더욱이 여성들의 본래 의도가 무엇이든지 간에 수도원 공동체들은 귀족들과 부유한 자들을 보존했습니다. 유럽은 지방 봉건제도로부터 재정 중심의 마을로 바뀌어져 갔습니다. 그리하여 수도원 공동체들은 여성들에게 인기 있었습니다."

"이와 같이 여성들의 종교적 지위가 변화되어가는 시점에서 베긴파는 등장하게 되었답니다. 베긴파와 같은 종교 단체들 중 발도파, 롤라드들, 자유정신을 가진 남녀 형제단, 알비파, 요아킴파, 그리고 채찍 고행자들이 있었습니다. 이런 자들의 운동들은 13세기에 걸쳐 계속하여 일어납니다. 혹시 움베르트 에코가 쓴 「장미의 이름」(*The Name of the Rose*)을 읽어보셨는지 궁금합니다. 이것이 영화로 만들어졌죠. 13세기의 종교 상태를 가장 잘 표현하고 있는 소설이며 영화입니다. 종교재판자 베르나르 구이는 베긴파를 재판하죠. 이와 같은 신흥 종교 단체들은 탁발 수도원적이고 개혁적인 형태를 띠고 있었습니다. 자유와 청빈은 상투적인 말이었습니다. 이들이 지향했던 사도적 삶은 원시 교회까지 거슬러 올라갔습니다."

영화 「장미의 이름」의 포스터

"베긴파는 자발적으로 일어난 여성들의 운동이었습니다. 남성들에서 시작된 수도원 운동이 아니었습니다. 창시자도 없고, 규율도 없고, 조직도 없었습니다. 각각 베긴파 공동체는 자율적이었죠. 북부 유럽 전체에 퍼져있었던 베긴파 집들을 규정하고 감독하는 사람도 전혀 없었습니다. 그들은 특별히 어떤 고대 교리를 고수하지도 않았습니다. 그들은 수많은 일들에 전념했습니다. 정확한 베긴파의 역사를 말하는 것은 매우 어렵습니다. 람베르트 레 베구이는 귀부인들을 위해 리에즈에 한 수녀원을 설립했는데 그들은 가난한 자들과 병든 자들을 위해 자선을 행했습니다. 우리가 흔히 알고 있는 베긴파와는 조금 다른 형태였습니다."

"그래서 베긴파 운동은 1170년과 1175년 사이에 브라반트에 있는 리에즈 교구에서 시작되었다고 할 수 있습니다. 리에즈의 사제인 람베르트 레 베구이는 여성들을 권면하여 종교적으로 살도록 했습니다. 최초의 베긴파로 여겨지는 여인은 오이그니의 마리아(1213년 사망)였다고 합니다."

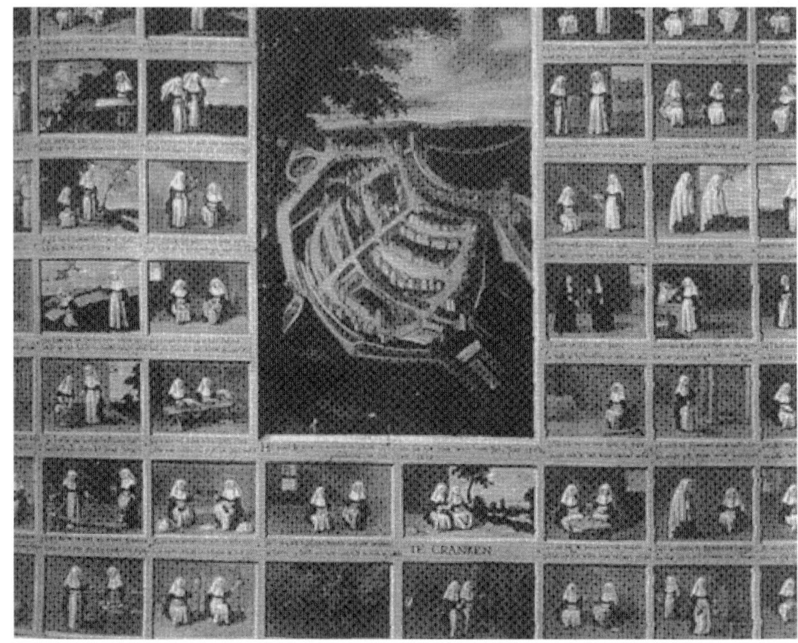

베긴파의 46가지 모습을 담은 그림

2) 발전

"베긴파는 여러 형태가 있었습니다. 첫 번째 형태는 부모님 집에 거하면서 지내는 베긴파들로 맹세도 없고 가난을 포기하지도 않았습니다. 두 번째 형태는 13세기부터 시작하였는데 보다 훈련된 여인들이었습니다. 여러 단체들을 이끄는 여성들이 여기에 속하였죠. 세 번째 형태는 선행을 일삼으며 자선을 고무시키는 여성들이었습니다. 네 번째 형태는 13세기 후반에 이르러 나타났는데 교구를 중심으로 구성되었습니다."

"선행을 일삼는 베긴파는 대체적으로 호응이 좋았으나 수도사들이나 성직자들은 위험한 존재라고 여겼습니다. 시토 수도회가 베긴파를 책임지도록 했으나 쉽게 이뤄지지 않았습니다. 종교재판자 도미니크 수도사들은 베긴파를 경고하였습니다. 결국 베긴파는 수도회로 인준 받지 못하고 맙니다. 면죄부나 종교적 업무를 시행할 수 있는 특권을 누렸지만 결코 인준을 받진 못했습니다."

"다른 공동체들처럼 베긴파는 사도적 삶을 이상형으로 삼았습니다. 주로 그들은 공동체적으로 살았고 그들의 목적은 단순성과 자유였습니다. 이것은 복음적 청빈으로 이해될 수 있습니다. 처음 100년은 귀부인들에게서 인기를 누렸다가 점차적으로 가난을 근본으로 내세워 나갔습니다. 그렇지만 가난을 회원들에게 강요하지는 않았습니다. 두 번째로 그들의 특징은 복음에 대한 열정이었습니다. 영혼 구원에 초점을 맞추었고 동시에 이단을 반대했습니다. 세 번째로 베긴파는 성체에 대하여 강하게 집착했습니다. 정기적으로 성찬식을 거행했으며 성체에 대한 강조는 자연스럽게 그리스도의 겸손, 그리스도의 심장, 그리고 그리스도의 수난에 관심을 갖게 했습니다. 네 번째 특징은 신비적인 것이며 이 신비는 정중한 사랑으로 나타났습니다."

30 브리지트 : 스웨덴의 신비주의자

1302-1373년

브리지트의 모습

Bridget

부정적으로 볼 때, 브리지트는 '사랑으로 번민하는 과부', '권력에 눈이 먼 여인', '음모를 꾸미는 귀족부인', '북부 출신의 미래 예언자' 등등의 별명이 붙는 여인입니다. 이따금 그녀는 '환상을 좇는 자', '신학자' 등등 긍정적으로 보는 견해도 있습니다. 브리지트는 자신이 직접 쓴 계시록과 많은 서신들을 통해 성녀로 불립니다.

Bridget

■ 세상의 일들에 동참하면서도 신앙은 그리스도를 향해 신비주의적이었고 또 금욕적 삶을 사는 금욕주의자였던 여인

"이번 강의부터 소개받을 몇 분의 여성들은 14세기 여성들입니다. 그들 모두 교회가 가장 타락했던 시기에 살았던 분들입니다. 특별히 로마 교황청이 이태리 로마에서 프랑스 아비뇽으로 옮겨간 때였죠. 일제 치하에 들어가기 전, 우리나라에의 '아관파천'과 같다고 보아도 좋겠습니다. 온갖 죄악이 아비뇽에서 일어납니다. 그래서 역사가들은 '교회의 바벨론 유수'(1309~1378)라고 합니다. '바벨론 유수'란 유대백성들이 70년 동안 바벨론에서 포로 생활을 하던 시기를 일컫는 말이죠. 그처럼 교황청은 아비뇽에서 거의 70년 동안 프랑스 국가에 종노릇하면서 악행과 만행을 저지릅니다. 이런 시기에도 몇 분의 여성들의 활약은 대단했습니다."

"스웨덴의 브리지트(Bridget 또는 Birgitta of Sweden, 1302~1372)는 유럽의 역사에 최초로 알려진 스웨덴 여인입니다. 그녀는 14세기에 있었던 다음 장에 소개 될 시에나의 캐서린과 동시대 인물입니다. 부정적으로 볼 때, 그녀는 '사랑으로 번민하는 과부', '권력에 눈이 먼 여인', '음모를 꾸미는 귀족부인', '북부 출신의 미래 예언자' 등등의 별명이 붙은 여인입니다. 이따금 그녀는 '환상을 좇는 자', '신학자' 등등 긍정적으로 보는 견해도 있습니다. 브리지트는 자신이 직접 쓴 계시록과 많은 서신들을 통해 성녀

아비뇽

로 불립니다. 복음을 전파하기 전에 그녀는 초기 생활에서 정상적인 삶, 즉 결혼하고 자녀를 낳는 삶을 살았습니다. 1215년 4차 라테란 종교회의는 새로운 수도회가 설립되는 것을 금했고, 여인들은 반드시 이미 존재하고 있는 수도회들 중에서 가입해야만 하는 그러한 법령 아래서 살았던 여인입니다."

가. 초기 생애

"브리지트는 스웨덴 고지의 총독 비르게르 페르손의 딸로 태어납니다. 모친은 폴쿤가 가문의 잉게보르그 벤그쯔도테르였습니다. 전설에 의하면 7세 때 브리지트는 그리스도의 고통에 관한 꿈을 꾸기 시작했다고 합니다. 그래서 스스로 선택된 자임을 인식하고 있는 것으로 여겨집니다. 불행하게도 모친은 1313년 세상을 떠났고, 브리지트는 아주머니 카타리나 벤그쯔토르테르 아래서 자라납니다. 브리지트가 13세가 되었을 때, 18세 난 울프 군다르손과 결혼합니다. 남편은 서 고트랜드(Gotland) 총독의 아들이었고 왕의 자문 위원이었습니다. 그들은 슬하에 8명의 자녀를 낳았고, 1335년 브리지트는 스웨덴 왕후의 시녀장이 됩니다."

브리지트의 모습

"1339년 브리지트의 삶은 변화되기 시작합니다. 그녀는 올로프의 무덤이 있는 니다로스에 남편과 함께 방문하고, 다시금 1341년 브리지트와 그녀의 남편은 스페인의 '산티아고 드 콤포스첼라'(Santiago de Compostela)를 방문합니다. 이 여행에서 아비뇽에 거주하는 교황들의 상황들과 프랑스 정치에 대해 관심을 가졌다고 믿어집니다. 불행하게도 방문을 마치고 집으로 되돌아오는 길에 남편 울프는 병에 걸리게 되고 회복하지 못하다가 스웨덴으로 되돌아온 후 1344년 세상을 떠나고 맙니다."

"그 후부터 브리지트는 세상의 일들에 관심을 가지지 않았습니다. 당시에 그녀는 왕 마그누스 에릭손 궁정에서 일하고 있었는데 그 곳에서 외교적 업무들을 처리했다고 합니다. 또한 알바스트라에 있는 시토 수도원에서 가끔 시간을 보내기도 했습니다. 동시에 그녀는 왕 마그누스로부터 바드스테나 성을 선물로 하사 받게 됩니다."

"알바스트라에서 그녀는 최초의 계시를 받게 됩니다. 「거룩한 계시들」*(Revelationes Coelestes)*이라는 자신의 책에 많은 내용이 쓰여 있습니다. 그녀의 신앙은 세상의 일들에 동참하면서도 늘 그리스도를 바라보며 살았던 신비주의자였습니다. 또 금욕주의자였습니다."

"그녀의 꿈들과 환상들은 전보다도 더욱 자주 그리고 더욱 생생하게 주어졌습니다. 그러면서 그녀는 더욱 자신의 경건에 초점을 맞추어 살아갑니다. 그녀는 기도하고 가난하고 병든 자를 돕는 일에 힘씁니다. 동시에 그녀는 서방 기독교를 비판했습니다. 영국과 프랑스 간에 있었던 100년 전쟁을 위해 평화를 추구했고 교황에게 로마로 되돌아올 것을 간청했습니다. 더욱이 전쟁하는 지도자들을 중재하기도 했습니다."

1) 산티아고 드 콤포스첼라

"교수님! '산티아고 드 콤포스첼라'가 무엇입니까? 무슨 성(城) 이름처럼 들리는데요? 아닌가요? 왜냐하면 성을 그들이 방문할 리가 없을 것 같거든요? 아니면 무슨…?"

"'산티아고 드 콤포스첼라'를 글자 그대로 풀이하면 '산티아고'는 '성 야고보'를 말하고 '콤포스첼라'라는 '별의 평원'이라는 뜻입니다. 835년 감독 데오도미르는 야고보의 유골을 발견했다고 합니다. 그것을 기념하고 아름다운 성당을 지었는데 997년 무어인들에 의해 완전히 파괴되었다가 11세기에 복원됩니다. 그곳으로 많은 기독교인들이 순례를 떠납니다. 그것을 이름하여 '성 야고보의 길'이라 하죠. '야곱의 길'이란 스페인 북서쪽에 위치한 '산티아고 드 콤포스첼라' 성당을 방문하는 순례를 일컫는 말입니다.…"

2) 성지순례?

"그런데 교수님! 왜 중세시대 사람들이 순례의 길을 떠났습니까? 그러한 순례가 성경적입니까? 요즘도 툭 하면 '성지순례'를 가잖아요? 순례에 대해 어떻게 생각하세요?"

"정말 좋은 질문을 하셨습니다. 중세시대 사람들을 이해하는데 있어 '순례'란 정말 중요한 개념입니다. 초창기에는 순교자들의 순교를 기념하

'산티아고 드 콤포스첼라'의 전경

기 위한 것이었습니다. 그런데 4세기에 접어들면서는 사람들은 '성지순례'라 하여 예루살렘을, 즉 예수 그리스도께서 살았던 이스라엘을 방문하는 것이 신앙의 모범이라고 생각했습니다. 제롬이라는 신학자가 이를 부추기면서 지속적으로 기독교인들은 예루살렘을 방문했습니다. 중세의 '십자군 운동'도 '성지순례'의 일종이라 할 수 있죠. 그런데 한 가지 꼭 말씀드릴 것은 '순례'라는 용어보다 '방문'이란 말을 사용했으면 좋겠습니다."

"예수 그리스도의 흔적을 그리다 못해 이제는 로마 가톨릭이 사도들의 유골이나 유적지를 순례 또는 방문하는 운동을 실시했습니다. 이러한 순례 또는 방문운동은 10세기에 있었던 '클루니 개혁운동'으로 더욱 가속화되어갔습니다. 더욱이 수도원 운동은 이러한 순례 또는 방문을 더욱 부채질하면서 마치 신앙의 최고의 모습은 순례인 것처럼 비쳐졌던 것입니다. '시토 수도원'은 이것을 금했죠. 아시다시피 2차 십자군 운동을 자극시킨 클레르보의 베르나르는 성지순례 또는 예루살렘 방문의 무의미를 깨달았던 것이죠. 하지만 200년 동안 지속된 십자군 운동은 이런 순례 또는 방문 사상을 끊임없이 부채질 했습니다. 국가마다 유골이나 유적을 모셔놓은 성당이 생겨났습니다. 제일 많은 곳은 프랑스였습니다."

"그럼!~ 교수님! 왜 사람들은 성지를 방문 또는 순례하려고 했습니까?"

"먼저, 당시에는 성경을 쉽게 구하는 것은 거의 불가능했습니다. 뿐만 아니라 설교 역시 라틴어로 행해졌기 때문에 무슨 내용인지 일반성도들은 알아들을 수 없었습니다. 아니 성경을 비록 구했더라도 라틴어로 되어 있기에 일반 성도들은 읽을 수가 없었습니다. 그러니 하나님의 뜻이 무엇인지 알 수 없었던 시절이었고, 은혜 역시 받을 수 없었던 때였습니다. 자연스럽게 사람들은 미신에 흠뻑 젖어 살았습니다. 대중들은 그저 신비롭고, 권위 있는 교회 의식들과 행사들을 통해 겉치레적인 신앙생활에만 몰두했습니다. 게다가 미사라는 이상한 의식을 만들어서 성찬의 떡과 포도잔이 실제 그리스도의 몸과 보혈로 바뀐다는 화체설을 주장할 정도로 중세교회, 즉 로마 가톨릭은 심각할 정도를 넘어서서 미신으로 기독교인들을 이끌어 갔습니다."

"둘째는 공로 사상 때문입니다. 로마 가톨릭은 그리스도와 성자들의 선행이 남아돈다고 억지 주장합니다. 그것을 얻을 수 있으면 그만큼 연옥에 오래 살지 않고 천국에 갈 수 있다는 허황된 감언이설로 성도들의 주머니를 털었습니다. 그것이 바로 죄를 면해준다는 면죄부 판매이지 않습니까? 예루살렘을 방문하겠다는 것은 성자들의 남아도는 공로를 조금이라도 받기를 원했던 거죠. 우리말로 하면 '영빨'을 받겠다는 것입니다."

"만일 현재도 개신교도, 즉 프로테스탄트들이 이렇게 행한다면, 다시 말하면, 교회 행사에 성도들을 정신없게 만들면서 하나님의 말씀과 교회 역사에 눈을 가리도록 한다면 로마 가톨릭이 행했던 과거의 만행을 그대로 답습하는 것이라 여겨집니다. 성도들로 하여금 미신적 신앙생활을 하게 하는 교회는 올바르지 않는 교회입니다. 우리는 신비적 삶을 살아갈 수밖에 없었던 당시의 여인들을 바라보면서 그들의 신앙적 열정을 다시 한 번 되돌아보고 좋은 것은 닮아야 할 것입니다."

나. 방문

"1350년은 '이적들의 해'(Annus Mirabilis)였습니다. 브리지트는 그 해에 로마를 방문하는 여러 사람들 가운데 한 사람이었습니다. 그녀는 1349년에 여행을 시작할 때 주위의 많은 사람들을 데리고 로마로 출발합니다. 먼저 배를 타고 독일 해안까지 갔습니다. 그리고 독일을 통과할 때 마차를 타거나 걷거나 하면서 힘든 여행을 지속했습니다. 그들은 수없이 쉬었을 것이고 수없는 거룩한 장소를 거쳤을 것입니다. 마침내 그들은 북부 이태리의 알프스 산을 넘어 로마로 향했지만 아무도 스웨덴으로 되돌아오지 못했습니다."

1) 이태리

"당시 이태리는 네 지역으로 – 새보이, 밀라노, 교황청, 그리고 나폴리로 – 나뉘어있었습니다. 시실리는 자치지역이었고, 거대한 도시였던 플로렌스는 당시에 허위 민주주의를 표방하고 있었고, 베니스는 소수독재정치를 행하고 있었습니다. 더욱이 14세기 초 교황과 독일의 신성로마제국 황제 간에 권력 쟁탈전도 있었던 때였습니다. 사람들은 이태리 지역들의 연이은 전쟁으로 인해 세상에 대해 환멸을 느끼고 있었습니다."

"귀족들은 가끔 자기 살기에 급급했기 때문에 교황권을 인정하지 않았습니다. 오히려 황제를 지지하고 무역을 함으로 이익을 보려고 혈안이 되어 있었습니다. 이렇게 황제를 지지하는 국가는 영국, 아라곤, 북부 이태리, 제노아, 그리고 콘스탄티노플이었습니다. 프랑스와 중부 이태리, 앙주, 나폴리, 그리고 베니스는 교황을 지지했습니다."

"'바벨론 유수'(Babylonian Captivity) 또는 '아비뇽 유수'가 1309년부터

흑사병으로 죽은 자들을 파묻고 있다.

시작되었는데 이때는 로마교황 클리멘트 5세(1305~1314)가 로마를 떠나 아비뇽으로 교황청을 옮겼을 때입니다. 아비뇽에서 교황들은 프랑스 정치의 노리개가 되었습니다. 이에 대해 1349년 브리지트는 교황에게 로마로 되돌아올 것을 강력히 요구하지만 무시됩니다. 그녀 역시 교황이 인준하는 수도회를 건립하기를 원했기 때문이었습니다. 개인적으로는 도덕적으로 결핍한 교황을 지탄했으나 교황의 권위를 늘 인정했습니다. 직무와 개인은 다르기 때문이라는 것이죠."

"이태리는 1320~1350년 경제적 위기에 직면하고 있었습니다. 게다가 1348년 흑사병이 제노아를 강타하면서 이태리는 더욱 황폐해져 갔습니다. 동시에 신비주의가 성행했고 예술의 발전도 이태리 르네상스가 시작했습니다. 많은 사람들이 흑사병은 도덕적 타락의 결과라고 보았습니다. 따라서 브리지트는 로마에 도착한 후부터 죄와 형벌에 대한 생각에 사로잡히게 됩니다."

2) 로마

"1351년 '거룩한 해'(Anno santo)에는 수많은 방문자들을 로마로 끌어들였습니다. 당시 로마 시는 3~4만 명의 거주민이 사는 그렇게 크지 않은 도시였습니다. 이곳에서 브리지트는 스웨덴, 그리고 로마와 외교역할을 수행했습니다. 브리지트가 교황과 가깝게 된 것은 밀라노의 대감독 지바니 비스콘티의 부도덕성을 지적, 출교를 시켰기 때문입니다. 그리하여 교황의 남동생 추기경 휴고에스의 궁에 살게 됩니다. 왜냐하면 추기경 자신은 아비뇽에 거했기 때문입니다."

"그 궁에서 그녀는 기도와 헌신에 힘썼습니다. 같이 방문했던 자들과 함께 브리지트는 로마의 여러 곳들을 방문하면서 하루에 두 시간 씩 서신들과 계시들을 적었습니다. 창문으로 교회를 내다볼 수 있는 곳에 앉아서 집필활동을 했습니다. 스승 페드로스가 그녀에게 라틴어를 가르칠 때 그녀는 최선을 다해 배웠습니다. 열심히 집필활동하고 금욕하는 그녀를 모두가 걱정할 정도로 그녀는 열정을 갖고 집필했습니다."

"1350년 브리지트의 딸 카타리나가 불행한 결혼생활을 청산하고 브리지트처럼 금욕적 삶을 살기로 마음을 먹고 어머니에게 왔습니다. 1351년 브리지트는 수도사들과 수녀들을 위한 수도회를 설립하고, 그녀는 그곳에서 여자 대수도원장이 되었습니다. 그 수도회, 즉 '거룩한 구세주'(Holy Savior)라는 수도회를 '브리지틴'(Brigittines)이라 불렀습니다.[17] 이 수도회는 유럽 전역으로 널리 퍼지게 되었고 교육에 큰 영향을 끼쳤습니다. 오늘날 스웨덴에 있는 '비르기타회'(Society of St. Birgitta, 또는 Birgittastiftelsen)

17) 스웨덴의 브리지트에 의해 설립된 브리지틴 수녀회는 1370년 교황 우르반 5세에 의해 인준을 받았다. 스웨덴의 레이크 바테렌에 있는 비드스테나에서 시작되었다. 그들의 주된 업무는 예식적 기도였다. 수녀들은 매일 미사에 참여하여 성찬을 드렸다. 그리고 평정을 찾고자 하는 사람들에게 늘 자신들의 방들을 제공하였다고 한다.

는 그녀의 사역을 지속하기 위해 모인 평신도 협회입니다."

다. 계시

"브리지트의 계시들은 신학적, 도덕적, 그리고 심리적 내용으로 가득 차 있습니다. 물론 그 계시들은 브리지트의 수도원적 삶을 잘 반영합니다. 많은 조언과 훈계에도 불구하고 그녀는 철저하게 철학적이었습니다. 환상에 대한 기록은 고문과 사악한 일들에 대해 자세하게 기록하고 있습니다. 학자들에 따르면 심한 심리적 분열 상태에서 비롯되었다고 하지만 현대에 와서 연구하는 사람들은 그렇지 않고 그녀는 정신적으로 매우 건강했으며 정직했다고 평가를 내리고 있습니다. 예수님의 모친 마리아는 그녀에게 가장 중요한 분이었습니다."

"로마교황 클레멘트 6세(1342~1352)는 프랑스와 영국간의 평화를 위해 노력했으나 허사로 돌아갔습니다. 그는 십자군 운동에 대한 열정을 갖고 있었을 뿐 아니라 동시에 예술과 과학에 예산들을 소비했습니다. 이에 대해 브리지트는 그의 재정 지출에 대해 날카롭게 비판했습니다. 높은 세금과 뇌물을 가지고 헛되게 사용한다는 것이었죠. 클레멘트 6세를 이어 로마 교황 이노센트 6세(1352~1362)가 교황직을 이었습니다. 그에게 조금이라도 나은 것을 찾을 수 있다면 도덕적 개선이라 할 수 있습니다. 이것은 브리지트에게 소망을 갖게 했습니다."

수임을 받는 브리지트

“여러 가지 어려움 속에 로마교황 우르반 5세(1362~1370)가 교황직에 올랐습니다. 이런 상황에서 브리지트는 황제와 교황이 만나기를 고대했습니다. 이 일을 위해 그녀는 황제에게 서신을 써서 교황과 협력할 것을 권했습니다. 마침내 1368년 황제 카알 4세와 교황 우르반 5세는 함께 로마로 오게 됩니다.”

“이에 따라 브리지트는 교황에게 보내는 서신들을 통해 높은 세금과 부도덕한 추기경들을 비판하고 고발합니다. 그리고 교황과 황제의 도움으로 그녀는 자신의 수도회를 인준 받게 되죠. 그 후 로마교황 우르반 5세는 정치적 불안을 간파하고 다시금 1371년 아비뇽으로 되돌아간 후 얼마 되지 않아 그곳에서 죽게 됩니다. 그를 이어 그레고리 11세가 로마교황이 됩니다. 브리지트는 그레고리에게도 서신을 보내어 로마로 되돌아올 것을 권합니다만 그녀는 1378년 교황이 되돌아오는 것을 보지 못합니다.”

“브리지트는 계시를 받고 예루살렘을 방문할 계획을 세웁니다. 1372년 그녀는 자녀 카타리나, 카알, 그리고 비르게르와 함께 출발합니다. 여행 도중에 카알은 나폴리에서 세상을 떠나고 맙니다. 아들의 죽음으로 브리지트는 매우 심란했습니다. 하지만 아들의 구원을 확신한 후에 회복하여 여행을 계속합니다. 여러 곳들을 방문한 후 마침내 1373년 브리지트는 로마로 되돌아옵니다.”

계시를 받는 브리지트

“로마로 돌아온 브리지트는 병을 얻고 맙니다. 열병으로 인해 회복하기가 어려워지고,

안타깝게도 1373년 7월 그녀는 주님의 부르심을 받습니다. 그녀의 시신은 딸에 의해 바디스테나로 옮겨졌습니다. 그녀의 딸 카타리나는 바디스테나에서 브리지트 수도원을 1384년에 설립하여 그곳에 대수도원장이 됩니다. 로마교황 보니파세 9세는 1391년 그녀를 시성화 시킵니다. 브리지트는 수도원들을 설립하면서 중세 후기 스웨덴의 문화적 삶에 큰 영향을 끼쳤습니다. 그녀는 정치적으로 기독교계적으로 활발하게 활동했습니다. 생애 20여년을 로마에서 보내면서 사람들을 도우며 기도에 전혀 힘썼습니다. 교회에 있는 여성들의 권익 보호에도 힘썼습니다."

라. 약속

"브리지트는 주님이 당하셨던 고난을 진정으로 알기를 심히 갈망합니다. 갈망하는 그녀에게 주님이 나타나셔서 다음과 같이 말씀하십니다."

> 그래, 브리지트야! 나는 5,480번의 수난을 당했단다. 네가 그것들을 정말 기억하기를 원한다면 일 년 동안 15가지의 기도를 드려야만 할 것이다. 일 년이 되면 나의 상처들을 하나씩 알게 될 것이다.

"그런 후 예수님은 15가지 기도문을 암송하는 자들에게 다음의 약속들을 하셨다고 합니다."

1. 나는 연옥에서 기도자의 가문 중 15영혼들을 구원할 것이다.
2. 그 가문의 14영혼들은 은혜를 받고 보존될 것이다.
3. 그 가문의 15영혼들은 개종할 것이다.
4. 이 기도문을 암송하는 자마다 완전의 첫 단계에 이를 것이다.
5. 죽기 15일 전에 영원한 굶주림에서 벗어날 수 있도록 나의 순수한

몸을 그에게 줄 것이며, 영원히 목마르지 않도록 하기 위해 순수한 보혈을 베풀 것이다.

6. 죽기 15일 전에 그는 자신의 모든 죄들을 위한 깊은 통곡을 하게 될 것이고 죄들을 온전히 알게 될 것이다.
7. 나는 적들이 그에게 공격할 때 나의 승리의 십자가로 그를 도울 것이며 그를 변호할 것이다.
8. 죽기 전에 나는 나의 사랑하는 모친과 함께 할 것이다.
9. 나는 그의 영혼을 기꺼이 받을 것이며 영원한 기쁨으로 인도할 것이다.

계시를 받는 브리지트

10. 인도함을 받은 후 나는 그에게 나의 신성의 원천에서 나오는 것을 줄 것이다. 나의 기도를 암송하지 않는 자들에게는 그것을 주지 않을 것이다.
11. 치명적인 죄의 상태에 살고 있다 하더라도 30일 동안 헌신적으로 임송하거나 이런 기도문들을 임송하려고 하는 자들에게 주님은 모든 죄를 용서할 것이다.
12. 악마의 유혹에서 그를 방어할 것이다.
13. 그의 5가지 감각을 보존하며 인도할 것이다.
14. 갑작스러운 죽음에서 보존할 것이다.
15. 영원한 죽음에서 그의 영혼은 구원을 받을 것이다.

16. 그는 기도의 모든 것을 하나님과 축복을 받은 동정녀로부터 받을 것이다.
17. 그가 자신의 뜻대로 살다가 다음 날 죽게 되더라도 그의 생명은 연장될 것이다.
18. 매 순간 이 기도문을 암송하면 100일의 면죄부를 받을 것이다.
19. 천사들의 최상의 합창단에 들어갈 것이다.
20. 이런 기도문을 다른 사람에게 가르치면 영원히 기억될 즐거움과 공로를 얻을 것이다.
21. 이런 기도문은 미래에 들려질 수 있는 것으로 하나님께서 은혜를 베푸실 것이다.

"위의 약속들은 브리지트에게 십자가에 못 박히신 주님께서 하신 것들이라 합니다. 매일 기도문을 암송해야만 한다는 조건을 두셨습니다. 대체적으로 15가지 기도문은 마리아와 예수님에게 드리는 기도문이죠."

"하나님의 말씀보다 더욱 신비적인 삶을 추구하는 여인을 만나보았습니다. 하나님을 닮고 싶어 하는 열정을 우리는 이해할 수 있습니다. 하지만 조금 신비적인 요소가 많은 것을 볼 수도 있을 것입니다. 그렇다고 브리지트를 무시해서는 안 된다고 생각합니다. 당대에 많은 영향을 끼쳤던 여인입니다. 자신의 경험을 글로 남겨 후대에 많은 영향을 끼친 여인이기도 하고요."

"교수님! 브리지트가 천상의 누이임에는 틀림없습니다. 교수님께서 '신플라톤주의'를 29장에서 지적하시면서 말씀해 주셨던 것처럼 너무 영적인 것을 가지고 세상적인 문제들을 극복하려는 자세는 재고해봐야겠다는 말씀을 다시 새겨봅니다. 전적으로 그녀를 본받는 것은 조금 무리가 있는 것 같은데요.

제가 잘못된 건가요?"

"아! 아닙니다. 지금의 시각이나 개신교의 시각에서 볼 때는 당연히 그럴 수도 있습니다. 하지만 아직도 로마 가톨릭들은 그러한 순례나 방문을 선호하지요. 그럼 다음에는 당대에 가장 영적으로 뛰어났던 여인이며 브리지트와 동시대에 살면서 만인들의 정신적 신앙적 지도자였던 여인을 만나보도록 합시다. 아마 천사를 만나는 듯 하실 것입니다."

31 캐서린 : 이태리의 신비주의자

1347-1380년

캐서린의 모습

Catherine

캐서린은 우르반 6세에게 찾아가 교황적 '대 분열'을 마무리하기 위해 영적 협조를 마련할 것을 강력하게 호소합니다. 그녀가 시에나를 떠나기 전에 「대화집」을 쓰고 약 4백 개의 서신들을 씁니다. 교계는 더욱 혼탁해져 갔습니다. 그녀는 로마 교황청에 사악한 자들이 들끓는 것이 너무나도 마음 아팠습니다. 그래서 글을 써서 온 유럽에 영적 상황을 알려서 단일과 평화를 위한 길을 모색하는 수밖에 없었습니다.

■ 더욱 혼탁해 교계를 향해 글을 써서 대항했던 여인

가. 간략한 생애

"시에나의 캐서린(Catherine of Siena, 1347~1380)은 25명의 형제자매들 중 막내로 태어났습니다. 그녀의 오빠들 중 일부는 정계로 나가고 또는 사제직으로 진출하기도 했습니다. 부친 지아코모는 양털을 염색하는 자였고 모친 몬나 라파는 대 가족을 잘 이끌어가는 활기차고 힘이 센 여인이었습니다. 오빠들과 언니들 사이에서 캐서린은 쾌활하고 명랑하게 자랐습니다. 자라나면서 홀로 기도하는 시간을 많이 가졌습니다. 어떤 때는 환상들을 보기도 했습니다. 이 일에 대해 모친 라파는 꾸짖으며 결혼할 것을 강요했습니다. 모친의 제안을 거절하던 그녀는 16세에 시에나에 있는 도미니크 수도회의 제 3의 수도회에 가입합니다."

"교수님 '제 3의 수도회'란 무슨 수도회를 밀힙니까?"

"도미니크 제 1의 수도회는 도미니크가 세운 최초의 수도회를 일긷고요. 제 2의 수도회는 수녀들의 수도회이고요. 제 3의 수도회는 남성들과 여성들이 함께 거하는 수도회를 일컫는 것입니다."

자선을 베푸는 캐서린

"도미니크 수도회에서는 그녀에게 그 수도회에서 수녀들의 관습대로 흰색과 검은색으로 조화된 옷을 입도록 했습니다. 그 옷을 입고 수도원적 삶을 살면서 그녀는 3년 동안 자신의 방을 떠나지 않았습니다. 미사와 고백하는 것 외에 어느 곳도 가지 않았고 고백자 외에 누구와도 대화하지 않고 침묵하며 지냈습니다. 이 기간 동안 매일 한 스푼의 식물을 먹고 한 두 시간만 수면을 취하면서 살았습니다. 이런 기간은 그녀의 삶에 큰 영향을 끼쳤고 그녀의 업적을 이루게 하는데 크게 이바지 합니다."

"3년의 기간이 지난 후 캐서린은 하나님으로부터 다시 가족에게로 되돌아가라는 음성을 듣습니다. 집으로 돌아온 캐서린은 가난한 자들과 병든 자들을 정성껏 돌보며 지냈습니다. 게다가 영혼들을 분별하는 능력을 갖추고 있는 그녀의 신비한 능력을 보고 사람들은 그녀 주위로 모여들기 시작했습니다. 그녀를 가리켜 주위 사람들은 '폰테브란다의 왕비'(Queen of Fontebranda)라고 불렀습니다. 공식적 교육과 글 쓰는 법을 배우지 않은 캐서린은 서신을 쓸 때에 항상 받아 적을 수 있는 비서가 필요했습니다. 이렇게 하여 쓰인 작품 중 가장 잘 알려진 것으로 「대화집」*(The Dialogue)*이 있습니다. 전통적 가치관과 충돌하는 그녀의 서신들은 감독들과 교황들에게 보내졌습니다. 아울러 병든 자들과 가난한 자들에게도 그녀는 많은 권면의 글들을 써서 보냈습니다."

"우리가 30장에서 만났던 브리지트가 직면했던 것처럼 당시 로마교회는 큰 위기에 직면하고 있었던 시기였습니다. 로마에 있던 교황청이 약 70년 동안 아비뇽에 거했습니다. 이 시기를 가리켜 '바벨론 유수', '아비뇽 유수', 또는 '교회의 바벨론 유수'라는 말을 붙입니다. 그러다보니 이태리 지방자치 도시들은 교황청에 좋지 않은 감정을 갖게 되었고, 좋지 않게 생각했습니다. 그들은 항상 프랑스 교황 사절단과 충돌을 빚었습니다. 마침내 이태리의 도시 플로렌스는 교황청과 무력적 충돌을 빚고 말았습니다. 80개의 마을이 플로렌스의 주장에 동조하면서 가입했습니다. 아비뇽과 플로렌스 사이에는 위기 촉발의 긴장감이 감돌았습니다. 이런 상황에서 플로렌스가 캐서린에게 아비뇽으로 가서 로마 교황 그레고리 11세를 만나 화해시켜 줄 것을 부탁하자 캐서린은 1376년 5월 3주간에 걸쳐 23명의 동반자들과 함께 교황을 만나 로마로 되돌아오도록 권하기 위해 아비뇽으로 갔습니다."

교황 클레멘트 11세를 설득하는 캐서린

"캐서린은 아비뇽에 3개월 동안 거하면서 여러 가지 상상 못할 부정직인 일들을 보게 됩니다. 사회 여인들은 교황청에서 권력 행사를 행했고, 종교재판사들은 캐서린을 시험하며 놀리기도 했습니다. 플로렌스 사절단이 도착하자 그들은 그녀의 충고를 거절하고 단지 시간을 벌기 위해 그녀를 인질로 붙잡고 있을 뿐이었습니다. 하지만 교황은 캐서린을 좋아했습니다. 왜냐하면 그녀의 종교적 작품들과 선행들은 아비뇽에 있던 로마 교황 그레고리 11세의 관심을 끌기에 충분했기 때문이죠. 교황이 처한 정치

서신 368의 안표지

적이고 교회적 사정을 충분히 이해하면서도 캐서린은 그에게 로마로 교황청을 옮기는 것이 가장 최선의 길임을 알렸습니다. 동시에 스웨덴의 브리지트도 교황에게 로마로 돌아올 것을 간절히 권했습니다. 마침내 그레고리 11세는 1376년 9월 13일 아비뇽을 떠나 로마로 향합니다. 이제 '아비뇽 유수'를 마무리할 시간이었습니다."

"로마로 돌아온 교황청은 그렇게 순탄하지마는 않았습니다. 그레고리 11세는 재정적이고 정치적인 어려움들에 직면하여 로마로 돌아온 지 일 년도 채 되지 않아 세상을 떠나고 맙니다. 그리하여 교황청은 새로운 교황으로 우르반 6세를 선출합니다. 하지만 로마의 폭력배들의 위협을 받는 가운데 하는 수 없이 이태리계 교황을 선출했다고 프랑스 추기경들은 불평합니다. 그들은 로마에서 아비뇽으로 되돌아가 새로운 교황을 선출하여 세웁니다. 이리하여 같은 시기에 교황이 두 사람이 되고 말았습니다."

"캐서린은 우르반 6세에게 찾아가 교황적 '대 분열'(Great Schism)을 마무리하기 위해 영적 협조를 마련할 것을 강력하게 호소합니다. 마지막으로 그녀가 시에나를 떠나기 전에 「대화집」을 쓰고 약 4백 개의 서신들을 씁니다. 교계는 더욱 혼탁해져 갔습니다. 그녀는 로마 교황청에 사악한 자들이 들끓는 것이 너무나도 마음 아팠습니다. 그래서 글을 써서 온 유럽에 영적 상황을 알려서 단일과 평화를 위한 길을 모색하는 수밖에 없었습니다."

"1380년 1월 로마 교황 우르반 6세에게 서신을 써 보내면서 캐서린은

시성화 되는 캐서린

중풍을 얻게 됩니다. 어느 정도 회복했지만 그녀는 사탄들과 육체적 투쟁을 벌였습니다. 또 두 번째 중풍이 베드로 성전에서 기도하는 가운데 찾아왔습니다. 그런 후 3주 후 1380년 4월 29일 33세의 나이로 주님의 부르심을 받게 됩니다. 1461년 로마 교황 피우스 2세는 캐서린을 시성화합니다."

나. 「대화집」

"위에서 보았듯이 캐서린이 살았던 시기의 교회의 상황은 위기적 상황이었습니다. 교회의 권위와 신뢰성은 바닥에 내동댕이쳐진 상태였고 교황이 두 명이었으며, 국가들은 그 두 교황 가운데 한 쪽을 지지하면서 양분되어 있었습니다. 그러면서 서로의 이익을 계산하고 지냈습니다. 또한 세속적인 정치와 음욕으로 가득 찬 이세벨과 유사했다고 할 수 있습니다. 그러다보니 교회다운 교회와 정치적인 교회 간에 당연히 갈등할 수밖에 없었습니다."

"이런 가운데서 캐서린은 분명하게 두 교회 간에 구별을 지으면서 정치적이고 일시적인 권위보다 교회적이고 영적인 교회에 더 큰 비중을 두었습니다. 어느 날 교황에게 하는 말이 '지상의 그리스도로서 당신은 죽음의 순간에라도 그리스도를 순종해야만 합니다. 그에게 복종하기를 거절하는 사람은…정죄를 받을 것입니다.'[18] '심지어 교구 사제가 악마로 변신한다고 하더라도 나는 그를 무서워하지 않을 것입니다.'[19] 그리고 '신실한 기독교인은 신실해야만 하고, 자신의 상황에서 거룩한 교회를 섬길 것입니다.'[20]

1) 복종에 관하여

"캐서린은 이태리 밀라노와 플로렌스의 지지를 받고 있는 아비뇽 출신 적대 로마 교황 클레멘트 7세(1378~1394)를 지지하는 연맹과 먼저 투쟁을 벌였고, 다음에는 로마 교황 우르반 6세(1378~1389)와 관련된 대분열에 대해 투쟁을 벌였습니다. 어떻게 보면, 캐서린의 자세는 체제 순응자 같은 느낌을 줍니다. 하지만 교황과 교회에 순종하고 존경하는 것은 하나님의 말씀에 근거한 것이지 그들의 권위에 근거한 것이 아니라는 것이 그녀의 자세였습니다. 세미그나노의 사제 메세르 피에트로에게 보내는 서신에 그녀의 이런 면이 잘 드러납니다."

> 당신의 존엄성을 존경합니다. 그 이유는 자비로우신 하나님께서 당신에게 신적인 자선을 베풀도록 못 박히신 그리스도의 몸과 보혈을 맡기셨기 때문입니다.…그러니 당신의 영의 그릇 속에 하나님께서 자신의 말씀을 두셨음을 기억하시기 바랍니다.[21]

"그리고 추기경 페트로 데 루나에게 비슷한 내용을 써 보냅니다."

---

18) Catherine, *Dialogue 154*, trans. S. Noffke (New York: Paulist Press, 1980), 328.
19) Eugenio Dupré Theseider, ed., Epistolario di S. *Caterina da Siena* (Rome: Istituto Storico per il Medio Evo, 1940), 17.
20) Niccolò Tommasò, ed., Le Lettere di S. *Caterina da Siena* (Florence: Barbera, 1860), 191.
21) Tommasò, 59.

사랑하는 신부님! 이 놀라운 진리를 사모하실 줄 압니다. 당신은 거룩한 교회의 신비한 몸에 기둥이십니다. 그 교회에는 진리가 이루어져야만 합니다. 진리가 교회에 있기 때문에 진실한 사람들에 의해 행정 되어야만 합니다. 그러한 사람들은 진리를 사랑하고 진리에 의해 조명되는 사람들입니다. 그들은 결코 진리를 무시하거나 진리에 무감각하지 않습니다.[22]

사탄과 싸우는 캐서린

"그리고 로마 교황 그레고리 11세에게 이러한 내용을 써 보냅니다."

그리스도께서 당신에게 권위를 주셨고, 당신은 그 권위를 부여받으셨습니다. 그리하여 당신은 당신이 가지신 힘과 권세를 사용하셔야 합니다. 만일 그것을 사용하시지 않으신다면 그것은 당신의 영혼의 선함과 하나님의 영광을 포기하는 것과 같습니다. …만일 제가 당신의 입장이라면, 나는 하나님의 심판을 두려워할 것입니다. 진심으로 당신에게 하나님의 뜻에 순종하여 못 박히신 그리스도의 이름으로 엎드려 부탁드립니다. '당신에게 주어진 시간과 힘을 사용하지 않으심으로 자주를 받으시는 안 된다'고 감히 말씀을 드립니다.[23]

"캐서린이 존경하고 복종하는 것은 하나님의 말씀이었고 그리스도였습

22) Ibid., 284.
23) Theseider, 71.

「대화집」을 적게 하는 캐서린

니다. 교회의 명령에 순종하는 것은 곧 하나님의 말씀과 그리스도를 순종하는 것으로 그녀는 믿었습니다. 다음에 캐서린이 쓴 아름다운 몇 구절들을 소개합니다."

2) 덕스러운 사랑[24)]

우리는 생명과 죽음을 선택할 수 있는 자유를 갖고 있습니다. 당신이 보호하고 있는 사람들을 위해 그리고 하나님 앞에서 향기를 낼 수 있는 꽃과 같이 부드럽고 사랑스러워지도록 나는 간절히 바랍니다. 양을 위해 자신의 목숨을 버리는 참된 목자가 되기를 바랍니다. 사악을 바로잡고 선을 행하면서 덕스러워지는데 강해지기를 바랍니다. 원인들을 바로잡는 일을 실패하는 것은 마치 인간의 몸에 있는 썩은 부분을 그대로 방치해 두는 것과 같습니다. 자신을 유의 깊게 관찰 하십시오. 가시를 근절하려고 서두르지 마시기 바랍니다. 노력이 쓴 만큼 열매는 그만큼 답니다.

당신의 구원을 위한 말로 형용할 수 없는 하나님의 사랑을 기억하십시오. 눈을 열어 하나님의 무한한 복들과 선물들을 보시기 바랍니다. 친구들을 위해 목숨을 버리는 사랑보다 더 큰 사랑이 어디에 있겠습니까? 자신의 적들을 위해 목숨을 버리는 분을 우리는 찬양해야 하지 않겠습니까? 공격

24) Catherine, *The Letters of Saint Catherine of Siena* 10, volume I, trans. Suzanne Noffke (Medieval & Renaissance Texts & Studies, 1988), 57-8.

적인 마음을 더 이상 갖지 마시기 바랍니다. 우리들의 마음을 흔한 돌들 위에 기초하지 마시기 바랍니다. 악마들과 함께 우리를 묶고 있는 사슬을 끊어버립시다. 거룩한 욕망, 악을 미워하는 마음, 그리고 덕을 향한 사랑은 이런 모든 사슬들을 끊도록 합니다. 덕행을 겸비한 사랑은 사악한 것과 정반대가 됩니다. 덕행이 이 세상만 아니라 저 세상에서 미리 맛볼 수 있는 것이지만 죄는 쓰라림만 안겨다 줄 뿐입니다.

3) 차용인[25]

이 세상, 당신 자신, 그리고 지상의 모든 쾌락을 무시하시기 바랍니다. 당신에게 빌려주었던 왕국을 고수하십시오, 그 왕국은 당신의 것이 아닌 것처럼 말입니다. 삶, 건강, 부, 영예, 직위, 권세 등은 결코 당신의 것이 아님을 잘 아실 것입니다. 그렇다면, 당신은 당신의 방식대로 그것들을 소유했을 것입니다. 하지만 건강이 부족하다면 우리는 아플 것이고, 살지 못할 정도 같으면 우리는 죽을 것이고, 부하지 못하다면 가난할 것이고, 권력이 부족하다면 종이 될 것입니다. 왜냐하면 이런 것들은 우리들의 것이 아니기 때문입니다. 우리들에게 그것들을 허락하신 분을 기쁘게 할 때에만 우리는 그것들을 유지할 수 있을 뿐입니다. 그래서 다른 사람들에게 속한 것을 우리 것인 양 그것들을 고수하는 것은 매우 어리석은 것입니다. 하나님의 종인 당신은 잠시 동안 차용하고 있는 것임을 알기 바랍니다.

4) 놀라운 교훈[26]

최초의 진실은 모든 것 위에 있는 하나님을 사랑하고, 자신처럼 이웃을

25) Catherine, *Letters* 78, 238.
26) Catherine, *Letters* 78, 238-9.

사랑하라고 하신 명령으로 당신을 가르치는 일입니다. 가장 거룩한 십자가 나무에 달리시면서 하나님은 당신에게 한 모본을 보여주셨습니다. 유대인들이 외치기를, "그를 십자가에 못박으라!" 그 때 주님은 이렇게 말씀하셨습니다. "아버지! 저를 십자가에 못 박는 저들을 용서하여 주십시오. 그들 스스로 무엇을 행하고 있는지 모릅니다." 무한한 사랑의 메시지를 여기서 볼 수 있을 것입니다. 그들을 용서하셨을 뿐만 아니라 아버지 앞에서 그들을 변호해 주셨습니다. 얼마나 놀라운 모본입니까? 얼마나 놀라운 교훈입니까? 결코 죄를 짓지 않으신 의로우신 분은 우리의 죄를 속죄하시기 위해 불의한 자의 손에 고난을 당하셨습니다. 세속적으로 부해지려고 욕심을 부리며 사악한 마음으로 가르치는 우리 자신들을 볼 때 얼마나 부끄러운지 모르겠습니다. 세속적 부는 무의미하며 바람과 같습니다. 이웃들을 미워하며 살아가는 한 우리는 우리 자신을 그 만큼 미워하고 있는 것입니다. 왜냐하면 하나님의 사랑을 행치 않고 있기 때문이지요. 이웃을 향한 증오의 칼날을 가진 것은 곧 자신을 죽이는 것과 같습니다.

못 박히신 그리스도를 따르고 이웃을 구원하기 위해 사랑하는 것이 과연 우리들에게 있는지 저는 정말 묻고 싶습니다. 어린 양의 모본을 따르고 있는지 살펴보십시오. 아버지의 영광과 우리를 위해 고통을 당하여 죽으신 그분을 향해 목말라하고 있는지 묻고 싶습니다.

5) 찢어진 양피지[27]

우리의 마음과 영들을 사랑으로 불태워 봅시다. 선하시고 인자하신 예수님을 경외하며 불태워 봅시다. 악마들은 우리를 마치 감옥에 갇힌 자들처럼 노예처럼 악마의 소유물로 붙잡고 있습니다. 하지만 주님은 우리의 빚

27) Catherine, *Letters* 24, 93.

> 을 청산하시고 그 굴레를 끊어버렸습니다. 언제 우리를 위한 책임을 지셨을까요? 우리의 겸손이 되셨고 종이 되셨을 때였습니다. 그 분만이 우리가 체결했던 빚을 다 갚아주십니다. 언제 지불하셨을까요? 우리가 상실했던 은혜의 생명을 또 다시 우리들에게 베푸시기 위해 가장 거룩한 나무 십자가 위에서 자신의 생명을 주실 때였습니다. 오~ 고마우시고 무한하신 사랑! 당신은 악마가 우리를 붙잡았던 굴레를 전멸하셨습니다. 가장 거룩한 십자가의 나무에서 그것을 찢으셨습니다. 그 굴레는 이제 양피지에 흠 없는 어린 양의 거죽, 즉 양의 거죽에 쓰였습니다. 그는 우리를 자신 위에 쓰셨고 그것을 찢으셨습니다. 우리의 굴레에 관한 양피지는 찢어졌음을 결코 잊어서는 안 됩니다. 결코 되돌릴 수 없도록 말입니다.
> 이제 참으로 거룩한 욕망을 가지고 자신의 생명의 보혈을 흘리신 부드러운 어린 양을 기억하며 안읍시다.

"가시밭에 백합화처럼, 태풍이 부는 거친 대해 위에 있는 배가 파도에 따라 흔들리는 것처럼 불안했던 14세기의 교회는 '대 분열'을 맞이한 교회였습니다. 어느 누구도 내일을 이야기할 수 없을 정도로 막막한 시대였습니다. 이때에 순결한 백합화 두 송이가 있었는데 한 분은 스웨덴의 브리지트였고, 다른 한 분은 여기에 소개된 시에나의 캐서린이었습니다."

"그들은 교회를 부둥켜안고 하나님 앞에 울면서 기도했고, 기도하면서 위로를 얻고, 내일을 보았습니다. 잔뜩 찌푸린 구름 낀 날에도 태양은 여전히 구름 위에 비치고 있는 것처럼 구름 위에 있는 하나님을 보았습니다. 그리고 그것을 당시에 살아가는 사람들에게 알렸습니다. 지위를 개의치 않고 찾아가 담대하게 권했습니다. 그렇지 않으면 글을 쓰고 서신들을 써서 전했습니다. 그러한 청렴하고 깨끗한 신앙으로 인해 교황들을 비롯한 세속권력자들과 교회 권력자들에게까지도 감동을 주었습니다. 사람들을 울리고 회개케 하며 주님을 두려워하게 했던 여인들입니다. 정말 '천상의 누이들'입니다."

"그리하여 1970년 10월 4일 로마교황 파울 6세는 시에나의 캐서린을 '교회의 박사'로 칭했습니다. 32명의 교회 박사들 중 가장 어린 나이로 귀중한 칭호를 받았습니다. 36장에 소개될 아빌라의 테레사도 캐서린과 함께 귀중한 칭호를 받았습니다."

"교수님! 그렇습니다. 구름 위에 태양이 여전히 있는 것처럼 하나님은 지금도 우리의 신음소리에도 응답하심을 잊지 않겠습니다. 우리가 어디에 있더라도 세상 끝날까지 항상 함께 하실 하나님을 믿고 믿음의 길을 가야겠습니다. 감사합니다."

32 율리안 : 영국의 신비주의자

1342-1416년

율리안

Julian

율리안은 계시를 받은 후 거의 20년 동안 내면의 중요성을 가르쳤습니다. 이 계시들은 율리안이 자신의 임종 때를 알고 있는 시점에서 받은 것입니다. 참된 통회, 즉 하나님과의 은밀한 관계 또는 완전한 사랑을 발전시키려는 그녀의 기도에 대한 응답이라 할 수 있죠. 이 책은 현재 대영박물관에 소장되어 있습니다.

율리안 Julian

■ 평생을 독방에서 지내며 명상과 기도에 전념한 여인

"혹시 환상이나 실제와 같은 꿈을 꿔 본 적이 있는지 궁금합니다. 역사적으로 이런 것에 가장 유명한 분들을 지금 저희들이 살펴보고 있습니다. 브리지트와 캐서린과 더불어 오늘 우리가 만나볼 여인은 천상의 누이들 중 가장 뛰어난 분이라 할 수 있습니다. '천상의 누이'의 극치를 이루는 분입니다. 자신을 찾는 수많은 사람들에게 사랑의 권면을 행했으며 자신이 받았던 계시들을 손수 적어 우리에게까지 전해줍니다. 평생을 독방에서 지내며 명상과 기도에 전념한 여인을 오늘 우리가 만나볼 것입니다. 정숙하셔야 합니다. 묵상하고 있을지도 모르니까요?"

가. 생애

"노위치의 율리안(Julian 또는 Juliana of Norwich, 1342~1416)은 영국의 신비주의자였습니다. 그녀가 쓴 '신적 사랑에 대한 16가지 계시들'(Sixteen Revelations of Divine Love)은 자신이 직접 경험한 환상들입니다. 단순히 '율리안'이라 불리는 그녀는 베네딕트 수녀로서 노위치에 있는 율리안(St. Julian) 교회 뜰 동쪽 편의 조그마한 집에 거했던 은자였습니다. 그곳은 캐로우 수도원(Carrow Priory)에 속한 곳입니다."

율리안

"그녀의 책에 따르면, 이 계시는 1373년 5월 8일 또는 14일 자신에게 주어졌습니다. 그 때 그녀의 나이가 30세가량이라고 언급한 것을 보아 그녀가 1342년 말에 태어났음을 알 수 있습니다. 계시를 받은 후 거의 20년 동안 그녀는 내면의 중요성을 가르쳤습니다. 이 계시들은 율리안이 자신의 임종 때를 알고 있는 시점에서 받은 것입니다. 참된 통회, 즉 하나님과의 은밀한 관계 또는 완전한 사랑을 발전시키려는 그녀의 기도에 대한 응답이라 할 수 있죠. 이 책은 현재 대영박물관에 소장되어 있습니다."

"그녀가 살았던 시기는 혼돈의 시기였습니다. 앞에서도 언급한 '아비뇽 유수'와 '대분열'로 인해 교회는 타락하고 정치는 복잡했습니다. 그런데다가 유럽에는 우리가 흔히 역병이라 부르는 '흑사병'(Black Death)이 유행하던 때였습니다. 역병은 사회 조건을 악화시켰고 가난한 자들을 더욱 압박했습니다. 일자리도 없고, 세금은 올라갔고, 그리고 가뭄으로 흉년이었습니다. 어디에도 소망을 둘 곳이 없었습니다…"

"교수님! 브리지트를 소개해 주실 때도 '흑사병'을 언급하셨는데요. 그것에 관해 간략히 설명해 주시겠습니까?"

"'흑사병'이란 1347~1350년에 유럽을 강타한 대역병이라 할 수 있죠. 유럽 인구의 1/3이 죽을 정도였으니 말입니다. 당시 유럽의 인구는 3천 4

백만이었으니까 1천만 명 이상이 흑사병, 즉 연속적인 역병으로 죽어 갔습니다. 이러한 때는 르네상스 시대이기도 했습니다. 교회와 정치적으로는 '아비뇽 유수'와 '대분열', 사회적으로는 상업혁명, 그리고 문화적으로는 르네상스 시대였습니다. 르네상스의 대표적인 작품들 가운데 보카치오(1313~1375)가 쓴 '데카메론'을 기억하실 것입니다."

"보카치오가 살았던 이태리 플로렌스에 1348년 '흑사병'이 돌았습니다. 이것을 배경으로 하여 그는 '데카메론'을 쓴 것입니다. 당시에 그 도시의 3/4이 죽어갔습니다. 1349년부터 쓰기 시작한 '데카메론'은 흑사병으로 인한 이야기를 담고 있죠. 남자 3명과 여자 7명, 즉 10명의 사람들이 두 주 동안 플로렌스를 피해있으면서 각자가 10가지 이야기를 합니다. 그리하여 모두 100가지 이야기를 담고 있죠. 이 작품은 1352년이 되어서야 완성됩니다. 보카치오가 마지막으로 심혈을 기울여 쓴 작품인 동시에 이태리어로 썼다는 것이 놀라운 일이었습니다."

"교수님! 그 내용을 간략하게 설명해 주실 수 있나요? 아니면 줄거리라도…"

'데카메론' 에 나오는 알베르또의 삽화

"넷째 날의 두 번째 이야기를 들려드릴게요. 베르또 델라 맛사라는 불량배가 베네치아로 이사합니다. 그곳에서 형제 알베르또라는 이름으로 수도사가 됩니다. 자신이 거룩한 사람이라고 그럴듯하게 이야기하므로 사람들로 하여금 믿도록 합니다. 그런 후 부유한 상인의 아내 귀가 얇은 마돈나 리세따를 유혹합니다. 그녀의 아름다움을 극찬합니다. 천사장 가브리엘이 그녀를 사랑하게 되어 침실을 방문하고 싶다고 제안한다고 말합니다. 알베르또는 가브리엘이 자신의 몸을 소유하여 그녀를 방문할 것이라고 능청맞게 속입니다. 마돈나 리세따는 그것이 사실인줄 알고 가브리엘의 방문을 수차례 맞이합니다. 결국 천사장 가브리엘이 자신의 남자임을 자랑스럽게 떠벌리는 바람에 이 일이 탄로 나고 맙니다. 그리하여 알베르또는 대중들에게 창피를 당하고 수도원에 죽을 때까지 갇히게 된다는 이야기입니다."

"이러한 이야기들이 100여 가지 등장하고 있는데 당시의 윤리와 사회를 잘 반영하는 것이라 믿어집니다. 이태리어로 쓰였다는 것도 함께 말입니다. 우리가 어디까지 왔죠? 어디까지 이야기했습니까?"

"율리안이 살았던 시기가 혼돈의 시기라고 말씀하실 때 제가 '흑사병'에 대해 물었고, 교수님은 '흑사병'과 관련하여 '데카메론'을 말씀하신 거죠."

"이런 형편없고 힘든 시기에 영국에서는 1381년 농민전쟁까지 일어났습니다. 교회는 아무런 대응책이나 관심을 나타내지 못했죠. 먹고 살 수 없이 일어난 농민전쟁에 관해 교회는 아무 말도 하지 못했습니다. 그런데 불과 얼마 떨어지지 않은 곳에 '종교개혁의 샛별'이라 불리는 존 위클리프를 따르는 초기 제자들이 있었습니다. '롤라드들'(Lollards)이라 불리는 자들이있죠. 그 진쟁으로 인해 그들은 화형을 당하기도 하고 침수를 당하기도 했습니다. 이런 상황에서 우리가 만나볼 율리안이 태어납니다. 어느 누구도 그녀가 누군지 관심이 없었고 그녀도 단순하고 매우 평범한 여인으로 자라났습니다."

"율리안은 여성 은자였죠. 엄밀히 말해서 수녀는 아니었다는 말입니다. 고독한 삶으로 부름을 받은 자들을 은자라 부르는데 아마 제가 2장에서 '시노바이트'를 설명하면서 은자를 간략하게 설명했을 것입니다. 은자는 세상과 완전히 단절하는 것은 불가능하지만 세상에서 가능한 한 고독한 삶을 살아갑니다. 그래서 그녀의 삶은 주로 기도와 명상으로 당시의 사람들이 가장 선호했던 삶이었죠."

"그녀의 집은 작은 방 또는 독방이었습니다. 노위치 거리에서 얼마 떨어지지 않은 곳이었습니다. 그녀는 그곳을 자신의 이름을 따서 '율리안 교회'라 부릅니다. 13세기에 그 교회에서 작성된 '삶의 규율'이 있었습니다. 작은 방은 반드시 열려 있는 창문 세 개가 있어야 합니다. 하나는 교회로 향해야만 합니다. 그래서 그녀가 늘 미사를 들을 수 있고 거룩한 성례를 받을 수 있게 했습니다. 또 다른 하나는 가깝게 살았던 자신의 종과 교통하기 위함입니다. 세 번째 창문은 필요한 사람들에게 조언을 주기 위함이었죠."

"참된 명상은 개인적 능력도 아니고 특별한 경험을 추구하지도 않습니다. 하나님과의 친밀함이 명상의 주목적이었습니다. 그녀가 받은 16가지 계시들은 율리안의 영성 또는 경건에 영향을 끼친 통찰력을 잘 반영하고 있습니다. 거의 20년 동안 작성된 것이기에 그녀가 받은 계시들의 전체를 이해할 수 있으리라 봅니다. 기독교 신비주의는 인류의 영혼에 거하시는 삼위일체와

'율리안 교회'에 있는 율리안의 독방

성화로의 신적 부르심과 같은 은혜에 기초되어 있는데 율리안은 이것을 강조합니다. 또 선과 악을 위한 전투 현장의 지상적 이상보다는 오히려 영광과 천국의 기쁨에 초점을 맞추고 있습니다. 그야말로 '천상의 누이'의 극치를 말하는 것이죠."

"'신적 사랑에 대한 16가지 계시들'에서 율리안은 어린아이처럼 숨김없이 말하는데 이것이 그 계시의 매력이라 하겠습니다. 하나님을 창조 때에 기뻐하신 분으로 묘사하고, 하늘에 있는 우리의 행복을 위해 우리에게 감사하는 분으로 묘사합니다. 모든 것이 잘 될 것이라는 율리안의 자세는 우리의 환상의 제한들을 받아들인다는 의미고, 방대한 신적 섭리가 신비로운 것임을 아는 것을 수용하는데 전적으로 의존합니다. 중세 신학자들은 이것을 의존하지 않고 나름대로 과학적인 정확성을 내세워 설명하기 어려운 것들을 설명하려고 시도했죠."

나. 배경

"당시 경제적, 종교적, 그리고 사회적으로 정말 힘든 상황에서 특이한 삶을 고수한 율리안이었습니다. 첫째, 그녀가 살았던 14세기는 종교재판(Inquisition)이 강하게 시행되던 시기였고 수많은 신학자들과 종교 수도회들이 강조하는 것은 이단에 대한 평판이었습니다. 이단자들은 사탄과 교제하고 있다고 여겼던 거죠. 이와는 달리 율리안은 피조물들이 오류들을 지적하지 않고 오히려 신적 은혜를 긍정적으로 바라보았습니다."

"둘째, 당시에 사람들은 '흑사병'으로 고통을 받고 있었는데 고통 받는 세상을 형벌로 보지 않고 하나님께서 우리를 자신에게로 이끄시는 채널로 보았던 것이죠. 요즘도 그렇잖아요? 불행한 일이 생기면 대체로 인과응보로 보잖아요. 죄를 지었으니까 독감이 걸렸다! 회개할 것이 있으니 사업이 잘 안된다! 교만하니까…자녀가 형통하지 못한다! 또는 잘못했으니 질병에 걸리는구나! 등등으로 생각하잖아요. 하지만 율리안은 조금 다르게 보았죠. 불행한 일이 생겼을 때 보응으로 보지 않고 그런 일로 인해 하나님께 가까이 갈 수 있는 통로로 보았던 것입니다. 고통 속에서 즐거움을 찾는 것을 용서하는 하나님과 교제할 수 있는 것으로 보며 즐거운 정결로 나아가는 길로 보았지 채찍이나 응징으로 보지 않았다는 것이죠."

"셋째, 율리안은 이성으로 풀 수 없는 고통의 신비와 같은 것을 억지로 해석하려 들지 않았습니다. 당시의 신학자들은 아담이 타락한 이후 세상은 사탄에게 속했다고 보았습니다. 그들은 세상을 어떻게 상실했고 다시 구입했는지를 정확하게 정의하려고 자신들의 재치를 사용하지만 율리안은 구속을 기뻐하고 구속이 어떻게 우리에게 이뤄졌는지 정확하게 우리가 알 수 없음을 분명히 합니다."

"넷째, 율리안은 하나님과 우리 사이에 있을 중재자를 강조하지 않지만 하늘에 있는 성자들을 인정합니다. 성자들과 그녀와의 관계를 통해 직접 하나님께 나아가서 그분을 기쁘시게 하도록 한다고 보았습니다. 왕에게 직접 나아가는 것은 봉건사회에서 정말 힘든 일이었기에 중재자가 요청되었던 것은 당연한지 모릅니다."

"다섯째, '우리 모친 하나님'(God our Mother)에 대한 계시를 받는 동안 성체의 신비로운 속성을 언급하고 있는데 여기에서 우리는 그녀의 영적 깊이를 파악할 수 있습니다. 하지만 성체에 대한 올바르지 못한 자세는 미신으로 치우칠 수 있습니다. 다시 말씀드리면, 하나님의 말씀을 등한히 하게 되고 늘 위에서 내려오는 계시만을 바라게 된다는 것이죠."

"여섯째, 율리안은 우리에게 사탄에 대한 매우 부정적인 그림을 그리도록 합니다. 우리를 영원토록 잘못되게 하는 것으로 봅니다. 죄는 실제가 아닙니다. 왜냐하면 창조된 것도 아니고 영원한 것이 아니라고 보았기 때문입니다. 그녀는 결코 죄, 그 고통, 회개와 정결을 위한 필요 등을 부인하지 않습니다. 죄인의 구속을 위한 형상들은 하늘에 있는 보다 큰 기쁨으로 인도하는 것으로 봅니다. 심지어 악이라도 하나님의 섭리에 협력하는 것으로 볼 정도입니다. 모든 창조물은 하나님의 뜻을 완성하는데 그 목적에 따라 행합니다."

"끝으로 일곱 번째, 교회를 하나님의 계시의 도구로 보는 것은 그녀를 이해하는데 매우 중요합니다. 거룩한 교회에 이끌려 철저하게 그녀가 복종했던 것은 두려워하는 마음에서 나온 복종이 아닙니다. 그러한 복종은 당시에 영국이 종교재판의 화형이라는 끔찍한 상황에 있었기 때문에 가지는 것을 말합니다. 하지만 그녀의 복종은 오히려 하나님의 은시를 깨닫는데서 발로됩니다."

율리안 교회의 이모저모

다. 모친으로서의 하나님

"그녀의 작품을 이해하는데 본질적으로 이해해야만 하는 것은 그녀가 말하는 '모친으로서의 하나님'이라는 개념입니다. 이 개념은 중세시대의 종교적 경험을 가장 잘 표현한 것입니다. 이 개념을 이해하지 못하면 그녀를 이해하는데 상당한 어려움을 겪게 될 것입니다. 이 개념을 우리는 세 가지로 이해할 수 있습니다. 첫째, 삼위일체는 창조 시에 나타난 완전한 사랑이며 기쁨입니다. 마치 가족관계에서 이해할 수 있는 것처럼 말이죠. 둘째, 성육신은 영혼을 베푸는 부친과 육체적 본질을 베푸는 모친으로 시작하는 생명에 대한 강력한 중세적 전통 개념입니다. 또 예수님의 인성은 그분의 사역을 보다 생생하고 보다 이해할 수 있도록 만드는 것입니다. 그분의 인성은 처음부터 시작된 신적 계획이지 인류가 하나님을 거역하므로 시작된 것이 아니라고 합니다. 셋째, 성찬은 그리스도께서 자신의 자녀를 자신으로 채우시는 것으로 이해합니다."

"이상의 세 가지를 염두에 두면서 율리안이 직접 쓴 글을 읽어보도록 하겠습니다. 14번째 받은 계시의 내용입니다."

> 우리의 창조자이신 하나님께서 우리 영혼 안에 거하심을 아는 것과 보는 것은 내적으로 깨닫는 높은 단계라 할 수 있겠습니다. 창조된 우리의 영혼이 하나님의 본질 안에 거하고 있음을 내적으로 알고 보는 것은 보다 높게 보다 많이 깨닫고 있는 것을 의미합니다. 이런 본질에서 우리가 하나님에 의해 살고 있음을 알게 됩니다.
>
> 하나님과 우리의 본질에는 차이점이 없다고 봅니다. 이 본질은 모두 하나님에게서 나온 것이기 때문입니다. 우리의 본질이 하나님 안에 있다는 것을 나는 이해할 수 있습니다. 하나님은 하나님이시고 우리의 본질은 하나

님 안에 있다는 것을 말합니다. 삼위일체의 전능하신 진리는 우리의 아버지이십니다. 왜냐하면 그분은 우리를 만드셨고 우리를 보존하십니다. 삼위일체의 보다 깊은 지혜는 우리의 모친입니다. 그 모친 안에 우리가 있습니다. 삼위일체에 대한 높은 선하심은 우리 주님이십니다. 그분 안에 우리가 있고 우리 안에 그분이 계십니다.

우리는 성부 안에 있습니다. 우리는 성자 안에 있습니다. 우리는 성령 안에 있습니다. 성부는 모든 능력, 모든 지혜, 그리고 모든 선하심으로 우리 인에 게십니다. 그분은 한 하나님 한 주님이십니나 (54장).

찬송을 받으시는 삼위일체 하나님은 영원하신 분이십니다. 그분은 시작도 없으시며 끝도 없으십니다. 그래서 사람을 만드시는 것도 끝도 없으시는 목적으로 이루어진 것입니다. 이런 본성은 자신의 아들, 삼위일체의 두 번째 인격을 위해 처음으로 준비되었습니다. 그분이 전 삼위일체와 전적으로 동의하심으로 그분은 우리를 모든 것으로 만드셨습니다.

우리를 만드실 때 그분은 먼저 우리를 짜시고 우리를 그분에게 결합시키셨습니다. 이런 결합으로 인해 우리는 창조되었던 때처럼 귀하고 깨끗하게 보존됩니다. 이러한 결합의 덕행으로 인해 우리는 우리의 창조자를 사랑하고 그분과 같은 자가 됩니다. 그분을 찬양하고 그분에게 감사를 드리게 됩니다 그분 안에서 우리는 무한한 기쁨을 누리게 됩니다.

그래서 전능하신 하나님은 우리의 피조물에게 자연스러운 아버지가 되십니다. 모든 지혜를 가지신 하나님은 우리의 자연스러운 어머니이십니다. 그리고 성령의 사랑과 선하심을 가지신 분이십니다. 이런 것은 모두 하나이신 하나님, 우리의 주님이십니다. 그분은 우리의 실질적이고 진실한 배우자이시며 우리는 그분의 사랑을 받는 아내며 호의를 받는 여종입니다.

그분은 아내인 우리를 늘 기뻐하십니다. 하나님께서 말씀하시기를, '나는 너희들을 사랑하고 너희들은 나를 사랑한다'고 하셨습니다. 우리의 사랑은 결코 둘로 분리될 수 없습니다.

우리의 전능하신 아버지 안에서 우리가 창조된 우리의 자연적 본질에 관한 한, 우리는 우리의 보존과 우리의 기쁨을 가집니다. 두 번째 인격에서 우리의 회복과 우리의 구원에 관한 한, 우리는 우리의 보존을 가집니다. 그분은 우리의 모친, 형제, 그리고 구세주이십니다. 우리의 선하신 주님이신 성령은 우리의 삶과 우리의 뼈아픈 노력을 위한 보상과 보람입니다. 그분의 높고 풍성한 은혜 안에서 그분의 놀라운 보살핌을 통해 무한함을 느낍니다.

우리의 모든 삶은 3가지 형태로 나눠집니다.

첫 번째는 우리의 존재입니다.
두 번째는 우리의 성장입니다.
세 번째는 우리의 성취입니다.

다시 말씀드리면, 첫 번째는 자연이고, 두 번째는 자비이고, 그리고 세 번째는 은혜입니다.

삼위일체의 높으신 전능하심은 우리의 부친이시고, 삼위일체의 깊으신 지혜는 우리의 모친이시고, 그리고 삼위일체의 위대한 사랑은 우리의 주님이심을 나는 이해합니다. 이런 모든 것은 우리가 자연 안에 있음을 말하고, 우리의 본질을 만드시고 있다는 것을 의미합니다.

더욱이 우리의 본질적 모친이신 두 번째 인격이 우리의 감각적 모친이 되셨습니다. 왜냐하면 우리가 하나님의 만드신바가 되었기 때문입니다. 그래서 우리의 본질은 우리의 부친이신 전능하신 하나님 안에 우리가 더 높은 부분이 되었습니다.

삼위일체의 두 번째 인격은 본질상 우리의 모친이십니다. 그분 안에 우리의 근거와 뿌리가 있습니다. 그분은 우리의 감각 안에서 육체를 취하시는 자비로우신 우리의 모친이십니다.

그리하여 우리의 모친이신 그리스도는 우리와 분리되지 않으신 채로 우리 안에서 여러 가지 방법으로 사역하십니다. 우리의 모친이신 그리스도 안에서 우리는 성장하고 덕행을 행합니다. 자비 안에서 그분은 우리를 개혁시키시고 우리를 회복시키십니다. 그분의 고통, 죽으심, 그리고 부활로 인해 우리의 본질에 연합되십니다. 이것은 우리의 모친이신 그리스도께서 자신에게 굴복하고 순종하고 사랑하는 모든 자녀들에게 자비를 베푸시는 모습입니다.

은혜는 자비와 함께 사역하는데 특별히 두 가지 특성으로 함께 나타납니다. 세 번째 인격이신 성령에 속한 이 사역은 보상과 베푸심으로 나타납니다. 보상은 주님께서 주시는 진리이고 주시는 것이란 자유로운 은혜를 베푸시는 것을 말합니다. 그리하여 피조물들에게 주어진 모든 것을 성취하시고, 극복하게 하십니다

그래서 우리는 우리의 부친이신 전능하신 하나님 안에서 우리의 존재를 가집니다. 자비의 모친 안에서 우리는 개혁하고 회복합니다. 그분 안에서 우리의 부분들이 하나가 되고 모든 것은 완전하게 됩니다. 성령의 은혜 가운데 보상과 주시는 것이 우리 안에서 성취됩니다.

우리의 존재는 삼위일체의 각 인격 안에서 모든 것으로 드러납니다. 우리

의 감각은 두 번째 인격이신 그리스도에게만 있습니다. 그분 안에는 성부와 성령이 계십니다. 그분 안에서 그분으로 인해 우리는 지옥으로부터 건짐을 받습니다. 지상의 비참한 것에서 벗어납니다. 우리는 하늘로 영광스럽게 올림을 받을 것이고 우리의 본질은 천국의 기쁨으로 가득찰 것입니다. 성령의 사역과 은혜로 인하여 우리는 부유해지고 존귀해집니다(58장).

우리의 자연적 모친이신 그리스도는 우리의 은혜로운 모친이십니다. 왜냐하면 그분은 모든 것에서 우리의 모친이 되시기를 원하시기 때문이고 여성의 몸에서 가장 겸손하고 가장 온유하게 자신의 사역을 행하십니다. 우리의 높으신 하나님은 모든 것의 주권적인 지혜이시며, 그분은 모든 것에서 스스로 모체의 직분과 봉사를 행하시기 위해 우리의 가난한 육체의 모습으로 가장 낮은 장소로 오셨습니다.

모친의 헌신은 가장 확실하게 진리를 위해 사역하십니다. 이 직분은 어느 누구도 성취하지 못합니다. 오직 그분만이 행하실 수 있는 것입니다. 우리의 모든 모친들이 직면한 죽음과 고통을 담당했습니다. 우리에게 영원한 기쁨을 주시기 위해 그분은 우리를 지극히 사랑하셨습니다. 사랑으로 그분 안에서 우리를 보호하십니다. 우리가 담당해야 하는 고통과 슬픔을 항상 친히 담당하십니다. 그분이 이 모든 일을 성취하신 후 우리에게 하늘의 기쁨을 주셨고 놀라운 사랑을 나타내 보이셨습니다.

그분은 더 이상 죽지 않으십니다. 그분은 사역을 통해 안타까워하지 않으실 것입니다. 우리를 사랑으로 먹이십니다. 모친과 같은 사랑으로 우리를 먹이십니다. 모친은 자녀들에게 먹을 우유를 줄 수 있습니다. 하지만 가장 정결하신 모친이신 그리스도는 자신으로 우리를 먹이십니다. 그분은 너무나 친절하시고 너무나 자비로우십니다. 참된 생활을 위한 정결한 음식이 되는 영광스러운 성례를 주십니다. 가장 달콤한 성례를 통해 그분은 우리를 자비롭게 그리고 은혜롭게 보호하십니다. 영화로우신 말씀에서 이러한 의미를 찾을 수 있습니다. "나는 거룩한 교회가 너희들에게 전하고 가르치는 모든 것이다." 그리고 "성례의 모든 생명과 건강, 나의 말의 덕과 은혜, 모든 선하심은 나 자신인 거룩한 교회에 너희를 위해 준비해 놓은 것이다."

…자연스러운 사랑, 지혜, 그리고 지식의 특성을 가진 모친은 곧 하나님이십니다. 우리의 영적인 것에 비해 무력한 육체는 낮고, 단순하고, 그리고 보잘 것 없는 것입니다. 주님은 연약한 육체들에 모친의 역할을 하십니다.

자연스러운 사랑의 모친은 자녀의 필요를 잘 아십니다. 그것을 가장 친절하게 나타내 보이십니다. 모친의 속성과 조건이 행하시는 것과 같습니다. 계속하여 어린이가 나이가 들고 크는 것처럼 그녀도 변합니다. 하지만 사랑이 변하는 것은 아닙니다. 어린이는 나이가 들면서 은혜를 수용할 수 있도록 사악한 것을 벗어버리게 됩니다.

이런 사역은 우리 주님께서 공평과 선하심으로 행하십니다. 그분은 본성상 우리의 모친이십니다. 사랑하시기 때문에 낮은 위치에 오셔서 은혜를 행하셨습니다. 그분은 우리가 그것을 알기를 원하십니다. 왜냐하면 우리의 모든 사랑이 그분에게 있기를 원하시기 때문입니다.

우리는 하나님의 명령으로 인해 하나님의 부성과 모성에 빚지고 있습니다. 우리의 빚은 하나님의 참된 사랑으로 모두 탕감되었습니다. 이런 축복된 사랑을 그리스도께서 우리 안에서 행하셨습니다. 내가 너희를 사랑한다는 귀한 말씀에서 이 모든 것을 알 수 있습니다(60장).

"정말 심오한 깨달음이지 않습니까? 그녀는 신학자도 아니면서 심오한 진리를 이렇게 현실적으로 우리들에게 표현하여 수많은 독자들에게 감동을 줍니다. 그녀를 상상하며 그린 그림들을 보아도 정말 그녀의 인자함과 하나님께 온전히 나아가 그분 발 앞에 엎드려 마리아처럼 흐느껴 울고 싶은 그 간절함을 느낄 수 있습니다."

"교수님! 저도 그러한 느낌을 가집니다. 그분을 가까이 하면 할수록 우리가 느낄 수 있는 것을 율리안은 느꼈고 그것에 심혈을 기울여 글로 남겨 지금 이 시간에도 나에게까지 도전을 주니 정말 감사할 따름입니다. 이러한 것을 이론적이 아니라 실제로 느껴보기를 간절히 소망합니다. 털 깎는 자 앞에서 선 예수 그리스도를 만나고 싶습니다. 그분이 십자가상에서 우리를 위해 고통당하시면서 말씀하신 심정, 아니 그분의 심장을 닮으면서 살고 싶습니다.

오늘 강의 너무 좋았고 감사합니다. 다음 강의에 대해 묻지 않겠습니다. 정말 주옥같은 강의 속에 '천상의 누이들'을 만날 것이기 때문에 여전히 흥분됩니다. 기대합니다. 다시 한 번 감사드립니다. 교수님!"

33 크리스틴 : 여성작가

1364-1430년

글을 쓰는 크리스틴

Christiane

크리스틴은 르네상스 시대에 여성들을 폄하하는 것에 반대하는 글과 그들을 옹호하는 글들을 씁니다. 참 힘든 시기였는데 그녀는 과감하게 남성우월의 시대에 여성들을 위한 글을 씁니다. 특별히 「여인들의 도시에 관한 책」은 여성들의 우월성보다도 남성들과 동등함을 주장하는 글이었습니다. '합리적 여성'을 통해 크리스틴은 여성들의 탁월성과 여성들이 교육을 받아야함을 전명합니다.

크리스틴 Christiane

■ 정치적 사회적으로 가장 혼란했던 시기에 글을 써서 여성들의 모습을 잘 표현했던 여인

"문학과 예술이 가장 발전했다고 하는 르네상스, 인간 찬양의 예술이 가장 활발했던 시대, 도덕과 신앙이 가장 저하되었던 시대, 영적인 갈망이 가장 요구되었던 시대, 그리고 정치적 사회적으로 가장 혼란했던 시기에 글을 써서 여성들의 모습을 잘 표현했던 여인을 오늘 저희들이 만나볼 것입니다. 생계를 위해 글을 썼지만 그 글들을 통해 자신만 아니라 독자들에게 큰 감명과 도전을 아울러 주었던 여성 작가를 만나보도록 합시다."

가. 간략한 생애

"피사의 크리스틴(Christiane de Pizan, 1364~1430)은 이태리 베네치아에서 태어났습니다. 부친 토마소 드 피차노는 유명한 의사며 천문학자였으며 그녀가 5세 때, 부친은 프랑스 왕 샤를 5세의 초청을 받을 정도였습니다. 그래서 부친은 가족을 데리고 파리로 이사합니다. 그 후부터 줄곧 크리스틴의 가족은 프랑스에서 지냅니다. 그녀는 천문학자인 아버지 밑에서 자라났기에 어릴 때 훌륭한 학문을 접할 수 있는 기회를 가집니다. 그래서 그녀는 이태리어, 프랑스어, 그리고 라틴어까지 능통하게 구사하게 됩니다. 1380년 약 15세 때에 궁정 서기인 카스텔의 에스티엔느와 결혼하여 행복하게 지냅니다."

여왕 이사벨라에게 자신의 책을 헌납하는 크리스틴

"프랑스 왕 샤를 5세가 1380년에 세상을 떠나자 부친 토마소의 수입은 새로운 왕이 등극한 후 매우 줄게 되었습니다. 설상가상으로 1390년 크리스틴은 남편을 갑작스럽게 여의고 맙니다. 이제 크리스틴은 25세의 나이로 미망인이 되었습니다. 세 명의 자녀, 질녀, 그리고 모친의 생계를 위해 자신이 가진 재능을 발휘하여 그녀는 글을 쓰기 시작합니다. 그러는 가운데 여러 번 법정에 서기도 하면서 고초를 많이 겪습니다. 하지만 그녀의 산문과 시들이 주위 사람들에게 알려지게 되었습니다. 동시에 서구문학에서 최초의 여성작가가 되기도 합니다. 그녀의 글은 세상을 떠난 남편에게 드리는 사랑의 이야기들로 시작합니다. 그녀의 글들을 읽고 사람들은 그녀를 후원하기 시작했습니다. 군주들, 부인들, 그리고 심지어 왕 샤를 6세와 왕후 이사벨라까지 그녀를 후원하기에 이르렀습니다. 유명인사가 되었다는 말이죠."

나. 작품

"그녀는 '데카메론'을 쓴 보카치오의 「유명한 여인들」이라는 책에서 도전을 받았다고 여겨지는 「여인들의 도시에 관한 책」을 1405년에 씁니다. 다음 해에 「세 가지 덕행의 책」을 씁니다. 1404년 부르고뉴의 공작

가르치는 크리스틴

'대머리 필립'의 청을 받아들여 남동생 샤를 5세의 전기도 씁니다. 그 외에도 「행운의 변화들」을 썼습니다. 이 시는 자신의 삶과 다른 유명한 사람들의 삶을 다루고 있는 시입니다. 「오티아의 서신들」은 99개의 풍자적 이야기들을 다루고 있는 모음집입니다. 1405년에는 자서전으로 「크리스틴의 비전」을 씁니다. 이 책은 여성들의 주제에 대해 격렬한 문학적 논쟁을 일으켰던 책이기도 합니다."

"오를레앙의 루이를 암살하는 것을 본 후 일어난 시민혁명을 염려하여 1410년 그녀는 「시민전쟁에 대한 통곡」을 씁니다. 동시에 그녀는 영국과의 100년 전쟁을 매우 싫어했습니다. 전쟁과 사회에 시달린 크리스틴은 1415년 수녀원으로 물러갑니다. 그런 후 1429년 그녀는 잔 다르크에 대하여 큰 도전을 받고 프랑스어로 된 책을 쓰기로 마음먹습니다. 그리하여 「잔 다르크에게 바치는 노래」를 씁니다. 다음 해 1430년 그녀는 세상을 떠납니다."

1) 「여인들의 도시에 관한 책」

"크리스틴이 쓴 「여인들의 도시에 관한 책」은 그녀의 이름에 가장 걸맞은 책입니다. 그녀의 철학이 가장 잘 드러나는 책인 동시에 여인들의 역사를 잘 조명하고 있는 책이기도 합니다. 크리스틴은 「여인들의 도시에 관한 책」에서 실제적인 역사적 사례들을 소개하면서 여인들이 불공평하게 억압받고 있음을 나타내 보이고 있습니다. 크리스틴은 여인들의 범주에 아내들, 모친들, 지도자들을 포함시키면서 이들의 역사를 연대기적으

여인들의 도시에 관한 그림

로 다루고 있습니다. 합법적 체제, 사회적 체제, 그리고 결혼한 여인들에 대해 말하고 있습니다. 그녀는 자신이 고안했던 세 부류의 여성들 – 합리적 여성, 정직한 여성, 그리고 공정한 여성 – 아래 자신의 의도를 감추고 있습니다."

"자신의 관점을 소개하면서 크리스틴은 아리스토텔레스와 오비드와 같은 남자들을 비난합니다. 오비드가 왜 그렇게 많이 자신의 책에서 여성들을 공격했는지 그 이유를 합리적 여성에게 묻습니다. 합리적 여성은 대답하기를 오비드는 젊었을 때 많은 여성들과 함께 성적으로 문란한 관계를 가졌기 때문이라고 대답합니다. 또 그는 많은 사람들을 자신의 행동과 말을 통해 자신처럼 살도록 유인했습니다. 마침내 로마인들도 그의 문란한 생활 때문에 그를 추방하게 되었다고 크리스틴은 말합니다. 당시에 오비드는 데려오기 위해 친구들의 노력으로 되돌아왔지만 다시 과거의 삶을 살고자 했을 때 그는 거세를 당하고 맙니다. 합리적 여성은 그가 향락의 삶을 더 이상 살 수 없었기에 그는 여인들로 하여금 다른 사람들에게 적게 매력을 끼치게 하기 여성들을 유인하기 시작했나고 합니나."

"여성들을 질시의 대상으로 보는 남성 철학자들에 대해 크리스틴은 말하기를 그들은 '철학,' 즉 지혜의 사랑을 바보로 사랑하도록 해서 모든 삶을 어리석음으로 자신에 대해 책에 쓰고 있다고 합니다. 합리적 여성은 우리들에게 왜 남성들이 여인들을 공격하는지 그 이유를 4가지로 말하고 있습니다."

1) 남성들 자체가 악하다.
2) 허약하거나 육체적으로 약한 남성들이 자신들의 육체적 문제를 변호하기 위해 사용하는 유일한 방법이다.
3) 어떤 남성들은 질투함 때문에 여성들을 공격한다.
4) 여성들을 때리는 남성들은 너무나도 자연스럽게 행하고, 남성과 여성을 모두 때리는 남성들은 마음이 너무나 허약하기 때문이다.

"그녀의 책 11절에서 크리스틴은 합리적 여성에게 왜 여성은 합법적 조언의 자리에 앉을 수 없느냐고 묻습니다. 상식적으로 합리적 여성은 이렇게 대답합니다."

현명하고 잘 훈련받은 주인은 자신의 주도권을 잘 정리하기 때문에 한 종은 한 가지 일을 수행하고 다른 종은 다른 일을 수행토록 합니다. 또 한 종이 다른 종의 것을 하는 것은 어떤 일도 수행하지 않는 것을 말합니다. 하나님은 이처럼 남자와 여자에게 하나님을 다른 방법으로 섬기도록 하셨습니다. 또 서로를 섬기고 위로하도록 하셨다는 말씀입니다. 각자는 자신에게 주어진 일이 있습니다. 각자는 자신들의 일들을 성취하기 위해 가장 알맞고 합당한 본성과 성향을 갖고 있습니다.

"이렇게 크리스틴은 르네상스 시대에 여성들을 폄하하는 것에 반대하는 글과 그들을 옹호하는 글들을 씁니다. 참 힘든 시기였는데 그녀는 과감하게 남성우월의 시대에 여성들을 위한 글을 씁니다. 특별히 「여인들의 도시에 관한 책」은 여성들의 우월성보다도 남성들과 동등함을 주장하는 글이었습니다. '합리적 여성'을 통해 크리스틴은 여성들의 탁월성과 여성들이 교육을 받아야함을 천명합니다. 그녀가 말하는 여성 교육은 현대인들에게도 놀라울 만큼 도전을 주는 방안입니다."

후작들, 기사들, 유지들, 그리고 귀족들은 여러 곳을 방문하고 전쟁에 참여합니다. 그래서 그들의 부인들은 항상 현명해야 하고 가정이나 상업에 폭넓은 지식과 행정력을 지니고 있어야 합니다. 또 그들은 남편과는 달리 주로 집에 거하기 때문에 가끔 법정이나 외국도 방문해 봐야 합니다. 또 자신들이 소유하고 있는 재산들을 잘 유지해야 하는 책임도 갖고 있습니다. 모든 여성들은 자신의 일 년 수입이 얼마나 되는지 알아야 하고 자신의 부동산 또는 소유지의 가치가 얼마나 되는지 늘 파악하고 있어야 합니다. 이렇게 현명한 여성은 남편을 설득해 수입만 아니라 지출에 관해서도 매년 점검할 수 있도록 해야 합니다. 수입에 따라 지출하며 분수에 따라 사는 것이 결코 수치스러운 일이 아닙니다. 하지만 채권자가 집앞에서 문을 두드리게 하는 것은 수치스러운 일입니다. 그래서 집안의 모든 수입 지출을 남편을 위해 아니 남편을 돕기 위해 점검하고 유지하는 것은 여성들에게 요구되는 일입니다.

"어떻습니까? 요즘 21세기를 살아가는 여성들에게도 큰 교훈이 되는 것이라 믿어지죠? 한 여성으로서 크리스틴은 바른 여성관을 심어주려고 부단히 노력했던 자였습니다."

2) 「세 가지 덕행의 책」

"명상적이고 활동적인 길에 두 가지 거룩한 길이 있습니다. 구원을 받기 원한다면 반드시 행해야만 합니다. 성경은 하늘에 이르는 두 가지 길을 제시합니다. 명상적인 삶과 활동적인 삶입니다. 이 길을 벗어나서는 구원에 이를 수 없습니다. 명상적인 삶은 우리 주님을 너무나 깊게 그리고 열정적으로 사랑하여 부모, 형제, 자매, 자녀들을 잊어버릴 정도입니다. 오로지 창조주 하나님께만 헌신하게 됩니다. 다른 것을 생각하지 않습니다. 다른 어떤 것도 중요하지 않습니다. 가난, 걱정, 고통, 또는 상처도 진실한

'세 가지 덕행' 에 나오는 삽화

명상의 마음을 더 이상 억누르지 못합니다. 삶의 형태는 세상에 있는 모든 것과 일시적인 것들을 포기합니다. 외로운 곳에 머물면서 명상으로 오를 수 있는 더 높은 곳, 즉 하나님 앞으로 나아갑니다. 그곳에서 거룩한 삼위일체의 하나님과 하늘의 법정을 봅니다. 그 때 기쁨과 하나님의 영감으로 가득 차게 됩니다."

"완전한 명상적인 삶은 너무나 황홀하기 때문에 더 이상 이기적일 수 없으며, 지상의 어떤 기쁨과도 견줄 수 없으며, 그리고 이 세상에서 경험할 수 없는 놀라움을 가질 것입니다. 낙원의 영광과 기쁨을 맛봅니다. 명상으로 인해 영적으로 하나님을 봅니다. 타오르는 사랑으로 인해 이 세상에서 더 이상 다른 것이 필요하지 않기 때문에 거룩한 낙원의 기쁨을 맛보게 됩니다. 순수하고, 영적이고, 그리고 하늘의 생각들은 희망으로 가득 찹니다. 소경이 색깔을 묘사할 수 없는 것처럼 그것에 대해 더 이상 말할 수 없는 것이 안타까울 따름입니다. 무엇보다도 이러한 것은 하나님을 기쁘시게 하는 것입니다. 거룩한 명상은 하늘을 향해 일어나듯이 지상 위로 뻗어나갈 것입니다. 이 거룩하고 격상된 삶을 말로 표현하기 어렵습니다. 하지만 더 알기를 원하시는 분들은 성경을 통해 알 수 있습니다."

"활동적이고 명상적인 길이 탁월하지만 우리 주 예수 그리스도께서는 보다 더 완전한 것을 보여주셨습니다. 명상적인 삶을 대표하는 마리아는 다른 것보다 말씀을 듣는 것이 훨씬 중요함을 알고 예수님의 발 앞에 앉아 있었습니다. 거룩한 사랑에 목마른 여인처럼 말입니다. 그녀의 언니 마르다는 활동적인 삶을 대표하는 여인입니다. 그녀는 주인으로서 주님과 사도들을 위해 봉사하는데 분주했습니다. 마르다는 마리아가 자신을 도와 주지 않는다고 예수님께 불평했습니다. 주님께서 말씀하시기를 "너는 부지런한 마르다이구나. 너의 수고하는 일은 매우 가치 있고 다른 사람들을 돕는 것이다. 하지만 명상적인 삶은 세상을 포기하고 세상이 요구하는 것을 포기하는 것이다. 오직 주님만 생각하는 것이지. 그래서 이것은 다른 것보다 귀하고 보다 완전한 것이란다."

"거룩한 사람들이 오래 전부터 종교적 삶에서 얻은 것입니다. 명상적인 삶은 하나님 가까이 나아가는 삶입니다. 명상의 삶을 살아가기를 원하는 사람들은 하나님을 섬기기 위해 다른 것에 무관심하고 세상의 것에 얽매이지 않습니다. 이러한 명상은 하나님을 기쁘시게 하는 일입니다."

"여성들이 상품화 되어 있고, 사치와 방종을 일삼는 시기에 참된 여성상을 제시하며 세상에 도전했던 크리스틴이야말로 이 시대에 요구되는 여성상이라 여겨집니다. 그녀가 주장했던 것은 현모양처입니다. 남성들의 노리개도 아니고 집에만 맴도는 여성이 아닌 남편과 가족을 위해 힘쓰고 하나님을 두려워할 줄 아는 현숙한 여인을 그렸고, 그것을 글로 남겼고, 그리고 그대로 살았던 여인이죠."

"교수님! 저도 이러한 여인이 되기 위해 노력할래요. 그리고 크리스틴을 만난 후 가정과 자신을 위해 많이 노력하고 더 배워야겠다고 마음먹었습니다. 그리고 남성들은 현숙한 여인들을 만나려고만 하지 말고 그러한 여성이 될 수 있도록 함께 노력해야 한다고 생각합니다."

"정말 좋은 지적입니다. 자신은 그러한 그릇이 되지 못하면서 상대방에게만 요구한다면 다툼이 나고 짜증만 생겨나게 되죠. 먼지는 밖에서 들어오는 것보다 우리 몸에서부터 나오는 것이 더 많기 때문에 집에 늘 먼지가 많이 있답니다."

34 마저리 : 자유를 찾아서

1373-1439년

마저리

Margery

삶을 통해 심오한 진리를 터득한 여인 '마저리'입니다. 어려운 환경이고 포기할 수도 있었던 삶, 자살을 여러 번 시도했던 삶 속에서 그녀는 참된 평안을 찾기 위해 열심히 간구했고, 마침내 그녀는 지상에서 참된 평안을 찾았습니다.

마저리 Margery

■ 한 가정의 딸, 모친, 그리고 아내로서 생활하며, 나아가서는 작가로서 활동했던 여인

"8페이지 밖에 되지 않는 '리인의 마저리 켐프의 책에서 나오는 우리 주 예수 그리스도께서 가르치신 짧은 명상집'이란 책이 500판에 걸쳐 인쇄되었습니다. 여기서 우리는 15세기에 가장 넓게 알려지고 읽혀진 책의 저자를 만나려고 합니다. 한 가정의 딸, 모친, 그리고 아내로서 생활하며, 나아가서는 작가로서 활동했던 여인입니다. 영적으로, 사회적으로, 그리고 심적으로 힘들었기에 여러 곳을 방문하고 여러 분들을 만나면서 자신의 영적 안녕을 위해 부단히 노력했던 여인입니다. 함께 그 여인을 만나보도록 하겠습니다."

가. 초기 생애

"마저리 켐프(Margery Kempe, 약 1373~1439)는 5번이나 리인(Lynn) 마을의 시장이 되었던 존 번함의 딸입니다. 당시 리인은 상업적으로 번영했던 마을로서 플랑드르인들이 – 벨기에, 네덜란드, 그리고 덴마크 등 북해를 접하고 있는 여러 나라 사람들이 – 여러 곳에서 찾아와 시장을 형성했습니다. 이런 상황에서 마저리는 배우는 기회를 놓치고 말았습니다. 물론

마저리

당시에는 대부분의 소녀들이 배움의 기회를 가질 수 없었습니다. 그래서 마저리는 가정에서 스스로 배울 수 있는 기회를 가졌습니다."

"그런데 마저리는 개인적으로 말할 수 없는 죄를 지었습니다. 정확하지는 않지만 대체적으로 성적인 죄일 것으로 여깁니다. 아니면 다른 것일 수도 있습니다만 아무튼 1393년 마저리는 같은 마을의 젊은 상인 존 켐프와 결혼합니다. 결혼 생활은 그렇게 행복하지 못했지만 보통 부부처럼 그럭저럭 지냈습니다. 남편은 친절하고 이해심이 많은 사람이었습니다. 이에 반해 마저리는 남편으로부터 육체적 사랑을 늘 요구했습니다. 그래서인지는 몰라도 마저리는 아이들을 빨리 가질 수 있었습니다. 모두 14명이나 낳았습니다."

나. 자유를 찾아서

"당시의 출산은 지금보다 훨씬 어려웠습니다. 고통은 참으로 이브의 저주처럼 여겨졌고, 어려운 상황을 극복하려고 하기보다는 그 고통을 당연하게 받아야 하는 것으로 받아들였습니다. 부인과학이나 산모학은 무시되었을 뿐만 아니라 병으로 여겨졌을 뿐입니다. 결과적으로 많은 여인들은 출산 시에 죽거나 아니면 미치기까지 했습니다. 출산되어 아이가 다행히 살아있다 하더라도 산욕열로 인하여 산모들 중 대부분은 죽었습니다. 아이들은 유아 때에 죽을 확률이 대단히 많았습니다. 저 출산율은 유아들의 생명과 밀접한 관련을 가졌던 것입니다. 결국, 여인들만이 이런 고통과 슬픔을 맞이해야만 했습니다."

"이런 가운데 마저리는 첫 번째 아이를 정말 힘들게 낳았습니다. 그러다보니 죄책에 사로잡히게 되었고, 게다가 아이가 아프게 되자 그 죄책은 더 깊어져 갔습니다. 죽음과 영원에 대한 두려움으로 마저리는 신경과민증세까지 보였습니다. 하는 수 없이 마저리는 고백자를 찾아가 자신이 어릴 때 지은 죄를 고백하기로 했습니다. 지금까지 어느 누구에게도 말하지 않은 죄를 용기 있게 고백하기로 마음먹었습니다. 그런데 고백자는 머리가 아팠는지 아니면 무슨 급한 볼일이 있었는지 마저리에게 아무런 동정심도 가지지 않았습니다. 그리고선 고함을 치면서 다시는 더 큰 죄를 범치 말라고 호통 치는 것이었습니다. 정말 큰 소리였습니다. 그렇게 큰 소리는 처음 듣는 것이었습니다. 자살하고 싶은 충동이 일어날 정도로 수치를 당하였습니다. 자신이 더욱 더 미워졌습니다."

"이 사실을 알게 된 존은 그녀를 창고에 가둬두고 아무도 접근하지 못하도록 했습니다. 그 이유는 혹시 그녀가 스스로 자살하지 않을까라는 염려 때문이었습니다. 아니나 다를까 그곳에서 그녀는 자신의 팔의 동맥을 물어뜯기도 했습니다. 그들은 그녀를 침대에 사슬로 묶었습니다. 그녀는 바닥에 뒹굴기도 했습니다. 그녀는 이렇게 8개월이나 창고에 묶여 있었습니다. 어느 날 마저리는 침대에서 예수 그리스도께서 서 있는 모습을 보았습니다."

딸아! 내가 너를 버리지 않았는데도 너는 나를 왜 모른 체하느냐?

"그런 후 예수님은 하늘로 올라가셨다고 합니다. 이것을 본 그녀는 이 일이 범상한 일이 아님을 알았습니다. 그런 후 마저리는 미친 듯이 일어나 밖으로 나가기를 원했습니다. 지키는 자들은 힘을 써서 막았지만 남편 존은 마저리를 믿고 그녀의 사슬을 풀게 했습니다. 그 날 밤, 집안에서 성찬을 행하기로 했습니다. 당시 교회의 상황이 매우 어려웠기에 예배당에 가지 않아도 가정에서 행할 수 있었습니다. '흑사병'만 아니라 1378년 교회의 '대분열'로 인하여 성직자들도 갈 바를 알지 못하여 이리저리로 방황하며 자신을 위해 나름대로의 방법을 간구하던 때였습니다. 그런 가운데 성찬식이란 제대로 지켜지기 어려웠죠. 그래서 마저리는 스스로 성찬을 행하며 세상과 인연을 끊기로 맹세했습니다."

"그런 후 그녀는 정결한 옷을 입고 의류가게를 열었습니다. 사업은 번창하여 2~3년 안에 마을에서 큰 부자가 되었습니다. 그런데 갑자기 사업이 불황을 겪으면서 다시금 어려움에 직면하게 되었습니다. 이런 가운데서도 마저리는 지속적으로 14명의 아이를 낳았습니다. 자신의 성적 생활을 정리하기로 한 마저리는 남편과 별거하기로 하고 교회로 찾아가 금식하며 하나님께 간절히 간구했습니다. 눈물을 흘리며 감히 하늘을 우러러 보지 못하고 간절히 하나님께 회개하며 자신을 주관하여 달라고 호소했습니다. 마치 친구와 대화하는 것처럼 마치 사무엘의 모친 한나가 기도하는 것처럼 간구했습니다. 그런 후 예수님께서 자신에게 오셔서 함께 거하신다는 확신을 받았습니다."

다. 예루살렘 방문

"부친이 세상을 떠나자 마저리는 재산을 상속받게 되었습니다. 거의 같은 시기에 영국의 왕 헨리 4세는 프랑스를 상대로 전쟁을 시작했습니다. 이 말은 프랑스와 영국이 '100년 전쟁'을 하고 있었던 시대상황을 말합니다…"

1) 100년 전쟁

"교수님! '100년 전쟁'이란 무엇입니까?"

"아! 예~ '100년 전쟁'이란 프랑스와 영국 간 1337~1453년에 있었던 여러 차례의 전쟁을 일컫는 말입니다. 14세기에 영국 왕들은 프랑스 지엔 지방을 다스리고 있었습니다. 영국 왕 에드워드 3세와 프랑스 왕 필립 6세 사이에 지엔 지방의 소유권을 두고 분쟁이 일어나는 가운데 1337년경 에드워드 3세는 필립 6세의 프랑스 왕권을 주장했습니다. 자신의 것이라고 말이죠. 놀라지 마십시오. 그 때는 서로 두 나라가 결혼했기 때문에 어느 쪽이 더 가까운지 알 수 없을 정도로 촌수가 복잡했습니다."

"에드워드는 1339년 프랑스를 침입했습니다. 영국군들은 프랑스 지역에서의 전투에서 계속적으로 승리를 안았습니다. 그러다가 1429년 영국은 부르고뉴인들과 연맹하여 북부 프랑스 지역을 다스리겠다고 천명합니다. 이때에 등장하는 인물이 다음 장에서 다루게 될 '잔 다르크'입니다. 그녀는 샤를 7세가 프랑스 왕으로 왕관을 쓰는 환상을 봤다고 하며 프랑스인들에게 용기를 줍니다. 잔 다르크는 세상을 떠났지만 1435년 샤를 7세는 부르고뉴인들과 연맹을 맺고, 1450년에 이르러 프랑스 전역을 영국군의 손에서 회복시킵니다. 1451년에 이르러 지엔 지역까지도 회복합니다. 1453년 보르도 지역을 끝으로 영국군들이 장악한 지역을 회복하면서 100년 전

100년 전쟁

쟁은 끝납니다."

"그러니까~ 잔 다르크는 100년 전쟁에 아주 큰 역할을 했군요…"

"그 이야기는 다음 강의에서 하도록 하죠."

"이러한 전쟁의 시기에 마저리의 사업은 어려울 수밖에 없었습니다. 남편 존 켐프는 점점 빚을 많이 지게 되었습니다. 사회적으로도 롤라드들로 인해 매우 어지러웠습니다."

2) 롤라드

"교수님! 강의를 막아서 정말 죄송합니다. '율리안' 설명에서도 교수님이 '롤라드'를 언급하셨고 베긴파를 설명하실 때도 언급하셨는데 그 때는 제가 질문하지 못했는데요. 계속해서 언급하시니까 묻지 않고는 견딜 수가 없습니다. 부탁합니다. 설명 좀~"

"예~ 당연히 설명해 드리겠습니다. 14세기 후반 '롤라드'들은 흔히 존 위클리프가 주창했던 교회 개혁운동을 따랐던 자들입니다. 지금까지 우리가 살폈듯이 얼마나 교회가 타락하고 쇠퇴하고 있었습니까. 이에 반해 성경을 자국어로 번역하고 교황권보다 예수 그리스도의 주권을 더 강조하

롤라드들에게 번역된 성경을 주는 위클리프

는 위클리프의 사상을 따르는 자들이 생겨난 것입니다."

"이들의 주장은 1395년에 의회에 상정되었습니다. 로마 가톨릭에서 주장하는 화체설을 반대하고, 형상을 반대하고, 죽은 자를 위한 기도를 반대하고, 그리고 비밀 참회를 반대한다는 것입니다. 동시에 성직자들의 독신제도를 공격하고, 수녀들의 평생 맹세가 자연스럽지 못하다고 맹렬히 공격했습니다. 영국의 중류와 상업 계층에 호응을 얻으면서 옥스퍼드가 그들의 중심지가 되었습니다."

"그러자 영국 왕 헨리 4세는 1401년 국회에서 법을 통과시켜 롤라드들을 형벌에 처하도록 했습니다. 이리하여 그들은 어려움을 당하게 되었습니다. 처형도 당하고 어떤 때는 화형도 당했습니다. 이러한 개혁운동이 16세기에 있었던 영국의 '종교개혁'에 영향을 주었는지는 정확하지 않지만 영국에서 자발적으로 일어난 개혁운동임에는 틀림없습니다."

"1413년 그녀의 나이 40세 즈음 되어 마저리는 존에게 권하여 하나님께 가서 작정으로 기도하자고 했습니다. 빚을 청산하게 되면 그렇게 하겠다고 하여 남은 빚을 청산하고 그들은 캔터베리 대주교 토마스 아 베킷의 전당으로 찾아갔습니다. 그곳에서 하루 종일 울며 간구했습니다. 사람들은 놀라 그녀가 롤라드인지 궁금해 했습니다. 존은 주위 사람들의 시선이 두려워 호텔로 도망갔습니다. 한 수도사가 기도하는 그녀에게 다가와 물었습니다."

여인이여! 하나님을 알고 있으십니까?

예~ 하나님을 알고 있습니다.

그러면 무슨 비밀스러운 죄를 범하셨습니까?

색욕적인 죄를 범했습니다.

결혼하셨습니까?

예! 결혼했습니다.

이렇게 죄를 고백하는 당신은 거룩한 여인임에 틀림없습니다.

"수도사는 사람들에게 마저리에 관해 외쳤습니다. 무리들이 오는 것을 보고 두려워 마저리는 그곳을 황급히 떠났습니다. 하지만 여전히 무리들은 그녀를 뒤쫓았습니다. 왜냐하면 그녀가 흰옷을 입고 있었기에 사람들은 그녀가 마녀인지 아니면 천사인지 모른다고 오해했기 때문입니다. 이제 마저리는 정말 무엇이 무엇인지를 모를 정도로 마음이 더 복잡했습니다. 하는 수 없이 캔터베리를 떠나 남편과 함께 링컨의 감독 필립 레핑던을 찾았습니다. 그는 위클리프의 제자였습니다. 그는 그녀에게 권하기를 흰옷을 입기 위해서는 대감독에게 허락을 얻는 것이 필요하다고 했습니다. 그와 함께 머물면서 그의 설교를 들으면서 허락을 얻어 흰옷을 입을 수 있었습니다. 그리고 마저리는 노위치의 율리안도 만났습니다."

마저리

"1413년부터 1415년까지 그녀는 로마와 예루살렘을 방문하려고 큰 모험을 결정합니다. 콘스탄스를 지나는데 그 도시는 매우 분주했습니다. 다음해에 열릴 범종교회의를 준비하고 있었기 때문이죠. 마침내 로마에 이르렀습니다. 많은 전당들을 방문하고 그곳에 있는 여러 고적들을 방문했습니다. 동상들을 우두커니 바라보면서 한참동안 있을 때가 많았습니다. 마저리는 가는 곳마다 울며 기도

했습니다. 사람들은 그녀가 흰옷을 입고 다니며 우는 것을 보고 의심하였지만 그때마다 그녀는 대감독이 써준 증명서를 보여주었습니다. 마침내 마저리는 로마를 지나 예루살렘을 거쳐 리인으로 되돌아왔습니다. 그리고 여행에서 겪었던 여러 가지를 글로 남겼습니다."

"1420년 경 남편이 병에 걸리자 그를 위해 수년간 간호합니다. 하지만 남편은 1431년 세상을 떠나고 맙니다. 1433년 다시금 마저리는 노르웨이와 독일을 방문합니다. 이 방문은 자신의 자서전의 두 번째 책의 내용이 됩니다. 89장으로 구성된 1권에 이어 2년 후, 그녀는 10장으로 구성된 2권을 씁니다. 마저리는 1439년 리인에 있었는데 그 이후 그녀가 어디에 있었는지 알 수 없습니다."

"그녀가 쓴 영적 자서전은 영국에서 최초의 자서전이었습니다. 그 자서전은 기혼한 여성이 그리스도에게 헌신하기 위한 영적 모험을 기록한 내용입니다. 마저리는 자신이 신비주의자임을 교회로부터 공적으로 인준을 받은 자로 알려져 있습니다. 그리스도와의 환상적인 만남을 가졌던 여인입니다. 자신이 겪은 유럽과 예루살렘의 방문 경험을 서기관에게 받아 적게 하여 자세히 기록하였습니다."

라. 자서전

"「마저리 켐프의 책」*(The Books of Margery Kempe)*은 그녀의 생애를 적은 자서전으로서 서기관에게 받아 적게 하고 마지막으로 자신이 직접 손질한 것입니다."

"이 책은 두 권으로 구성되어 있는데 1권은 로마와 예루살렘을 방문하는 내용이고 2권은 유럽을 여행하는 내용이 대부분입니다. 89장으로 구

'마저리 켐프 책'의 겉표지

성된 1권의 1~11장에서 마저리는 어릴 때부터 시작하지 않고 결혼한 이야기부터 시작합니다. 20세에 결혼했으며 아이를 출산 한 후, 정신병으로 매우 고통을 받았고, 동시에 영적인 위기를 맞이했다고 합니다. 초기 결혼 생활을 설명한 후 이어서 사업의 이야기를 간략하게 합니다."

"12~16장은 남편과 마음을 정하여 금욕적 결혼생활을 하기로 한 것을 이야기합니다. 주위 사람들의 비난의 시선으로 매우 힘들어하는 그녀는 마침내 캔터베리, 링컨, 그리고 런던을 방문합니다. 대감독 아룬델에게서 금욕의 옷, 반지, 그리고 맹세를 하고, 흰옷을 입도록 허락 받습니다. 그것은 그녀의 순결성을 의미했습니다."

"17~22장은 마저리의 금욕적 결혼 생활 전에 있었던 이야기들을 조금씩 언급합니다. 읽다보면 혼돈 하는 경우가 많이 있습니다. 17~18장에서 마저리는 자신의 공동체에서 거룩한 남녀들과 영적 교제를 나눈 것을 기록하고 있고, 23~25장에서는 대감독 아룬델에게서 특별한 허락을 받아 외국을 방문하게 되어 주위에서 거룩한 여인이라는 칭호를 받습니다. 26~45장은 예루살렘과 로마의 방문에 관한 내용입니다. 46~55장은 방문에서 되돌아온 마저리는 계속하여 영국에 있는 모든 전당들을 방문합니다. 이런 여행으로 인해 롤라드인이라는 오해를 받아 어려운 고초를 겪습니다. 56장에는 8년 동안 병으로 고생했던 이야기를 서술하고 있습니다."

"57~71장은 교구로부터 추방을 받게 되어 괴로워하는 자신의 심정을 기록하고 있습니다. 특별히 남성 성직자들에게서 비난을 많이 받습니다. 72장은 다시금 평정을 찾기 위해 명상의 삶을 기록합니다. 73~79장은 마

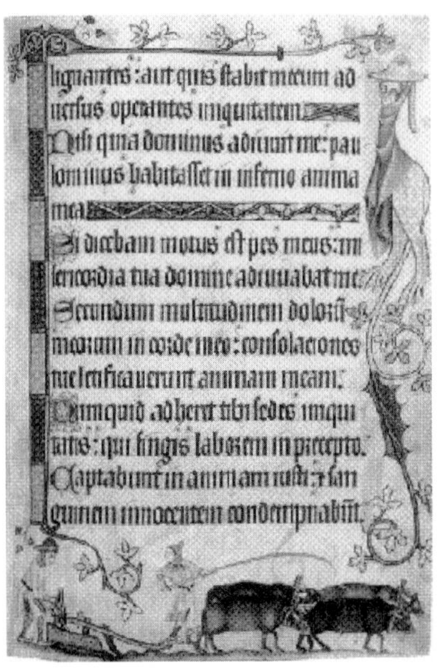

lignantes: aut quis stabit mecum ad
versus operantes iniquitatem.
Nisi quia dominus adiuvit me: pau
lominus habitasset in inferno anima
mea.
Si dicebam motus est pes meus: mi
sericordia tua domine adiuvabat me.
Secundum multitudinem dolorum
meorum in corde meo: consolaciones
tue letificaverunt animam meam.
Numquid adheret tibi sedes iniqui
tatis: qui fingis laborem in precepto.
Captabunt in animam iusti: et san
guinem innocentem condempnabunt.

마저리 책의 한 페이지

저리의 자선적 행위를 엿볼 수 있는 내용입니다. 문둥병자들에게 입을 맞추며 고통 받는 여인들을 돌봐주는 이야기들이 기록되어 있습니다. 다시금 남편과 함께 지내는 이야기도 76장에 서술되어 있습니다. 80~81장은 그리스도의 삶에 대한 명상을 기록한 내용입니다. 특별히 그리스도의 고난에 관한 이야기는 이 책의 절정을 이룹니다. 끝으로 82~89장은 자신의 가족과 사회에 대한 책임을 쓰고 있습니다."

"2권의 1~3장에서는 많은 사람들을 개종시키는 성자들의 이야기를 다루고 있습니다. 1권에서 볼 수 없는 그녀의 모성애를 많이 볼 수 있습니다. 자신의 아들의 죽음과 개종을 설명하고 있습니다. 4~9장은 마지막 유럽의 여행에 대해 적고 있습니다."

마. 노위치 율리안의 만남

"「마저리 켐프의 책」 1권 18장을 보면, 마저리는 노위치의 율리안을 만났던 이야기를 서술하고 있습니다. 아시다시피 이 책의 32장에 나오는 '율리안'을 말합니다. 두 분은 영국 여성들입니다. 다음과 같이 그 만남의 일부분을 소개합니다."

이 피조물은 노위치 마을에 살고 있는 흰색 옷을 입은 탁발 수도사에게 가야만 한다고 마음을 갖게 되었습니다. 그는 윌리엄 사우스필드라 불리는 자로서 거룩한 삶을 살고 있었습니다. 어느 날 아침 그를 만나 오랫동안 채플에서 담소를 나눴습니다. 그에게 그녀는 자신의 묵상들과 하나님께서 자신에게 행했던 일들을 말했습니다. 그러자 흰 탁발 수도사는 손을 들고 이렇게 말합니다.

"자비하신 주님께 감사드리십시오. 자매여! 당신의 삶에 대한 두려움을 떨쳐버리시기 바랍니다. 성령께서 당신의 영혼 속에 역사하고 계시기 때문입니다. 당신에게 은혜를 베푸시는 그분에게 우리는 이제 감사드려야 합니다. 우리 모두들에게 위로를 주시며 우리의 기도를 도우심을 감사드려야 합니다. 우리는 범죄로 인해 고통 가운데 살고 있지만 전능하신 하나님께서 자신의 선하심을 당신에게 보이셨으니 찬양을 돌립시다."

"자매여! 당신에게 진심으로 권합니다. 겸손하고 온유한 마음으로 하나님의 선물들을 받으십시오. 성령의 인도하심을 거부하거나 반대하지 마십시오. 그분이 원하시는 대로 당신에게 주시며 당신을 인도하도록 맡기시기 바랍니다. 그분의 자비로우심은 항상 우리를 향하시고 있습니다. 하지만 죄악 된 마음에는 거하시지 않습니다. 우리의 겸손, 온유, 그리고 헌신된 마음을 보십니다."

"우리 주님께서 당신이 이러한 가운데 있으심을 아시고 당신에게 베푸시는 것입니다. 그분만을 찾으시기 바랍니다. 우리 주님이 당신을 지극히 사랑하시고 당신에게 은혜 베풀기를 원하심을 저는 믿습니다. 그것이 지속적으로 당신에게 베풀어지도록 기도합니다."

신한 분의 권면으로 인해 부족한 저는 많은 위로를 받았습니다. 믿음이 강해졌습니다.

그런 후 우리 주님께서 동일한 도시에 거하는 귀부인 율리안을 만나도록 인도하셨습니다. 은혜에 대하여, 거룩한 명상과 명상, 그리고 거룩한 말씀들에 대하여 대화를 나눴습니다.

우리 주님의 놀라운 선하심을 듣고 있던 은자는 진심으로 주님께 감사를 드리면서 나 자신의 영혼에 무엇을 부어주시든 주님의 뜻이 이루어지기를 원했고, 하나님께 경배드림을 잊지 말라고 했습니다. 자칫하면 악마의 인도를 받을 수 있기 때문에 "성령은 결코 사랑에 반대하여 행하지 않습니다. 그분은 사랑이시기 때문에 그것을 거슬러 행하시지 않습니다. 그분은 영혼을 감동시켜 금욕토록 하며, 금욕적 삶은 성령의 전이 됩니다. 성령은 그분 안에 거하십니다."

"영혼 안에는 두 가지가 있기 때문에 항상 흔들립니다. 계속적으로 의심하는 자는 바다의 물결과 같습니다. 바람에 따라 흔들립니다. 그런 사람은 하나님의 은사들을 받을 수 없습니다."

"확신을 가지는 피조물은 성령께서 자신의 영혼 안에 계심을 확고히 믿는 증표를 가진 것입니다. 하나님께서 부족한 피조물을 눈물과 간절한 마음으로 방문하실 때 성령께서 우리 안에 있음을 믿어야만 합니다. 사도바울은 성령이 우리를 위해 눈물을 흘리며 간구하신다고 했습니다. 이것으로 인해 우리는 눈물을 흘리며 하나님께 간구할 마음이 생깁니다. 하지만 어떤 악마적 영은 이러한 마음을 줄 수 없습니다. 제롬도 하는 말이 악마는 지옥에 갔을 때에만 눈물을 흘린다고 했습니다. 하나님과 악마는 항상 상대적입니다. 함께 한 장소에 거할 수 없습니다. 악마는 사람의 영혼에 거할 수 있는 능력이 없습니다."

"성령은 의로운 사람의 영혼이 하나님의 자리라고 합니다. 내가 확신컨대 당신은 하나님의 자리입니다. 그것을 계속하여 유지하기를 하나님께 간구합니다. 하나님을 전적으로 의지하십시오. 세상의 모든 말들에 조금이라도 흔들리지 마시기 바랍니다. 이 세상에서 부끄러움, 수치, 그리고 비난을 받으면 받을수록 하나님 앞에서 인정을 받으실 것입니다. 인내는 정말 필요합니다. 당신의 영혼을 지켜주기 때문입니다."

이러한 대화는 정말 위대했습니다. 은자와의 대화는 우리 주 예수 그리스도의 사랑을 다시 한 번 확인시키는 것이었기에 며칠이 지났는지 모를 정도였습니다.

이제 이 피조물은 신학박사든, 세속권력을 가진 자들이든, 누구든 자신의 삶을 알리는데 담대해졌습니다. 이것을 듣고 그들은 하나님께서 큰 은혜를 베푸셨고, 그녀를 버리지 않았다고 했습니다. 많은 적들이 있었고 많은 매를 맞았지만 그럴수록 더욱 깊어지는 신앙과 은혜를 받게 되었습니다.

"삶을 통해 심오한 진리를 터득한 여인 '마저리'입니다. 어려운 환경이고 포기할 수도 있었던 삶, 자살을 여러 번 시도했던 삶 속에서 그녀는 참된 평안을 찾기 위해 열심히 간구했고, 마침내 그녀는 지상에서 참된 평안을 찾았습니다. 그래서 이런 찬송이 절로 흘러나옵니다."

1. 내 영혼이 은총 입어 중한 죄 짐 벗고 보니 슬픔 많은 이 세상도 천국으로 화하도다. 할렐루야 찬양하세 내 모든 죄 사함 받고 주 예수와 동행하니 그 어디나 하늘나라!
2. 주의 얼굴 뵙기 전에 멀리 뵈던 하늘나라 내 맘 속에 이뤄지니 날로 날로 가깝도다. 할렐루야 찬양하세 내 모든 죄 사함 받고 주 예수와 동행하니 그 어디나 하늘나라!
3. 높은 산이 거친 들이 초막이나 궁궐이나 내 주 예수 모신 곳이 그 어디나 하늘나라 할렐루야 찬양하세 내 모든 죄 사함 받고 주 예수와 동행

하니 그 어디나 하늘나라!

"몇 장이죠?"

"참 은혜로운 찬송입니다. 찬송가 495장입니다. 저도 평소에 즐겨 부르는 찬송인데 머저리를 만난 후 부르니 정말 적절한 찬송으로 여겨집니다. 정말 은혜롭습니다. 영어의 어구처럼 'He touched my heart deeply!' (그분이 나의 마음 깊은 곳을 만지셨습니다. 또는 그분이 나에게 은혜를 베푸셨습니다.)"

35 잔 다르크 : 백의의 전사

1412-1431년

잔 다르크의 초상화

Joan of Arc

그녀는 깃발을 들고 나아갔고 군사들은 그녀의 말에 힘을 얻어 성벽으로 올라가 싸워서 승리를 안았습니다. 114명의 사망자를 보고 안타까워 한 잔은 다시는 피를 흘리지 않기 위해 오를레앙 전투를 시작하기 전 프랑스 땅에 주둔하고 있는 영국 군인들을 향하여 물러갈 것을 권했습니다.

잔 다르크 Joan of Arc

■ 프랑스에서는 영웅으로, 중세시대 종교재판에서는 마녀로, 그리고 교회에서는 성녀로 불리는 여인

"중세시대를 '어두운 시대' 또는 '목욕하지 않은 1,000년'이라고 합니다. 이런 말은 그렇게 피부에 와 닿지 않는 말이기도 합니다. 하지만 중세시대하면 누구나 아는 한 여인이 있습니다. 그래서 지금까지 5편의 영화(1935년 2편, 1948년, 1999년 2편)가 나왔고 앞으로 계속적으로 상영될 것으로 생각됩니다. 프랑스에서는 영웅으로, 중세시대 종교재판에서는 마녀로, 그리고 교회에서는 성녀로 불리는 여인을 오늘 우리는 만나볼 것입니다. 10대의 나이로 화형장에서 사라진 여인이지만 살아서 영향을 준 것보다 죽은 뒤 훨씬 많은 영향을 준 여인이 되었습니다."

"1412년 1월 6일 프랑스 샴페인에 있는 돔레미라는 작은 마을에서 태어난 잔 다르크(Joan of Arc, 1412~1431)는 1431년 5월 30일에 노르망디 루엥의 시장터에서 마녀라는 누명을 쓰고 영국의 종교재판자들에 의해 화형을 당합니다. '잔'이라 불린 그녀가 화형을 당한 당시 교회에서 판결내린 죄명은 거짓말쟁이, 독을 끼치는 자, 사람들을 미혹한 자, 점쟁이, 미신 숭배자, 하나님을 모독한 자, 뻔뻔한 자, 예수 그리스도를 믿지 않는 자, 우상숭배자, 허풍장이, 배교자, 분파자, 그리고 이단자 등이었습니다."

가. 혼란한 시대

"하지만 시장에 모여든 사람들은 '잔'이야말로 침략자 영국인들로부터 프랑스를 구원한 자로 여겼습니다. 모두들 마녀의 모습과는 달리 불쌍하게 힘없이 불에 타는 잔을 보고 눈물을 흘립니다. 당시 프랑스와 영국 간에 있었던 영토전쟁인 '100년 전쟁'(Hundred Years' War, 1337~1453)시대는 서유럽 역사에서 가장 힘들었던 시대였습니다. 길고 지겨운 전쟁으로 인해 프랑스에서는 가뭄, 시민전쟁, 침략, 무시무시한 역병, 그리고 약탈을 일삼는 용병들로 인해 2/3까지 인구가 줄었던 시대였습니다."

"이미 34장 '미지리'를 소개하면서 간략하게 설명 드렸던 '100년 전쟁'은 1337년 영국의 왕 에드워드 3세가 필립 6세가 누리고 있는 프랑스 왕위를 주장하면서 프랑스 지역의 브리타니를 침략하고 파리로 진격하면서 시작합니다. 게다가 1348년에는 흑사병이 24시간 내에 전염되면서 수백만 명의 아까운 생명을 앗아갔습니다. 로마 가톨릭 교회는 코를 풀거나 기침하고 질병의 증세를 가진 사람들을 격리시켜야 한다고 할 정도까지였습니다. 성직자들이 할 수 있는 최소한의 일은 그들 가운데 있다는 그 자체였습니다. 유대인들이 우물에 독을 섞었다는 헛소문이 날 정도로 무수한 소문이 떠돌아 다녔습니다."

중세는 "목욕하지 않은 1000년"이라 묘사할 수 있는 시대이다. 일반적인 개념으로 볼 때 이러한 설명을 전적으로 옳다고 볼 수 없겠지만 현대인의 관점에서 볼 때 유럽이 정말 불결한 것처럼 보이는 것도 사실이다. 일반적으로 농민들과 농민의 삶에 대해서 그 설명은 옳다. 만일 마을 거리를 따라 걷노라면 잊을 수 없는 광경을 목격할 수 있을 것이다. 짚으로 엮어진 지붕과 돌 벽으로 이루어진 집은 대개 퇴비들과 장작으로 둘러싸여 있었다. 불쾌한 악취로 인하여 숨이 막힐 정도였는데 이러한 냄새는 그 시

헨리 5세

대를 잘 반영하고 있다. 소와 염소, 그리고 돼지들은 가끔 농민들과 한 지붕 밑에서 함께 거주하곤 했다. 겨울에는 수 주간 동안 계속하여 추위에 시달릴 뿐만 아니라 비위생적인 생활을 했다. 항상 코를 자극하는 냄새 속에서 살아가는 그들에게 어떤 변화가 있을 수 있었을까?[18]

"게다가 높게 매기는 세금은 1356년에 뽀아띠에르에서 포로가 된 왕과 군주들을 위한 배상금이었습니다. 귀족들은 세금을 내지 않고 농민들과 천민들만 세금을 징수했습니다. 죽은 사람에게까지 세금을 매겼으니…농민들이 반란을 일으켜 여러 성들, 교회들, 그리고 마을들을 엄습하여 약탈했던 것은 어떻게 보면 당연한 결과였는지 모릅니다. 1378년 로마에 있던 교황청이 아비뇽으로 옮겨갑니다. 그리하여 교황청은 프랑스인들의 손아래서 좌지우지 되었습니다. 정말 종교적, 사회적, 그리고 정치적으로 혼란만이 감도는 시대였다고 말할 수 있습니다."

"1415년 영국의 젊은 왕 헨리 5세는 프랑스의 왕관을 요구하며 프랑스를 다시금 침략합니다. 하지만 질병으로 더 이상 주둔하지 못하고 칼라이스로 퇴각합니다. 당시에 막강한 권력을 가진 자는 프랑스 공작 가운데 부르고뉴였습니다. 프랑스 왕 샤를 6세가 병에 걸렸기 때문에 그의 아들 다핀은 영국인들과 동맹하지 말 것을 부르고뉴의 존을 만나 도움을 청했지만 쉽지 않았습니다. 이렇게 외교술이 빈약했던 다핀은 아르막냑이라 부르는 로와르 남부지방의 위협을 동시에 받게 됩니다."

"1422년 영국 왕 헨리 5세가 이질로 인해 죽자 베드퍼드의 공작 존은

---

18) William Estep, 「르네상스와 종교개혁」 (서울: 그리심, 2003), 26.

미래의 샤를 7세인 다핀

6개월 밖에 되지 않은 영아 헨리 6세의 섭정 왕이 됩니다. 10월 22일 샤를 6세도 역시 세상을 떠나서 다핀이 프랑스 왕권을 요구했지만 귀족들의 반대에 직면하여 어려움에 처합니다."

나. 생애

"로레인이 작은 마을 돔레미에 살고 있는 잔의 부친 쟈크 다크는 가난한 농부였지만 농지와 양들을 위한 작은 목축을 하며 그렇게 불편 없이 살았습니다. 잔은 5명의 가족 중 가장 어린 아이로서 1412년 1월 6일 태어납니다. 그녀는 읽거나 쓰는 법을 배우지 못했지만 당시에 여성으로서 갖추어야 하는 수를 놓거나 바느질하는 법을 배웠습니다. 어릴 때 그녀는 주로 평원에서 양과 가축들과 함께 시간을 보냈습니다. 경건한 아이로서 교회를 찾아 기도하며 가난한 자들에게 긍휼을 베푸는 아이였습니다."

1) 하늘의 음성

"1425년 여름 그러니까 13세에 잔은 현시, 즉 초자연적인 현상을 보게 됩니다. 그 때부터 그녀는 음성이나 조언을 자주 듣습니다. 처음에는 단순히 목소리로서 마치 어느 사람이 그녀 귀 가까이에서 들려주는 음성으로 여겼습니다. 광채가 음성과 함께 보였습니다. 후에 그녀는 자신에게 말씀하시는 분이 바로 미가엘, 마가렛, 캐서린과 같은 분들의 모습임을 알게 됩니다. 음성을 들은 잔은 할 말을 잊은 채로 아무 말도 하지 못합니다. 눈과 눈이 마주치는 것처럼 선명하게 그들의 모습을 보았기 때문에 놀랍고 당황스러웠습니다."

"음성의 내용은 이적을 통해 프랑스를 구하라는 것이었습니다. 이러한 소명이 나타난 때에 대해 언급하지 않았지만 하나님의 부르심은 점점 그녀에게 구체적으로 나타났습니다. 부친에게 알리지 말고 돔레미를 떠나서 오를레앙을 구원하라는 메시지였습니다. 1428년 5월 잔은 더 이상 자신이 왕을 도우러 가지 않으면 안 된다는 강한 메시지 앞에 어쩔 수 없었습니다. 음성은 그녀를 강하게 이끌었습니다."

"잔은 다핀, 즉 샤를 7세를 후원하고 있는 보드리코트를 만나러 이웃 마을 보쿨러로 갔습니다. 잔은 그에게 말과 군병을 주면 다핀을 도우러 가겠다고 하자 무법적이고 방탕한 군인이었던 그는 잔이 헛소리를 한다고 무시합니다. 당연히 그렇게 여기지 않겠습니까? 여성이 그것도 십대 여아가 말이죠. 당시에는 적어도 그렇게 여겼을 것입니다."

"샤를 7세의 군사적 형편과 그의 지지자들의 형편은 점점 더 어려워져만 갔습니다. 마침내 오를레앙은 영국군들에 의해 점령당하고 맙니다. 이제 프랑스는 풍전등화의 위기에 있게 되었습니다. 그러자 잔에게 말하는 음성은 더욱 긴급하게 나타났습니다. 그래서 자신은 가난한 소녀이어서 말을 타는 법이나 싸우는 법을 알지 못한다고 하며 그 소명의 음성에 저항합니다. 계속하여 들려지는 음성은 '이것이 하나님의 음성'이라는 것입니다. 그래서 그녀는 하는 수 없이 삼촌 두란드 락스하르에게 가서 받은 음성에 대해 말합니다. 그러자 마지못해 삼촌은 잔을 데리고 1429년 다시금 보쿨러를 방문합니다."

음성 듣는 잔

"보드리코트는 잔이 말하는 음성에 관해 회의적이었지만 너무나 열성적으로 강권하기 때문에 감동을 받을 수밖에 없었습니다. 그 실례로서 2월 17일 헤링 전투에서 프랑스 군들이 패할 것임을 말했는데 그대로 이뤄집니다. 그러자 잔의 예언을 믿을 수밖에 없었습니다. 그래서 그녀는 세 명의 군사의 호위를 받으면서 부르고뉴를 지나 치농에 거하고 있는 샤를을 찾습니다. 남장을 했는데 그 이유는 여러 유혹을 피하기 위해서였습니다."

2) 치농

"1429년 3월 6일 치농에 도착한 잔은 샤를 앞으로 나아갈 수 있었습니다. 그녀를 시험하기 위해 샤를은 자신을 감추고 다른 사람을 왕인 것처럼 행사토록 합니다. 하지만 주저하지 않고 잔은 많은 무리들 가운데 샤를에게 찾아가 인사를 합니다. 겸손하고 단순한 모습을 하고 왕 앞에 나타난 것입니다. 가난한 목동인 그녀는 왕에게 다가가 말하기를 '가장 높으신 다핀이여! 나는 하나님의 이름으로 왕국과 당신을 도우라는 명령을 듣고 왔습니다.'"

보드리코트를 꾸짖는 잔

보드리코트 앞에 선 잔

치농 성의 모습

"잔은 그에게 하늘의 왕이 자신에게 오를레앙을 자유롭게 하라고 했다고 합니다. 그런 후 레임에서 샤를의 조상들처럼 다핀이 왕관을 쓰게 될 것이라고 말합니다. 그녀의 메시지를 듣는 첫 날부터 많은 사람들은 놀랄 수밖에 없었습니다. 그러나 그녀의 환상에 대해서는 대단히 부정적이었습니다. 그러자 잔은 자신이 들은 음성을 샤를에게 들려주었습니다. 사실상 1422년 부친이 죽은 이후 추종자들에 의해 샤를 7세, 즉 다핀은 프랑스 왕으로 불렸지만 실제로는 호칭뿐이었기 때문에 자신감이 없었던 것은 사실입니다."

"여전히 믿을 수 없었던 다핀은 군인들과 함께 전투에 나가기 전에 잔으로 하여금 뽀아띠에르에 가서 교회감독들과 박사들에 의해 정통인지 점검을 받도록 합니다. 매우 형식적인 과정이었지만 이곳에서 그녀는 3주 동안 여러 질문에 답합니다. 여기서 이루어진 기록들은 나중에 잔의 공판에 그대로 사용되어집니다. 예를 들면, 사도 바울의 말씀대로 영들을 시험하여보고 그것들이 하나님께로 왔는지 그렇지 않는지와 같은 말씀을 가지고 그녀의 정통성을 심의해 보았을 때 하나님의 뜻에 따르는 것임을 그들은 인정할 수밖에 없었습니다. 그리고 신중함과 기도로 살펴보면서 주위 사람들에게 물어보았을 때 그녀가 진실한 삶을 살았음을 결론 내리게 됩니다. 또 그녀에게서 초자연적인 인도를 받는다는 것 외에 이단적 요소를 찾아보기 어려웠습니다."

하나님께 불쌍한 백성들을 위해 진심으로 연속적으로 기도하며 공의와

뽀아띠에르에서의 잔

평화를 사랑하는 왕은 자신의 국가와 자신을 위해 하나님에 의해 보냄을 받아 자신을 주겠다고 주장하는 여종을 거절할 수 없었습니다. 하지만 이런 약속들은 인간의 노력의 결과라고 받아들여지기도 하지만 그렇지 않을 수도 있습니다. 성경에 따라 그녀를 두 가지로 점검해 봐야 합니다. 첫째 '그것이 하나님께로부터 왔는지 영들을 시험하라!'는 사도바울의 말씀처럼 그녀의 도덕성과 의도를 그녀의 삶을 근거로 하여 인간이 사려 깊은 판단으로 살펴야만 할 것입니다. 둘째로 그녀가 하나님의 뜻에 따라 왔는지 사람이 시험할 수 있는 하나님의 사역인지 소망을 요구하면서 간절히 기도해야만 합니다. 마치 '하나님께 표적을 구하라!'고 하나님께서 아하스에게 명하신 것처럼 그리고 기드온에게 표적을 구하라고 한 것처럼 말입니다. 여종에 관해 왕은 십계명과 위에서 제시한 두 가지 방법으로 점검해 보셔야 합니다. 다시 말씀드리면 인간적 사려 깊은 생각과 하나님께로부터 온 표적에 따라 기도함으로 말입니다.

"매우 신중하게 점검하기를 원했고, 당연히 그렇게 해야 합니다. 그 결과 그녀의 음성은 올바른 것이라고 판결을 내립니다. 판결을 기다리면서 잔은 11개의 서신을 1429년 3월 29일 부모와 영국 왕에게 보냅니다."

3) 오를레앙

"시농으로 되돌아온 잔은 원정을 준비합니다. 왕이 주는 칼을 차는 대신 잔은 피에보와에 있는 캐서린의 채플의 제단 뒤에 묻혀있는 오래된 칼

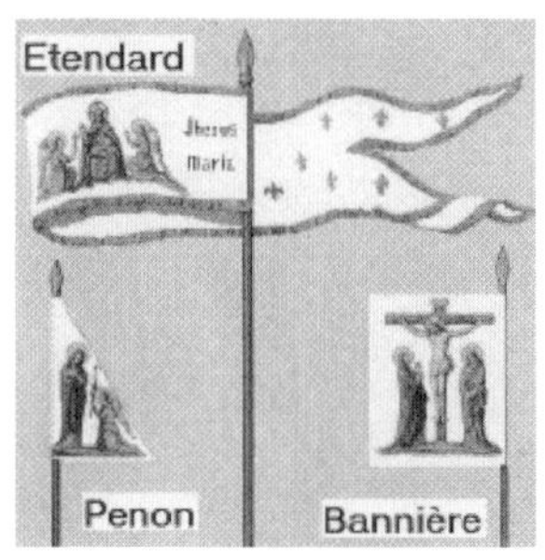

잔이 들었던 깃발

을 찾아달라고 요구 합니다. 사람들은 그곳에 칼이 있는지 몰랐기 때문에 당황스러웠습니다. 하지만 그녀의 말대로 그곳에서 칼을 찾았습니다. 동시에 그녀는 깃발을 만들어달라고 했습니다. 그 깃발에는 성부 하나님, 그 앞에 무릎을 꿇은 천사들의 그림이 있는 '예수님과 마리아'(Jhesus Maria)라는 글을 새긴 것이었습니다. 그러면서 군인들에게 도덕적 행동들을 청결케 하라고 명했습니다. 성적 죄를 비롯한 범죄들을 회개하고, 교회에 가서 고백하라고 명합니다. 예외가 없었습니다. 장군들에게도 명했습니다."

"1429년 4월 25일 자신의 몸에 맞게 만들어진 갑옷을 입은 잔은 군인들을 이끌고 브로와에서 출발하여 5월 4일에 오를레앙 근처에 진을 칩니다. 오를레앙에서 8km 떨어진 체치에 전투가 있었습니다. 그녀는 깃발을 들고 나아갔고 군사들은 그녀의 말에 힘을 얻어 성벽으로 올라가 싸워서 승리를 안았습니다. 114명의 사망자를 보고 안타까워 한 잔은 다시는 피

오를레앙 전투

오를레앙에 들어오는 잔

를 흘리지 않기 위해 오를레앙 전투를 시작하기 전 프랑스 땅에 주둔하고 있는 영국 군인들을 향하여 물러갈 것을 권했습니다. 영국 장군들은 오만불손한 그녀의 요구에 화가 났습니다. 하지만 그녀가 함께 하는 프랑스 군인들에게 많은 이적들이 일어났습니다. 5월 6일 공격은 시작되었고 5월 8일 영국 진영을 프랑스 군인들이 포위했습니다. 잔은 깃발을 들고 전투에 참여하여 공격하는 프랑스 군인들을 위로하고 독려했습니다."

"다음 날 5월 9일 잔은 영국군들에게 최후통첩을 보냅니다. '너희 영국인들아 너희들은 프랑스 지역에 주둔할 권한이 없지 않느냐? 프랑스 왕국, 즉 하늘의 왕국은 너희들에게 너희 성을 포기하고 너희 나라로 되돌아가기를 명한다. 이것이 세 번째이자 마지막 경고이다. 더 이상 경고하지 않겠다.' 하지만 불응하자 영국군들의 성을 순식간에 함락시켰습니다. 영국군들은 모든 것을 버려두고 도망쳤습니다. 오를레앙은 영국군의 중요한 전략지였지만 다시는 그들의 손에 넣을 수가 없었습니다."

4) 왕관

"샤를 7세를 위한 잔의 승전보를 듣고 돕기 위해 군주들이 여기저기서 일어났습니다. 다시금 5월 11일 로체에서 만난 샤를 7세와 잔은 힘을 합쳐 군사들을 이끌어 라임으로 가서 왕관을 쓰자고 했습니다. 쉬운 일은 아니었죠. 라임은 아직 영국 손아귀에 있었기 때문입니다. 프랑스 군의 첫 목표는 오를레앙에서 남동쪽으로 16km 떨어진 자그였습니다. 약 3600명의 군인들과 여기저기서 모여든 사람들과 함께 6월 11일 도착했습니다. 다음날 궁수들이 활을 쏘며 벽을 다며 자그를 공격했습니다. 역시 잔은 깃발을 들고 군인들을 위로하고 독려했습니다. 공격하는 프랑스 군인들에게 잔은 외칩니다."

> 친구들이여! 친구들이여! 일어나라. 우리 주님께서 영국 군인들을 우리 손에 붙이셨다.

"마침내 영국 군인들은 성을 빼앗기고 도망갔고 생존자들은 항복했습니다. 영국 군인들은 점점 물러나기 시작하여 항복을 하는 듯 싶었으나 다시금 전력을 가다듬어 반격했습니다. 하지만 프랑스 군인들은 대승을 합니다. 이 승리가 있은 후, 샤를은 장군들과 만나 라임으로 나아가기를 결정합니다. 이제 다음의 전투지는 트로예였습니다. 500~600명 정도의 군인들이 주둔하고 있었습니다. 7월 4일 잔은 편지를 써서 그 곳이 샤를을 위한 도시임을 인정하라고 영국 군인들에게 권합니다. 하지만 그 제안은 무시당하였고 잔은 그 도시를 점령하고, 계속하여 세느, 샬롱, 그리고 라옹 등을 차지합니다."

왕관을 쓰는 샤를 7세

"마침내 1429년 7월 17일 샤를 7세는 왕관을 쓰게 됩니다. 이 일은 잔이 샤를에게 나타난 지 3개월 후에 이루어진 것입니다. 이제 잔의 목적은 이루어졌습니다. 그래서 몇몇 권위자들은 집으로 되돌아갈 것을 그녀에게 권했지만 자신의 뜻에 어긋나게 진중에 거했습니다."

"샤를 7세는 프랑스 각지에서 자신을 후원하는 물결을 보며 큰 힘을 얻습니다. 그러면서 왕과 왕의 조언자들은 부르고뉴 공작 베드퍼드와 협약을 맺습니다. 4개월 동안 휴전한다는 것이었습니다. 하지만 잔은 공작 알레콘과 함께 23일 파리 지역으로 향했습니다. 그런데 9월 8일 전투에서 격발식 화살을 넓적다리에 맞아 중상을 입게 되어 더 이상 전투에 참여하지 못하게 됩니다. 샤를도 더 이상 선생하는 것을 원치 않았기 때문에 프랑스 군인들을 퇴각하고 공격을 하지 못하게 되자 잔 주위에 모였던 군인들은 흩어져 고향으로 떠나고 맙니다."

"겨울이 되었습니다. 전투에 임하고자 고집하는 잔과 함께 프랑스군인들은 전투에 임합니다. 왕 샤를 7세의 후원과 지지도 없이 말입니다. 결국 여러 회 패전을 거듭하면서 잔의 군인들은 사기를 잃고 맙니다."

"1430년 여름 왕과 부르고뉴의 음모가 있는 가운데 잔은 전투에 임합니다. 여전히 왕의 명령에 불복종하고 전투에만 임하는 것을 보고 부르고뉴군들과 영국군들도 잔을 제거하는데 합의를 봅니다. 이미 잔도 자신의 최후가 다가왔음을 알아차린 것으로 여겨집니다. 잠복해 있는 부르고뉴 군인들에게 잔은 체포되고 맙니다. 그리고 잔은 영국으로 팔립니다. 영국인들은 그녀를 마녀와 이단자로 취급했으며 그녀에 대한 공판은 루엥에서 이뤄졌습니다."

5) 종교재판

"4개월 동안 부르고뉴인들의 감옥에 갇힌 뒤 영국인들에게 팔려 갑니다. 여성이기에 수녀들이나 교회에서 관리하는 감옥에 있는 것이 상례이지만 잔의 경우는 달랐습니다. 영국군의 감옥에서 그들의 감시 하에 갇혀 있게 됩니다. 그녀의 죄목은 남성 옷을 입었기 때문이라고 합니다. 하지만 잔은 교회 감옥으로 자신을 옮겨달라고 호소했지만 무산됩니다."

"종교재판자자들은 주로 파리대학교 신학자들과 박사들로 구성되었습니다. 예비 심의가 1431년 1월에 이뤄졌지만 그녀는 변호사도 없이 재판

화살에 맞은 잔

체포되는 잔

자들 앞에 섰습니다. 난폭한 영국군인들 가운데 있으면서 수없이 맞았습니다. 목, 손, 그리고 발은 쇠사슬로 꽁꽁 묶였고 미사에 참석할 수도 없었습니다. 이단의 혐의와 희귀한 옷차림이 그녀의 죄목이었습니다. 자신의 환상에 대한 질문에 대해 그녀는 대답하기를 꺼렸습니다. 그 외에는 무슨 질문이든지 간에 그녀는 항상 거리낌 없이 담대하고도 분명하게 응답했습니다. 이것이 종교재판자들에게는 매우 불쾌했습니다. 그래서 그녀가 교회 권위를 무시한다는 죄목이 더 첨가됩니다. 3월 1일 잔은 7년 안에 영국인들은 오를레앙의 참패보다도 더 큰 참패를 맛보게 될 것이라고 경고했는데 나중에 그 예언은 이뤄집니다."

"그녀에 대한 공판은 2월 21일에 시작하여 3월 17일에 끝났습니다. 공판은 대체적으로 증인들의 증언을 듣는 것이 상례이지만 이 공판에서는 증인도 잔이고 피고인도 잔이었다는 것이 매우 특이하고 그릇된 공판임을 누구나 알 수 있다고 봅니다. 70개의 혐의가 그녀에 대하여 작성되었습니다. 대부분의 재판자들은 잔의 환상들과 음성들은 거짓이고 주술적인

감옥에 있는 잔

것이라는 것입니다. 그녀가 철회하기를 거절하면 세속권으로 넘겨 화형을 받게 될 것이라 했습니다. 그녀는 처음에 자신의 모든 것을 철회했습니다. 아마 끔찍한 화형을 면하게 해 준다는 감언이설에 속은 것으로 여겨집니다. 그리고 여성복이 주어졌습니다."

"화형을 면하고 감옥으로 잔은 보내졌습니다. 이런 결정에 대해 불만을 가진 영국인들과 부르고뉴인들은 프랑스인들에게 토로했습니다. 그래서 다시금 공판에 들이가 그녀를 이단으로 정죄하게 됩니다. 5월 28일 월요일이었습니다. 남장을 한 잔이 종교재판자들 앞에 서자 그들은 왜 남장을 하였는지 묻습니다.

나는 남성복을 다시 입고 여성복을 벗었습니다.

왜 너는 그것을 입었으며 누가 입으라고 했느냐?

종교재판에 선 잔

제 자신의 의지로 입었습니다. 다른 사람들의 간섭이 있어서가 아닙니다. 저는 여성복보다 남성복을 선호합니다.

네가 남성복을 다시 입지 않을 것이라 약속하지 않았느냐?

입지 않겠다고 약속한 적은 없었습니다.

그렇더라도 왜 입었느냐?

제가 그것을 입은 것은 법적으로 문제가

그리스도의 형상을 파괴하는 성상파괴론자들

되거나 저에게 불편하지 않기 때문입니다. 또 저에게 다시금 미사를 받게 하며 나의 구세주를 받게 하며 철장에서 벗어나게 한다는 약속을 당신들이 어겼기 때문입니다.

남성복을 벗고 다시 입지 않겠다고 맹세하겠느냐?

철장에 있는 것보다 차라리 죽는 길을 택하겠습니다. 제가 만일 미사에 참여하게 되고, 철장에서 벗어나고, 보다 나은 감옥에 가게 되어 여성들과 함께 거하게 되면 좋은 일이며 교회의 뜻을 따르겠습니다.

재판자인 우리는 네가 헛된 망상에 사로잡혀 계시를 받았다고 하는 소리를 들었다. 그래서 이 질문을 묻는다. 지난 목요일 너는 음성을 다시 들었느냐?

예, 그렇습니다. 들었습니다.

네게 뭐라고 하더냐?

'하나님께서 성 캐서린과 성 마가렛을 통해 말씀하시기를 생명을 구차하게 얻기 위해 맹세했구나!' 하시며 슬퍼하신다고 하셨습니다. 지난 목요일 음성은 저에게 무엇을 해야 할 지를 알려주셨습니다. 거짓 설교자가 진실한 체 하며 저에게 다가와 내가 행하지도 않은 것을 시인하라고 시켰습니다. 만일 내가 하나님께서 보내신 것이 아니라고 시인한다면 나 자신을 속이는 것이 됩니다. 음성은 나에게 말씀하시기를 '너는 네가 행한 것이 잘못되었다고 말하도록 하는 거짓 마귀에 속고 있다'고 하셨습니다. 이것이 제가 받은 모든 것입니다. 그래서 저는 이제 담대히 말씀드립니다. 불이 두렵지 않습니다.

화형장에 묶인 잔

화형을 당하면서 십자가를 부탁하는 잔

"다음 날 마지막 판결이 있었고, 1431년 5월 30일 화형장으로 끌려가게 되었고, 가면서 그녀는 십자가를 요구합니다. 그것을 안은 후 화형 속에서 예수님의 이름을 끝까지 부르면서 고통 속에서 하늘의 부르심을 받았습니다. 화형을 집행했던 영국 군인들은 '하나님 우리를 용서해 주십시오, 우리가 성자를 불태웠습니다'라고 했습니다."

"당시의 그녀는 19세였습니다. 그녀의 뼈는 세느강에 뿌려졌습니다. 1456년 그녀의 공판이 또 다시 열려 이전에 내렸던 형을 무효화 시켰습니다. 375년 후, 잔은 성자로 시성화 되었고, 그녀가 화형을 당한 지 10년 후 샤를 7세는 그녀를 민족의 애국사로 극찬했습니다. 그녀의 놀라운 활동으로 인해 샤를 7세는 그녀의 가문에 귀족의 휘장을 주었습니다. 그 휘장에는 '담청색 바탕에 있는 두 송이의 백합화 사이의 칼 위의 왕관'(Azure a sword per pale argent hilted or between a crown in chief and two fleurs~de~lys of the last)이라는 문장이 쓰였습니다."

"중세시대에서 가장 안타까운 사건을 우리는 보았습니다. 그리고 '천상의 누이들'과 '여전사'의 모습을 함께 갖춘 잔 다르크를 보았습니다. 중세시대 여인들의 두 가지 모습을 다 갖춘 것입니다. 죽음을 두려워하여 철회했다가 다시금 재철회하면서 죽음을 초월하는 그녀의 모습을 봅니다. 민족을 사랑하고 자신의 국가를 침략한 영국군들을 사랑한 모습도 볼 수 있습니다. 숭고한 그녀는 형이 있은 후 시성화가 되었고 귀족의 반열에 이르렀습니다."

"교수님! 정말 감동적입니다. 마지막 법정에서의 그녀의 진술은 마치 제가 그 법정에 있는 듯한 느낌을 줍니다. 저 역시 제가 믿는 바를 위해 죽음을 두려워하지 않을 수 있도록 하나님께 늘 준비된 기도가 있어야 함을 느낍니다. 정말 감사합니다."

36 테레사 : 맨발의 수녀

1515-1582년

테레사

Teresa

테레사의 용모는 아름다웠습니다. 게다가 성품도 원만해서 많은 사람들을 이해하고 품에 안을 수 있었습니다. 그리고 매우 여성적이어서 바느질이나 집안일들을 잘 감당했습니다. 경건한 분위기에서 자라난 테레사는 성자들과 순교자들에 관한 이야기에 많은 호기심을 가지고 집했습니다.

테레사 Teresa

■ 중세시대의 여인들을 마무리하는 마지막 천상의 누이

"중세시대가 끝나고 종교개혁의 흐름이 유럽 전역을 휩쓸었지만 스페인만큼은 종교개혁 시대가 오지 않았습니다. 아니 종교개혁이 일어날 수 없었습니다. 그 이유는 끔찍한 종교재판으로 인한 무서운 칼날 때문이었습니다. 종교개혁을 위해 순교자들이 있어났음에도 불구하고 일어날 수 없었던 또 다른 이유는 유럽에서 가장 강력한 군주정치를 이루어내면서 로마 교황청과 밀접한 관계를 맺고 있었기 때문입니다. 우리가 이러한 시기에 한 여인을 다루는 것은 지금까지의 '천상의 누이들'을 마무리를 하기 위한 것입니다. 종교개혁이 일어났음에도 불구하고 신비주의로 지내는 사람들이 있음을 알 수 있습니다. 여기에서 소개되는 여인은 그야말로 중세시대의 여인들을 마무리할 수 있는 마지막 여성이라 믿어집니다. 종교개혁 시대의 여성들을 다른 관점에서 보기 전에 중세시대의 영향 가운데 살았던 여인을 보면서 이 강의를 마무리하려고 합니다. 그럼 마지막 여성을 만나봅시다."

가. 초기 생애

"'맨발의 수녀' 아빌라의 테레사(Teresa of Avila, 1515~1582)는 스페인

아빌라의 테레사

아빌라에서 1515년 3월 28일 태어나 1582년 10월 4일 알바에서 세상을 떠난 여인이었습니다. 그녀의 가문은 톨레도와 올메도까지 거슬러 갈 수 있습니다. 부친은 알론소 드 케페다로서 톨레도의 장사꾼의 아들이었습니다. 1528년 테레사의 모친 카타리나 델 페소는 세상을 떠나고 맙니다. 부모는 하나님을 경외하는 경건한 분들이었기에 그들로부터 경건에 관해 배웠습니다."

"작지 않은 키를 가진 테레사의 용모는 아름다웠습니다. 게다가 성품도 원만해서 많은 사람들을 이해하고 품에 안을 수 있었습니다. 그리고 매우 여성적이어서 바느질이나 집안일들을 잘 감당했습니다. 경건한 분위기에서 자라난 테레사는 성자들과 순교자들에 관한 이야기에 많은 호기심을 가지고 접했습니다. 특별히 모험가였던 오빠는 무어인들이 살고 있는 지역에 가서 이교들을 대항하여 싸우기를 원했습니다. 테레사는 이러한 오빠 로드리고와 함께 7세 때에 집을 떠난 적이 있었습니다."

우리는 함께 성자들의 삶을 읽고 그대로 살기를 원하곤 했습니다.…성자들이 당했던 순교들을 고려해 볼 때, 하나님을 기쁘시게 하기 위해 그들이 지불했던 것은 매우 쉬운 것으로 보았고 나도 그들처럼 같은 길을 걷고 싶었습니다…오빠와 나는 함께 이 꿈을 이루기 위한 방법을 의논했습니다. 무어인들의 땅으로 가서 하나님의 사랑을 위해 그들로 하여금 우리의 머리카락을 자르라고 부탁하기로 뜻을 모았습니다. 어린 나이였지만 주님께서 용기를 주실 것을 우리는 믿었습니다. 하지만 성취할 수 없었습니다. 부모님들께서 이 일을 적극적으로 만류하셨기 때문입니다.

"교수님! 질문이 있는데요? 30장 스페인 여성 브리지트를 설명하실 때도 '무어인'을 언급하셨거든요. 그런데 '무어인'이 누구를 일컫는 말이예요?"

"오~ 죄송합니다. 저는 그때 당연히 설명했다고 여겨서 아무렇지도 않게 언급했는데…아이고, 죄송합니다."

"'무어인'이란 스페인 이베리아 반도에 살았던 모슬렘들을 일컫는 말입니다. '무어'라는 용어는 북아프리카 마우레타니아 왕국에서 나온 이름입니다. 그 왕국은 주로 베르베르인들과 아랍인들로 구성되어 있습니다. 8세기에 무어인들은 이슬람으로 개종하여 광신적 모슬렘들이 됩니다. 그러니까 711년 일부 무어인들이 지브롤터 해협을 넘어 스페인을 공격합니다. 그리고 피렌체 산맥을 넘어 로마제국을 위협하다가 프랑크족 장군 샤를 마르텔에게 732년 투르에서 패배를 당함으로 피렌치 산맥을 넘지 못하고 주저앉아 스페인에만 주둔하고 있었죠. 그러다가 1492년…이 해를 잘 이해하시죠? 크리스토퍼 콜럼버스가 신대륙, 즉 아메리카를 발견한 해입니다. 그 때에 재정적 후원을 해 준 여왕이 바로 이사벨라였는데 그 여인과 페르디난도 2세가 결혼하며 스페인을 통합하기 위해 무어인들과 유

테레사 시대의 아빌라 모습

대인들을 몰아냅니다. 이때를 기하여 그라나다에 모두 거하게 되죠. 그들을 내쫓으면서 스페인을 통합하기도 하지만 약탈한 재정으로 콜럼버스를 후원합니다. 흥미 있는 이야기죠?"

"이런 모슬렘들에게 가서 순교정신으로 살기를 원했다는 것이죠."

"아무튼 12세 때부터 테레사는 자신의 경건에 대한 열망을 갖게 되는데 여느 십대들처럼 자연적으로 애정과 기사도에 대한 책을 좋아했습니다. 사촌과 함께 기사도에 관한 책들을 읽기를 좋아했습니다. 그들의 헌신과 봉사에 대한 열정을 보면서 긍정적인 면을 많이 본받게 됩니다. 게다가 외모, 옷차림, 화장, 장식, 그리고 자신의 몸에 대해서도 관심을 가집니다. 십대로서는 당연한 호기심이라고 여깁니다. 더군다나 이성에 대해서 눈을 뜹니다."

"이런 와중에 모친이 세상을 떠나게 되고 모친을 잃은 슬픔에서 헤어나지 못하고 눈물만 흘립니다. 그러면서 기도하기를 동정녀 마리아에게 자신의 모친이 되어달라고 합니다. 자! 십대의 테레사, 무엇이 옳은 것인지 그른 것인지 판단이 제대로 서 있지 않은 그녀는 이것에도 관심 있고 저것에도 관심이 있었습니다. 이러한 가운데 부친은 딸에게 마땅한 지도자가 필요하다고 여기게 되고, 그녀를 1531년 상타 마리아 데 그라치아에 있는 어거스틴 수녀원으로 들어가도록 합니다."

"수녀 학교의 학생들을 책임지고 있는 돈나 마리아 드 브리세노는 테레사의 경건성을 회복시킬 수 있도록 그녀를 힘써 도왔습니다. 그러는 가운데 테레사는 자신이 과연 수녀로서의 소명을 받았는지 의심하기 시작합니다. 1532년 말 그녀는 건강 악화로 인해 수도원을 나와 집으로 되돌아옵니다. 이미 말라리아였다고 여겨집니다. 어느 정도 회복이 된 후 그녀는 카스텔라노스에 살고 있는 언니와 함께 지냅니다."

"어느 날 테레사는 삼촌 피터 상체스 데 케페다를 방문하면서 다시금 수녀에 관한 생각으로 갈등합니다. 초대교회 교부 제롬의 저서들을 읽으면서 테레사는 다시금 수녀원으로 되돌아가려는 마음을 굳힙니다. 하지만 부친은 딸의 결정에 동의하지 않았습니다. 부친과 테레사는 갈등을 빚게 되고 그것을 해결하기 위해 하는 수 없이 테레사는 집을 몰래 빠져 나와 종교적 소명을 이룰 수 있는 곳으로 찾아갑니다. 그래서 찾은 곳이 1535년 아빌라 근교에 있는 성육신의 '카르멜 수도원'이었습니다."

나. 카르멜 수녀

"교수님! 2장에서는 '시노바이트', 13장에서는 '클루니', 23장에서는 '제3의 수도회', 그리고 은자 등 여러 수도회들을 소개해 주셨는데 지금은 '카르멜'이라 하셨는데요. 이 수도원도 설명해 주시면 좋겠는데요? 교수님~"

"카르멜 수도원은 중세시대에 가난을 맹세하면서 살았던 수도원, 즉 프란체스코 수도원처럼 탁발 수도회입니다. 구약성경에 엘리야가 바알과 아세라 제사장들을 물리쳤다고 하는 '갈멜산' 있잖아요? 여기에서 유래됩니다. 은자들의 모임이죠. 12세기 말에 그곳에 거했는지는 기록이 없어 확실히 알 수 없습니다. 아무튼 이름이 갈멜산에서 나왔다는 것이죠. 분명한 것은 1208년과 1214년 사이에 예루살렘 대주교로부터 16항목으로 된 규율을 받는다는 것입니다. 수도원장에게 철저한 복종, 독방에 거하는 것, 기도에 전혀 힘쓰는 것, 매일 저녁 미사에 참여하는 것, 청빈과 노동을 하는 것, 침묵하는 것, 육식을 하지 않고, 그리고 금식하는 것 등입니다. 1245년에 이르러 전 유럽으로 퍼져나가기 시작했습니다. 특별히 영국 옥스퍼드, 캠브리지, 파리, 그리고 볼로냐를 중심한 대학 생활에 큰 영향을 끼칩니다. 15세기에 들어 쇠퇴 기미를 보이다가 다시금 16세기에 와서 오늘의 주인공 아빌라의 테레사와 십자가의 존에 의해 다시금 스페인에서 일어난 수도회입니다."

1) 질병

"카르멜 수도원에 간 테레사는 수녀가 되겠다고 신청을 하고 전적으로 회개와 참회의 시간을 가집니다. 그런데 다시 일 년이 지난 후, 테레사는 또 다시 병을 얻어 치료를 받지 않으면 안 되었습니다. 마지막 휴양지로서 부친은 테레사를 데리고 베체다스로 갑니다. 여기는 카스티야에서 가장 유명한 여성 치료자가 살고 있었지만 테레사의 건강은 좀처럼 회복되지 않았습니다. 1538년 베체다스를 떠난 그녀는 삼촌이 살고 있는 호르티고사에 머무릅니다. 삼촌은 테레사에게 '제 2의 영적 알파벳'이라는 책을 줍니다. 기도에 관한 작은 책이었습니다. 그녀는 그 책을 탐독합니다. 그것에 따라 명상하고 기도에 힘쓰게 됩니다."

"하지만 건강은 회복되기는커녕 더 악화되어 갔습니다. 부친은 또 다시 테레사를 1539년 7월 아빌라로 데리고 옵니다. 8월 15일 의식을 잃을 정도로 어려움에 빠지며 자신도 죽을 줄 알고 있을 정도로 심각한 상태였습니다. 다 죽은 것으로 보였던 그녀는 4일 후 소생합니다. 하지만 심한 질병 탓으로 그녀는 3년 간 다리를 쓰지 못하였습니다. 회복된 후에도 테레사는 영적 생활을 평범하게 지내면서 기도하는 것을 포기하지 않습니다."

2) 신비적 체험

"그러는 가운데 테레사는 신비적 경험을 갖게 됩니다. 심한 고통을 당하신 그리스도를 만나면서 하나님께 감사를 드리고, 깊은 회개를 경험하게 됩니다. 이기주의를 버리며 자신의 영적 삶을 승신시키게 됩니다. 39세에 회개를 경험하면서 그녀는 하나님의 생생한 임재를 체험하기에 이

계시를 받는 테레사

릅니다."

"회개도 하고 임재를 체험했지만 이러한 체험들에 비추어 살아가는 자신의 행위를 비교해볼 때 아직도 금욕의 시간이 더 요구된다고 그녀는 여겼습니다. 친구들은 그녀에게 그리스도의 인성에 대한 생각과 정신적 기도를 계속할 것을 권했습니다. 1555년 프란체스코 보르기아는 그녀의 고백을 듣고 하나님의 성령이 그녀 안에서 역사하고 있음을, 그리스도의 고난에 초점을 맞춰야만 하는 것을, 그리고 기도 가운데 임재 하는 환상적 체험을 거부하지 말 것을 권면합니다. 또 테레사의 지도자 파라노스가 1558년 아빌라에서 세상을 떠나자 발타사르 알바레츠가 그녀의 지도자가 됩니다. 그런데 그는 테레사의 영적 상태를 자세히 점검한 뒤 그녀의 환상이 사탄의 사역이라고 엄하게 경고합니다. 그리고 그러한 교제를 일삼으면 안 된다고 하며 경고합니다. 일시적으로 그녀의 고백자가 된 사제 역시 그녀가 사탄의 음성과 사탄의 환상을 본다고 하며 엄히 경고합니다. 그런 환상을 볼 때 십자가를 손으로 그으라고 권했지만 하나님은 계속 그녀를 위로하셨습니다. 그리고 1560년 8월 알칸타라의 베드로는 그녀에게 권하기를 네가 하고 있는 일을 계속하라고 권했습니다."

3) 수녀원 건립

"이제 테레사는 위대한 개혁의 사역을 하기 시작합니다. 그녀는 보다 완전한 과정으로 나갈 것을 맹세합니다. 할 수 있는 한 완전하게 규율을 지킬 것을 마음에 굳게 결심합니다. 그러던 차에 1560년 9월 알칸타라의 베드로의 맨발의 개혁과 카르멜의 원시적 전통에 영감을 받은 어느 사람이 은자 형태의 수도원을 설립할 것을 권하자 자신의 고백자, 카르멜의 교구장, 그리고 다른 권면자들도 이에 응했습니다. 그런데 이 소식을 전해들은 마을 주민들은 목소리 높여 반대운동을 전개했지만 테레사의 권면으로 마을 주민들도 마음을 바꾸어 먹었습니다. 6개월 후 상황이 바뀌어 제수잇 대학의 교장이며 그녀의 고백자인 알바레츠는 그녀가 수도원을 건립하는 것을 인준합니다."

"그래서 1562년 테레사는 지체하지 않고 여동생 후안과 그녀의 남편 후안 드 오발레에게 아빌라에 집 한 채를 구입하라고 하고 그들과 함께 그곳에 거하였습니다. 그 건물은 곧 수녀원으로 변해갔습니다. 알칸타라의 베드로의 방문을 받으면서 수녀원 설립을 위한 인준이 날 것이라는 좋은 소식을 들은 지 얼마 후 카르멜의 마리아 데 에페스는 교황의 인준을 받았다고 기쁜 소식을 전해주었습니다. 이때가 1563년입니다. 그리하여 테레사는 수녀원을 인준 받게 되고 1567년 4월 카르멜 수도회장 지바니 바티스타 로시는 테레사의 사역을 인준했을 뿐만 아니라 그녀에게 또 다른 수도원도 설립할 수 있는 권한을 베풀었습니다. 다시 말하면, 남성들을 위한 수도원도 설립할 것을 권했던 것입니다. 그 이후 20년 동안 테레사는 많은 수도원들을 건립하면서 다시금 가난을 맹세하는 개혁된 수도원으로 이끌어 갑니다. 다시금 건강 악화로 인해 1582년 10월 15일 주님의 부르심을 받게 됩니다."

4) 작품

"테레사의 작품들은 자신의 영적 가르침이 담겨있는 저장소입니다. 테레사의 첫 번째 책은 '자서전'입니다. 1567년 자신의 고백자 페드로 이반네츠 아래서 쓴 것입니다. 두 번째 책은 같은 해 1567년에 쓴 '완전의 길'이라는 책입니다. 다음 해에 테레사는 '내적 성(城)'을 쓰며 그리고 341개의 서신과 87개의 잡록들이 모인 것들이 있습니다."

"독자들이 반드시 조심하면서 읽어야 하는 이유는 테레사의 작품들이 대체적으로 특별한 개인의 체험 속에서 쓴 것이기 때문에 다른 영적 삶일 수 있다는 것입니다. 그녀의 신비적 사상이 가장 잘 드러나는 곳은 '자서전'의 10~22장입니다. 이 안에서 몇 가지로 강조하고 있는 것은 '마음의 헌신'입니다. 이것은 명상이나 집중의 헌신입니다. 그리스도의 고난을 기억하면서 참회하는 것입니다. 두 번째는 '평화의 헌신'입니다. 인간의 의지는 하나님 안에서 사라지는 것입니다. 하나님으로부터 주어지는 초자연적 상태를 말합니다. 지속적인 기도 생활과 영적 일들에 몰두하는 가운데 이러한 헌신을 지속할 수 있다고 합니다. 세 번째는 '연합의 헌신'입니다. 이것은 초자연적일 뿐만 아니라 본질적으로 무아경의 상태를 말합니다. 하나님에게 동화되는 것입니다. 이 단계에 사람이 이르면 말할 수 없는 평화를 맛볼 수 있다고 합니다. 네 번째는 '무아경이나 환희의 헌신'입니다. 육적인 의식은 모두 사라집니다. 감각 활동은 멈춥니다. 기억과 상상도 하나님 안에 동화되고 맙니다. 몸은 공중으로 뜬 상태로 있는 것과 같게 됩니다. 어떤 때는 몇 시간이고 이런 현상을 맛보게 된다고 합니다."

"그녀의 두 번째 책인 '완전에 이르는 길'은 다른 수녀들에게 준 교훈집입니다. 지켜야 하는 주요한 덕행들로서 고독과 기도에 전념할 것을 권합니다. 이 책은 테레사의 금욕적 원리에 대한 최고의 작품입니다. 내적 성은 고결한 영적 삶의 원리를 말해주고 있습니다. 주요한 강조점은 기도의 삶입니다. 내적 성은 영혼을 말합니다. 그 중심에 삼위일체가 있다고 합니다. 기도의 성장은 하나님과 더 깊은 단계로 들어가도록 이끕니다.

집필하는 테레사

점진적으로 나아가게 하는데 마치 성으로 들어가는 것과 같은 것이죠. 이 세상에서 하나님과 연합하게 되면 그 사람은 자신의 중심에 하나님을 모신 사람인 동시에 하나님의 고결한 자녀가 됩니다."

"세 번째 책은 '내적 성'입니다. 신비주의 책으로서는 탁월한 책으로 손꼽히고 있습니다. 이 작품은 테레사가 쓴 작품들 중 가장 빼어난 작품으로 영적 완전을 향한 안내서이며 자신의 경험의 총체라 할 수 있습니다. 테레사의 내적 삶을 가장 잘 표현한 글입니다."

"테레사는 영혼들을 하나의 다이아몬드로 만들어진 성(城)으로 보았습니다. 그 성 안에 많은 방들이 있습니다. 이것은 마치 천국에 많은 맨션이 있는 것과 같은 것입니다. 여러 방들을 통해 영혼은 완전을 향한 질문을 받고 보다 깊은 방으로 들어가게 됩니다. 결국 완전하게 변형되어 하나님과 교제를 갖는다고 합니다. 그야말로 신비주의 극치를 말하고 있다고 볼 수 있습니다."

"이제 우리는 중세시대를 미무리합니다. 이렇게 보면, 이번 강의에 등장한 테레사는 중세시대 여성보다는 종교개혁시대 여성으로 불립니다만 여기서 다룬 것은 중세시대의 여성들이 신비적 삶을 살았기 때문에 그 맥락을 보기 위함입니다. 시대는 비록 종교개혁시대라 하더라도 말입니다. 아무튼 신비적 삶의 극치를 보여주는 테레사입니다. 우리가 흔히 신비주의라고 할 때의 모든 모습을 볼 수 있는 대표적인 여성을 만나보신 것입니다."

로마 상타 마리아 델라 비토리아 코르나로 채플에 놓여있는 무아경의 테레사 대리석상

"시에나의 캐서린과 아빌라의 테레사는 서로 신비적 교훈에 있어서 조금 다른 점이 있습니다. 그것을 통해 우리는 신비적 모습이 조금 변화되었다고 할 수 있을 것입니다. 예를 들면, 테레사는 이렇게 말합니다."

당황하지 마세요. 두려워하지 마세요. 모든 것은 지나가지만 하나님은 결코 변하지 않으십니다. 인내는 모든 것을 얻게 합니다. 하나님을 가진 사람은 아무 것에도 부족함이 없습니다. 하나님만 모든 것의 만족이시기 때문이죠.

"이에 반해 캐서린은 이렇게 교훈합니다."

영혼이 자신을 알게 되면 그 영혼은 하나님을 더 잘 알게 될 것입니다. 그 이유는 그 영혼이 자신의 고귀함을 볼 수 있는 하나님의 선하신 거울에 자신을 비쳐보아 얼마나 선한지 볼 수 있기 때문이죠. 이 말의 의미는 자신에게는 아무런 공로가 없고 오로지 창조된 피조물로서 하나님의 형상 안에서 자신을 볼 뿐이라는 것입니다.

"어떻습니까? 차이점을 찾아보셨습니까? 테레사가 완전성을 강조했다면 캐서린은 자신의 연약함을 강조한다는 것입니다. 아무튼 두 여인은 1970년 10월 같은 날에 로마교황 파울 6세로부터 '교회의 박사'라는 귀중한 칭호를 받게 됩니다."

테레사와 캐서린

"교수님! 그렇게 마무리해주시니 유사한 신비주의자 여성들을 조금 구별할 수 있을 것 같습니다. 그리고 정말 지금까지 '천상의 누이들'을 많이 만나보게 되어 정말 감사합니다. 어떤 때는 여전사들, 어떤 때는 생각도 하기 싫은 악랄한 여인들, 그리고 주님을 닮고 싶어 몸부림 쳤던 여인들을 보면서 정말 도전도 받고, 울기도 하고, 결심도 하고, 그리고 자신을 반성해 봅니다. 나의 부족한 면들, 연약한 면들, 그릇된 면들, 그리고 더 강화시켜야할 면들을 보게 해주셔서 너무 감사하고 감사합니다. 다음 강의는 종교개혁시대 여성들이라고 말씀하셨는데 정말 기대가 됩니다. 그때도 이와 같은 감동과 도전을 주시기를 바랍니다. 감사합니다."

주제 색인

ㅁ

ㅂ

ㅇ

ㅈ

교회사 학교 입학 안내

역사를 중요시하는 사람도 막상 실제적인 역사 교육은 뒷전으로 밀어두는 경향이 있습니다. 아마 방대하고 복잡한 역사를 어떻게 교육해야 할지가 막막하기 때문일 것입니다. 그래서 '라은성의 맥을 잡는 교회사 학교'는 체계적인 역사 교육의 장을 만들었습니다. 교회사 학교는;

첫째, 교회사의 맥(脈)을 잡아줍니다.
둘째, 기독교 역사관을 정립합니다.
셋째, 교회사를 전공하지 않은 사람들도 교회사를 가르칠 수 있게끔 지도합니다.
넷째, 교회사 공부를 단순히 지식으로 그치지 않고 실천적으로 어떻게 적용시킬 것인지를 배우기 때문에 매우 친밀하게 느껴집니다.

	모집 과정	개설 시간	모집인원
	초대교회사 중세교회사 종교개혁사 근대교회사 한국교회사 기독교 사상사 (정통과 이단)	매주 토요일 오전반 or 오후반 or 저녁반(3시간씩)	각 30명
교회사 현장 답사 과정	초대 교회 현장 종교 개혁 현장 청교도 현장 한국 교회사 현장	각 답사는 7~10일간	각 20명

교육과정

입학자격

- 기독교인으로 세례교인인 분
- 교회사에 관심은 있으나 방대한 교회사의 맥을 잡을 수 없었던 분
- 매주 토요일 오전 혹은 오후 혹은 저녁에 3시간을 할애할 수 있는 분
- 교회사를 배울 뿐 아니라 가르치기를 원하시는 분

강사

- 라은성 (국제신학대학원대학교, 교회사 교수),
『라은성교수의 교회사 맥(脈)잡기』 시리즈의 저자

'교회사학교' 정회원모집

- 교회사 학교의 취지에 동조하여 한 구좌 이상 후원하시는 분은 정회원이 됩니다.
- 정회원의 혜택은 홈페이지(http://www.eunra.com)에 있는 각종 자료들에 대한 소식을 우선적으로 받아볼 뿐만 아니라 다운로드받을 수 있습니다. 후원회원이 아닌 준회원들의 다운로드는 제한적입니다.
- 한 구좌란 매달 '자동이체'로 1,000원씩 후원하는 것입니다.
- 정회원으로 가입하신 분은 등록금의 50% 할인 혜택이 주어집니다.
- 은행계좌번호: 국민은행 / 계좌명 : 라은성(교회사학교) / 계좌번호 : 041301-04-108236

- 정회원을 정기적으로 시간을 정하여 교회사 학교의 발전과 취지를 위해 기도합니다.
- 이렇게 모여진 후원금을 교회사 학교 부지를 마련하는데 사용될 것입니다.

라은성 교수 저(역)서

『연구주제부터 포맷까지』 232면
신학논문 작성법에 있어 새로운 방법을 시도한 책이다. 신학논문의 작성을 4 단계로 나누어 어떻게 논문을 구성할 것인지, 구성된 내용을 어떻게 문장이나 문단으로 쓸 것인지, 만들어진 글을 어떻게 포맷, 즉 형식을 이룰 것인지, 그리고 논문작성에 있어 컴퓨터와 인터넷을 사용하는 법을 알리고 있는 획기적인 책이다. 신학논문 작성의 자신감을 가져주는 놀라운 책이다.

『이단과 정통』 Brown, O. J. Harold. 680면
세계적인 복음주의자인 해롤드 브라운의 Heresies를 번역한 책이다. 2,000년 교회사에서 이단의 발생, 성장, 쇠퇴, 그리고 그 신학을 정확하게 분석하고 이단들의 모습들을 역사적으로 분석한 책이다. 동시에 이단들에 대해 교회는 어떻게 대처했는지를 설명하면서 정통을 제시한다. 이단들은 복수이지만 정통은 단수이다. 이단들은 여러 사상들을 혼합했지만 정통은 철저하게 성경중심이다.

『르네상스와 종교개혁』 William R. Estep 656면
2002년 19차 신학해외 번역부분에서 한국기독교 출판 문화상을 받은 책으로 재세례파 역사 연구에 세계적인 학자인 윌리엄 에스텝의 책을 번역한 책이다. 그의 책은 신학교들에서 종교개혁사 교재로 사용되고 있는데 기존에서 볼 수 없었던 교회사에 대한 통찰력과 흥미를 제시하는 책이다.

『로마 카톨릭주의와 복음주의』 N. Geisler 747면
이 책은 현재까지 나온 로마 카톨릭주의에 관한 프로테스탄트 견해들 중 최고의 책이다. 지금까지는 2차 바티칸종교회의의 사건이후의 프로테스탄트 견해들을 다루는 책들을 거의 찾아보기 어려울 뿐만 아니라 있어도 매우 미흡한 점들이 많았으나 세계적 복음주의자이며 학자인 가이슬러는 탁월한 책을 저술하였다.

『역사신학』(상) 812면
'역사신학'은 신학의 역사를 다룬 책이다. 교회사에 나타난 신리와 오류에 대한 심오한 통찰력을 제공한다. 또 역사신학은 우리가 현대적 감각에 맞는 옷을 입은 옛 이단들을 직면할 때 우리로 하여금 그들을 인식하도록 하고, 어느 때나 그들을 폐지하도록 하는 진리에 대한 고전적 설명을 접하도록 우리를 이끈다. 설교자들은 이와 같은 연구 영역을 간과해서는 안 된다.

『기독교 역사가들』 733면
기독교 역사가들의 사상, 생애, 저서들에 대한 해석과 비평을 정리한 책이다. 각 교단, 교파 간에 대표적인 역사가들이 어떻게 역사를 보고, 해석하고, 역사가로서의 직임을 감당했는지 소개하고 있다. 28명의 역사가들을 평하는 방법을 보면서 어떻게 역사적 인물들을 평하고 접근할 것인가라는 실마리와 통찰력을 찾을 수 있다. 역사학도의 교과서이며 필독서이다.

『다빈치코드의 족보』 210면
한국에서 최초로 소설 '다빈치코드'를 비판한 책이다. 또 천주교 교수와 함께 공저한 이 책은 '다빈치코드'의 허구성을 철저하게 분석했을 뿐만 아니라 소설 형식으로 쓰였다. 읽기 쉽고 이해하기 쉬운 책이다.

『신학적 해석학』 256면
이 책은 여러 교수들과 함께 공저하여 성경해석학의 발전에 공헌한 인물들을 소개한다. 저자의 생애, 사상, 그리고 해석학 등입니다. 특히 라은성 교수는 '어거스틴'은 다루고 있다.

『기쁠 때와 슬플 때』
여러 명의 목사님들과 교수들, 그리고 전문가들의 주제별 설교집이라 할 수 있는데 탁월한 주제 설교를 간편하게 접할 수 귀한 책이다. 여기에서 라은성 교수는 '결혼관'을 다루고 있다.